PERSPEKTIVE

RICHTIG SEHEN UND ZEICHNEN

MATTHEW BREHM

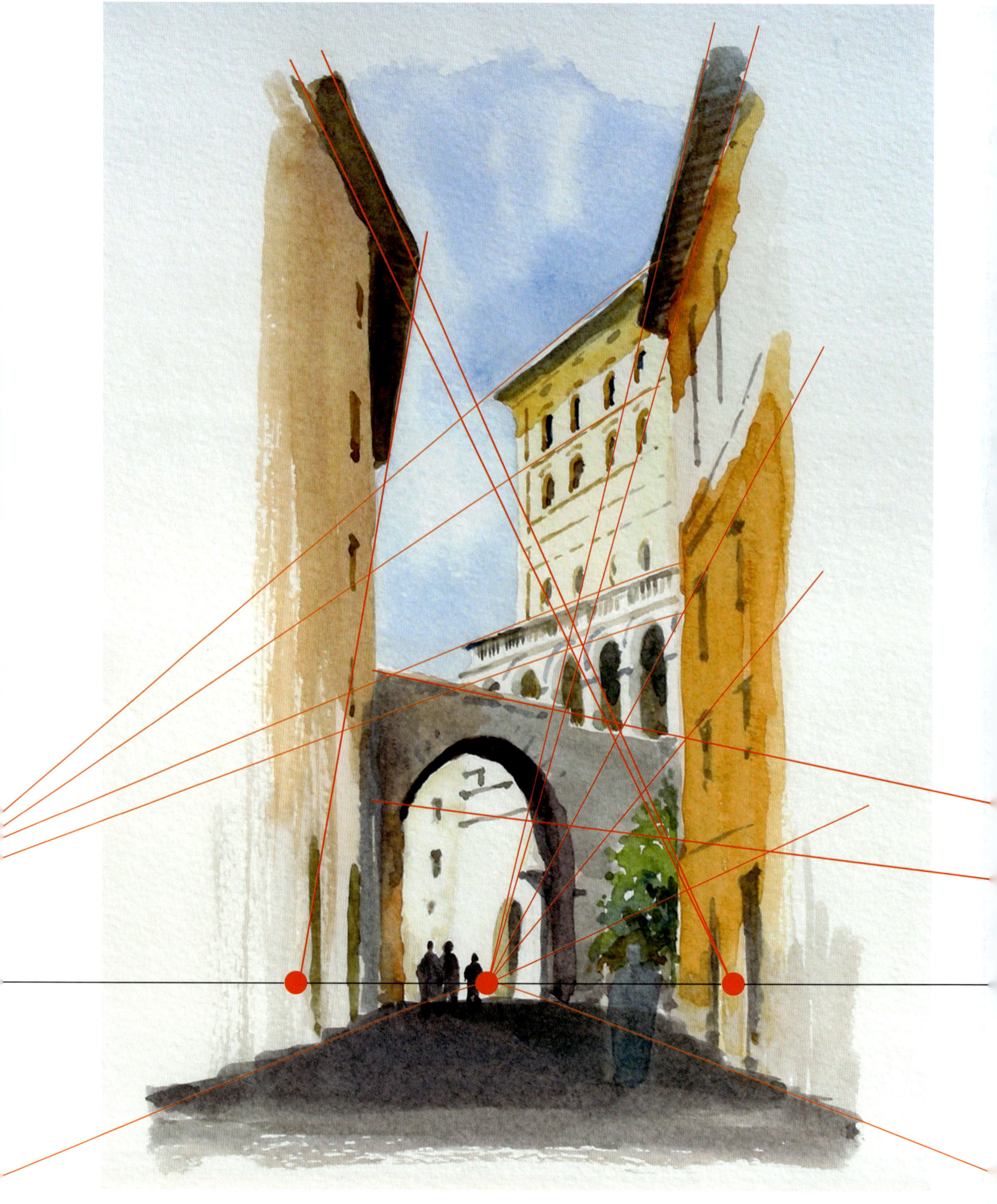

PERSPEKTIVE

RICHTIG SEHEN UND ZEICHNEN

DAS HANDBUCH FÜR JEDEN BLICKWINKEL

MATTHEW BREHM

EMF

EIN BUCH DER
EDITION MICHAEL FISCHER

INHALT

1

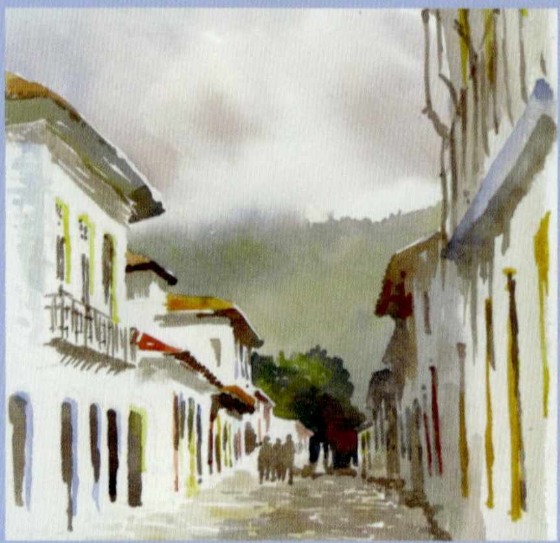

2

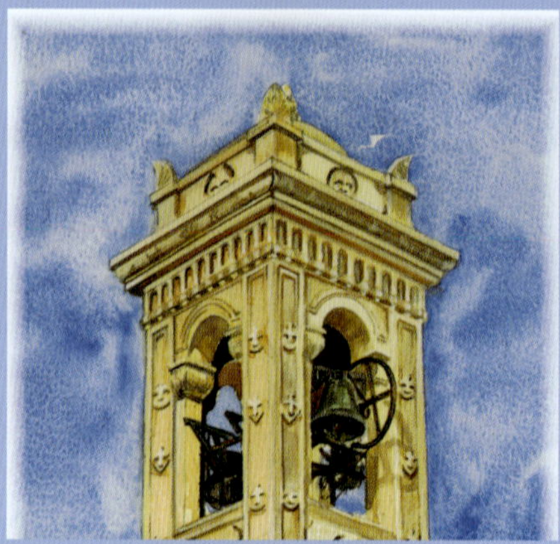

3

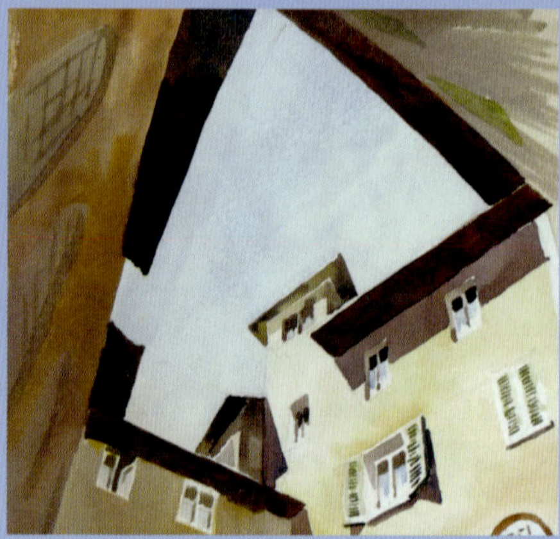

Bibliografische Information der Deutschen Bibliothek.

Die Deutsche Bibliothek verzeichnet diese Publikation in der Deutschen Nationalbibliografie.
Detaillierte bibliografische Daten sind im Internet über http://www.dnb.de/ abrufbar.

MEHRPUNKT- PERSPEKTIVE

KURVILINEARE PERSPEKTIVE

ARBEITSBUCH

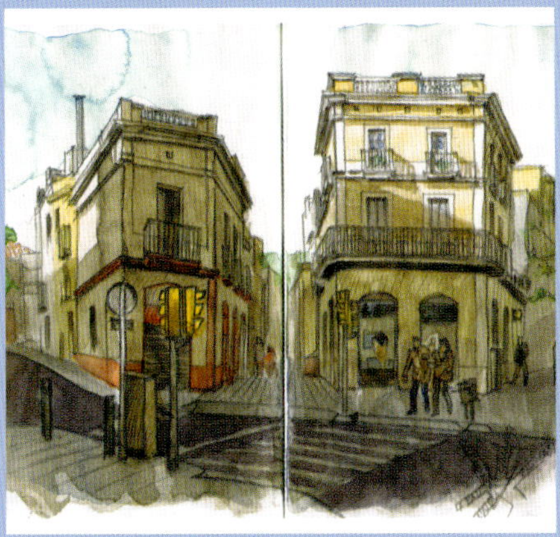

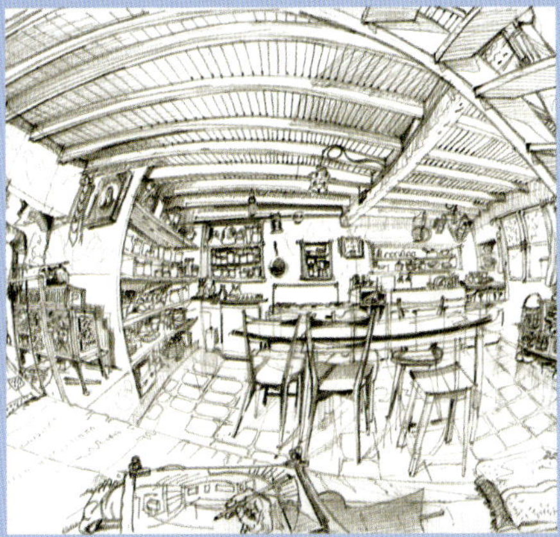

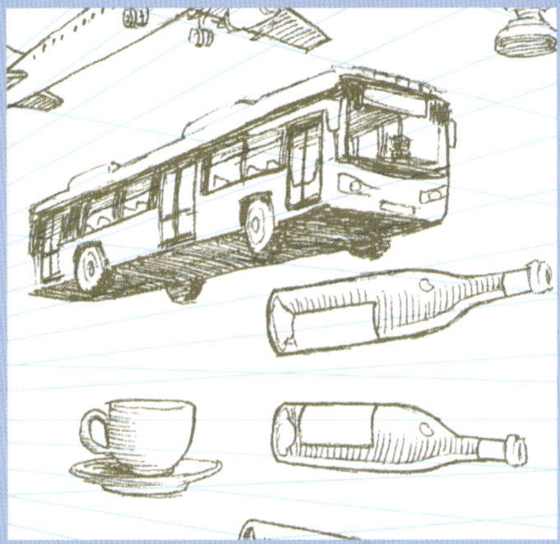

EIN BUCH DER EDITION MICHAEL FISCHER

6. Auflage 2025

Erstveröffentlicht 2016 bei Barron's Educational Series, Inc.

Titel der Originalausgabe:
Drawing Perspective – How to see it and how to apply it

Aus dem Englischen übertragen von Yvonne Rathmann, Berlin.
Lektorat: Melanie Schölzke, Stuttgart
Covergestaltung: Rebecca Leiner
Gesamtherstellung: Fabio Schaffer

ISBN 978-3-86355-615-0

Printed in Malaysia

www.emf-verlag.de

MIX
Papier | Fördert gute Waldnutzung
FSC® C007207

Einführung

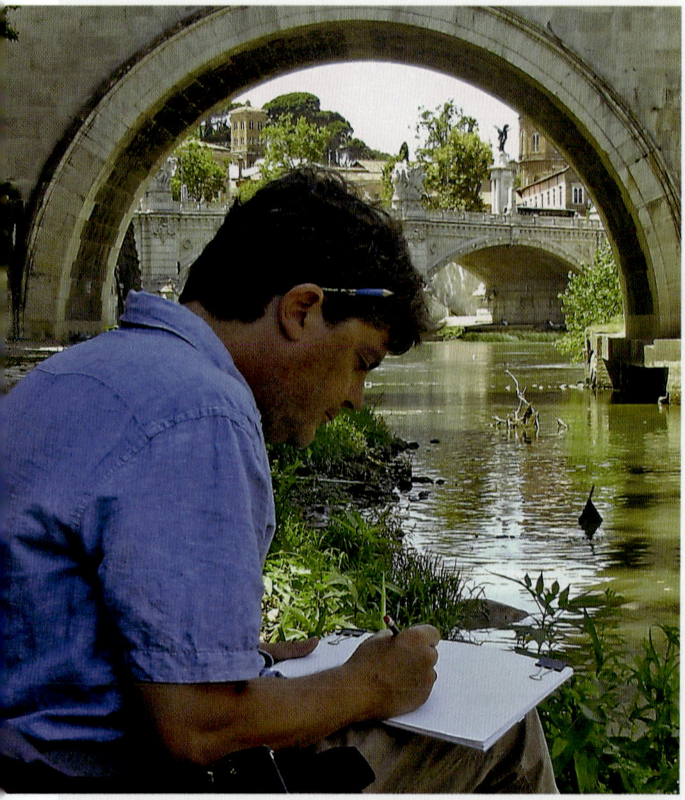

Dieses Buch soll Ihnen helfen, sich das für Ihre Zeichnungen notwendige Wissen über Perspektive anzueignen. Wie tritt Perspektive in der Umgebung in Erscheinung? Welche Prinzipien stecken dahinter und wie können Sie diese in Ihre Arbeiten einbringen? Auf all das gibt es Anworten.

Viele glauben, dass man umfassende Kenntnisse über Perspektive benötigt, bevor man die entsprechenden Techniken in sein Zeichnen einbinden kann. Ich habe allerdings die Erfahrung gemacht, dass man bereits mit ein paar Grundkenntnissen schon recht weit kommt – ein prinzipielles Verständnis von Perspektive und die Fähigkeit, diese im Alltag zu erkennen, ist eigentlich alles, was Sie benötigen, um Ihre Zeichenkünste positiv zu beeinflussen.

Halten Sie sich vor Augen, dass perspektivische Zeichnungen immer nur eine Annäherung an das darstellen, was wir sehen. Dabei sollten Sie sich stets einen gewissen Grad an Freiheit bewahren, um nicht „überkorrekt" an den Konstruktionsvorgaben zu kleben. Ich zeichne sogar recht oft, ohne mir über die Perspektive viele Gedanken zu machen. Doch das Verständnis der Grundlagen von Perspektive hilft mir regelmäßig aus der einen oder anderen Klemme – es ist sehr nützlich, wenn sich eine visuelle Umsetzung als herausfordernd erweist und eine Problemlösung vonnöten ist. Und dies ist auch das vornehmliche Ziel dieses Buchs: Es soll Ihnen einen einfachen Einstieg ins Thema Perspektive geben, damit Sie Ihre Umwelt in dieser Sache besser sehen und in Ihren Zeichnungen naturgetreuer festhalten können.

Matthew Brehm

Über dieses Buch

Jede Art von Perspektive wird zunächst leicht verständlich dargestellt und analysiert. Dazu dienen hilfreiche Texte, Grafiken und die Werke zahlreicher Künstler. Dank klarer Aufteilung der Kapitel in die Bereiche „Sehen", „Verstehen" und „Anwenden" können Sie erkennen, worauf es bei der jeweiligen Perspektive ankommt, können Gesehenes interpretieren und schließlich selbst nachzeichnen. Hier noch einmal die Struktur des Buchs im Überblick:

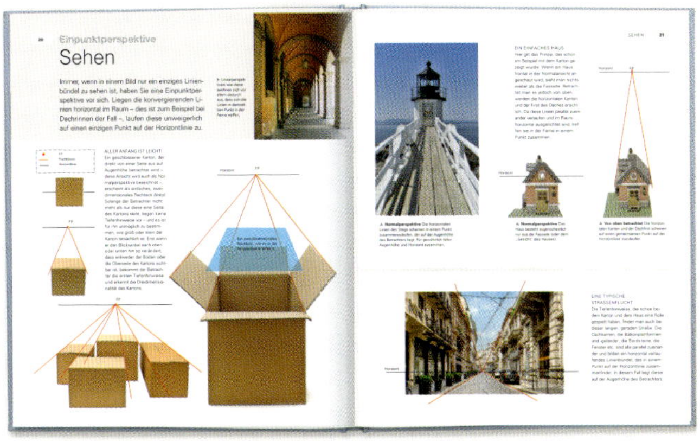

„Sehen"
Anhand einfacher und wiederkehrender Objekte wird für jede Perspektive die richtige Platzierung der Fluchtpunkte und der Horizontlinie gezeigt. Fotos und Zeichnungen ergänzen diese Darstellungen und veranschaulichen die Prinzipien der jeweiligen Perspektive.

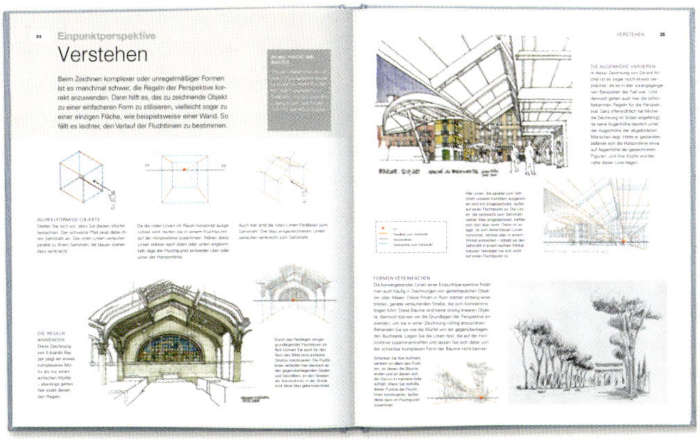

„Verstehen"
Mithilfe von Grafiken und Kunstwerken werden die Grundlagen der jeweiligen perspektivischen Konstruktion deutlich und nachvollziehbar. Die Erläuterungen in diesem Teil zeigen zusätzlich die Struktur auf, die jedem Bild zugrunde liegt.

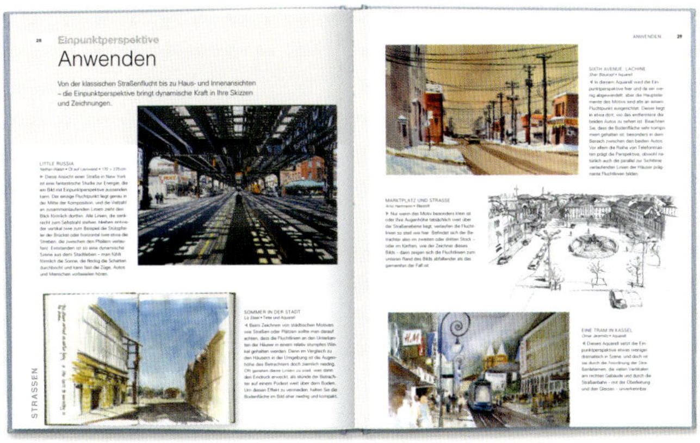

„Anwenden"
Wenn Sie die Grundsätze der jeweils gezeigten Perspektive verinnerlicht haben, können Sie damit beginnen, sie in Ihre eigene Arbeit einfließen zu lassen. Auf den Seiten dieses Bereichs finden Sie die Werke zahlreicher Künstler zusammengestellt, in denen die erläuterten perspektivischen Mittel exemplarisch umgesetzt sind.

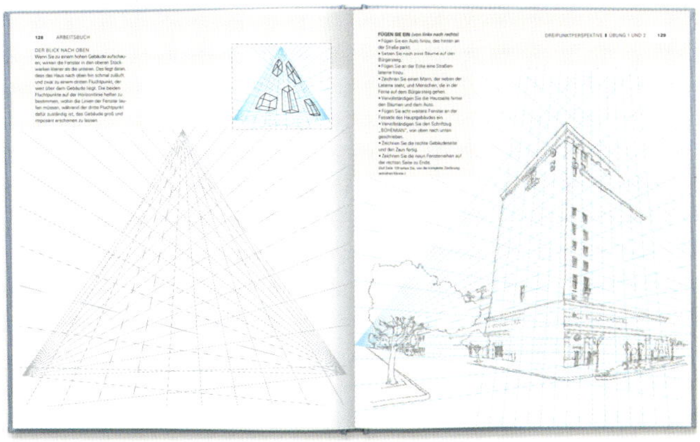

Arbeitsbuch (Seiten 110–140)
In diesem Teil des Buchs bekommen Sie die Gelegenheit, alle Perspektiven auszuprobieren. Sie können die leeren Raster kopieren und Ihre eigenen Zeichnungen einfügen oder auch direkt ins Buch zeichnen. Darüber hinaus finden Sie unvollendete Kompositionen, die Sie anhand der Anweisungen fertigstellen können.

Vorlagen im Download
Auf **www.emf-verlag.de/perspektive** stehen unter Downloads die leeren Rasterräume und die fertigzustellenden Bilder aus dem Arbeitsbuch zum Downloaden für Sie bereit. Einfach ausdrucken und die gewünschten Übungen draufzeichnen.

Eine kurze Geschichte der Perspektive

Räumliche Tiefe auf einer planen Fläche abzubilden, das haben die Menschen im Lauf der Geschichte mit recht unterschiedlichen Ergebnissen versucht. Die perspektivische Darstellung, wie wir sie heute kennen, hat als Teilaspekt des Zeichnens und der Malerei eine dementsprechend lange Entwicklung hinter sich, daher ist das, was Sie auf den nächsten Seiten lesen, nur eine kurze Zusammenfassung der wichtigsten Meilensteine.

Die Anfänge der Perspektive

Das Beispiel der Chauvet Cave in Südfrankreich *(rechts)* zeigt, dass selbst in Höhlenmalereien, die über 30 000 Jahre alt sind, die Technik der Überschneidung genutzt wurde. So konnte gezeigt werden, welche Objekte weiter entfernt sind als andere. Einen ähnlichen, jedoch etwas präziseren Ansatz zu räumlicher Tiefe zeigen ägyptische Wandmalereien und Tiefreliefs, auf denen sich Tiere und menschliche Figuren häufig überlappen. Trotzdem werden in diesen frühen Werken Räumlichkeit und Tiefenwirkung entweder überhaupt nicht oder nur sehr schwach dargestellt.

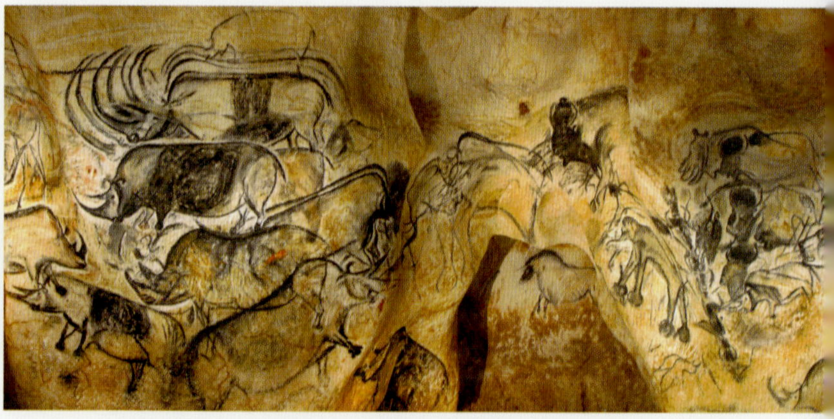

Man nimmt an, dass im antiken Griechenland ein gewisses Verständnis für perspektivische Darstellungen existiert hat, obwohl es keine archäologischen Beweisstücke dafür gibt. Im alten Rom, etwa vom 1. Jahrhundert v. Chr. an, war die perspektivische Darstellung gut entwickelt und wurde vor allem bei der Gestaltung von Innenwänden verwendet. Meist geschah dies in Form von Trompe-l'œil-Fresken, die durch eine optische Täuschung Dreidimensionalität vorgaukelten – diese ließen zum Beispiel den Raum größer wirken oder lenkten den Blick auf einen nicht vorhandenen Garten. Das Haus von Livia, der Ehefrau von Kaiser Augustus, auf dem Palatin in Rom *(unten)* ist dafür ein gutes Beispiel. Die Trompe-l'œil-Fresken im Interieur ihres Hauses zeigten Gärten und Pavillons. Auf dem Bildausschnitt hier stehen die beiden mittleren Säulen im Vordergrund, während Basis und Kopf der beiden äußeren Säulen klar erkennbar auf einen gemeinsamen Fluchtpunkt ausgerichtet sind. Weitere Beispiele für die Verwendung von Perspektive in der Antike findet man in Pompeji und Ostia Antica. Das legt nahe, dass es unter Künstlern ein weitläufiges Verständnis der Perspektive gab und sie die entsprechenden Techniken über Jahrhunderte angewendet haben.

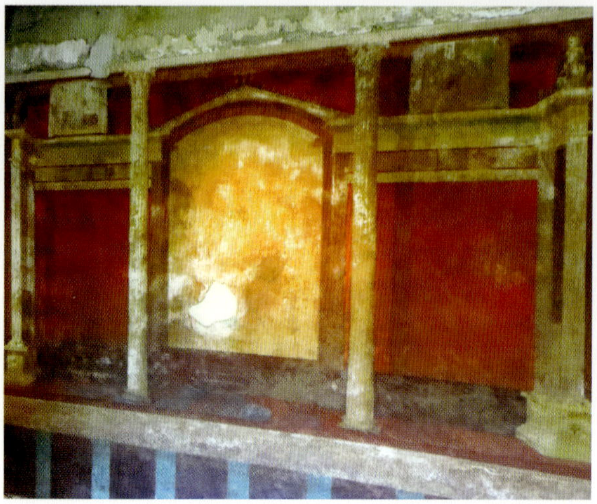

Der Siegeszug der Ostkirchen begann, als der Sitz des Römischen Reiches nach Konstantinopel verlegt wurde – und zu dieser Zeit veränderte sich auch, wie Künstler Dreidimensionalität darstellten. In der religiösen Ikonografie entstand, was wir heute unter dem Begriff „Bedeutungsperspektive" kennen. Diese wird auch als „umgekehrte Perspektive" bezeichnet, da sie den Betrachter zwischen das Objekt und den Fluchtpunkt platziert, wodurch die Objekte in der Ferne nicht kleiner, sondern größer werden. Die *Thronende Madonna mit Kind (oben rechts)*, entstanden im 13. Jahrhundert, ist ein Beispiel für die byzantinische Perspektive. Beachten Sie, wie die Linien von Thron und Fußbank nicht vom Betrachter weg, sondern auf ihn zulaufen.

Die Perspektive geht verloren

Das Vermögen, mit perspektivischen Mitteln dreidimensionale Bilder zu erzeugen, scheint im Mittelalter, nach der Zeit des Römischen Reichs, verloren gegangen zu sein. Die Gründe dafür sind nicht eindeutig geklärt. Unabhängig davon ist festzustellen, dass die Prinzipien der Perspektive, so wie sie in der Antike genutzt wurden, bis weit ins 12. und 13. Jahrhundert nicht mehr angewendet werden konnten oder sollten. Gebäude erscheinen auf Darstellungen sehr flach. Dennoch findet man vereinzelte Hinweise auf räumliche Tiefe. Auch Objekte und Personen werden nicht naturgetreu abgebildet. Jedoch schien den Künstlern bewusst zu sein, dass

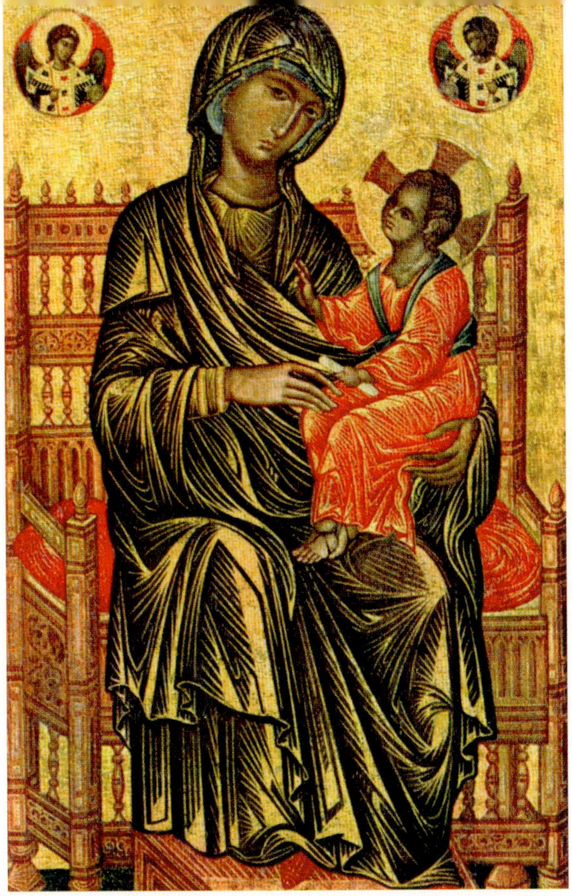

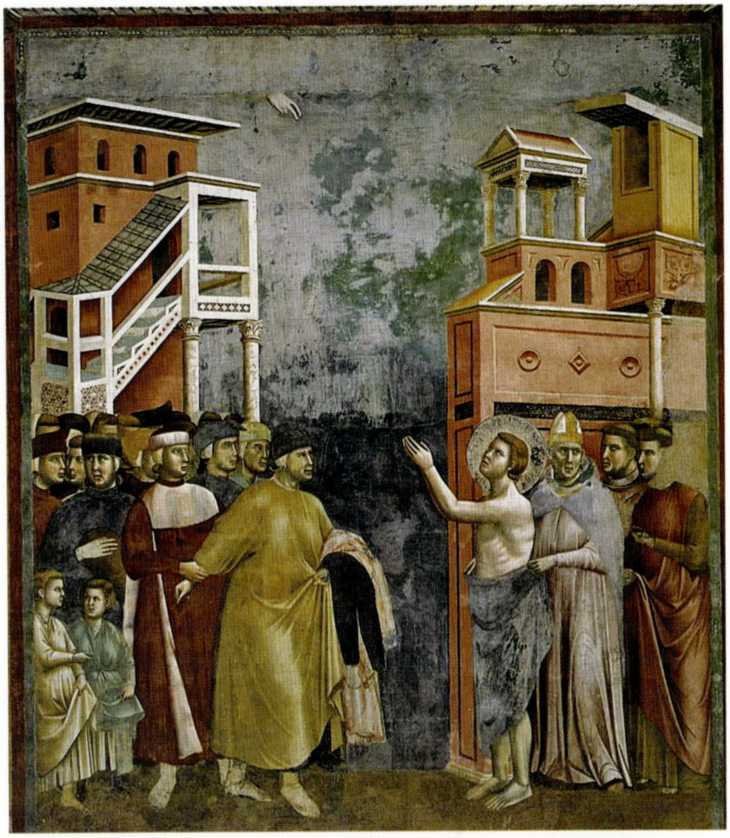

Objekte anders erscheinen, wenn der Betrachter entfernter steht – einige Prinzipien der Perspektive waren also damals bekannt, nur erfolgte die Anwendung ohne geometrische Präzision und auch nur sporadisch.

Die Grundlagen der Perspektive

Gegen Ende des 13. Jahrhunderts entdeckten die Künstler das perspektivische Zeichnen neu, auch wenn ihnen die Grundlagen noch nicht gänzlich geläufig waren. Zwar hatte man erkannt, dass die Linien wohl in Fluchtpunkten zusammenlaufen, aber die für die gewählten Fluchtpunkte befanden sich selten im Einklang zueinander. Betrachten Sie das um 1290 entstandene Fresko der Basilika San Francesco im italienischen Assisi *(rechts oben)* und vergleichen Sie den kleinen Treppenpodest am linken Bildrand mit dem Podest am oberen Ende der Treppe und dem kleinen Tempel in der rechten oberen Bildecke. Alle Linien scheinen auf verschiedene, weit entfernte Fluchtpunkte zuzulaufen. Auffällig ist auch, dass die Personen plastischer erscheinen, was in erster Linie an der Ausgestaltung und dem Einsatz von Licht und Schatten liegt.

Mit dem Beginn der Renaissance in Italien im 14. und 15. Jahrhundert wurden die Grundlagen der Perspektive wiederentdeckt und blieben von da an in der darstellenden Kunst geläufig. Im Jahr 1344 malte Ambrogio Lorenzetti *Die Verkündigung an Maria (rechts).* In diesem Werk ist eine Einpunktperspektive deutlich zu erkennen, zumindest bei der Gestaltung des Fußbodens. Damit stellt das Bild eines der frühesten bekannten Beispiele für eine sorgfältig strukturierte Perspektive in der Renaissance dar. Filippo Brunelleschi experimentierte mit Perspektiven und galt gemeinhin als „Erfinder" der Perspektive um 1420.

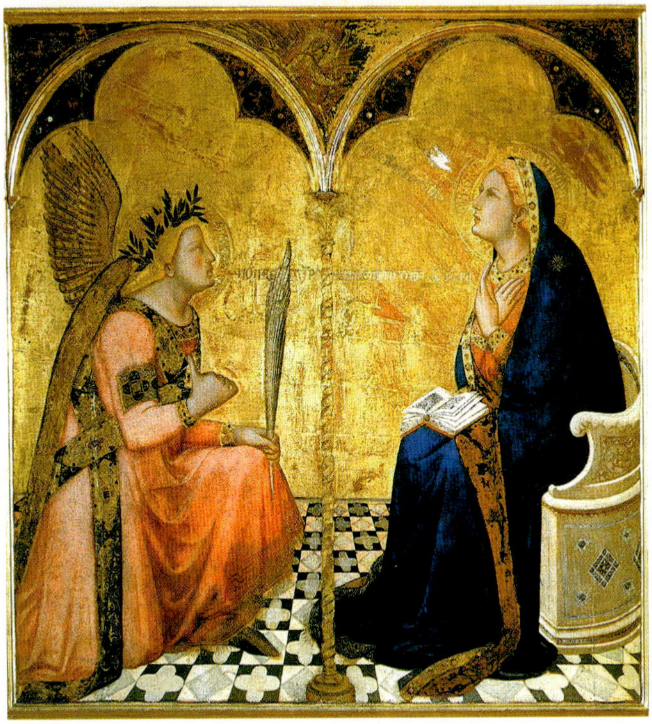

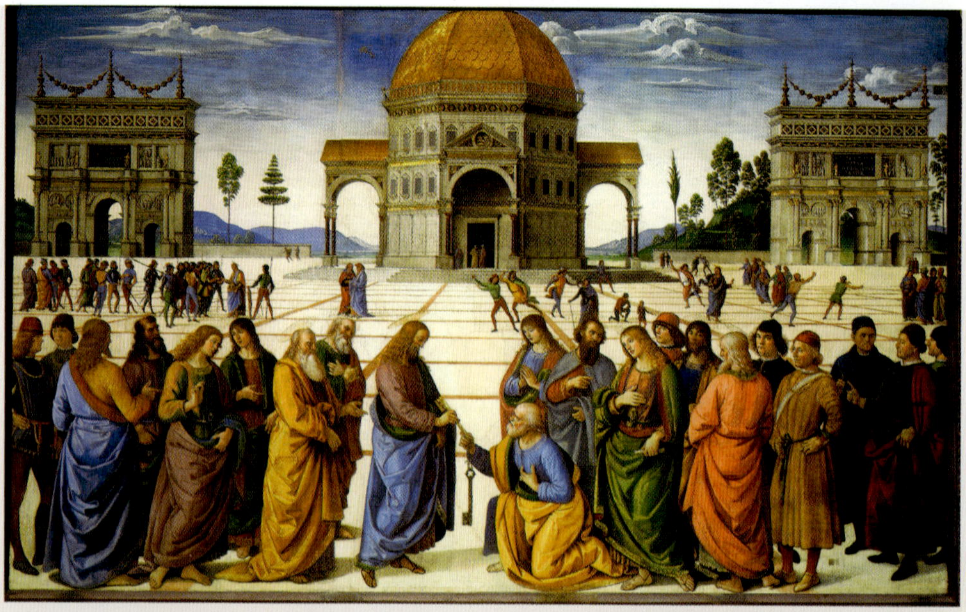

In seiner Schrift *De Pictura (Über die Malkunst)* von 1435 fasste Leon Battista Alberti erstmals die Vorgehensweise beim Aufbau einer Linearperspektive zusammen. Die Urheberschaft an der Technik schrieb er Brunelleschi zu. Von dieser Zeit an wurde es zur Norm, Räumlichkeit mit präzise konstruierten Perspektiven darzustellen. Viele der entstandenen Bilder bedienen sich der Einpunktperspektive. Als frühes Beispiel dient Pietro Peruginos Fresko von 1482 in der Sixtinischen Kapelle: *Die Übergabe des Schlüssels an den heiligen Petrus (oben)*. Hier sehen wir eine strikte Einpunktperspektive. Sie wird genutzt, um die zentrale Darstellung einzurahmen.

Perspektive im dreidimensionalen Raum

Während die Entwicklung der Perspektive auf einer planen Fläche weiter Fortschritte machte, begannen Architekten zu erkunden, wie man die Wahrnehmung des dreidimensionalen Raums manipulieren kann. Man bewegte sich dabei weiterhin im achsensymmetrischen Aufbau. Mitte des 16. Jahrhunderts fertigte Michelangelo einen Entwurf für den Kapitolsplatz in Rom an. Die Gebäude sind links und rechts der Längsachse leicht trapezförmig angeordnet. Wenn der Betrachter den Platz von der offenen Seite her betritt, erscheint ihm das gegenüberliegende Gebäude näher, als es ist. Dieser Effekt wird umgekehrt, wenn er den Platz von der anderen Seite aus anschaut. Hier haben wir es mit einer optischen Täuschung in ganz großem Maßstab zu tun. Dieses Phänomen wird auch als „erzwungene Perspektive" bezeichnet, da die Anordnung von Objekten unsere räumliche Wahrnehmung in falsche Bahnen zwingt. Ein weiteres berühmtes und vergleichsweise modernes Beispiel wurde 1585 von Andrea Palladio erschaffen. Sein Teatro Olimpico im italienischen Vicenza verwendet die erzwungene Perspektive für eine Kulissenstadt. Am Bühnenhintergrund steht eine Fassade, in welche Toröffnungen eingelassen sind. Schaut man hindurch, scheinen Straßen weit in die Ferne hinauszuführen. In Wirklichkeit steigt der Boden hinter der Fassade an, und die Wände laufen aufeinander zu, was den Kulissenraum deutlich tiefer erscheinen lässt, als er eigentlich ist.

Aufbruch zu neuen Ufern

Mit dem Zeitalter des Barocks erwachte im 17. Jahrhundert der Wunsch nach immer gewagteren perspektivischen Kunstwerken. Eines der atemberaubendsten ist Andrea Pozzos Trompe-l'œil-Deckenfresko in Sant'Ignazio in Rom *(gegenüber rechts)*. Es entstand 1684–1695 und stellt eine Glanzleistung der perspektivischen Konstruktion dar. Noch beeindruckender erscheint dieses Werk, wenn man bedenkt, dass es auf ein Tonnengewölbe gemalt ist.

Etwa zwischen 1748 und 1774 schuf Giovanni Battista Piranesi zahlreiche Radierungen von der Stadt Rom, darunter auch von der verfallenen Ruinen der Altstadt *(gegenüber, außen rechts)*. Seine Motive stehen für einen Abschied von den Idealen der Renaissancemalerei – die Darstellungen waren weniger starr und gaben tendenziell die nichtzentrierte Sicht eines Passanten wieder. Daher nutzte Piranesi oft die Zweipunktperspektive. Seine Radierungen waren auch als Druck erhältlich und erlangten große Verbreitung. Selbst spätere Künstler führten diese in eine eher romantische, naturalistische (und sogar übernaturalistische) Richtung, die im 19. Jahrhundert maßgeblich werden sollte.

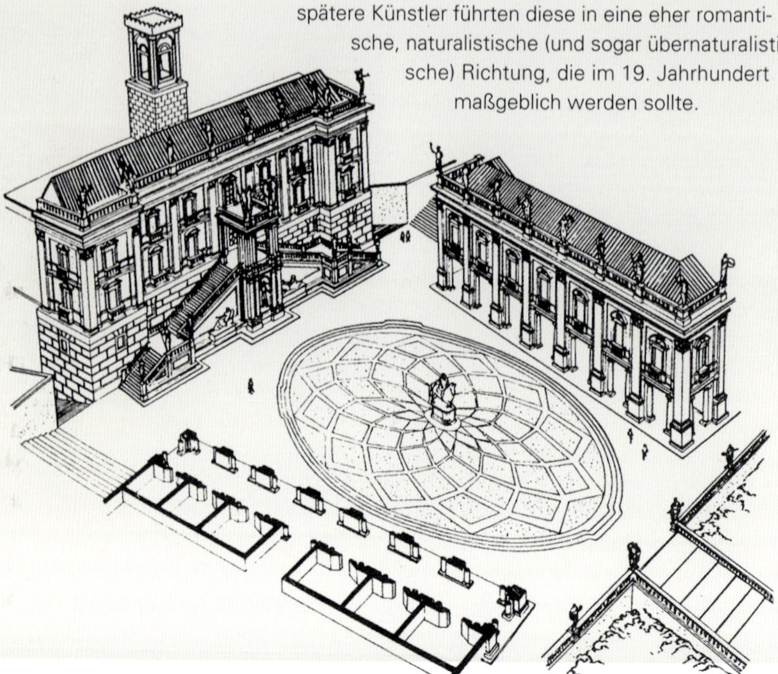

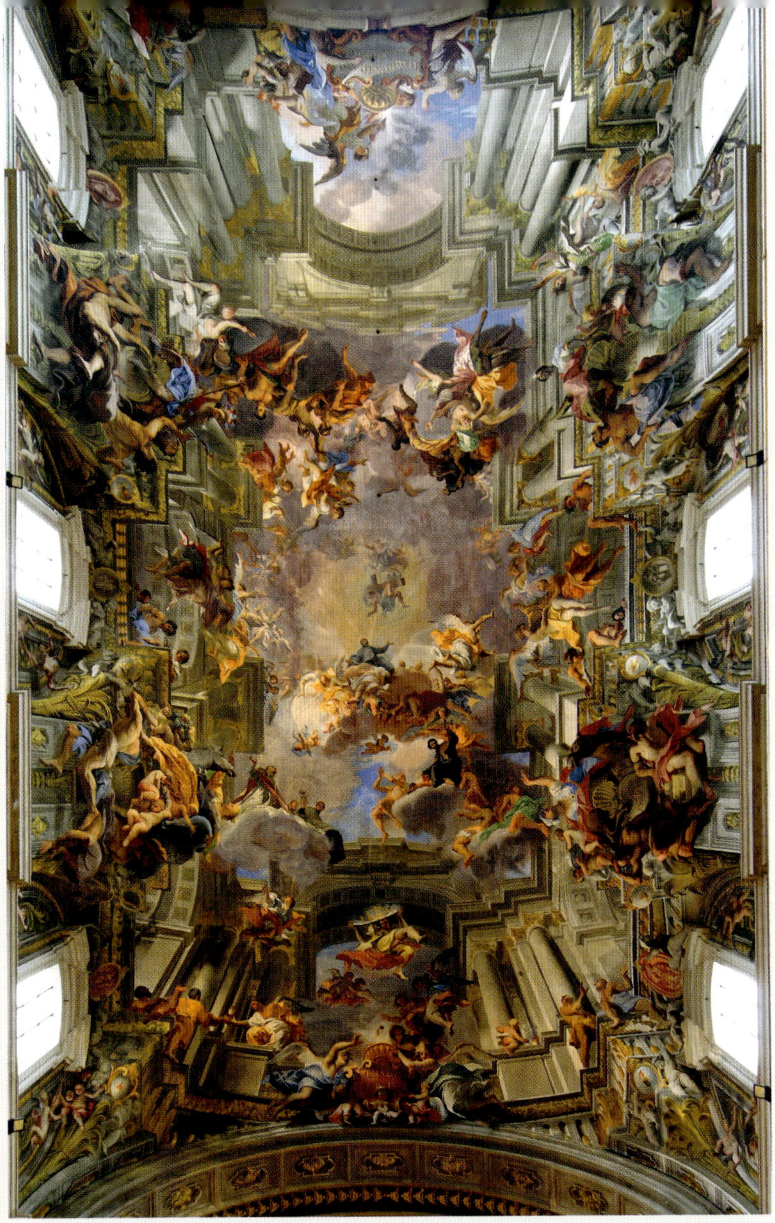

eine komplette Innenansicht der Collégiale Saint-Denis in Liège in Belgien anzufertigen.

In der jüngsten Vergangenheit haben digitale Anwendungen die Darstellungsmöglichkeiten um virtuelle dreidimensionale Modelle erweitert. Dennoch bleibt der Wunsch bestehen, ein Motiv ohne künstliche Hilfe schnell erfassen und zu Papier bringen zu können. Diese Sehnsucht hat wieder mit den grundlegenden Aspekten des perspektivischen Zeichnens zu tun: Man muss kein Experte sein, man benötigt auch keine modernen technischen Mittel, um die Perspektiven zu erkennen und die faszinierende Welt um sich herum zu zeichnen.

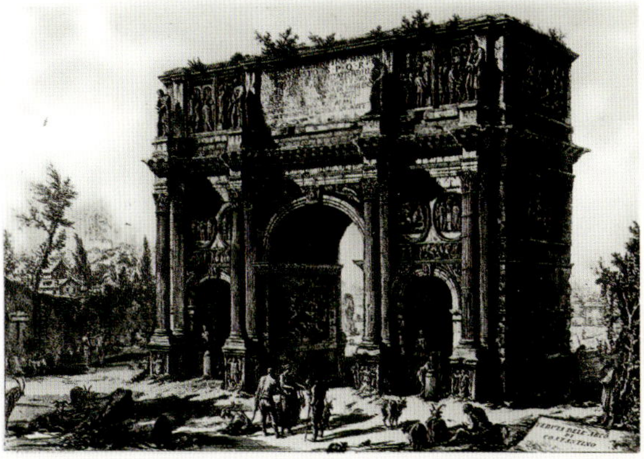

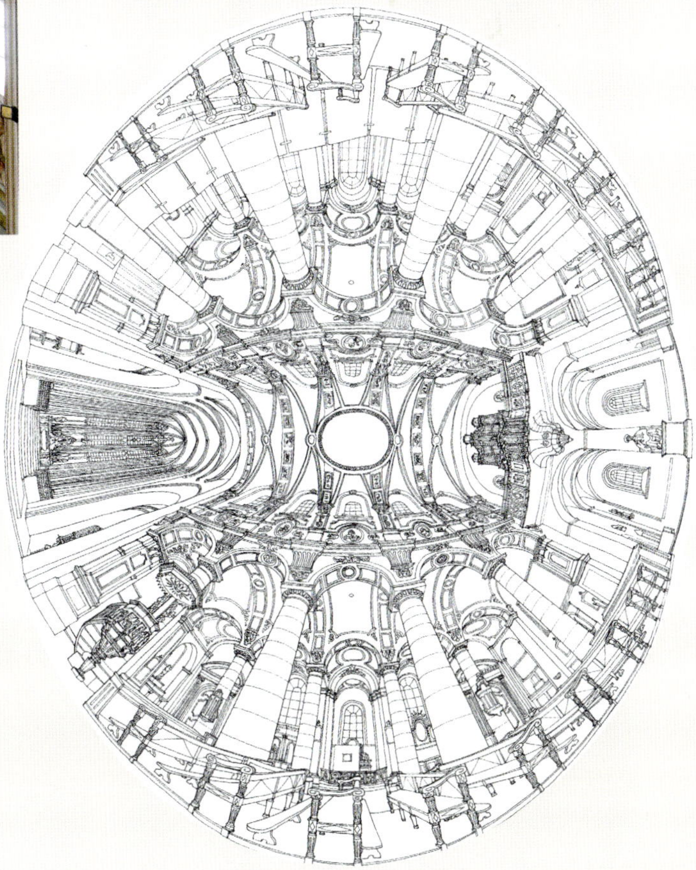

Von der romantischen Grundstimmung von Künstlern und Schriftstellern erfasst, verwendeten amerikanische Landschaftsmaler um 1800 herum Licht, Größenverhältnisse und Luft- und Farbperspektive, um unberührte Natur abzubilden. Städtisches Leben wird nicht aufgegriffen, deswegen findet man hier – wenn überhaupt – nur sehr wenige Fluchtlinien. Diese Art von Motiven erforderte nun spezielle Techniken, um Räumlichkeit abzubilden. Stark akzentuierte Lichtstrahlen, Überschneidungen, zur Ferne hin abnehmende Kontraste und Farbsättigung – all dies verlieh den Werken eines Künstlers wie Albert Bierstadt eine atemberaubende Tiefenwirkung.

Die Perspektive in der modernen Kunst

Auch im vergangenen Jahrhundert wurde mit Perspektiven experimentiert. M. C. Escher erforschte neue Wege, wie er mit der Wahrnehmung räumlicher Tiefe spielen konnte. Auch Gérard Michel unternahm seine eigenen Versuche zur Perspektive im zwei- und dreidimensionalen Raum *(rechts)*. Hier hat er sich einer Fischaugenperspektive bedient, um

Grundlagen der Perspektive

Perspektivische Mittel werden benutzt, um die Illusion der Dreidimensionalität auf einer flachen Ebene zu schaffen. Um perspektivisch zeichnen zu können, ist es hilfreich, einige grundlegende Begriffe und Prinzipien parat zu haben, die für alle Arten der Perspektive gelten. Wenn Sie dieses Grundwissen haben und verstehen, warum Gegenstände sich optisch im Raum derart verhalten, wird es Ihnen leichter fallen, ein Motiv zu erfassen und in einer Skizze festzuhalten.

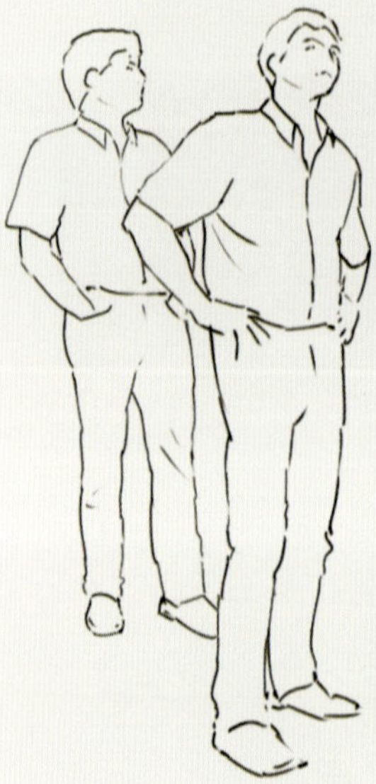

Tiefenhinweise

Es gibt einige sogenannte Tiefenhinweise, die uns dabei helfen, räumliche Tiefe zu erfassen – also abzuschätzen, wie weit entfernt wir von den diesen Dingen stehen.

ÜBERSCHNEIDUNG

Wenn ein Objekt das andere überlappt *(links)*, erscheint das teilweise verdeckte Objekt weiter entfernt als dasjenige, das es überschneidet. Das Prinzip gilt auch für Lebewesen. Sehen wir zwei Menschen, von denen einer den anderen teilweise überdeckt, verstehen wir sofort, dass der eine weiter entfernt steht als der andere, diese einfache Skizze hier demonstriert es. Dieses Prinzip gilt für alle sich überschneidenden Gruppenanordnungen.

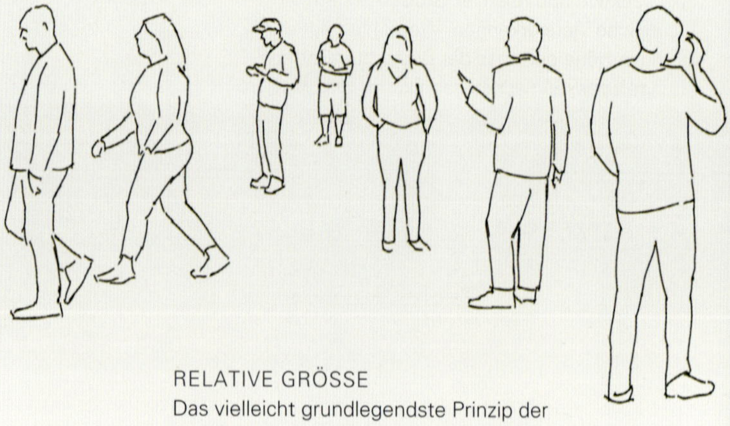

RELATIVE GRÖSSE

Das vielleicht grundlegendste Prinzip der räumlichen Wahrnehmung hat großen Einfluss auf das Zeichnen von Perspektive: Je weiter ein Gegenstand vom Betrachter entfernt ist, desto kleiner erscheint er. Angenommen, wir sehen mehrere ähnliche Objekte, wie in diesem Beispiel eine Gruppe von Personen *(oben)*, so gehen wir davon aus, dass sie an sich annähernd gleich groß sind. Je kleiner die Personen dargestellt sind, desto entfernter erscheinen sie in Relation zu den anderen Menschen auf dem Bild.

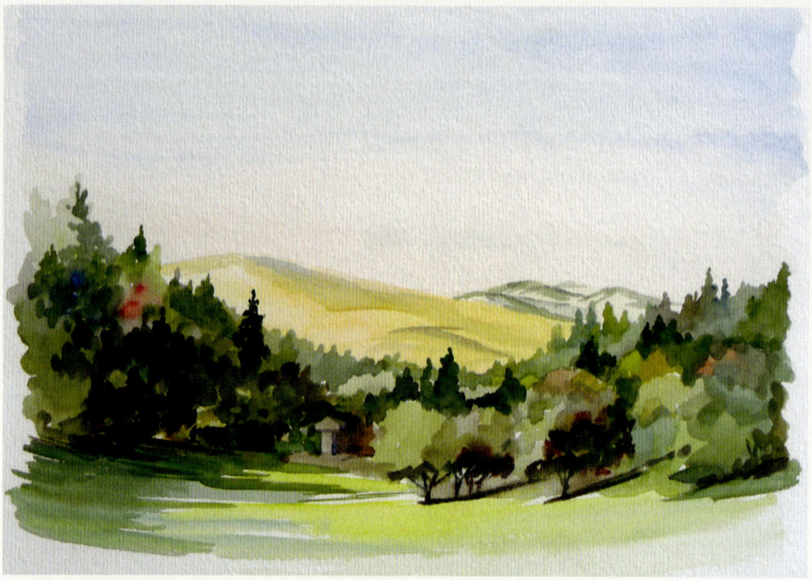

FARB- UND LUFTPERSPEKTIVE

Etwas, das sich in sehr großer Entfernung von uns befindet, nehmen wir auf eigene Weise wahr, da viel mehr Staub- und Wasserpartikel die Sicht „trüben". Wollen wir zum Beispiel ein Landschaftsbild malen, so kommt dieser Effekt zum Tragen. Je weiter ein Objekt entfernt ist, desto schwächer wird die Farbsättigung (d. h., der Kontrast zwischen Hell und Dunkel ist geringer). Darüber hinaus sind die Farben entfernt gelegener Objekte kühler (weniger warme, dafür mehr blau- und violettstichige Farben). Im Umkehrschluss erscheinen näher gelegene Objekte schärfer, detail- und kontrastreicher und bieten die gesamte Bandbreite warmer und kühler Farben. Dieser Unterschied mag oft dezent ausfallen, aber dennoch handelt es sich hierbei um einen Tiefenhinweis, mit dessen Hilfe wir große Distanzen wahrnehmen und beim Malen darstellen können.

A

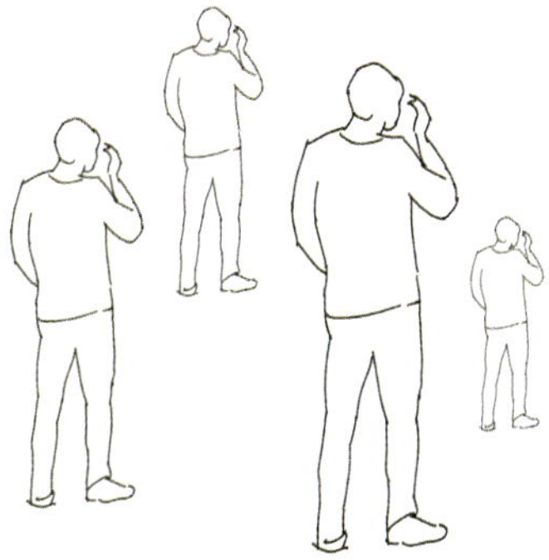

B

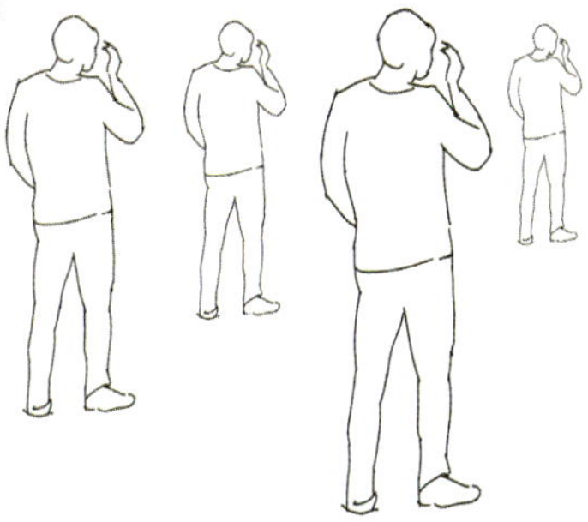

C

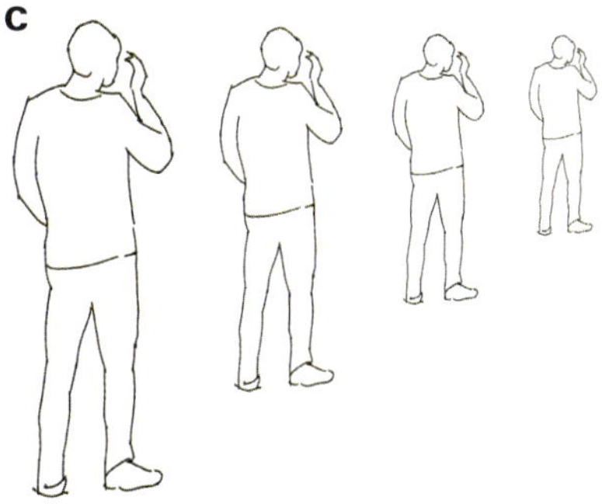

RELATIVE HÖHE

Mithilfe von Überschneidung, Luft- und Farbperspektive und relativer Größe können wir räumliche Tiefe erkennen. Weiterhin trägt die relative Höhe bei, dass der Betrachter Entfernungen passend abschätzen kann. Was passiert, wenn man die gleiche Figur in unterschiedlichen Größen willkürlich im Bild positioniert (**A**)? Das Ergebnis verrät uns noch nicht besonders viel über die räumlichen Verhältnisse. Wird jedoch die gleiche Gruppe von Figuren so angeordnet, dass die Köpfe etwa auf gleicher Höhe abschließen (**B**), wird klar, dass die größte Figur am nächsten und die kleinste am weitesten von uns entfernt steht. Stehen die Figuren aufgereiht, sodass sich die größte links und die kleinste ganz rechts befindet (**C**), wird sogar noch deutlicher, dass die Personen von rechts nach links größeren Abstand zu uns haben. Verbindet man nun die Figuren jeweils auf Augen-, Hüft- und Fußhöhe durch eine Linie (**D**), fällt auf, dass diese Linien sich alle in einem Punkt treffen.

D

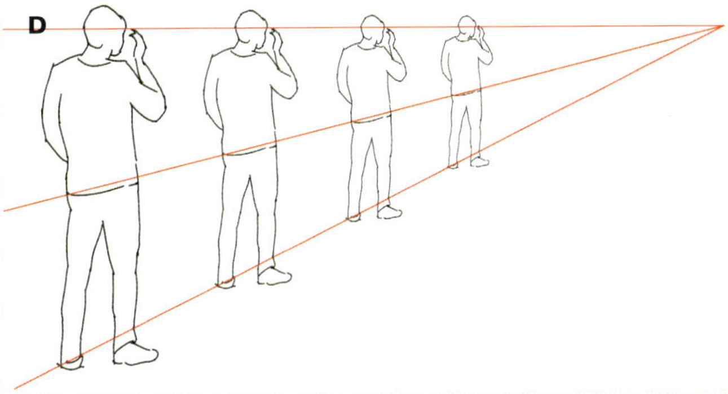

FP

Fluchtlinien

Sind diese Fluchtlinien einmal in einer Zeichnung angelegt, kann man sie dazu verwenden, weitere Figuren in der richtigen Größe einzufügen, damit sie vom Standpunkt des Betrachters aus näher oder weiter entfernt erscheinen. Parallel verlaufende Linien laufen perspektivisch betrachtet in der Ferne zu einem Punkt zusammen, da der Abstand zwischen diesen Linien mit zunehmender Entfernung kleiner wird. Das Prinzip gilt für alle Objekte, die etwa die gleiche Größe haben, wie zum Beispiel für die Säulen auf diesem Foto *(unten)*. Mit Ausnahme der beiden abgebrochenen Säulen im Vordergrund liegen die Unter- und Oberkanten aller Säulen auf den Linien, die förmlich zu einem Punkt in weiter Ferne „fliehen" – zum sogenannten *Fluchtpunkt* (in diesem Buch mit **FP** abgekürzt). Mithilfe dieser beiden Linien können wir uns gut vorstellen, wie dieses Motiv aussähe, wenn die Säulenreihe nach links oder rechts erweitert wäre.

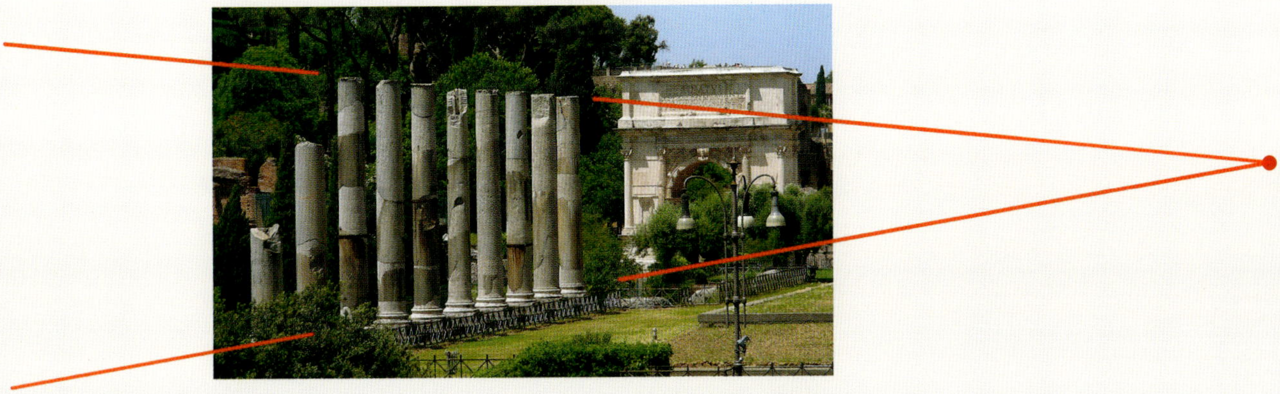

FP

Fluchtpunkte

Wie auf der vorangegangenen Seite schon gezeigt, treffen sich in den Fluchtpunkten von Bildern, die Linien, die scheinbar parallel im Raum in die Ferne führen. Diese Linien können im Raum vertikal, horizontal oder in einem Winkel angeordnet sein, gemeinsam gilt: Verlaufen diese Linien parallel zueinander vom Betrachter fort, dann treffen sie sich für ihn weit entfernt in einem Fluchtpunkt. Auf dem Foto *(rechts)* gibt es mehrere Linien, die (räumlich betrachtet) horizontal ausgerichtet sind – die Gleise, die Stromleitungen oben im Bild, die gelbe Linie am Bahnsteig etc. All diese Linien sind an sich parallel zueinander, daher haben sie denselben Fluchtpunkt, der sich knapp rechts neben dem einfahrenden Zug befindet.

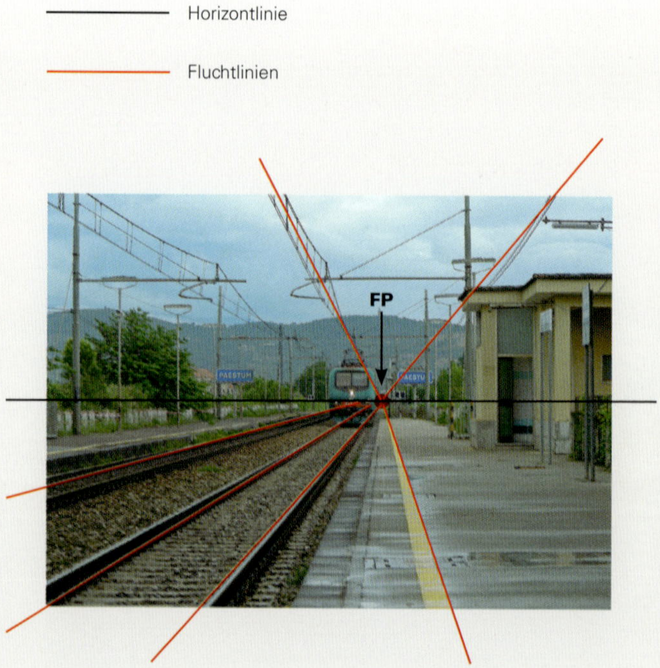

Horizontlinie

Zwei für die Perspektive sehr wichtige Begriffe sind „Horizontlinie" und „Augenhöhe". Beide stehen eng miteinander in Verbindung, bedeuten aber Unterschiedliches. Die Horizontlinie befindet sich dort, wo sich Erde und Himmel scheinbar in der Ferne berühren. Steht man an einem Strand und schaut aufs Meer hinaus, ist die Horizontlinie nicht zu übersehen. In anderen Situationen, wenn zum Beispiel Häuser oder Bäume und andere Objekte die Sicht versperren, ist diese Linie nicht ganz so deutlich zu erkennen. Und trotzdem – wenn parallele Linien im Raum horizontal verlaufen *(siehe rechts)*, liegt der Fluchtpunkt unweigerlich auf der Horizontlinie. Folgen wir in unserem Beispiel den Fluchtlinien zum Fluchtpunkt, der sich tatsächlich knapp rechts neben dem Zug befindet, und ziehen eine waagerechte Linie durch den Punkt, wird die Horizontlinie erkennbar – und diese Methode funktioniert in den meisten Fällen. Wie die folgenden Kapitel dieses Buchs zeigen werden, ist die Bestimmung der Horizontlinie sehr hilfreich, wenn es darum geht, die Position der Fluchtpunkte festzulegen – egal, mit wie vielen Bündeln paralleler Linien und mit wie vielen Fluchtpunkten Sie es zu tun bekommen.

Augenhöhe

Jeder Mensch hat seine eigene Augenhöhe und trägt diese sozusagen überall mit hin. Bestimmt wird diese ganz einfach durch Höhe und Position der Augen zu einem gewissen Zeitpunkt. Stellen Sie sich Ihre Augenhöhe als eine gerade Fläche vor, die sich in Richtung Ihres Blicks ausdehnt. Dann wird klar, dass Ihre spezielle Position eine Sichtweise bedingt, die sich von der anderer Betrachter unterscheidet. Ihre Position im Raum ist einzigartig – insbesondere durch die Position Ihrer Augen – und das beeinflusst maßgeblich Ihr Sehen eines bestimmten Objekts.

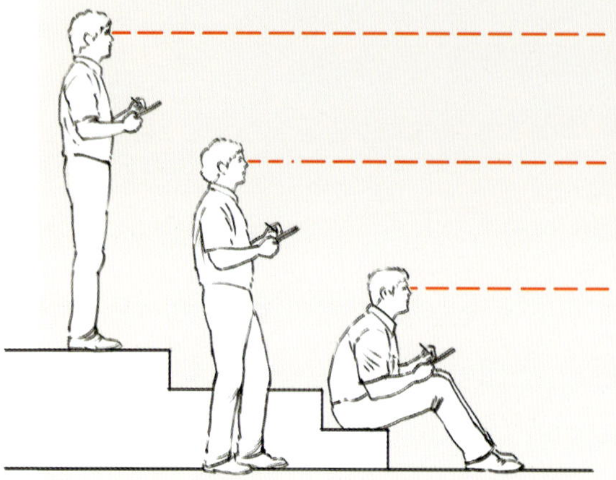

Im Sitzen ist Ihre Augenhöhe niedriger als im Stehen. Wenn Sie sich in einer erhöhten Position befinden, wäre sie wieder anders.

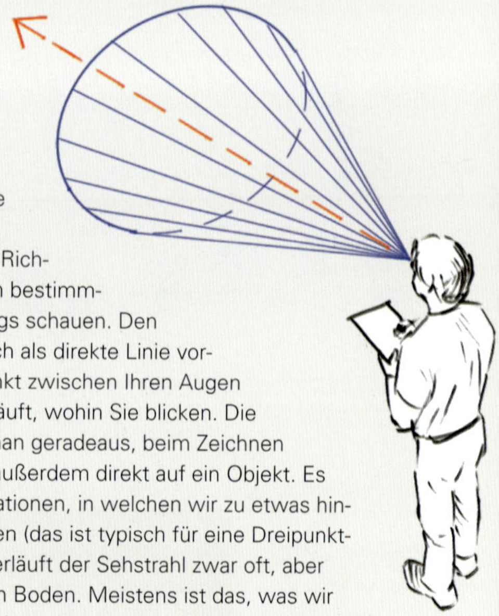

Sehstrahl und Sichtkegel

In engem Zusammenhang mit der Augenhöhe steht der „Sehstrahl" – dieser kennzeichnet die Richtung, in die wir zu einem bestimmten Zeitpunkt geradewegs schauen. Den Sehstrahl können Sie sich als direkte Linie vorstellen, die in einem Punkt zwischen Ihren Augen beginnt und dorthin verläuft, wohin Sie blicken. Die meiste Zeit über sieht man geradeaus, beim Zeichnen schaut man gemeinhin außerdem direkt auf ein Objekt. Es gibt allerdings auch Situationen, in welchen wir zu etwas hinauf- oder hinunterschauen (das ist typisch für eine Dreipunktperspektive). Insofern verläuft der Sehstrahl zwar oft, aber nicht immer, parallel zum Boden. Meistens ist das, was wir wahrnehmen und versuchen zu zeichnen in einem zentralen „Sehkegel" angeordnet. Dieser ist der Teil unseres Gesichtsfelds, in dem der zentrale Fokus liegt und in dem Verzerrungen in geringstem Maß auftreten. Man nimmt an, dass der Sehkegel einen Winkel von 60 Grad abdeckt. Dieser Wert variiert jedoch, da der Sehkegel Stück für Stück ins periphere Sehen übergeht. Der Blickwinkel des peripheren Sehens ist dabei sehr viel umfassender, er hat vertikal etwa 140 Grad, horizontal sogar bis zu 180 Grad. Auf das periphere Sehen inklusive der Verzerrungen, die außerhalb des Sehkegels entstehen, wird zu einem späteren Zeitpunkt näher eingegangen.

Techniken zum Betrachten und Skizzieren

In dem kurzen Moment, in dem Sie von einem Objekt hinunter auf Ihren Skizzenblock schauen, verarbeitet Ihr Gehirn, was Sie gerade gesehen haben – unterbewusst, ohne dass Sie überhaupt darüber nachdenken. Dies hat einen großen Einfluss auf Ihre Zeichnung – und bedeutet manchmal eben, dass das, was Sie zeichnen nicht so aussieht wie das, was Sie gesehen haben. Glücklicherweise gibt es jedoch ein paar einfache Techniken, die Ihnen sehr nützen können, wenn Sie sie in Ihre Arbeitsabläufe beim Zeichnen integrieren.

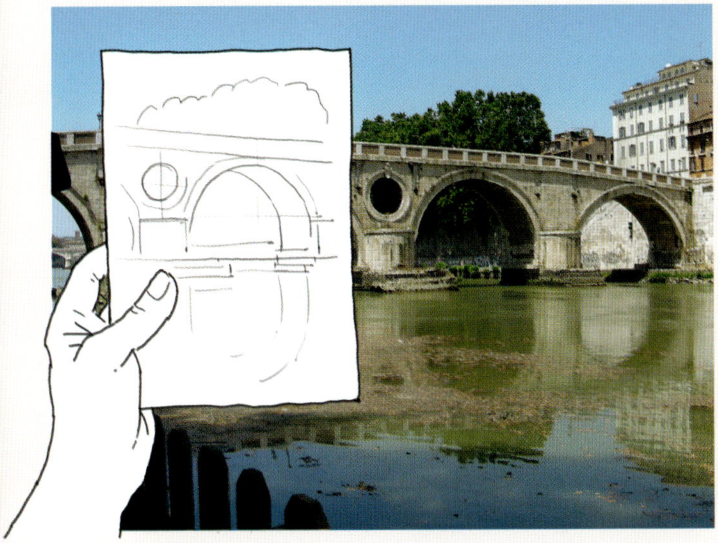

▲ Halten Sie Ihren Zeichenblock hoch, sodass Sie Ihre ersten Zeichenstriche und das zu zeichnende Objekt nebeneinander sehen. Die Größe von Objekt und Zeichnung sollte nun übereinstimmen.

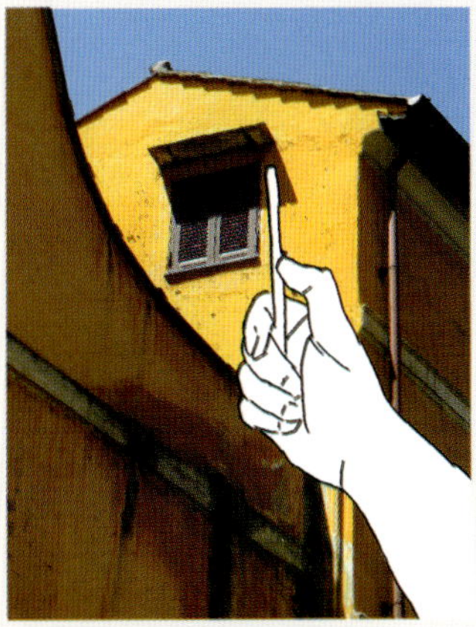

▲ Wenn Sie einen Teil des Bleistifts mit dem Daumen begrenzen, so können Sie am Bleistift ein Maß markieren und die Größe von Objekten vergleichen.

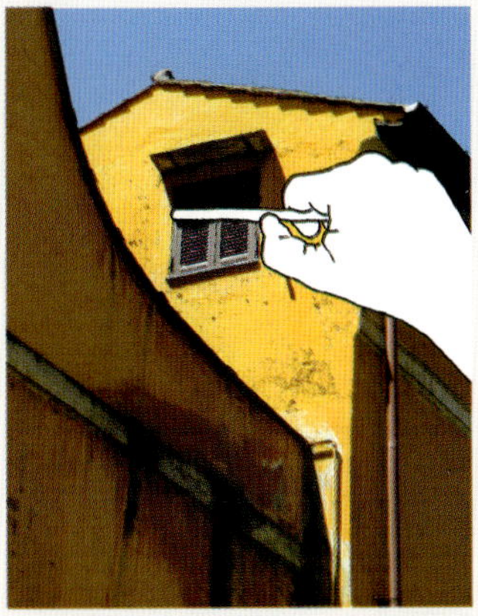

▲ Mithilfe dieser Technik können Sie erkennen, dass das Fenster in etwa so hoch wie breit ist.

DIREKT VERGLEICHEN

Genau genommen ist das direkte Vergleichen die wirksamste Technik, um bei jeder Art von Zeichnung Ihre Arbeit zu kontrollieren, während die ersten groben Linien aufs Papier kommen. Dennoch wenden viele Menschen diese Methode nicht gerne an. Halten Sie Ihre Skizze einfach hoch, genau neben das entfernt liegende Objekt, das Sie zeichnen. Halten Sie den Block etwas näher oder weiter von sich weg, bis das Objekt und Ihre Skizze die gleiche Größe haben *(links)*. Stimmen alle Formen und Größenverhältnisse? Sind die Winkel der Fluchtlinien getroffen? Wenn nicht, nehmen Sie die nötigen Korrekturen vor und wiederholen Sie diesen Arbeitsschritt, bis Sie das gewünschte Maß an Übereinstimmung erreicht haben.

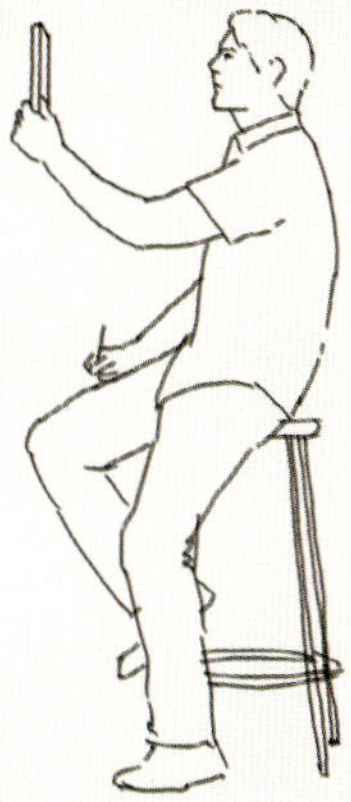

MIT DEM BLEISTIFT PEILEN

Bei dieser Technik verwenden Sie Ihren Bleistift (oder ein anderes Zeichengerät) als Messinstrument. Schließen Sie ein Auge und halten Sie den Stift so, wie Sie es auf dem Bild unten sehen. Dabei ist es nicht erforderlich, dass Sie den Arm ganz durchstrecken. Achten Sie nur darauf, dass der Abstand zwischen Stift und Auge konstant bleibt, wenn Sie Maß nehmen. Auch wenn die Maße, die Sie durch diese Technik erhalten, nicht besonders genau sind, verbessern sich die Proportionen in Ihrer Zeichnung enorm. Das Peilen mit dem Stift kann Ihnen auch dabei helfen, die Winkel für die perspektivische Darstellung besser zu bestimmen. Darauf wird in einer der Schritt-für-Schritt-Erklärungen im Folgenden näher eingegangen.

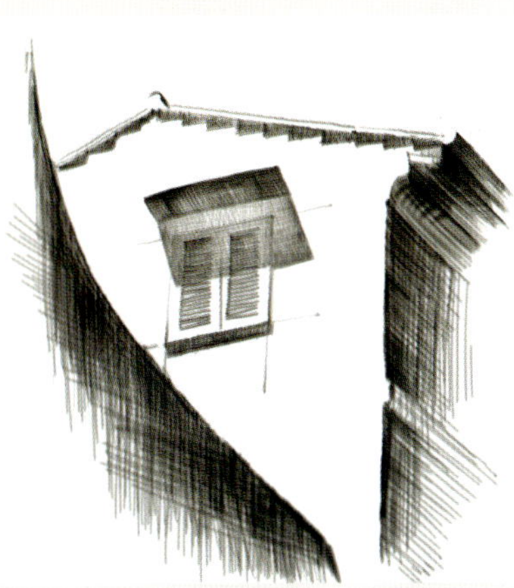

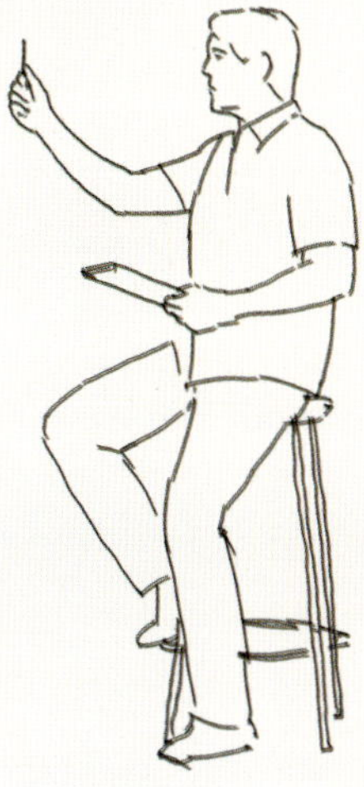

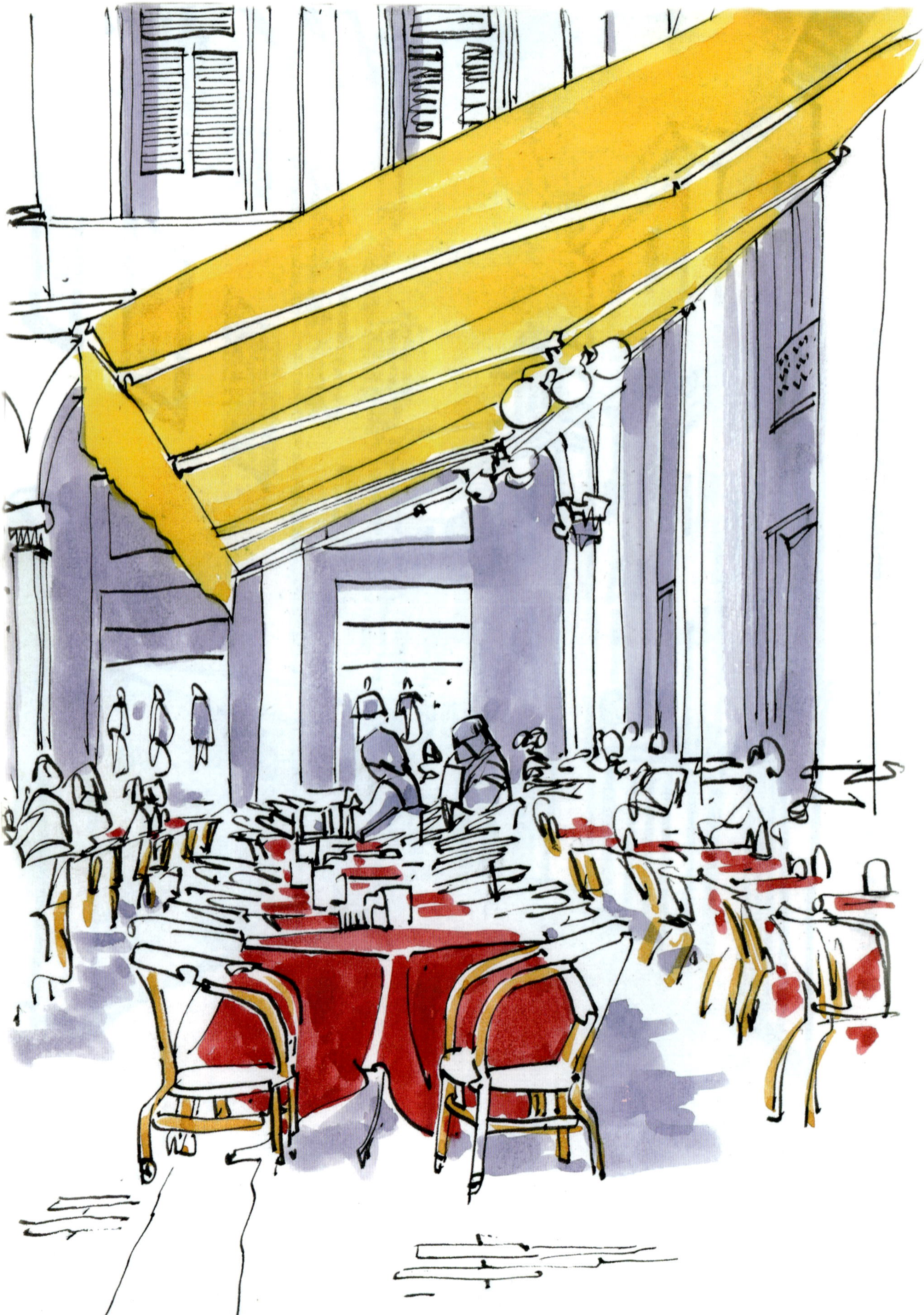

1 PUNKT PERSPEKTIVE

Die Einpunktperspektive ist die einfachste Form der Perspektive, da wir es hier nur mit einem einzigen Fluchtpunkt zu tun haben. Typischerweise finden Sie sie in Zeichnungen von Straßenfluchten oder immer dort, wo Linienbündel parallel und senkrecht zum Sehstrahl des Betrachters verlaufen.

◀ SZENE VOR EINEM CAFÉ • *Miguel Herranz* • Füllfederhalter und Aquarell

Einführung

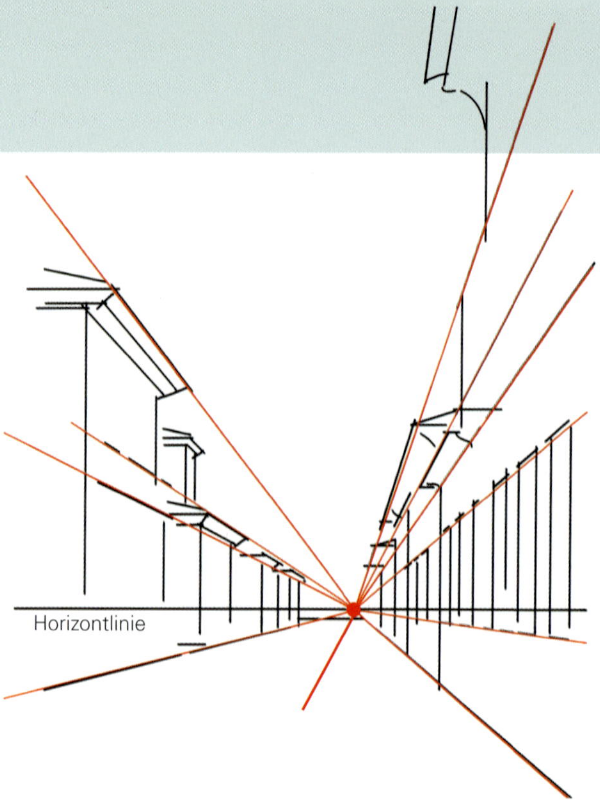

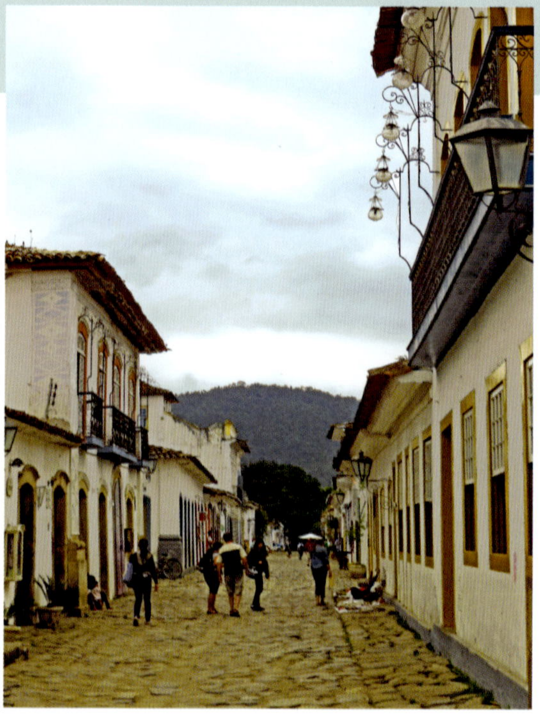

Was ist eine Einpunktperspektive?

Bei einer Einpunktperspektive verlaufen die Linienbündel, die im Raum horizontal ausgerichtet sind, parallel zum Sehstrahl und treffen sich in der Ferne in einem einzigen Punkt. Solange der Betrachter nicht zum Himmel hochschaut oder zu Boden blickt, fallen Augenhöhe und Horizontlinie zusammen – der Fluchtpunkt liegt genau auf dieser Linie.

Im Alltag ist diese Perspektive oft nur schwer zu erkennen, da in unserem Sichtfeld immer auch Linien liegen, die auf andere Punkte zulaufen. Konzentriert man sich allerdings auf eine Szenerie, die in mittlerer oder weiter Entfernung liegt, wird die relativ einfache Struktur dieser Perspektive sichtbar. Mit ein wenig Übung wird es Ihnen beim Anblick eines Gebäudes bald so vorkommen, als würden die horizontalen Linienbündel ebenso farbig leuchten wie in diesem Buch und mit Pfeilen in Richtung Fluchtpunkt zeigen.

Manche moderne Städte sind nach einem sogenannten orthogonalen Raster angelegt. Das bedeutet, es gibt ein Linienbündel, das in die eine Richtung läuft, das andere Linienbündel steht senkrecht dazu. Befindet man sich in einer solchen Stadt und blickt eine Straße entlang, eröffnet sich eine Einpunktperspektive: Alle Linien, die parallel zum Sehstrahl verlaufen, treffen sich in einem Fluchtpunkt in weiter Ferne. Die dazu senkrecht stehenden Linien erscheinen auch im Bild als Horizontale. Alle vertikalen Linien bleiben vertikal.

▲ ▶ Diese lange, schnurgerade Straße im brasilianischen Paraty ist ein Paradebeispiel für die Einpunktperspektive – alle Hauptlinien der Gebäude, die parallel zur Straße (und zu Ihrem Sehstrahl) verlaufen, führen zum gleichen Punkt in der Ferne, der etwa auf Augenhöhe liegt.

▶ RUA DO COMÉRCIO, PARATY, BRASILIEN
Matthew Brehm • Grafit und Aquarell

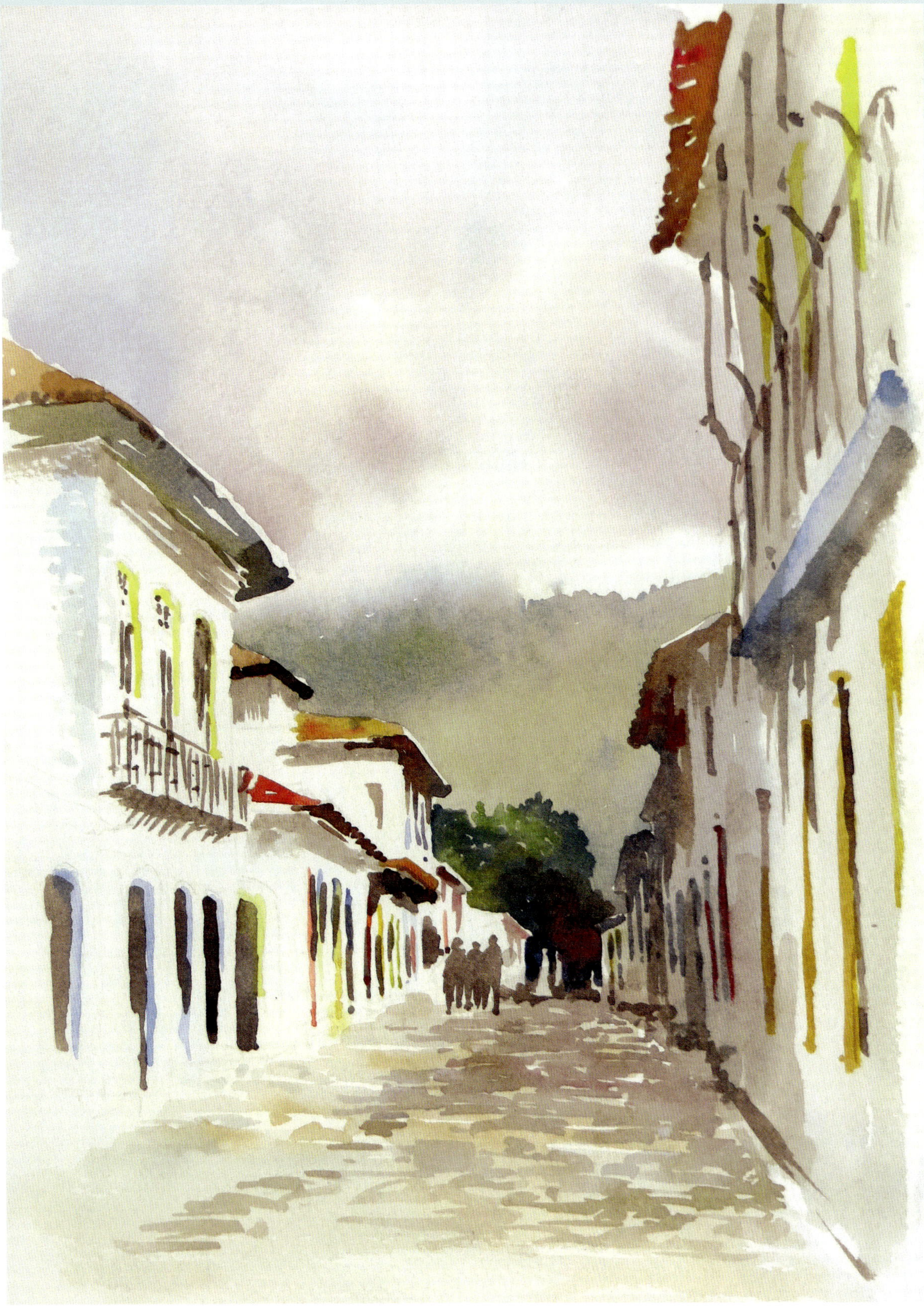

Einpunktperspektive

Sehen

Immer, wenn in einem Bild nur ein einziges Linienbündel zu sehen ist, haben Sie eine Einpunktperspektive vor sich. Liegen die konvergierenden Linien horizontal im Raum – dies ist zum Beispiel bei Dachrinnen der Fall –, laufen diese unweigerlich auf einen einzigen Punkt auf der Horizontlinie zu.

▶ Linearperspektiven wie diese zeichnen sich vor allem dadurch aus, dass sich die Linien in demselben Punkt in der Ferne treffen.

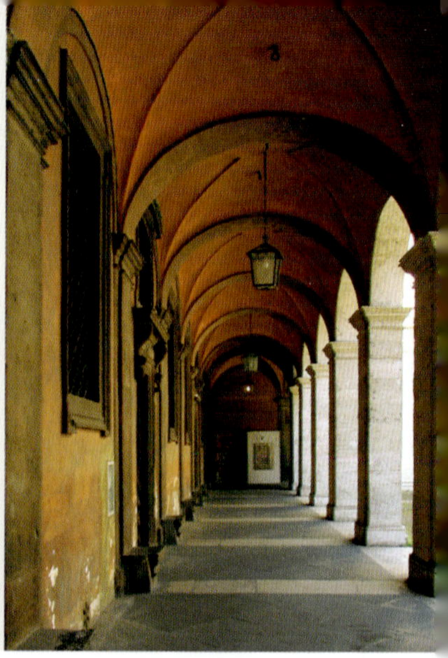

FP
Fluchtlinien
Horizontlinie

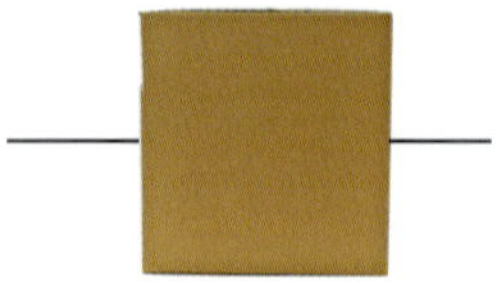

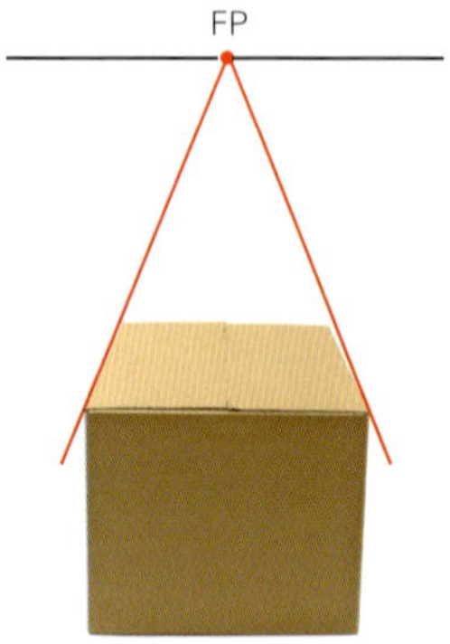

ALLER ANFANG IST LEICHT! Ein geschlossener Karton, der direkt von einer Seite aus auf Augenhöhe betrachtet wird – diese Ansicht wird auch als Normalperspektive bezeichnet –, erscheint als einfaches, zweidimensionales Rechteck *(links)*. Solange der Betrachter nicht mehr als nur diese eine Seite des Kartons sieht, liegen keine Tiefenhinweise vor – und es ist für ihn unmöglich zu bestimmen, wie groß oder klein der Karton tatsächlich ist. Erst wenn er den Blickwinkel nach oben oder unten hin so verändert, dass entweder der Boden oder die Oberseite des Kartons sichtbar ist, bekommt der Betrachter die ersten Tiefenhinweise und erkennt die Dreidimensionalität des Kartons.

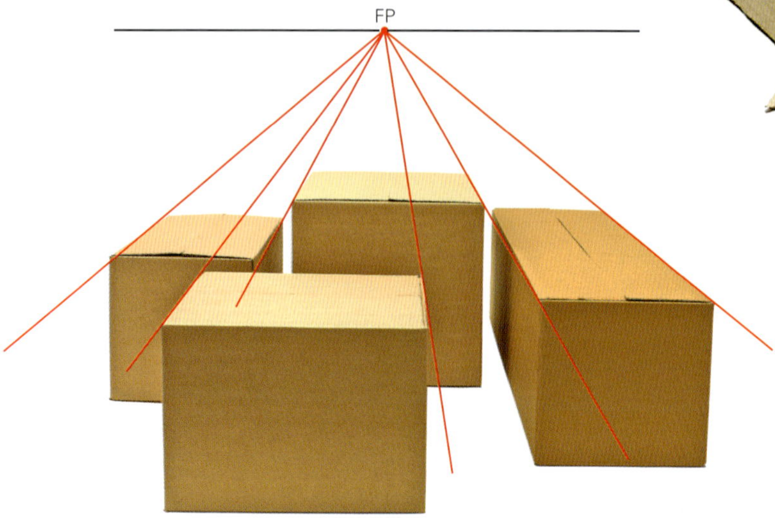

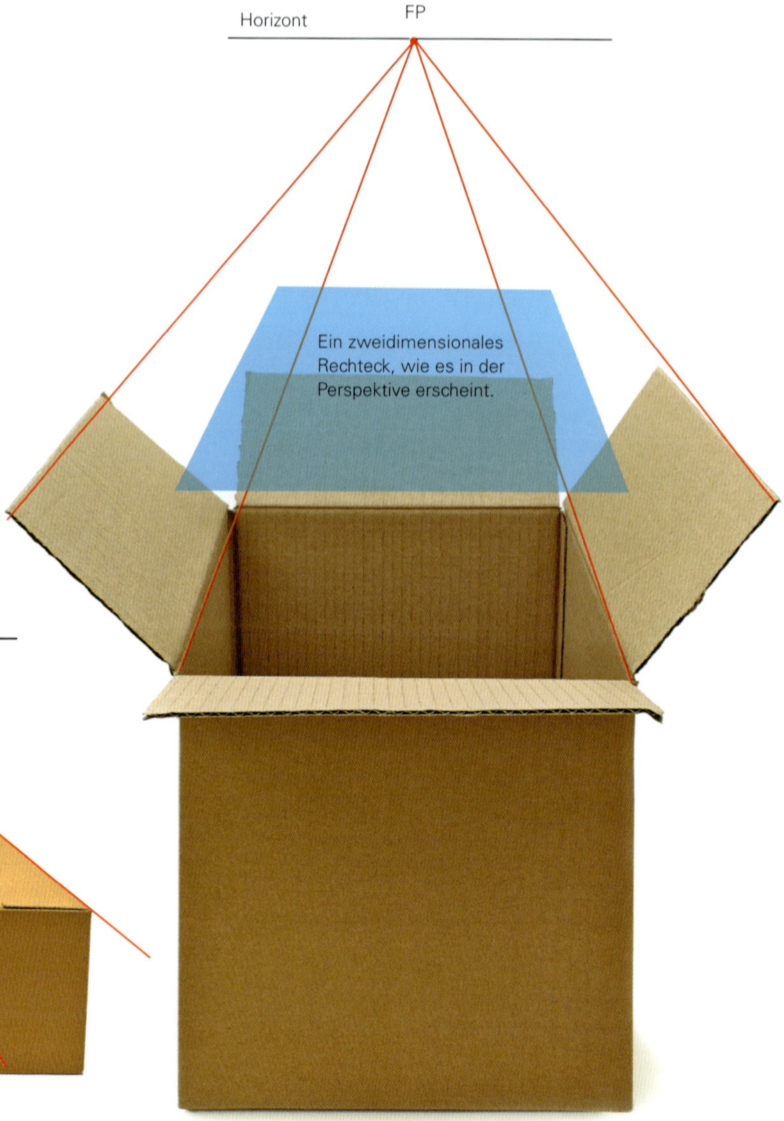

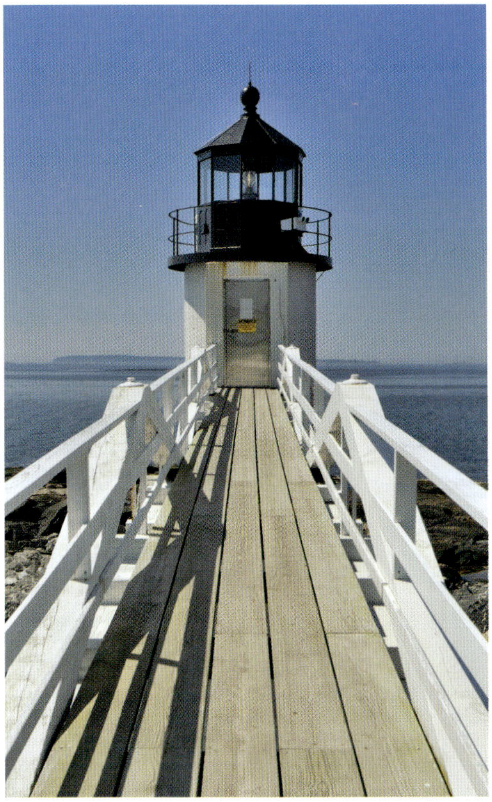

▲ **Normalperspektive** Die horizontalen Linien des Stegs scheinen in einem Punkt zusammenzulaufen, der auf der Augenhöhe des Betrachters liegt. Für gewöhnlich fallen Augenhöhe und Horizont zusammen.

EIN EINFACHES HAUS

Hier gilt das Prinzip, das schon am Beispiel mit dem Karton gezeigt wurde: Wenn ein Haus frontal in der Normalansicht angeschaut wird, sieht man nichts weiter als die Fassade. Betrachtet man es jedoch von oben, werden die horizontalen Kanten und der First des Daches ersichtlich. Da diese Linien parallel zueinander verlaufen und im Raum horizontal ausgerichtet sind, treffen sie in der Ferne in einem Punkt zusammen.

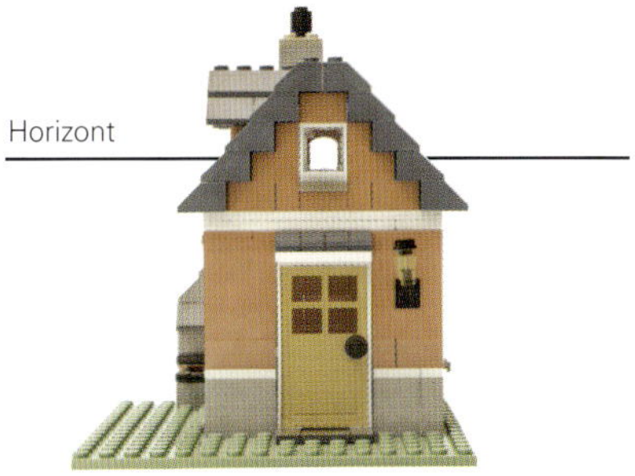

▲ **Normalperspektive** Das Haus besteht augenscheinlich nur aus der Fassade (oder dem „Gesicht" des Hauses).

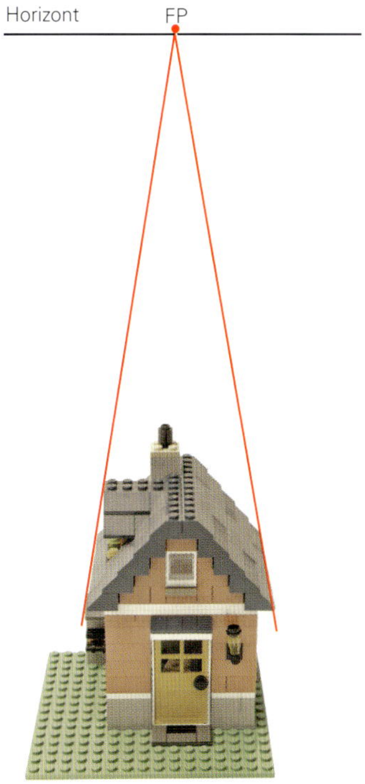

▲ **Von oben betrachtet** Die horizontalen Kanten und der Dachfirst scheinen auf einen gemeinsamen Punkt auf der Horizontlinie zuzulaufen.

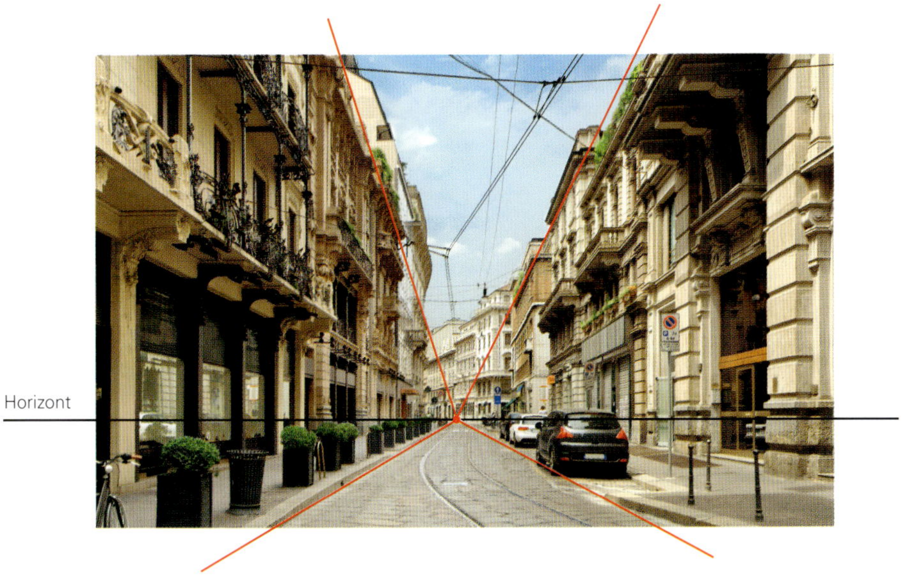

EINE TYPISCHE STRASSENFLUCHT

Die Tiefenhinweise, die schon bei dem Karton und dem Haus eine Rolle gespielt haben, findet man auch bei dieser langen, geraden Straße. Die Dachkanten, die Balkonplattformen und -geländer, die Bordsteine, die Fenster etc. sind alle parallel zueinander und bilden ein horizontal verlaufendes Linienbündel, das in einem Punkt auf der Horizontlinie zusammenfindet. In diesem Fall liegt dieser auf der Augenhöhe des Betrachters.

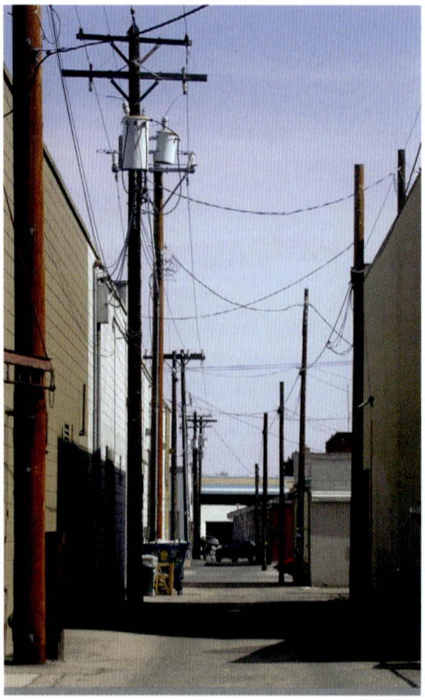

HILFSLINIEN ENTDECKEN
Die Telefonmasten auf diesem Bild sind nicht alle gleich hoch – manche sind ein kleines bisschen kürzer, andere sind leicht zur Seite geneigt. Trotzdem kann man mithilfe einer Hilfslinie die oberen und unteren Mastenden miteinander verbinden.

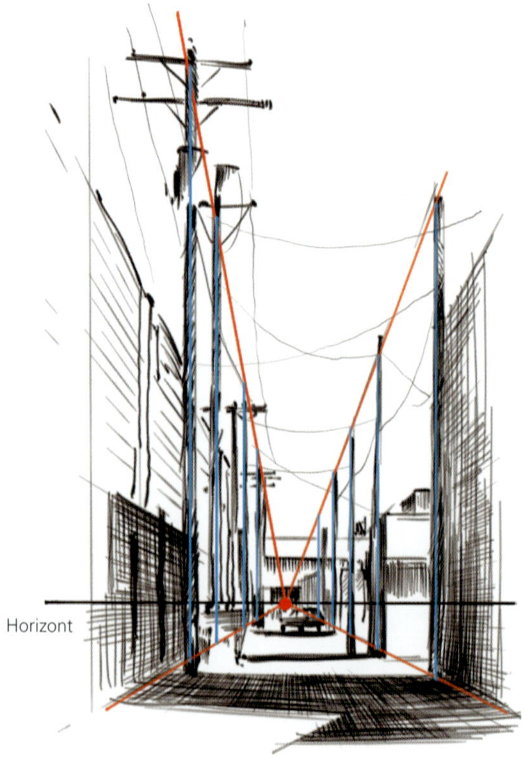

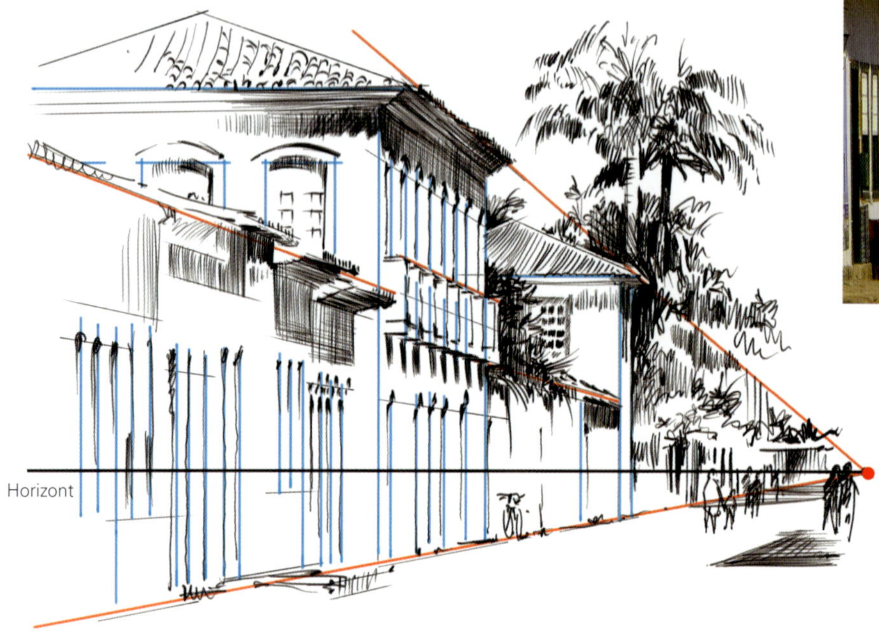

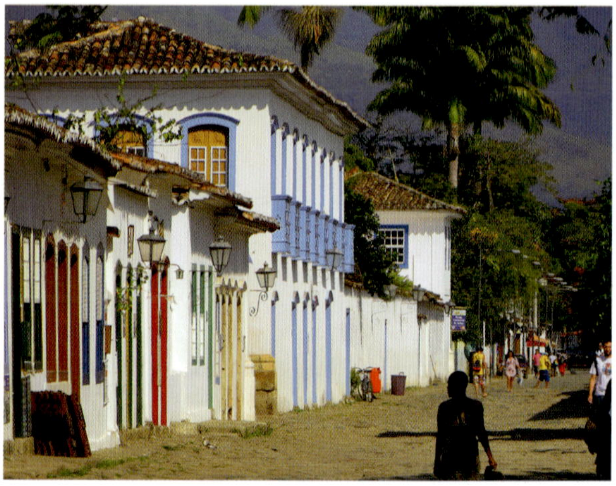

SENKRECHTE LINIEN BLEIBEN SENKRECHT
In einer Einpunktperspektive bleiben die vertikalen Linien immer vertikal, das sehen Sie an den senkrechten Hauskanten, Fenstern und Türen (in der Skizze durch blaue Linien dargestellt). Diese Senkrechten laufen also nicht auf einen Fluchtpunkt zu – das tun nur die Linien, die parallel zum Sehstrahl des Betrachters ausgerichtet sind (in der Skizze rot eingezeichnet).

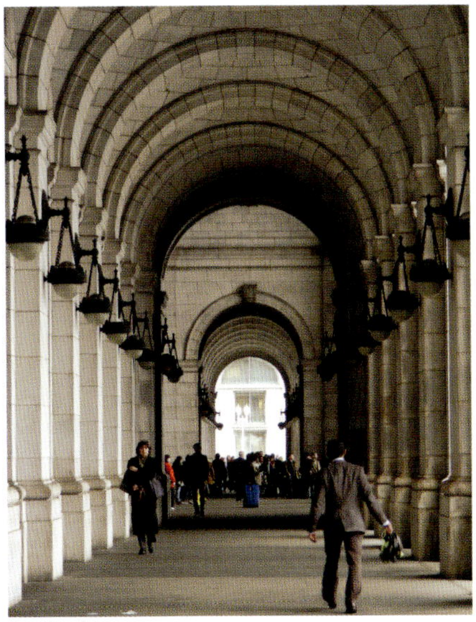

FLUCHTLINIEN FESTLEGEN

Die Torbögen auf diesem Bild sind entlang der wichtigsten Fluchtlinien angeordnet. Schauen Sie dorthin, wo die tragenden Säulen den Boden berühren und wo die Bögen oben ansetzen – dort verlaufen die entscheidenden Linien der Einpunktperspektive. Es kann bei der Planung dieser Zeichnung hilfreich sein, noch weitere Fluchtlinien festzulegen, sodass die halbkreisförmigen Bögen besser definiert sind – sehr hilfreich wäre eine Fluchtlinie, die genau durch die jeweils höchsten Punkte der Torbögen führt.

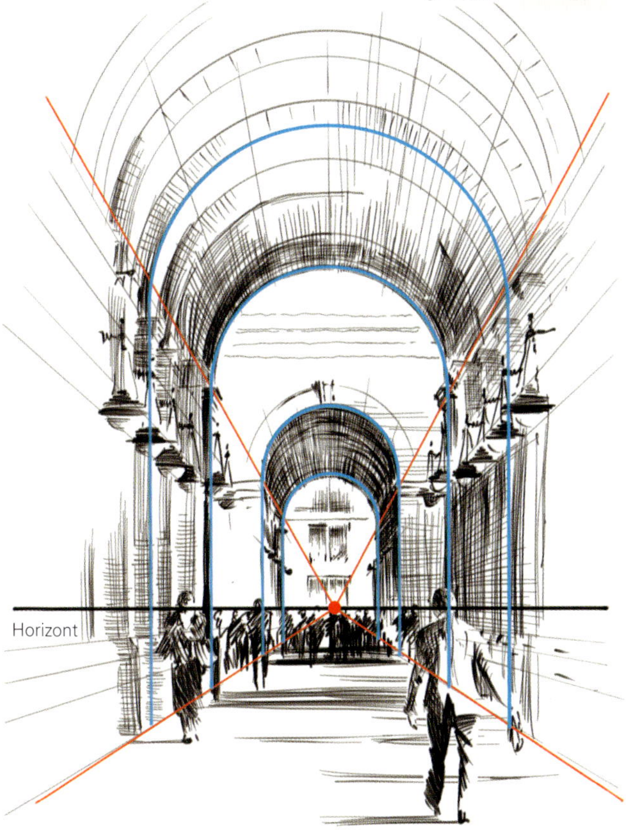

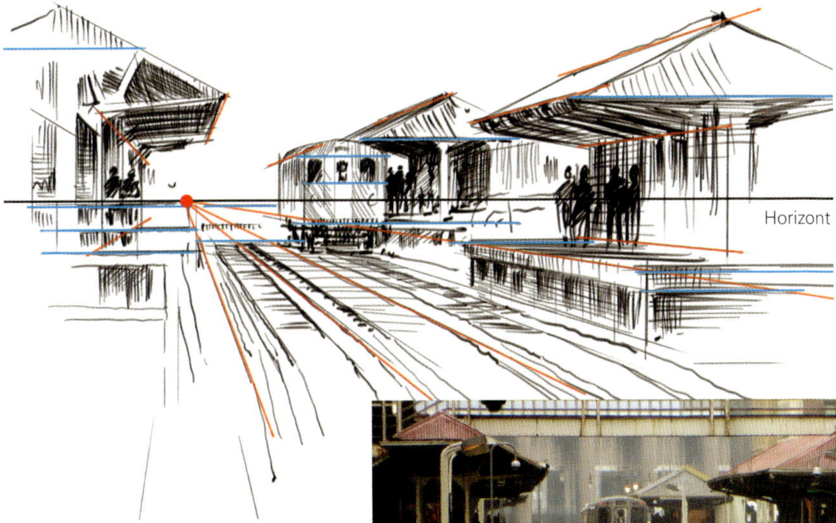

SENKRECHT ZUM SEHSTRAHL STEHENDE LINIEN KONVERGIEREN NICHT

Wie schon im Beispiel auf der linken Buchseite gezeigt, laufen Linien, die senkrecht zum Sehstrahl stehen, nicht auf einen Fluchtpunkt zu. Die in dieser Skizze blau markierten Linien bleiben parallel zur Horizontlinie. Die Schienen im Vordergrund dieses Motivs zeigen sich leicht uneben, sie weichen ein wenig vom Fluchtpunkt ab. Aber im Großen und Ganzen handelt es sich auch hier um Parallelen zum Sehstrahl, die zu einem Fluchtpunkt hinstreben. Dieses Foto wurde von einem etwas tiefer gelegenen Bahnsteig aus aufgenommen, dadurch liegt die Augenhöhe des Betrachters unter der der Menschen im Bild.

- ● FP
- — Parallele zum Sehstrahl
- — Horizontlinie
- — Senkrechte zum Sehstrahl

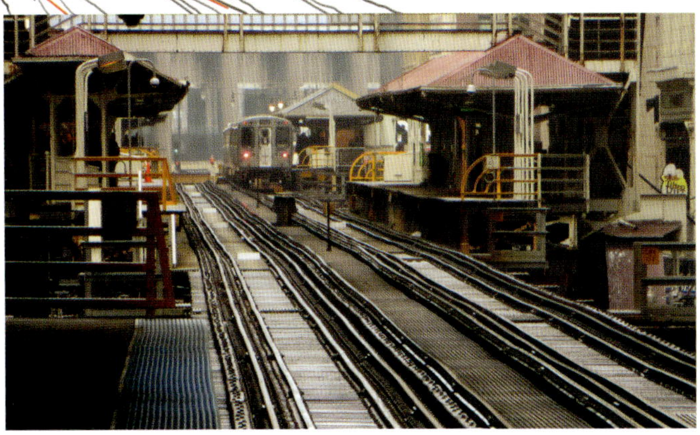

Verstehen

Beim Zeichnen komplexer oder unregelmäßiger Formen ist es manchmal schwer, die Regeln der Perspektive korrekt anzuwenden. Dann hilft es, das zu zeichnende Objekt zu einer einfacheren Form zu stilisieren, vielleicht sogar zu einer einzigen Fläche, wie beispielsweise einer Wand. So fällt es leichter, den Verlauf der Fluchtlinien zu bestimmen.

ÜBUNG MACHT DEN MEISTER

Um Ihr Verständnis für die Einpunktperspektive weiter zu schärfen, lesen Sie diesen Kapitelabschnitt zu Ende und machen dann die Übungen auf den Seiten 112–115 des Arbeitsbuchs.

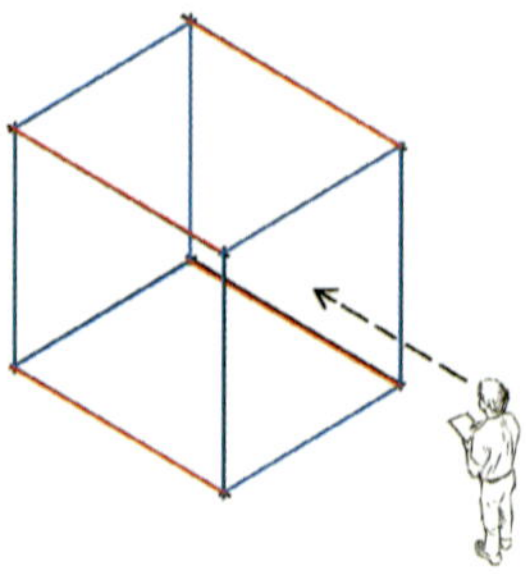

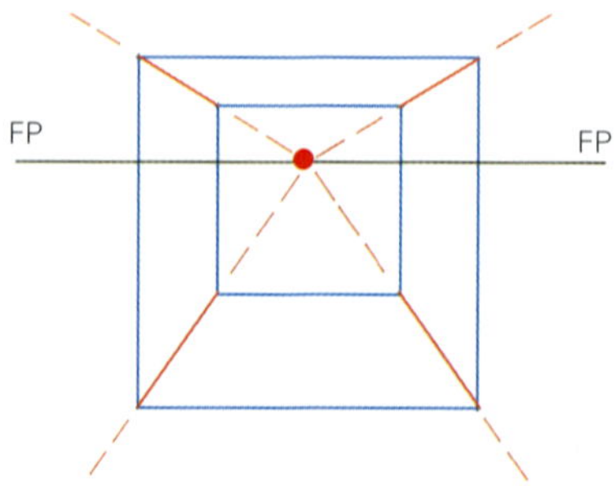

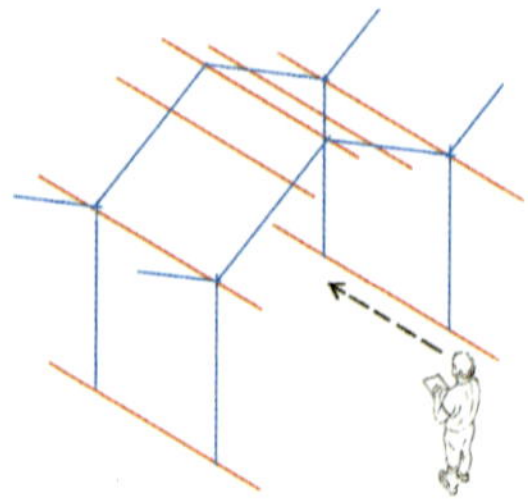

WÜRFELFÖRMIGE OBJEKTE
Stellen Sie sich vor, dass Sie diesen Würfel betrachten. Der schwarze Pfeil zeigt dabei Ihren Sehstrahl an. Die roten Linien verlaufen parallel zu Ihrem Sehstrahl, die blauen stehen dazu senkrecht.

Da die roten Linien im Raum horizontal ausgerichtet sind, laufen sie in einem Fluchtpunkt auf der Horizontlinie zusammen. Wären diese Linien stärker nach oben oder unten angewinkelt, läge der Fluchtpunkt entweder über oder unter der Horizontlinie.

Auch hier sind die roten Linien Parallelen zum Sehstrahl. Die blau eingezeichneten Linien verlaufen senkrecht zum Sehstrahl.

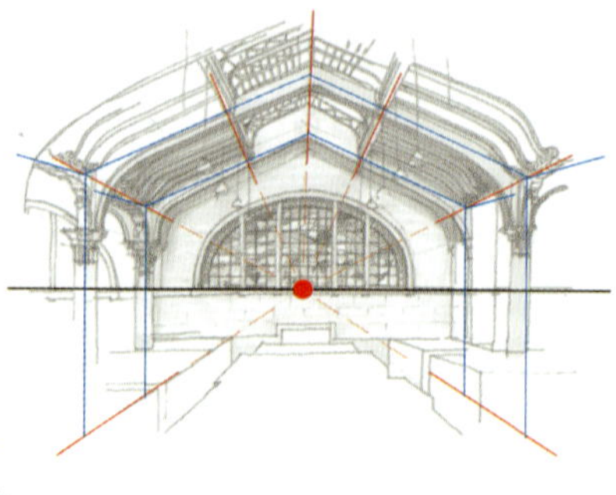

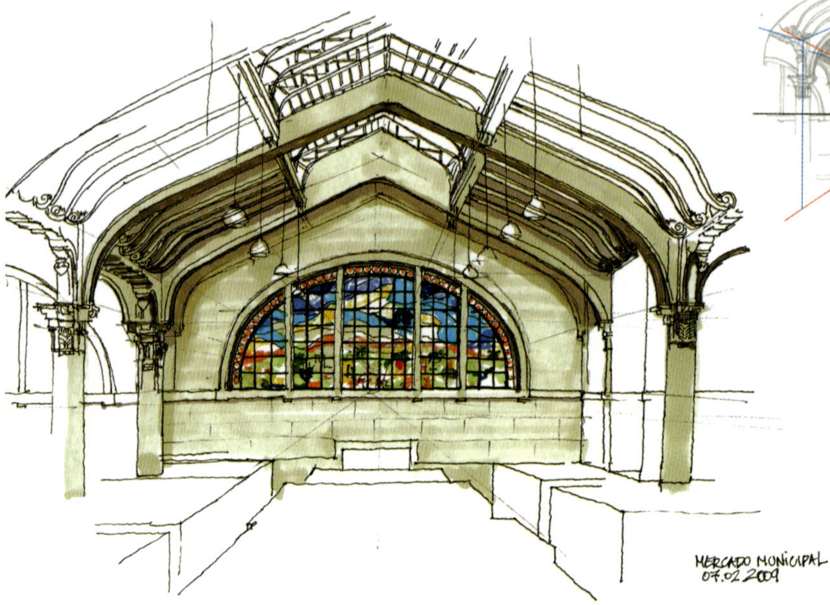

DIE REGELN ANWENDEN
Diese Zeichnung von Eduardo Bajzek zeigt ein etwas komplexeres Motiv als nur einen einfachen Würfel – allerdings gelten hier exakt dieselben Regeln.

Durch das Festlegen einiger grundlegender Fluchtlinien (in Rot) können Sie auch für den Rest des Bilds eine einfache Struktur konstruieren. Die Fluchtlinien verlaufen hier identisch an den gegenüberliegenden Säulen und Gewölben, an den Streben der Konstruktion, in der Skizze sind diese blau gekennzeichnet.

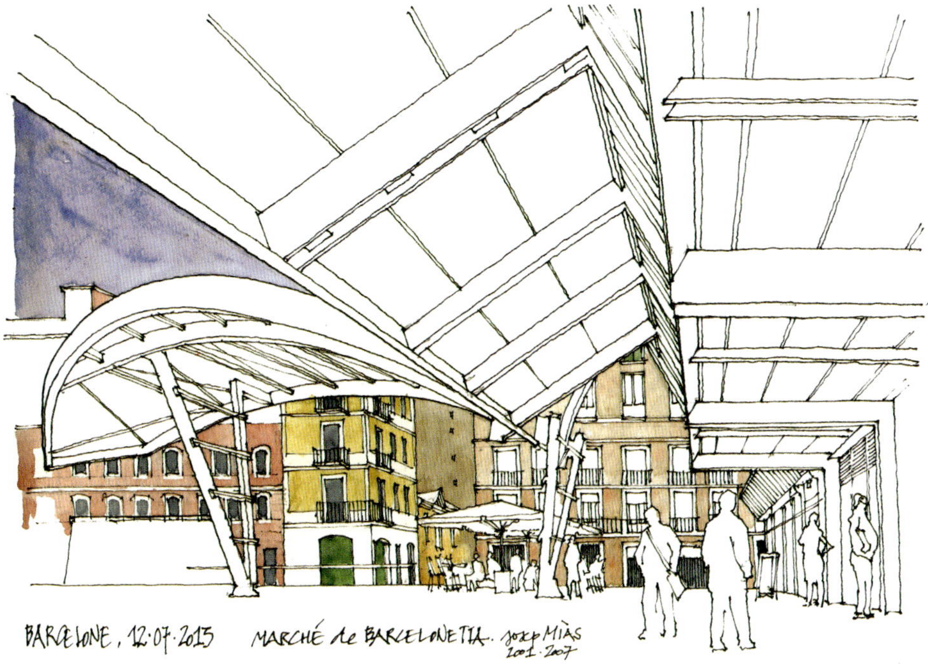

DIE AUGENHÖHE VARIIEREN

In dieser Zeichnung von Gérard Michel ist es sogar noch etwas verzwickter, als es in den vorangegangenen Beispielen der Fall war. Und dennoch gelten auch hier die schon bekannten Regeln für die Perspektive. Ganz offensichtlich hat Michel die Zeichnung im Sitzen angefertigt, da seine Augenhöhe deutlich unter der Augenhöhe der abgebildeten Menschen liegt. Hätte er gestanden, befände sich die Horizontlinie etwa auf Augenhöhe der gezeichneten Figuren, und ihre Köpfe würden nahe dieser Linie liegen.

- FP
- Parallele zum Sehstrahl
- Horizontlinie
- Senkrechte zum Sehstrahl

Alle Linien, die parallel zum Sehstrahl unseres Künstlers ausgerichtet sind (rot eingezeichnet), laufen auf einen Fluchtpunkt zu. Die Linien, die senkrecht zum Sehstrahl stehen (blau eingezeichnet), treffen sich dort aber nicht. Dabei ist es egal, ob sich diese blauen Linien horizontal, vertikal oder in einem Winkel erstrecken – sobald sie den Sehstrahl in einem rechten Winkel kreuzen, bewegen sie sich nicht auf einen Fluchtpunkt zu.

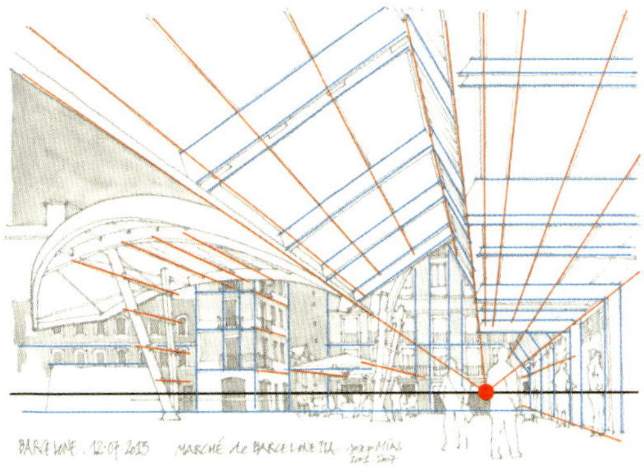

FORMEN VEREINFACHEN

Die konvergierenden Linien einer Einpunktperspektive findet man auch häufig in Zeichnungen von gartenbaulichen Objekten oder Alleen. Diese Pinien in Rom stehen entlang einer breiten, gerade verlaufenden Straße, die zum Konstantinsbogen führt. Diese Bäume sind keine streng linearen Objekte, dennoch können wir die Grundlagen der Perspektive anwenden, um sie in einer Zeichnung richtig anzuordnen. Behandeln Sie sie wie die Würfel von der gegenüberliegenden Buchseite. Legen Sie die Linien fest, die auf der Horizontlinie zusammentreffen und lassen Sie sich dabei von der scheinbar komplexen Form der Bäume nicht beirren.

Schenken Sie Ihre Aufmerksamkeit vor allem den Punkten, an denen die Bäume enden und an denen sich der Stamm in mehrere Äste aufteilt. Wenn Sie mithilfe dieser Punkte die Fluchtlinien konstruieren, laufen diese dann im Fluchtpunkt zusammen.

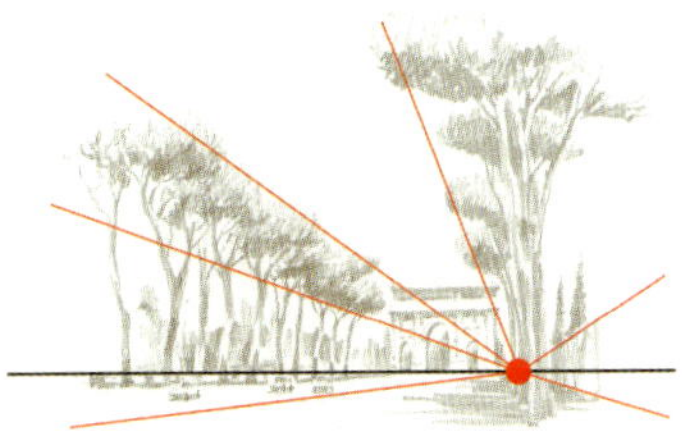

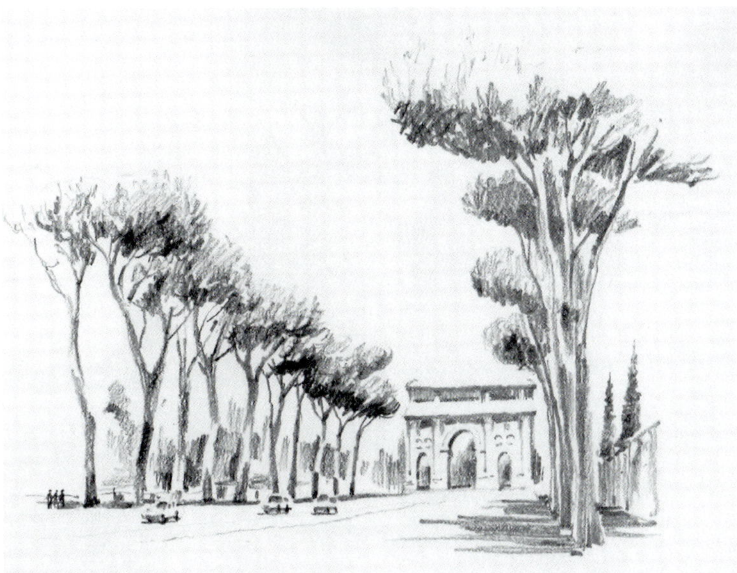

DER RICHTIGE UMGANG MIT SICH WIEDERHOLENDEN ELEMENTEN

Bei vielen perspektivischen Zeichnungen ist es notwendig, sich wiederholende Elemente in regelmäßigen Abständen anzuordnen. Wenden Sie zunächst die auf den vorangegangenen Seiten beschriebenen Grundsätze an, um die rechteckigen Formen zu strukturieren. Um dann die Abstände in der Tiefe des Bilds richtig einzuteilen, können Sie sich einer einfachen geometrischen Strategie bedienen. Diese funktioniert übrigens genauso auch in Zwei- und Dreipunktperspektiven.

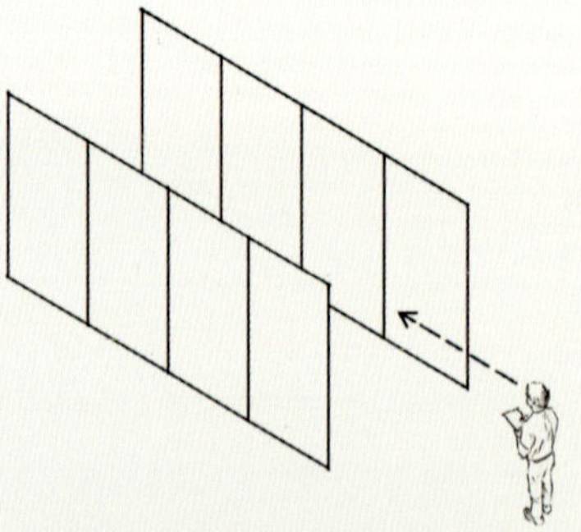

Stellen Sie sich vor, Sie wären die Person in der Skizze. Sie schauen genau in die Flucht zwischen den beiden Reihen aus Rechtecken.

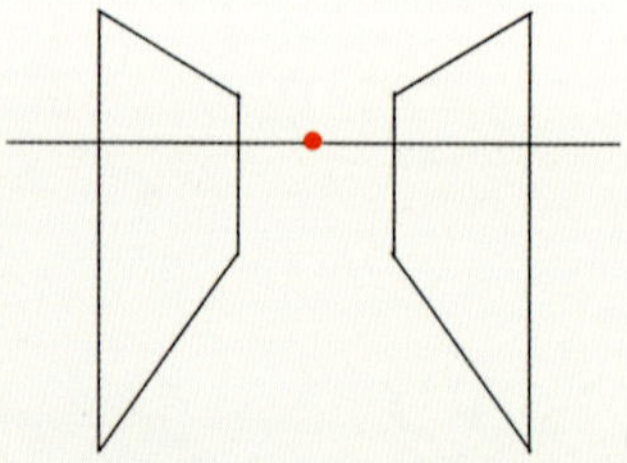

Die beiden Wände würden, als Ganzes betrachtet, so aussehen wie hier skizziert.

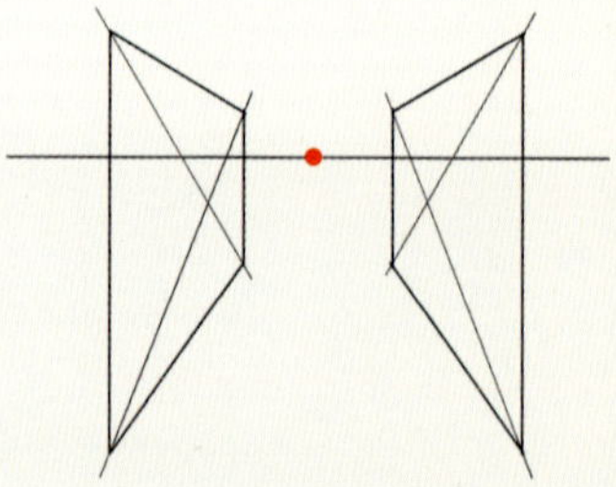

Verbinden Sie nun mithilfe von Diagonalen die gegenüberliegenden Eckpunkte jeder Wand. Auf diese Weise bestimmen Sie jeweils den Mittelpunkt der Wand.

DIE RAUMTIEFE RICHTIG AUFTEILEN

Florian Afflerbachs Zeichnung eines Bahnhofs bedient sich einer Technik, die der oben beschriebenen stark ähnelt. Die Diagonalen, die er zum Konstruieren der Abstände verwendet hat, sind gut zu erkennen, besonders am linken Bildrand.

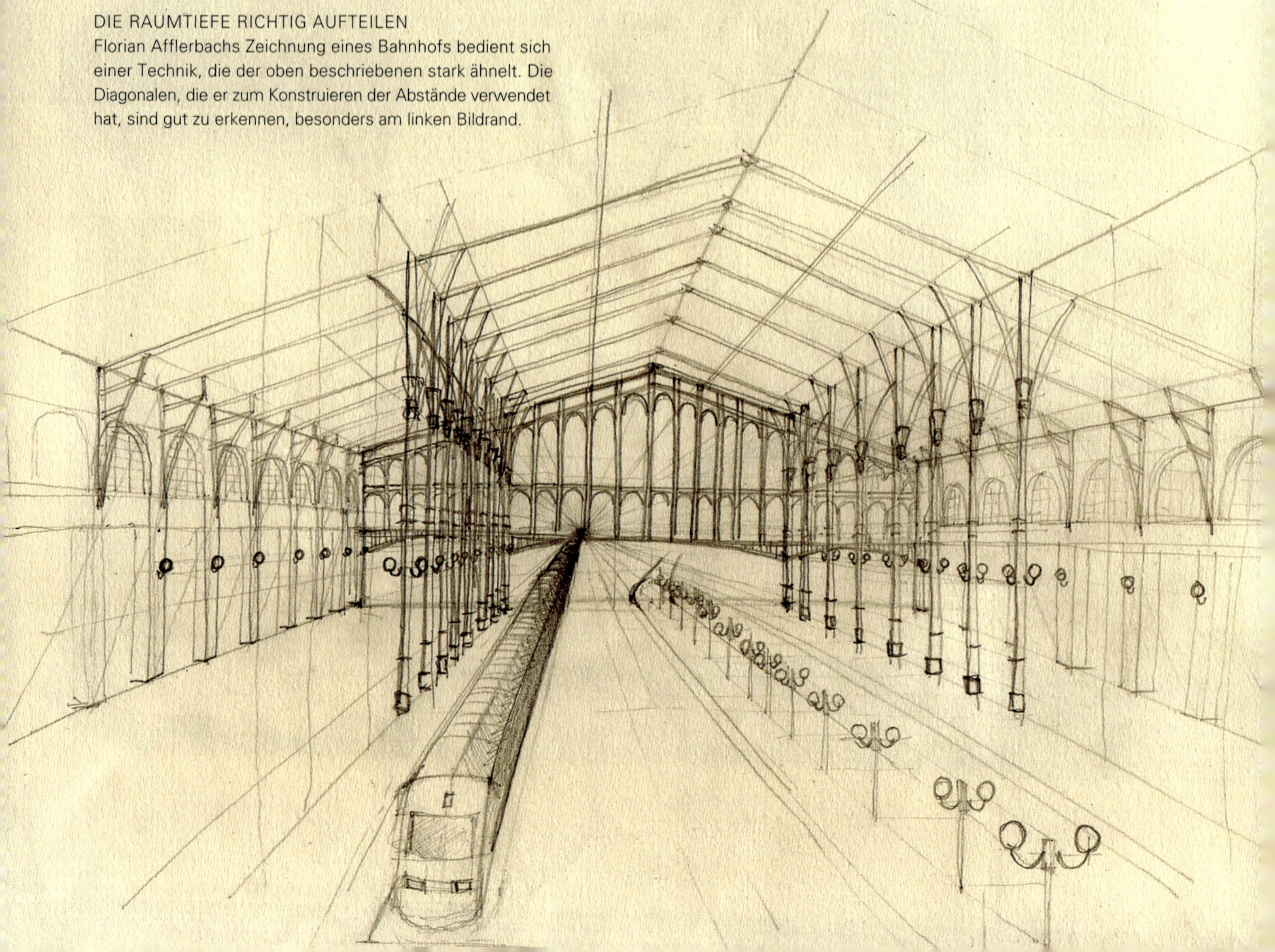

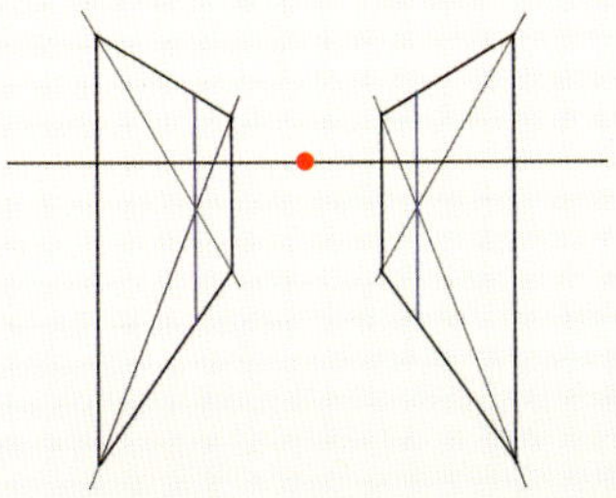

Ziehen Sie dann eine senkrechte Linie durch den Punkt, in dem sich die Diagonalen kreuzen.

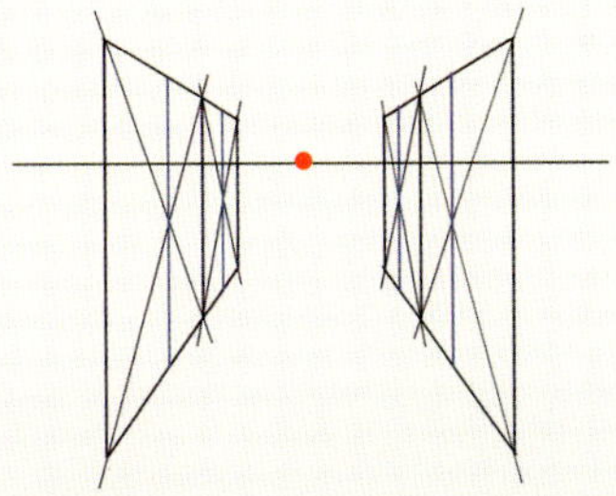

Die so entstandenen Teilflächen lassen sich auf die gleiche Weise weiter unterteilen. Verbinden Sie mit zarten Hilfslinien die Eckpunkte einer Fläche und ziehen Sie eine senkrechte Linie durch den Schnittpunkt dieser beiden Diagonalen.

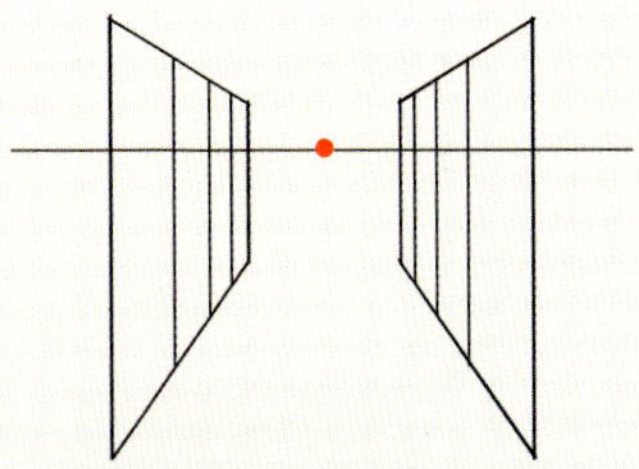

Mit dieser Methode geht das Anordnen gleicher Elemente in regelmäßigen Abständen einfach und schnell.

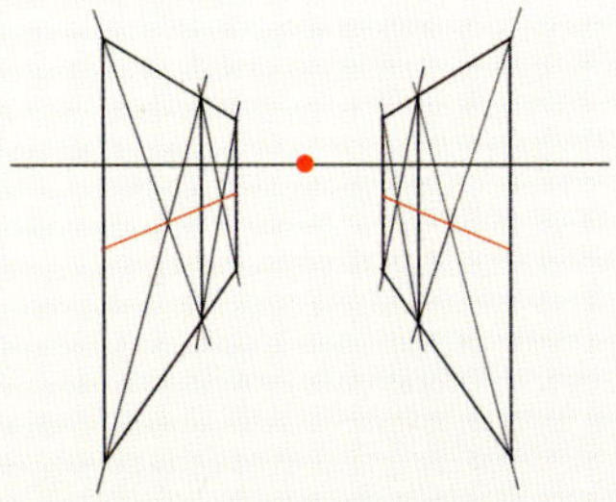

Wenn Sie die sich wiederholenden Elemente dazu noch horizontal in mehrere Flächen aufteilen wollen, ziehen Sie einfach eine Linie durch die Kreuzungspunkte der Diagonalen bis zum Fluchtpunkt (rote Linien).

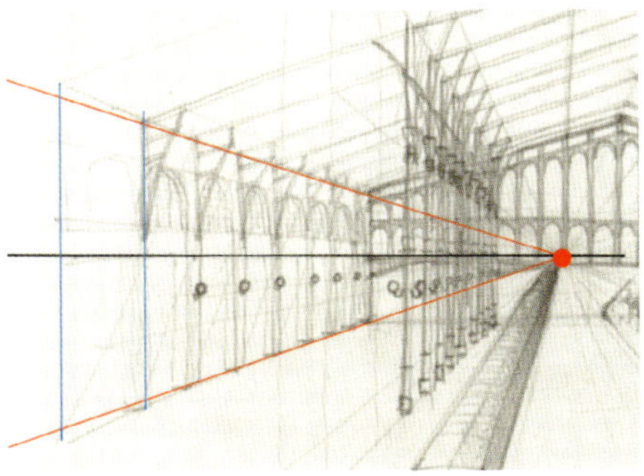

Legen Sie zunächst die Fluchtlinien fest (in diesen Skizzen rot). Ziehen Sie eine Linie, die sich mittig zwischen diesen beiden befindet (die schwarze Linie; diese verläuft in etwa entlang der Horizontlinie). Dann zeichnen Sie die ersten beiden vertikalen Linien ein. Sie können eine Technik wie das Peilen über den Bleistift (siehe Seite 15) anwenden, um den Abstand zu bestimmen. Am einfachsten ist es, zunächst die beiden Vertikalen einzufügen, die am nächsten zu Ihnen stehen, dort ist der Abstand zwischen den beiden Linien noch am größten.

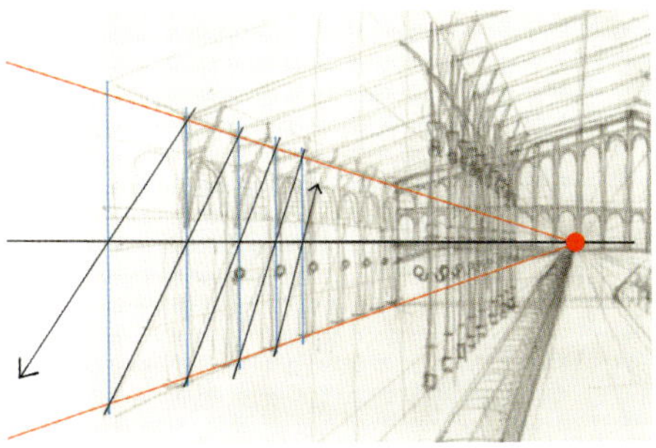

Als Letztes konstruieren Sie jeweils eine Diagonale durch die Schnittpunkte der Vertikalen mit den Fluchtlinien. So bestimmen Sie, wo die nächste Vertikale eingefügt werden muss.

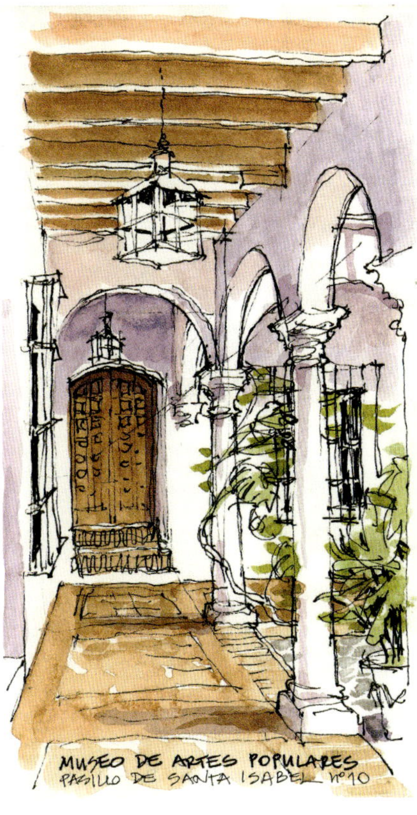

DREIECKE UND BÖGEN

Sie können nun den Mittelpunkt einer rechteckigen Fläche ermitteln – und somit können Sie auch die Spitze eines dreieckigen Giebels richtig platzieren. Ziehen Sie einfach eine senkrechte Linie durch den Kreuzungspunkt der beiden Diagonalen *(oben rechts)*. Leider

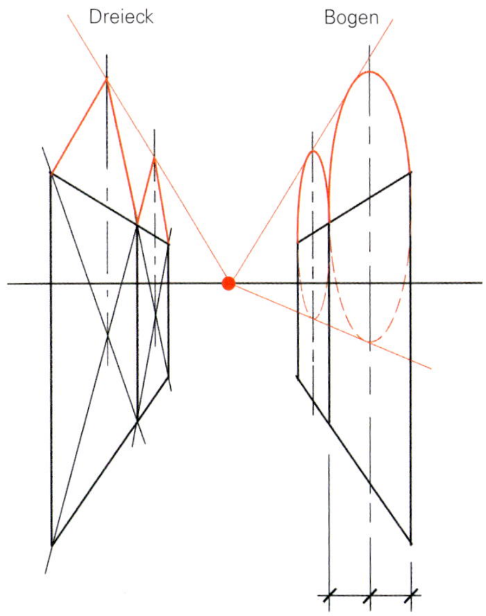

funktioniert diese Technik nicht bei Bögen. In einer perspektivischen Zeichnung erscheinen kreisförmige Bögen als Ellipsen, mit einer langen und einer kurzen Achse. Im Fall eines vertikalen Bogens liegt die lange Achse der Ellipse etwa in der Mitte zwischen den beiden Pfeilern des Bogens *(oben rechts)*. Sie liegt zwar nicht exakt in der Mitte, aber diese Annäherung genügt trotzdem für die grobe Strukturierung, wie am Beispiel der Zeichnung von Luis Ruiz gut zu sehen ist *(oben links)*.

Einpunktperspektive

Anwenden

Von der klassischen Straßenflucht bis zu Haus- und Innenansichten – die Einpunktperspektive bringt dynamische Kraft in Ihre Skizzen und Zeichnungen.

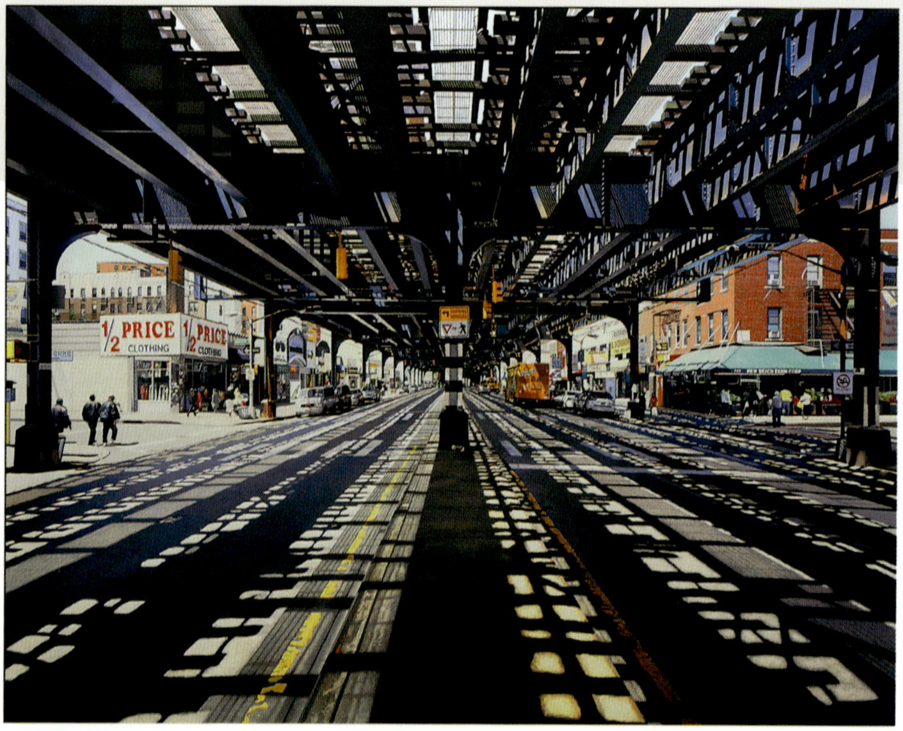

LITTLE RUSSIA
Nathan Walsh • Öl auf Leinwand • 170 × 225 cm

▶ Diese Ansicht einer Straße in New York ist eine fantastische Studie zur Energie, die ein Bild mit Einpunktperspektive aussenden kann. Der einzige Fluchtpunkt liegt genau in der Mitte der Komposition, und die Vielzahl an zusammenlaufenden Linien zieht den Blick förmlich dorthin. Alle Linien, die senkrecht zum Sehstrahl stehen, bleiben entweder vertikal (wie zum Beispiel die Stützpfeiler der Brücke) oder horizontal (wie etwa die Streben, die zwischen den Pfeilern verlaufen). Entstanden ist so eine dynamische Szene aus dem Stadtleben – man fühlt förmlich die Sonne, die fleckig die Schatten durchbricht und kann fast die Züge, Autos und Menschen vorbeieilen hören.

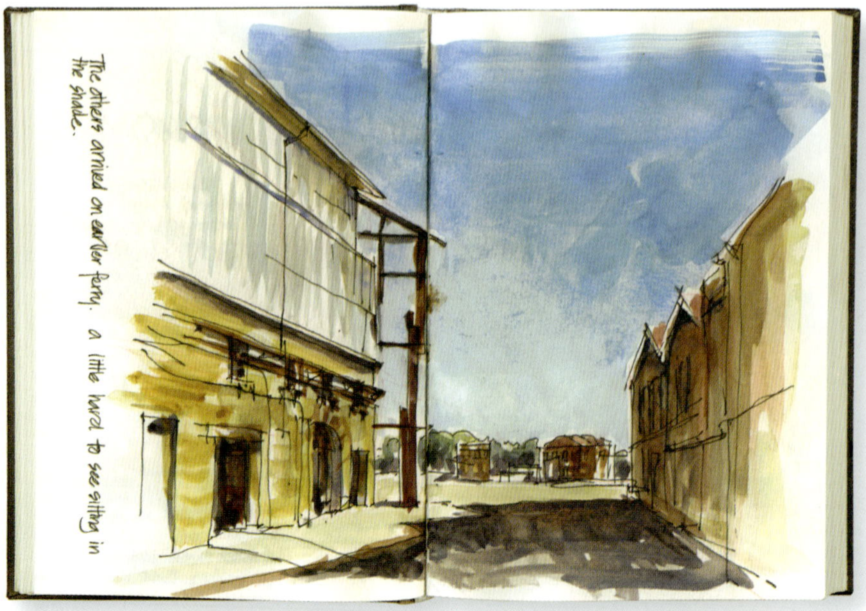

SOMMER IN DER STADT
Liz Steel • Tinte und Aquarell

◀ Beim Zeichnen von städtischen Motiven wie Straßen oder Plätzen sollte man darauf achten, dass die Fluchtlinien an den Unterkanten der Häuser in einem relativ stumpfen Winkel gehalten werden. Denn im Vergleich zu den Häusern in der Umgebung ist die Augenhöhe des Betrachters doch ziemlich niedrig. Oft geraten diese Linien zu steil, was dann den Eindruck erweckt, als stünde der Betrachter auf einem Podest weit über dem Boden. Um diesen Effekt zu vermeiden, halten Sie die Bodenfläche im Bild eher niedrig und kompakt.

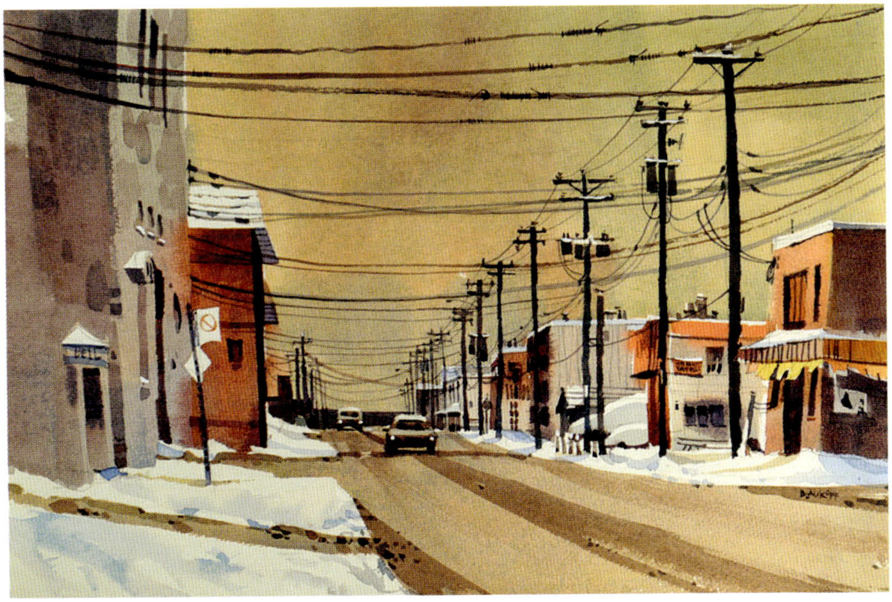

SIXTH AVENUE, LACHINE
Shari Blaukopf • Aquarell

◀ In diesem Aquarell wird die Einpunktperspektive hier und da ein wenig abgewandelt, aber die Hauptelemente des Motivs sind alle an einem Fluchtpunkt ausgerichtet. Dieser liegt in etwa dort, wo das entferntere der beiden Autos zu sehen ist. Beachten Sie, dass die Bodenfläche sehr komprimiert gehalten ist, besonders in dem Bereich zwischen den beiden Autos. Vor allem die Reihe von Telefonmasten prägt die Perspektive, obwohl natürlich auch die parallel zur Sichtlinie verlaufenden Linien der Häuser prägnante Fluchtlinien bilden.

MARKTPLATZ UND STRASSE
Arno Hartmann • Bleistift

▶ Nur wenn das Motiv besonders klein ist oder Ihre Augenhöhe tatsächlich weit über der Straßenebene liegt, verlaufen die Fluchtlinien so steil wie hier. Befindet sich der Betrachter also im zweiten oder dritten Stock – oder im fünften, wie der Zeichner dieses Bilds – dann zeigen sich die Fluchtlinien zum unteren Rand des Bilds abfallender als das gemeinhin der Fall ist.

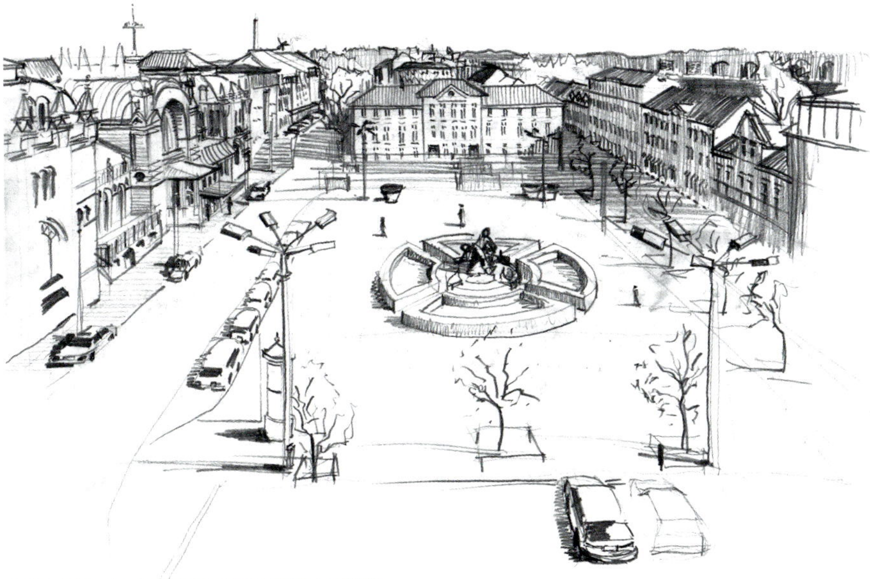

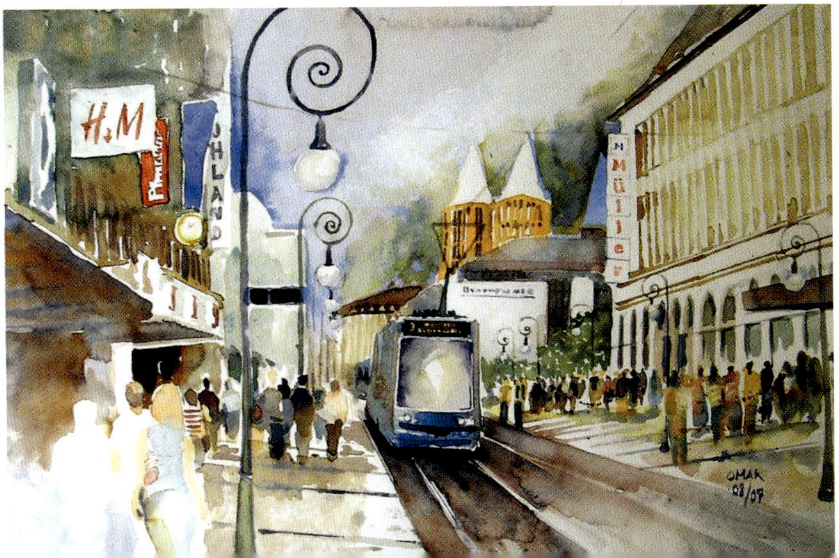

EINE TRAM IN KASSEL
Omar Jaramillo • Aquarell

◀ Dieses Aquarell setzt die Einpunktperspektive etwas weniger dramatisch in Szene, und doch ist sie durch die Anordnung der Straßenlaternen, die vielen Vertikalen am rechten Gebäude und durch die Straßenbahn – mit der Oberleitung und den Gleisen – unverkennbar.

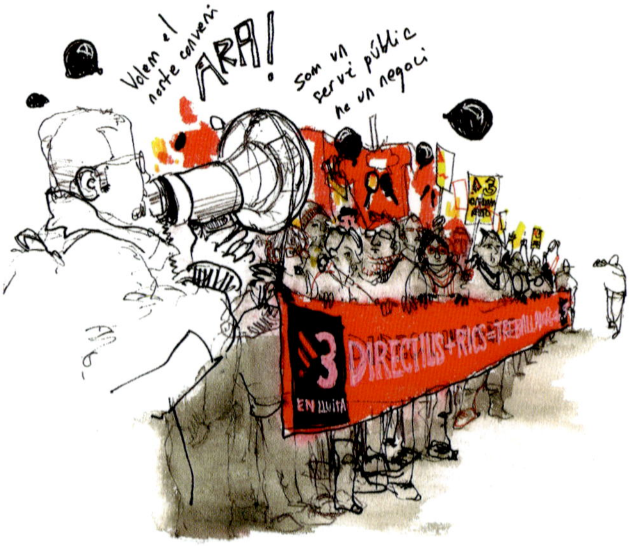

DEMONSTRATION
Cristina Curto • Füller und Marker

▲ Das rote Spruchband verleiht dieser Einpunktperspektive mehr dynamische Kraft. Das Auge des Betrachters wandert von der im Vordergrund angerissenen großen, detailreich gezeichneten Person durch die Menge hin zu der einzeln stehenden und etwas suspekt wirkenden Person im Hintergrund.

LANGSTRECKENFLUG
Lapin • Füllfederhalter und Aquarell

▼ Auch auf Motive ohne linearen Charakter kann man die Einpunktperspektive anwenden. In diesen Fällen wirkt sie halt nicht besonders präzise. Dieses Bild von Passagieren in einem Flugzeug ist eine interessante Studie, die zeigt, wie Objekte mit zunehmender Entfernung kleiner erscheinen. In diesem Fall handelt es sich bei den „Objekten" um Menschen, die sich relativ nah zu uns befinden. Die Fluchtlinien sind hier nicht dazu geeignet, alle Menschen strikt an ihnen auszurichten, aber trotzdem helfen sie enorm beim Planen der Zeichnung.

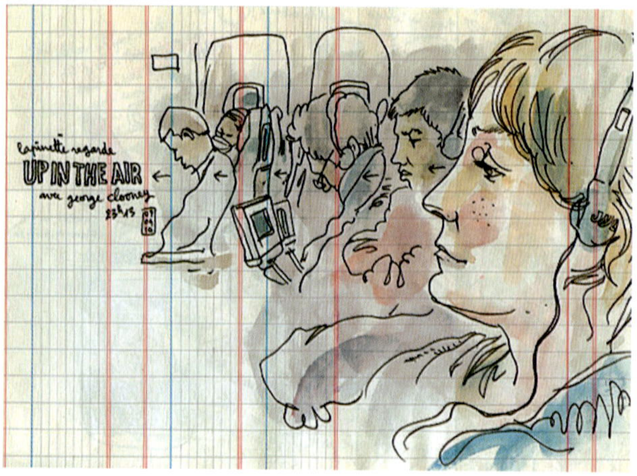

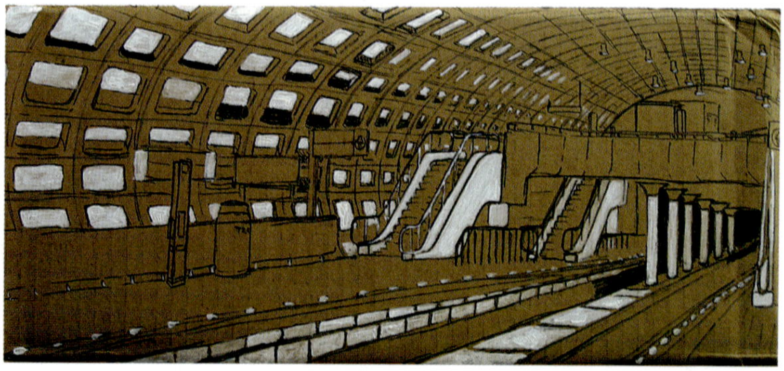

U-BAHNHOF IN WASHINGTON
Christian Tribastone • Tusche

▲ Manchmal sind lang gezogene Innenräume, wie dieser U-Bahnhof in Washington D.C., ein verlockendes Motiv. Wäre hier der Fluchtpunkt in der Mitte des Bilds, stände der tunnelhafte Charakter des Bahnhofs im Vordergrund und das Motiv hätte etwas Statisches. Indem der Fluchtpunkt an den rechten Bildrand gesetzt wurde, dominiert die dynamische Struktur des Kassettengewölbes.

INNENRÄUME

NATIONAL BUILDING MUSEUM
Richard Johnson • Fineliner und Tusche

▶ Die Einpunktperspektive kann beim Vereinfachen komplexer Strukturen eine große Hilfe sein. Diese Tuschezeichnung des National Building Museum in Washington D.C. ist dafür ein gutes Beispiel – die vielen sich wiederholenden Bögen am linken und rechten Rand des Bilds sind alle an den Fluchtlinien ausgerichtet.

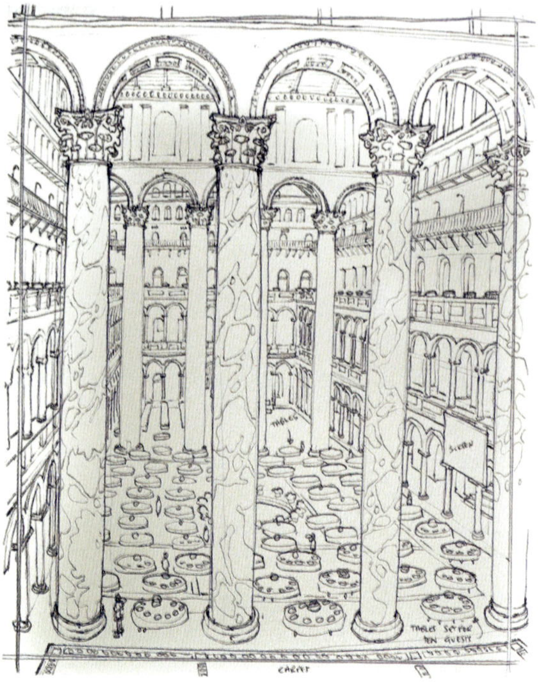

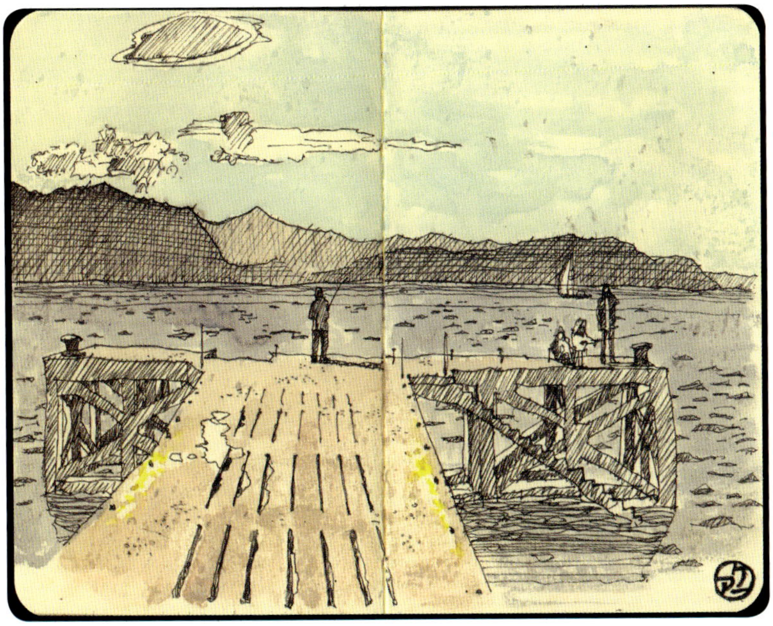

GEWÄSSER

FISCHEN AM KAI

Stuart Kerr • Tinte und Lavierung

◀ Einpunktperspektiven eignen sich für verschiedenste Motive – von kleinen Flächen bis hin zu ausgedehnten Landschaften oder Wasserflächen, wie es diese kleine Szene am Kai demonstriert. Sie ist von Stuart Kerr gezeichnet. Das Wichtigste bei solchen Zeichnungen ist es, das Zusammenspiel zwischen der Augenhöhe und den Elementen des Motivs zu beachten. In Stuarts Zeichnung ist die Augenhöhe genau deckungsgleich mit dem Horizont, der in der Ferne zu sehen ist. Die Berge und der Himmel befinden sich über der Horizontlinie, alles andere darunter.

BAUWERKE IN DER AUSSENANSICHT

GRANDEUR IM FOKUS

Liz Steel • Tinte und Aquarell

▶ Dass dieses Bild einen sehr formellen Charakter hat, wird durch die direkte Sicht von vorn noch unterstrichen. So ergibt sich eine ausgewogene Komposition. Nur an den Innenseiten der Türme und der Flügel „verstecken" sich die Fluchtlinien, die zum gemeinsamen Fluchtpunkt verlaufen. Das Ausmaß des Gebäudes wirkt durch die niedrige Horizontlinie noch immenser.

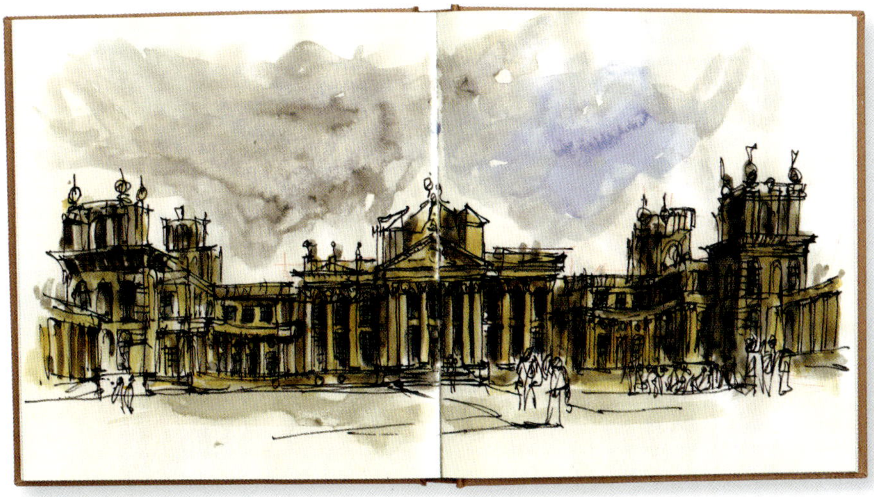

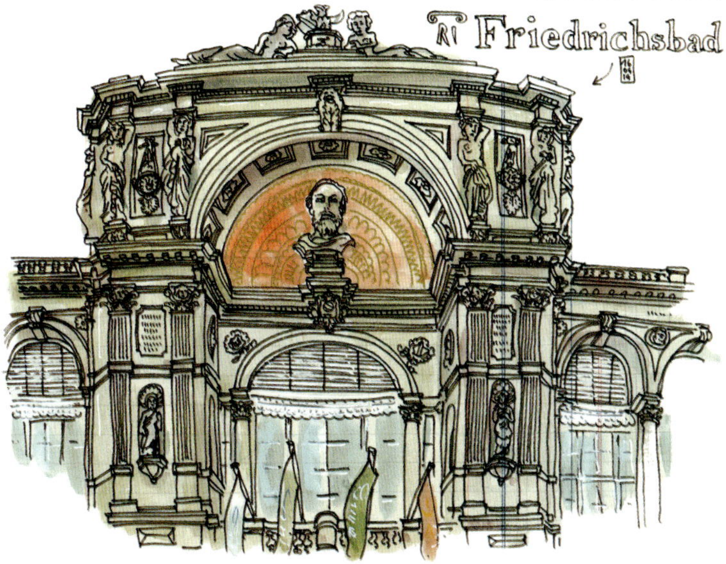

DIE ENTDECKUNG DER TIEFE

Lapin • Füllfederhalter und Aquarell

◀ Dieses aus der Nähe und von vorn gezeichnete Motiv bliebe eine flache Fassade, wenn nicht der Bogen mit seinem ausgeprägten Gesims für die Tiefenhinweise sorgen würde. Achten Sie darauf, dass der äußere Teil des Bogens sehr viel größer gezeichnet wurde als der hintere Teil – dadurch wirkt die gesamte Struktur wie die eines Gebäudes.

Einpunktperspektive

Schritt für Schritt

Auf den nächsten Seiten zeigt Florian Afflerbach, wie man mithilfe des Peilens über einen Stift ein Gebäudeinterieur in der Einpunktperspektive zeichnen kann.

▶Frontansicht
Obwohl sich das wichtigste Objekt des Bilds, das Grabmal, direkt vor uns befindet, wird das Motiv durch die unterschiedlichen Ebenen – die Treppen, der große Innenraum, das einfallende Licht – perspektivisch äußerst interessant.

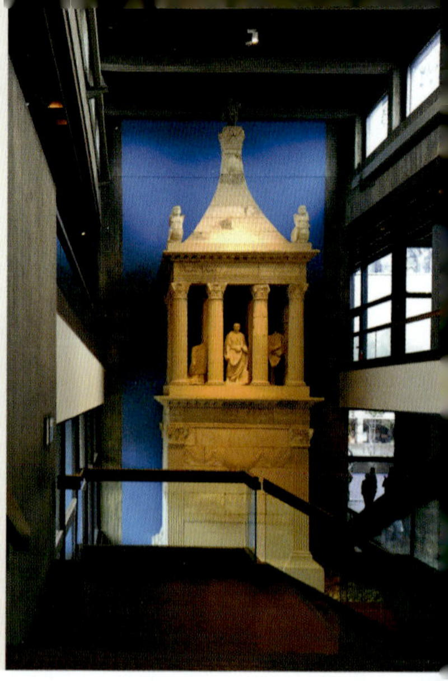

MESS-TECHNIK

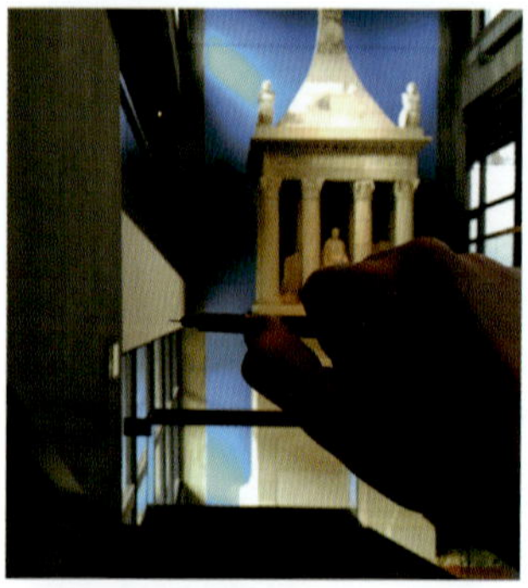

Verwenden Sie Ihren Bleistift zum Ausmessen der Entfernungen und Winkel. Wenn Sie auf diese Weise Abstände oder Proportionen erfassen, denken Sie daran, dass Sie nicht die absolute Größe ausmessen, sondern mithilfe von Einheiten Größenverhältnisse erfassen. Achten Sie dabei darauf, mit gestreckem Arm über den Stift zu peilen.

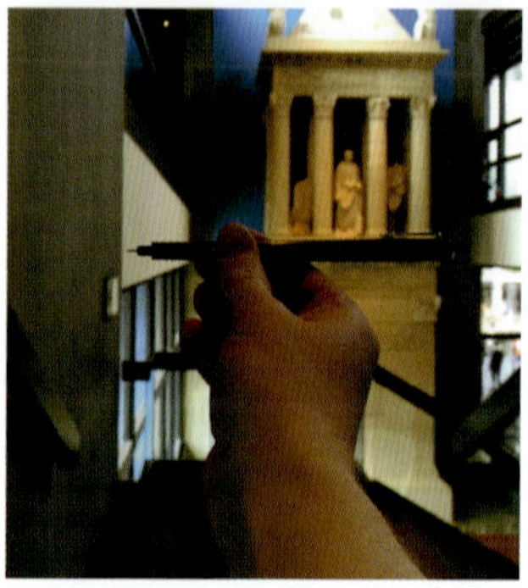

Wenn Sie den Bleistift waagerecht auf Augenhöhe halten und diese Linie gedanklich verlängern, erhalten Sie den Horizont für den von Ihnen gewählten Bildausschnitt. Diese Linie können Sie gleich als Horizontlinie auf Ihr Blatt übertragen.

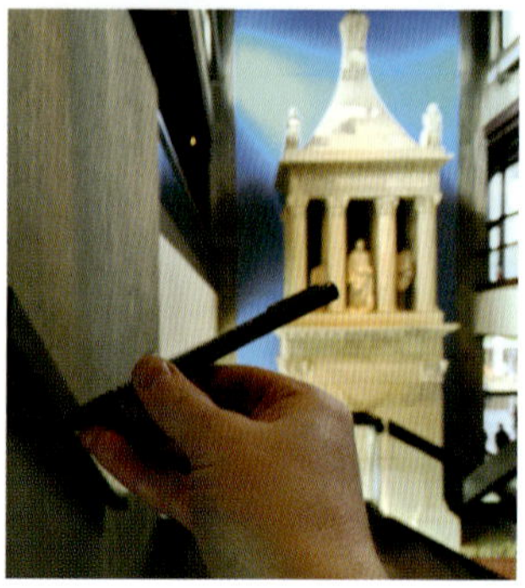

Den Fluchtpunkt finden Sie, indem Sie den Winkel der Linien bestimmen, die von den Endpunkten der Kanten im Gebäude zum Horizont laufen. Diese Winkel übertragen Sie ebenfalls auf Ihr Zeichenpapier. Manche Künstler finden es dabei hilfreich, sich das Ziffernblatt einer Uhr vorzustellen und die Winkel mithilfe der Zeigerstellung (zum Beispiel „zwei Uhr") zu bestimmen.

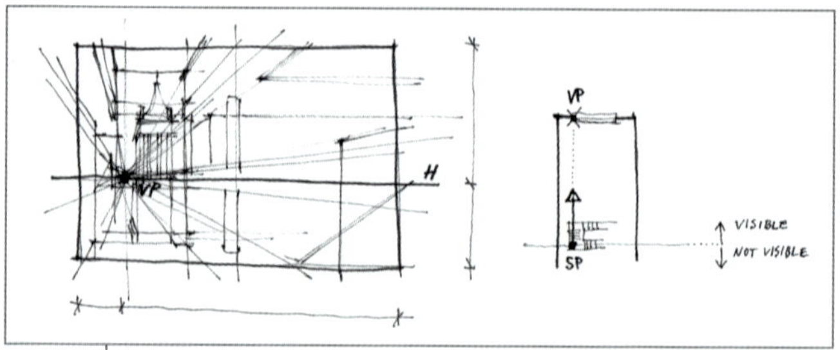

Eine Vorabskizze ist hilfreich beim Bestimmen des Fluchtpunkts (FP)

Fertigen Sie auch eine Standortzeichnung an – also einen kleinen skizzierten Lageplan, der die Umgebung und Ihren Sehstrahl anzeigt. Der Ausgangspunkt (AP) ist der Punkt, an dem sich der Zeichner befindet.

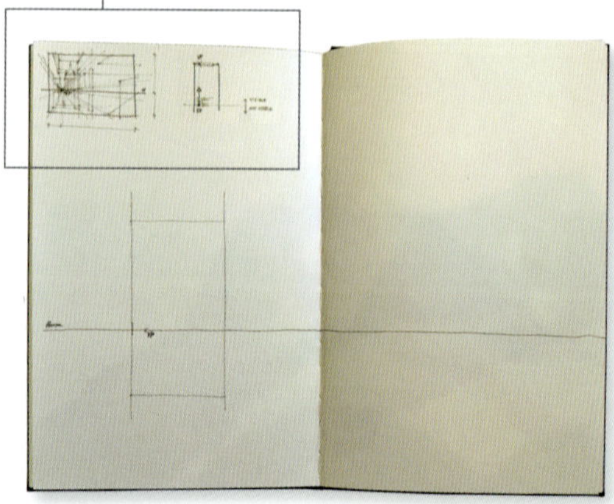

SCHRITT 1 ▲ Legen Sie zuerst die Horizontlinie fest: Diese befindet sich auf Augenhöhe des Zeichners und liegt hier am Fuß der Säulen des Grabmals. Danach ermitteln Sie den Fluchtpunkt: Betrachten Sie dazu Ihre Standortzeichnung und Ihre Vorabskizze. Daraus ergibt sich, dass der Fluchtpunkt auf der linken Bildseite auf der Horizontlinie seinen Platz hat. Das Hauptelement der Zeichnung ist die blaue Wand mit dem davorstehenden Grabmal. Auf Grundlage Ihrer Messungen zeichnen Sie nun die Kanten der blauen Wand ein. Orientieren Sie sich an der Horizontlinie und der Position des Fluchtpunkts.

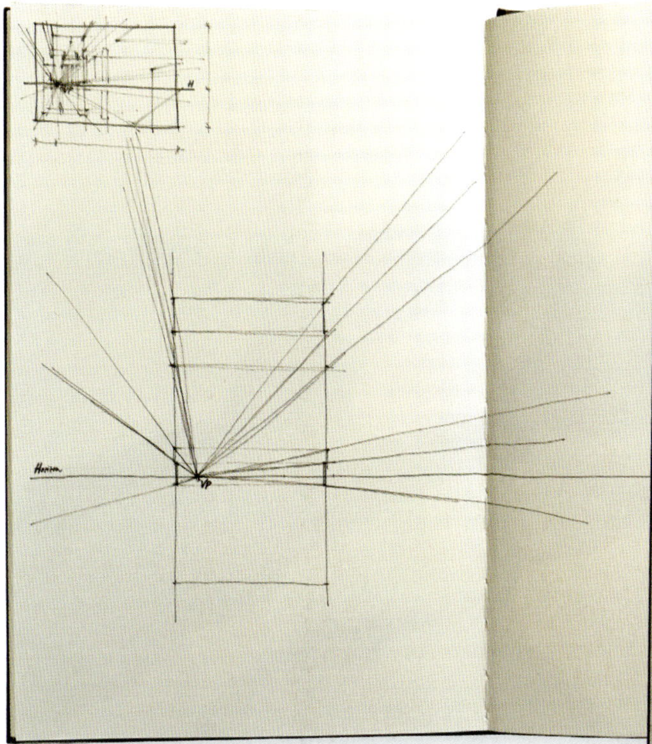

SCHRITT 2 ▲ Teilen Sie nun das Bild grob ein und zeichnen Sie die ersten Bildelemente – Simse, Balustraden und Dachkanten laufen allesamt auf den Fluchtpunkt zu.

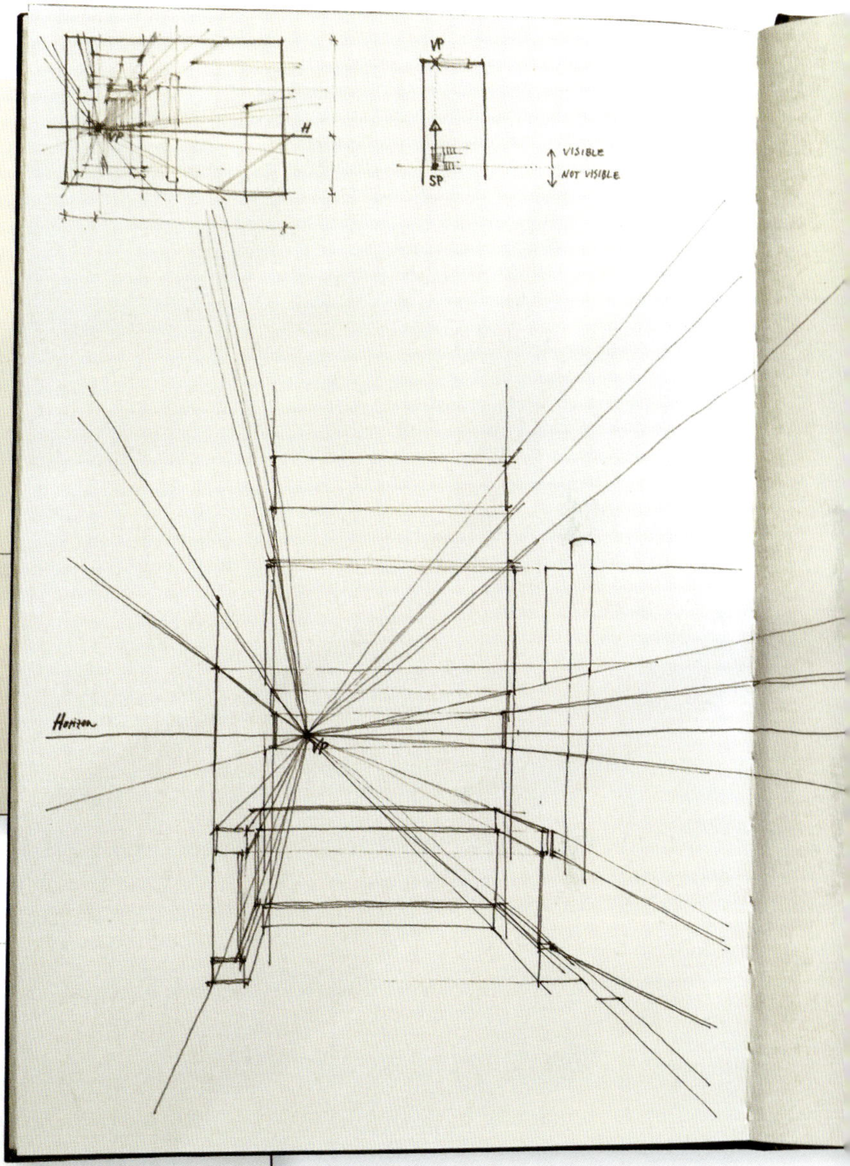

SCHRITT 3 ▲ Nun sollte es Ihnen leichter fallen, andere wichtige Objekte passend zu positionieren, zum Beispiel den Pfeiler im Hintergrund und den Treppenabsatz mit dem Geländer im Vordergrund. Betrachten Sie erneut Ihre Standortzeichnung. Sehen Sie sich gut an, welche Elemente parallel zum Horizont verlaufen (und daher auf keinen Fluchtpunkt ausgerichtet sind) und welche Linien sich im Fluchtpunkt bündeln.

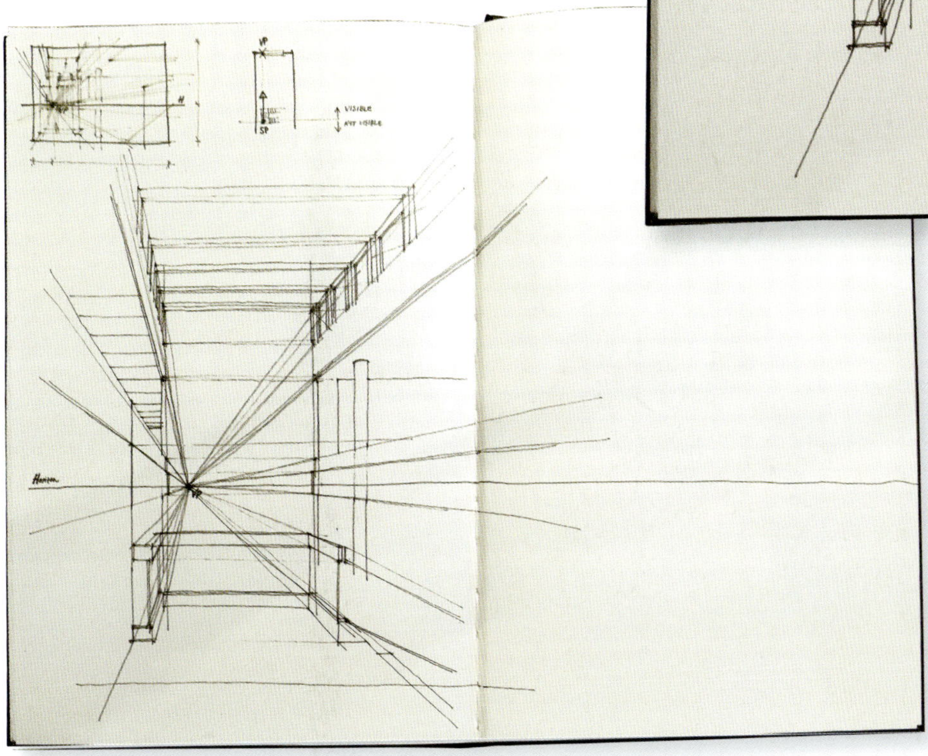

SCHRITT 4 ◀ Fügen Sie weitere architektonische Details ein, zum Beispiel die obere Fensterreihe auf der rechten Seite. Mithilfe der horizontal verlaufenden Tragebalken können auch auf der linken Seite des Bilds die Positionierungen vorgenommen werden.

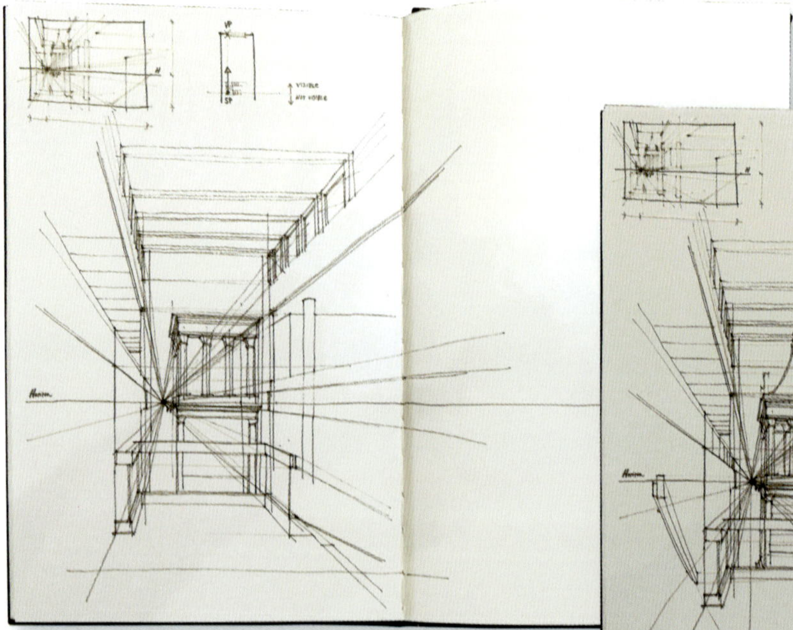

SCHRITT 5 ▲ Nun geht es mit dem Grabmal weiter. Zeichnen Sie ein Rechteck in die Mitte der blauen Wand und zeichnen Sie von den vier Eckpunkten des Rechtecks Fluchtlinien. Die Strukturen vom unteren Teil des Grabmals können an dieser Stelle auch schon hinzugefügt werden. Da sich das Grabmal in größerer Entfernung befindet, brauchen diese nicht zu detailliert ausgearbeitet werden.

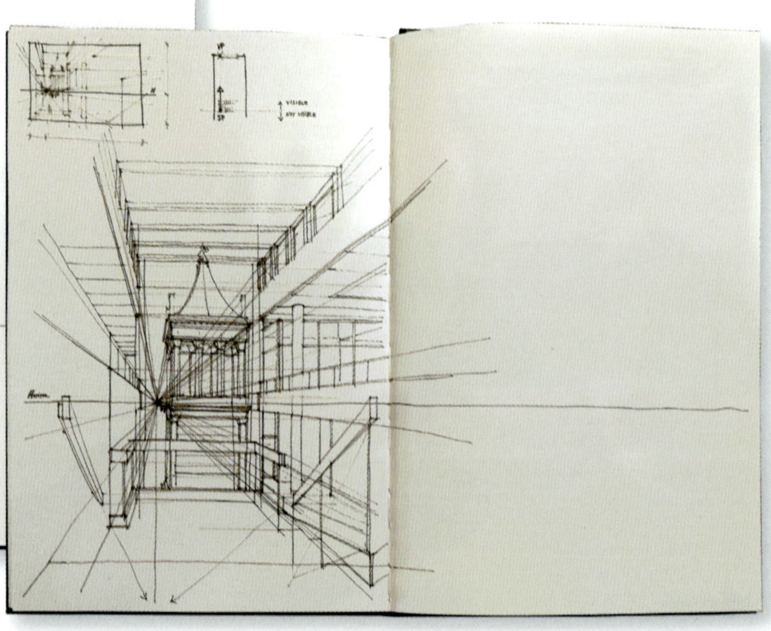

SCHRITT 6 ▲ Schritt für Schritt werden Details hinzugefügt, etwa die Geländer der Treppe im Vordergrund – sie sind wie die Kanten einer nach unten gekippten Fläche anzusehen, die schräg zum Rest der Bildebene steht und ihren eigenen Fluchtpunkt auf einer vertikalen Linie hat, die durch den „originalen" Fluchtpunkt verläuft. Arbeiten Sie auch die Details im Hintergrund aus.

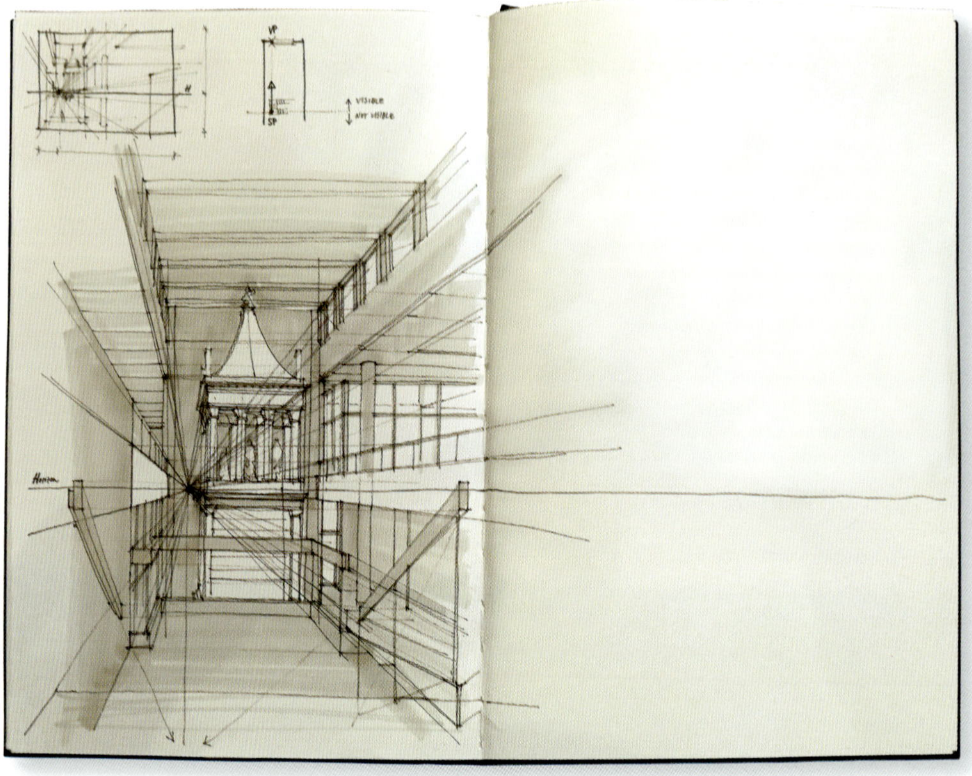

SCHRITT 7 ▶ Beginnen Sie nun mit dem Schattieren. Mit Ausnahme der Flächen, die weiß wirken oder die durch die Dachfenster mit Licht beschienen werden, wird alles in einem hellen Grauton schattiert. Am besten verwenden Sie dafür Marker auf Alkoholbasis, da diese die zuvor gezeichneten Linien nicht verwischen.

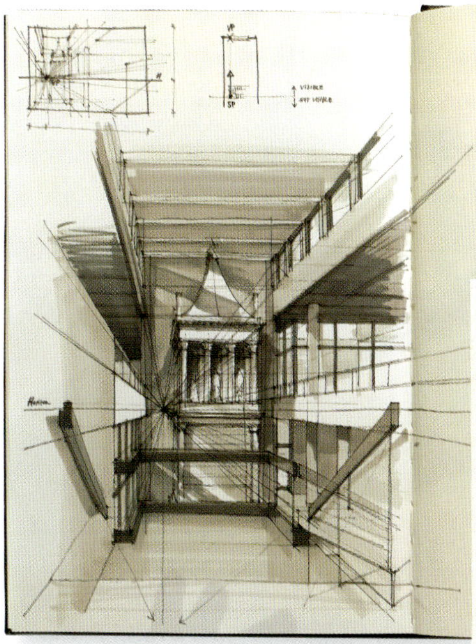

SCHRITT 8 ▲ Definieren Sie dunklere Flächen, Ecken und Materialien mit dunkleren Grautönen, nutzen Sie zwei oder mehr Abstufungen. Zeichnen Sie nun die Halbschatten der Säulen, Geländer und anderer Gebäudeteile ein. Dazu eignet sich ein mittlerer Grauton. Der dunkelste Grauton ist für die Schlagschatten vorgesehen, die das Sonnenlicht verursacht, das von links durch die Fenster scheint. Achten Sie darauf, in der Bildmitte sehr detailliert zu zeichnen und zum Bildrand hin die Zeichnung auszublenden.

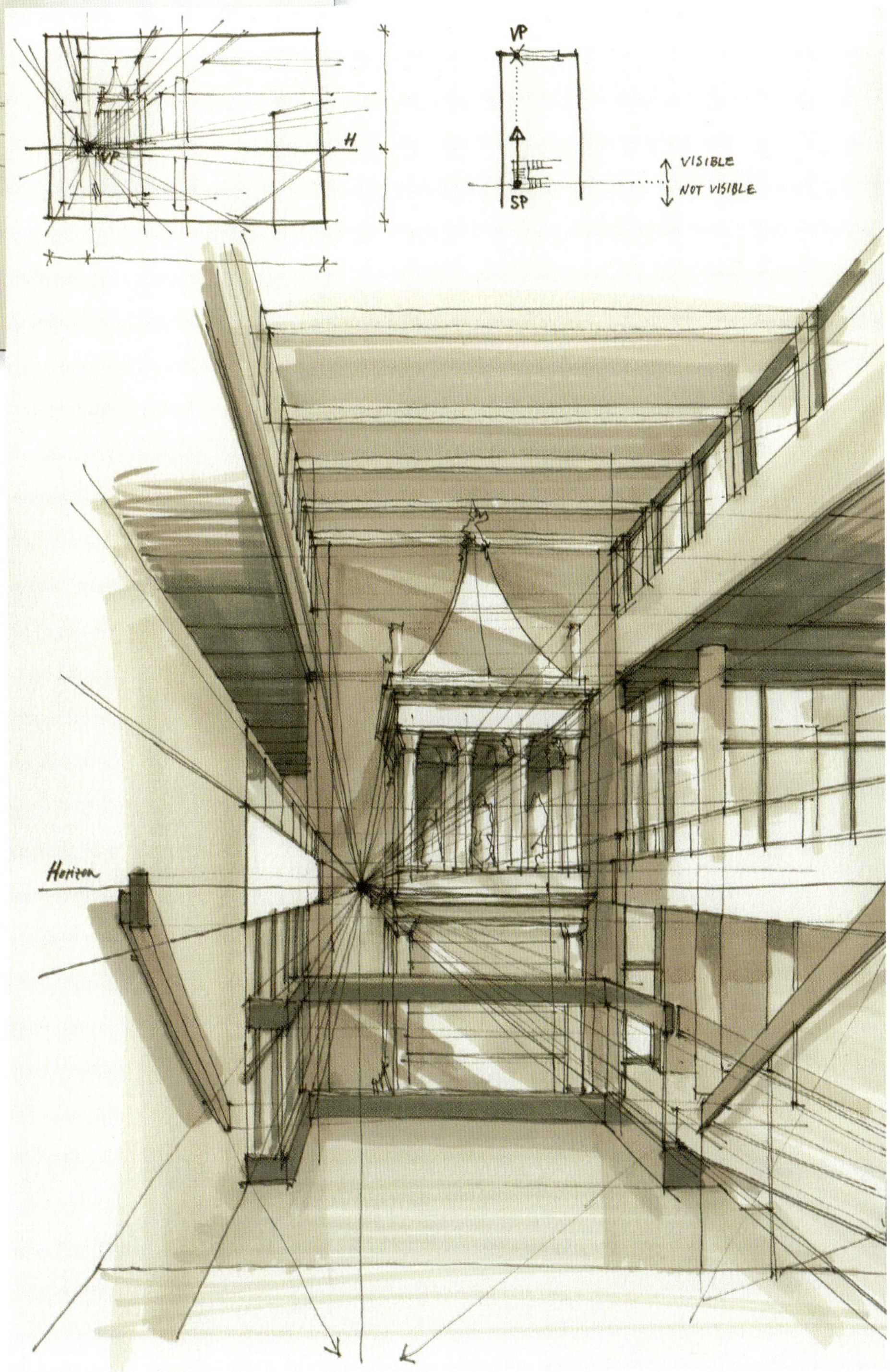

DIE FERTIGE ZEICHNUNG

Auf den ersten Blick erscheint dieses Motiv sehr kompliziert – doch wenn Sie die Fluchtlinien zu Beginn festlegen und Entfernungen und Proportionen ausmessen, gelingt es Ihnen, eine perspektivisch korrekte und optisch interessante Zeichnung anzufertigen.

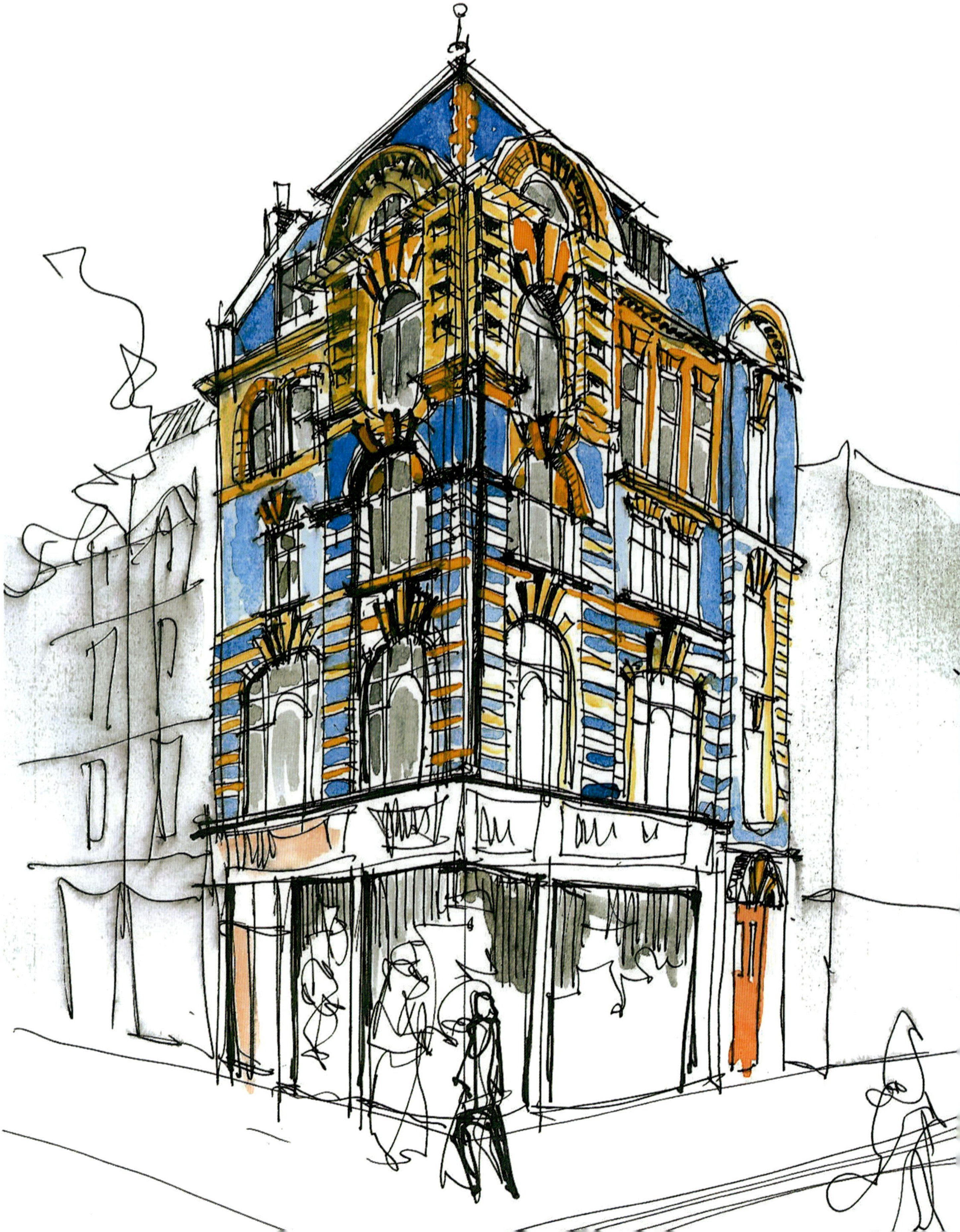

2 PUNKT PERSPEKTIVE

Die Zweipunktperspektive baut auf dem Verständnis der Einpunktperspektive auf. Sie tritt in Erscheinung, wenn der Betrachter schräg zu den horizontalen Linien des zu zeichnenden Objekts steht. Diese Perspektive ist oft dynamischer und fesselnder als die Einpunktperspektive, da wir Entfernungen und Ausdehnungen besser erahnen können.

◀ DIE SHAFTESBURY AVENUE IN LONDON • *Hans Muerkens* • Liner und Aquarell

Einführung

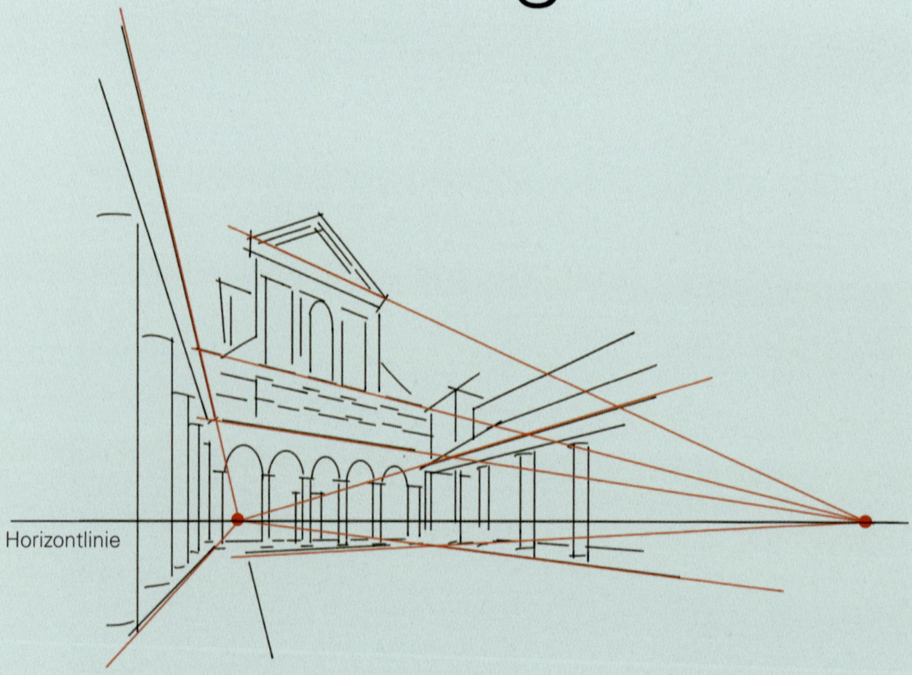

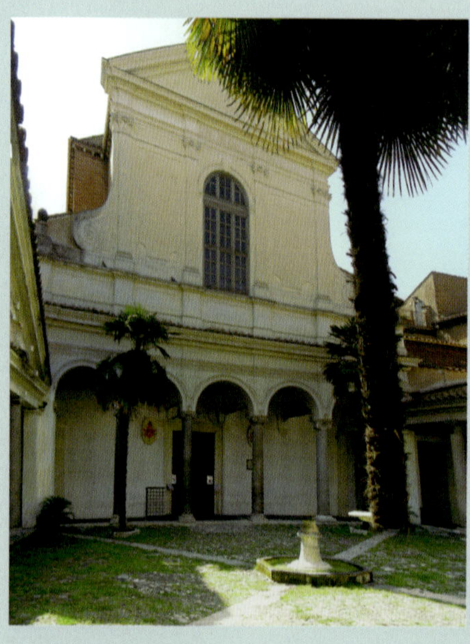

▲ Ein hervorragendes Beispiel für eine Zweipunktperspektive: Sie stehen in der Ecke eines Innenhofs – wie diesem hier in Rom – und schauen quer über den Hof. Hier gibt es zwei Linienbündel: Die Linien des ersten Bündels laufen entlang der Kirchenfassade, die des zweiten Bündels laufen quer zur Fassade und definieren den linken und rechten Rand des Hofes. Jedes Bündel hat seinen eigenen Fluchtpunkt, beide liegen auf Augenhöhe.

▶ DIE BASILICA DI SAN CLEMENTE IN ROM
Matthew Brehm • Grafit und Aquarell

Was ist eine Zweipunktperspektive?

Bei einer Zweipunktperspektive gibt es zwei gut erkennbare Fluchtpunkte, die in den meisten Fällen auf der Horizontlinie liegen. Diese Perspektive kommt ins Spiel, wenn Ihr Sehstrahl in einem Winkel zu den horizontalen Linienbündeln steht, die auf gemeinsame Fluchtpunkte in der Ferne zulaufen. In modernen, nach einem Raster angelegten Städten ist die Zweipunktperspektive oft zu beobachten, da es in solchen Umgebungen nur zwei horizontale Linienbündel gibt. Innenansichten von Räumen werden häufig in der Zweipunktperspektive angelegt, weil die meisten Zimmer rechteckig sind. Mit ihren Linien, die sich fast wahrnehmbar in Winkeln „aufeinander zu bewegen", sind Szenen in Zweipunktperspektive denen mit nur einem Fluchtpunkt in Sachen Dynamik weit überlegen.

Auch wenn Ihnen bei der Suche nach interessanten Motiven bestimmt hier und da eine Einpunktperspektive begegnen wird, kommt es jedoch relativ selten vor, dass Ihr Sehstrahl mit den horizontalen Linien um sich herum exakt parallel verläuft. Weitaus häufiger hat man einen Standort, von dem aus der Sehstrahl schräg auf die rasterförmig verlaufenden Linien der Umgebung trifft. Außerdem wirken die so entstehenden Skizzen einfach lebendiger und machen daher auch beim Zeichnen mehr Spaß. Sind in einem Bild zwei Linienbündel im Spiel, wird der Raum unweigerlich als tiefer empfunden, da der Betrachter die Dreidimensionalität des Raums besser erfasst – schließlich zeigt die Zeichnung ein viel „echteres" Abbild der Welt, die wir tagtäglich um uns herum erleben. Zweipunktperspektiven sind ein wenig kniffliger zu zeichnen, wie Sie auf den folgenden Seiten sehen werden. Das liegt vor allem daran, dass zuweilen einer der Fluchtpunkte, oder sogar beide, außerhalb des Zeichenblatts liegen. In solchen Fällen bedarf es einiger Vorstellungskraft, um sich die Position der Punkte vor Augen zu halten, sodass Sie Ihnen als Orientierungspunkte für die Struktur der Zeichnung dienen können.

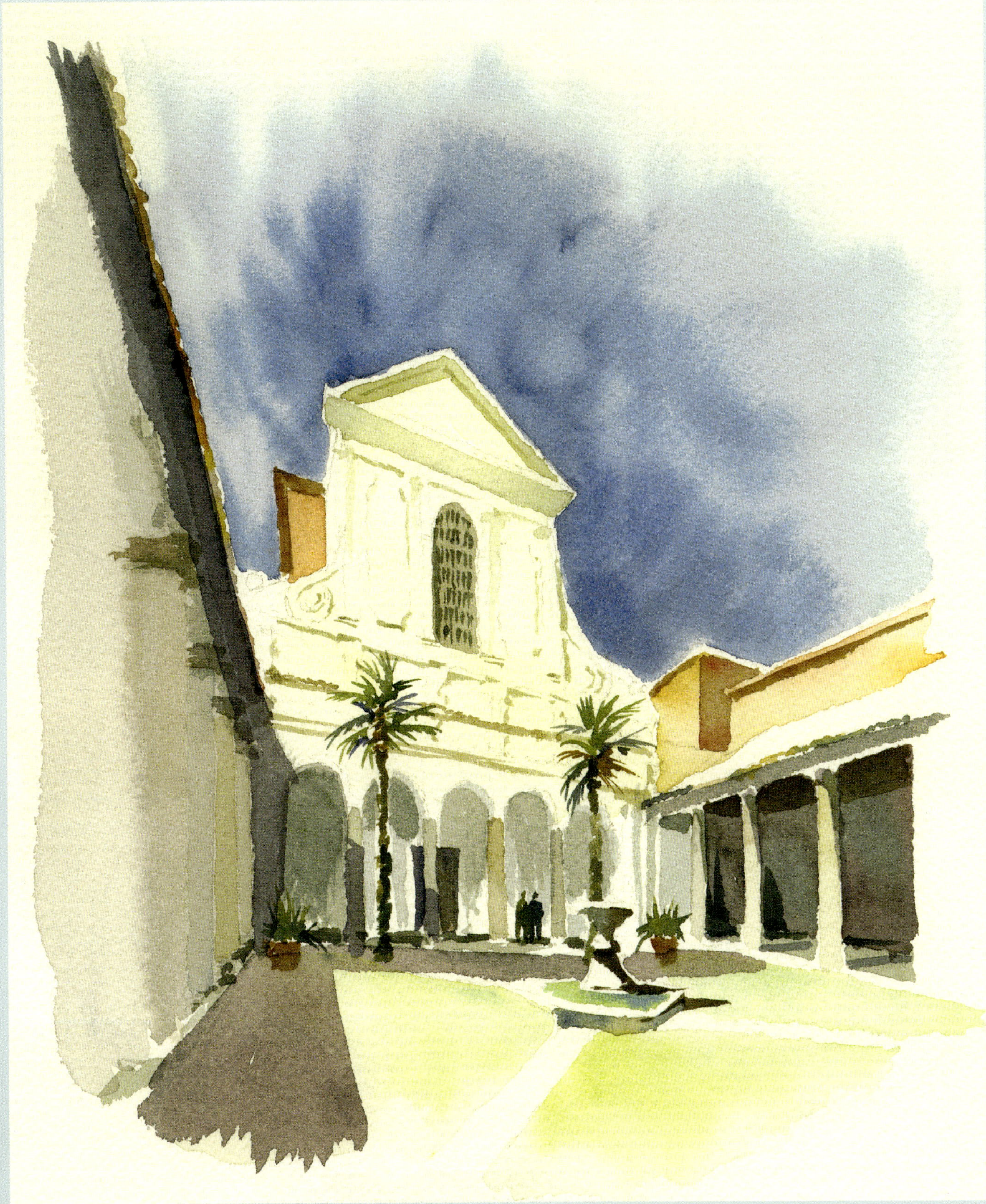

Zweipunktperspektive

Sehen

In einer Zweipunktperspektive sind zwei Bündel zusammenlaufender Linien deutlich zu erkennen. Beide Bündel streben jeweils auf Fluchtpunkte zu, die auf der Horizontlinie liegen. Vertikale Linien bleiben in solchen Ansichten immer vertikal.

▼ Zweipunktperspektiven werden gerne für Eck-Ansichten genutzt, wie zum Beispiel hier bei dieser Häuserecke mit den rechtwinklig aufeinandertreffenden Straßen.

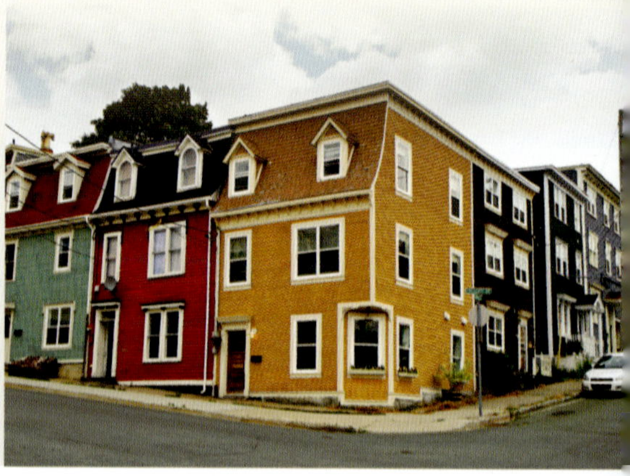

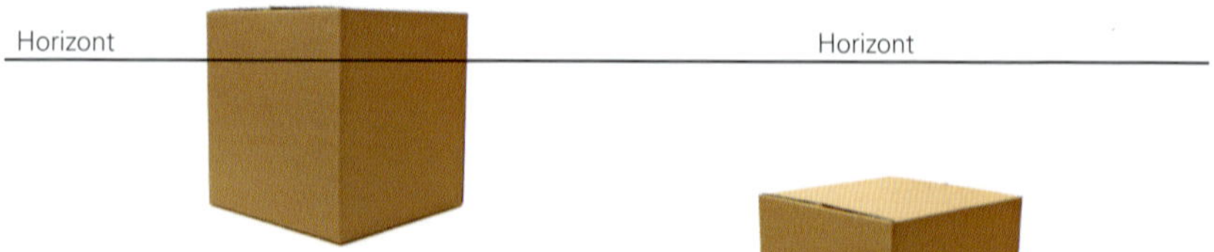

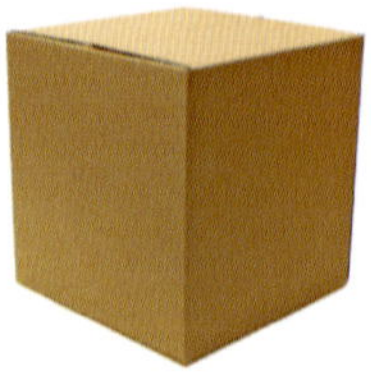

● FP
— Fluchtlinien
— Horizontlinie

ALLER ANFANG IST LEICHT!
Betrachtet man einen geschlossenen Karton seitlich, aber noch auf Augenhöhe, sieht man, dass die Ansicht Aufschluss über die Tiefenverhältnisse gibt. Die senkrechte Kante des Kartons, die dem Betrachter am nächsten liegt, zeigt sich länger als die anderen Kanten. Die Wände des Kartons scheinen nach hinten hin schmaler zu werden, verlängert man sie in Gedanken, verschwinden sie in der Ferne. Boden und Kartondeckel streben also auf Fluchtpunkte zu – davon liegt einer links und der andere rechts neben dem Karton. Die Fluchtpunkte liegen immer an der gleichen Stelle auf der Horizontlinie.

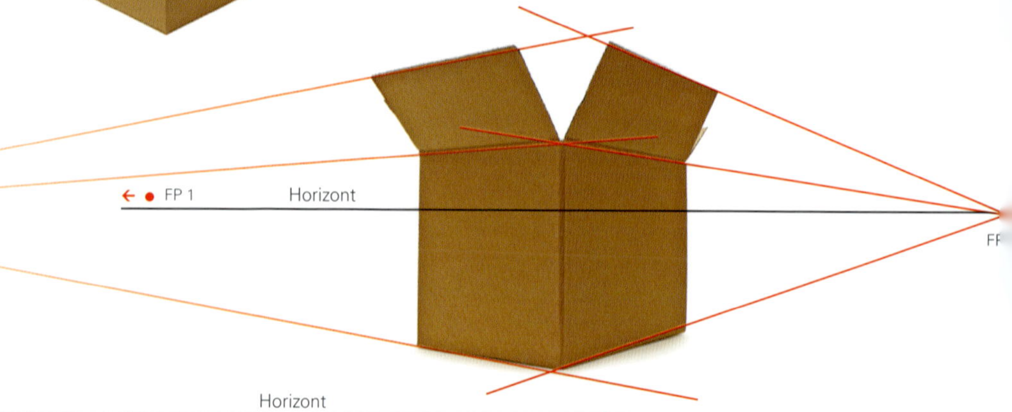

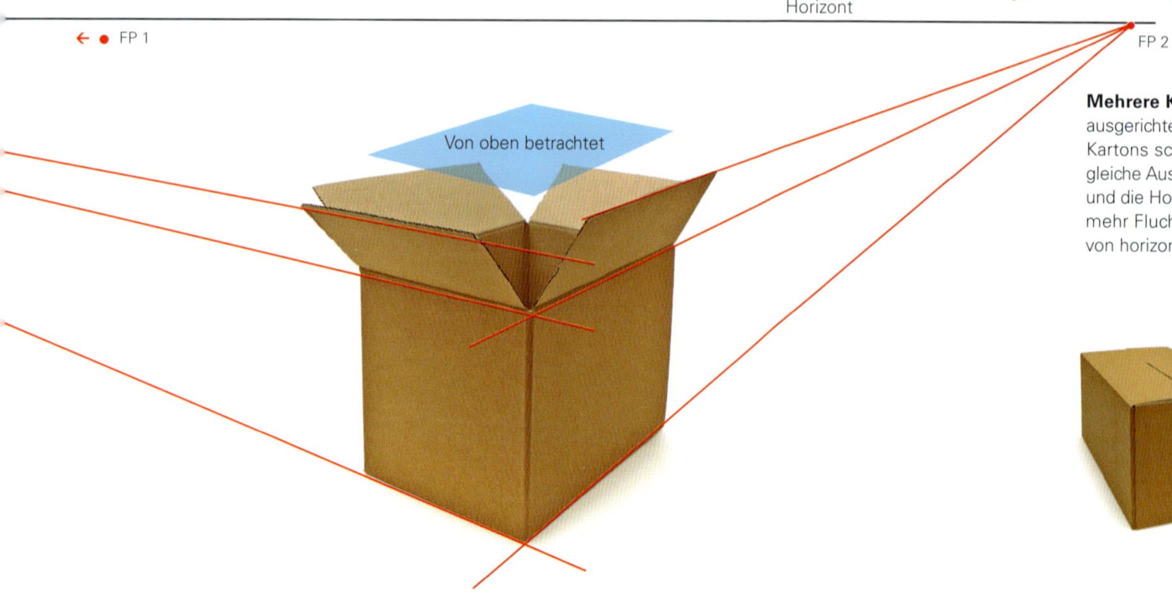

Mehrere Kartons, die wie an einem Raster ausgerichtet zueinander stehen (die Kanten des Kartons schließen miteinander ab), zeigen die gleiche Ausrichtung, auch was die Fluchtpunkte und die Horizontlinie anbelangt. Hier gibt es nur mehr Fluchtlinien, was an der höheren Anzahl von horizontalen Linien liegt.

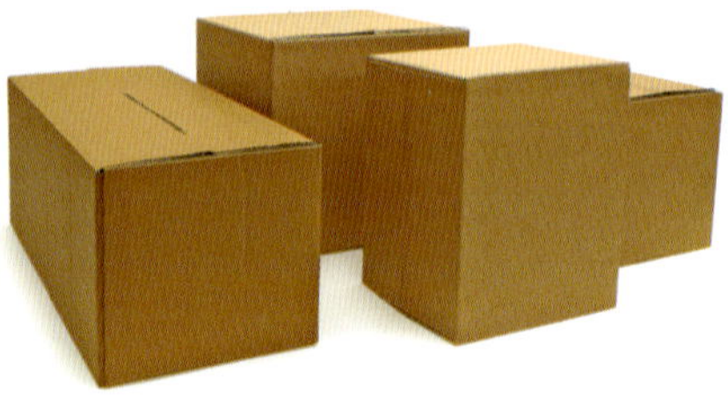

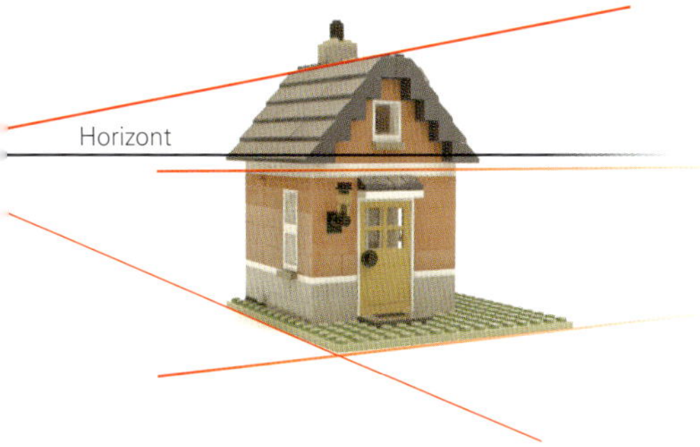

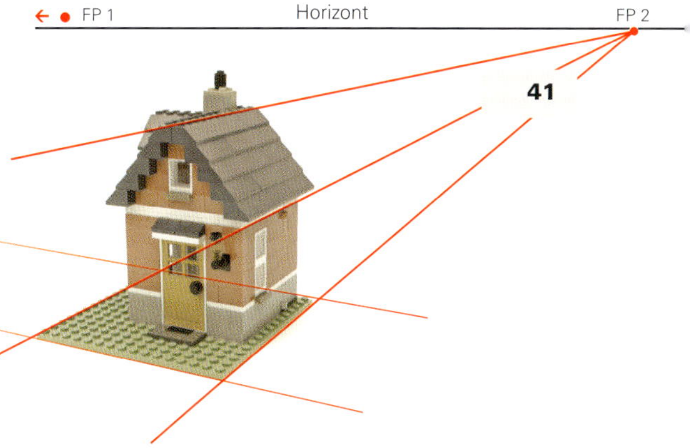

EINZELN STEHENDE HÄUSER

Diese Häuser sind schon etwas komplexer als die einfachen Kartons aus dem vorangegangenen Beispiel, aber die Grundlagen für die Zweipunktperspektive gelten hier gleichermaßen. Es gibt zwei Linienbündel. Die Linien darin laufen scheinbar in der Ferne auf den jeweiligen Fluchtpunkt zu. In Wirklichkeit verlaufen die Kanten am Haus natürlich parallel.

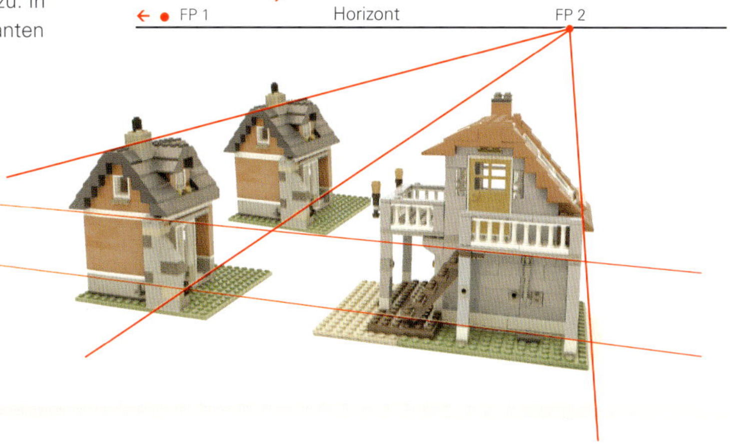

MEHRERE HÄUSER

Auch hier gibt es tatsächlich nur zwei Linienbündel, in jedem Bündel befinden sich lediglich durch die vielen Häuser mehr Linien – es gibt einfach mehr Kanten an Boden und Dächern etc. Verfolgt man diese Fluchtlinien, gelangt man jeweils zu den beiden Fluchtpunkten, die links und rechts von der Häusergruppe liegen. Unser Blick verläuft tendenziell stärker nach rechts, daher ist der rechte Fluchtpunkt etwas weiter in der Bildmitte als der linke. Dieser ist weit außerhalb des linken Blattrands angesiedelt.

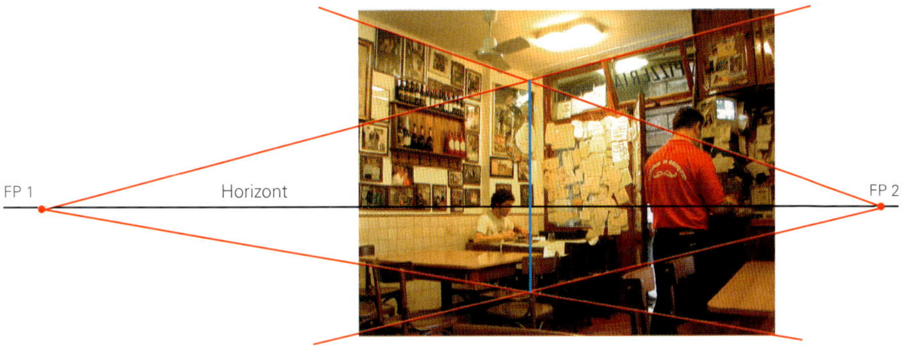

INNENRÄUME

Auch in Innenräumen ist die Zweipunktperspektive von großem Nutzen. Nicht nur Außenecken können auf diese Weise dargestellt werden, sondern auch Innenecken (auf dem Bild ist diese blau markiert). Linien, die im Raum vertikal verlaufen, so wie die hier markierte Zimmerecke, stehen im rechten Winkel zum Sehstrahl und müssen auch vertikal dargestellt werden – genau wie bei der Einpunktperspektive.

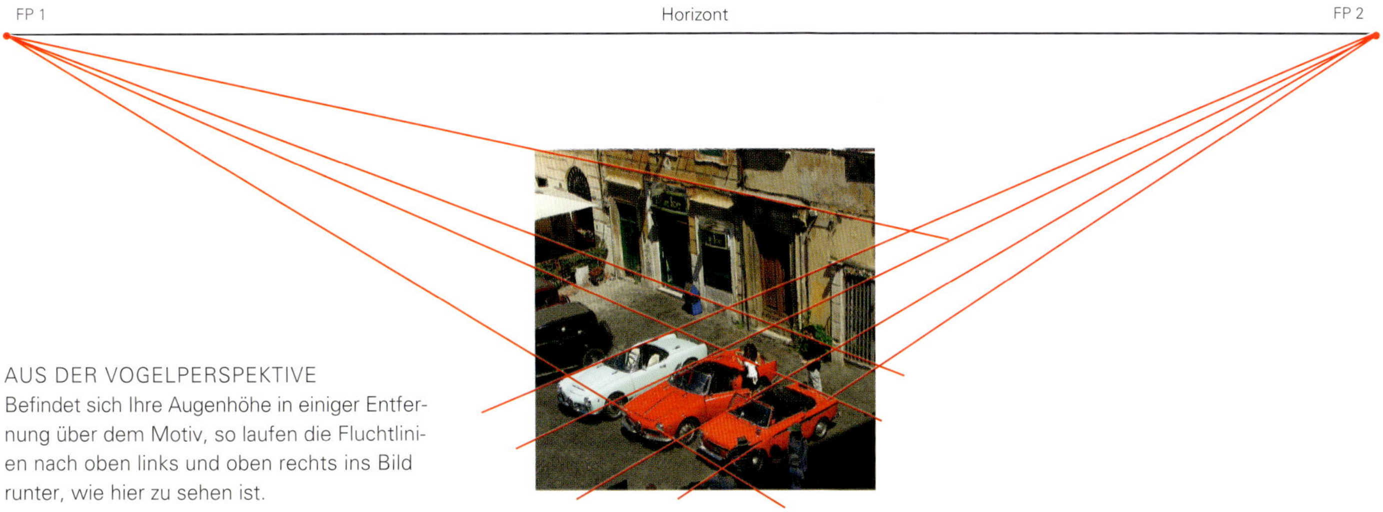

AUS DER VOGELPERSPEKTIVE

Befindet sich Ihre Augenhöhe in einiger Entfernung über dem Motiv, so laufen die Fluchtlinien nach oben links und oben rechts ins Bild runter, wie hier zu sehen ist.

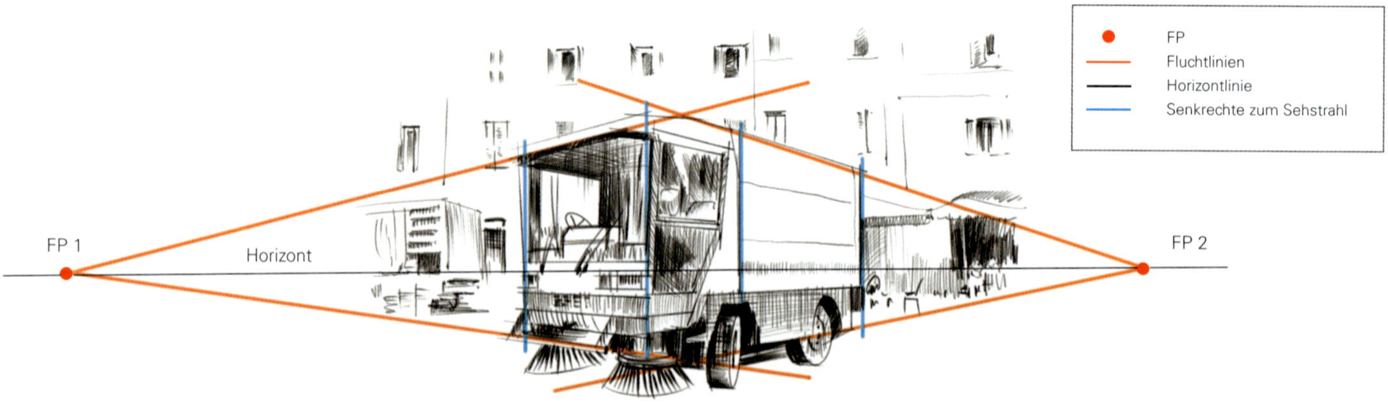

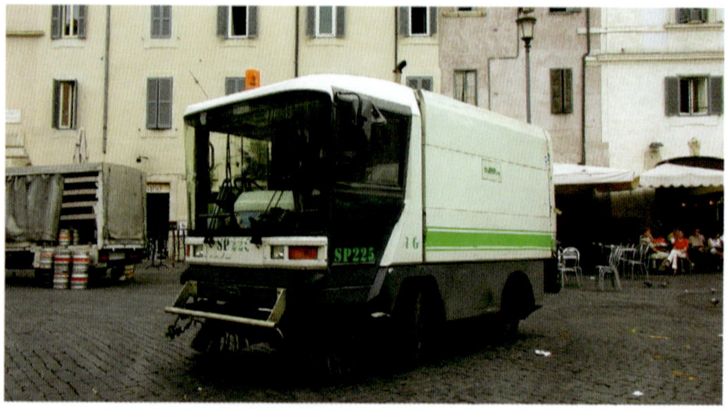

ANSICHT IM 45-GRAD-WINKEL

Betrachtet man ein einfaches rechtwinkliges Objekt wie dieses Fahrzeug aus einem 45-Grad-Winkel, befinden sich die beiden Fluchtpunkte etwa in der gleichen Entfernung von der Bildmitte. Wenn man in unmittelbarer Nähe des Objekts steht, liegen die beiden Fluchtpunkte relativ nahe beieinander. In diesem Beispiel liegen die grüne Markierung auf dem Fahrzeug und die Unterkante der Windschutzscheibe etwa auf Augenhöhe und stehen damit auch für die Horizontlinie.

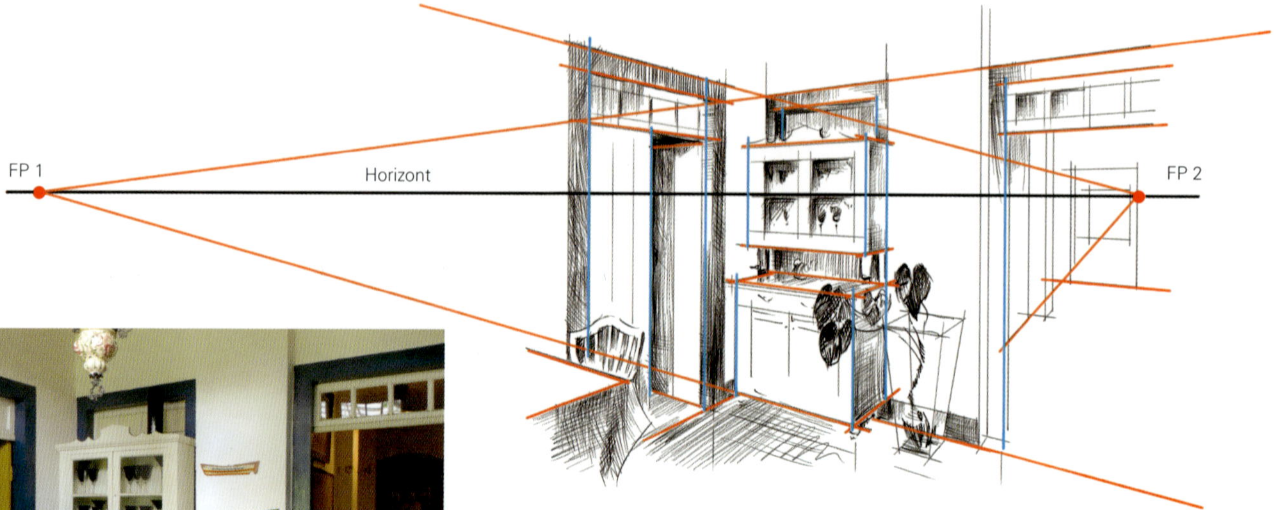

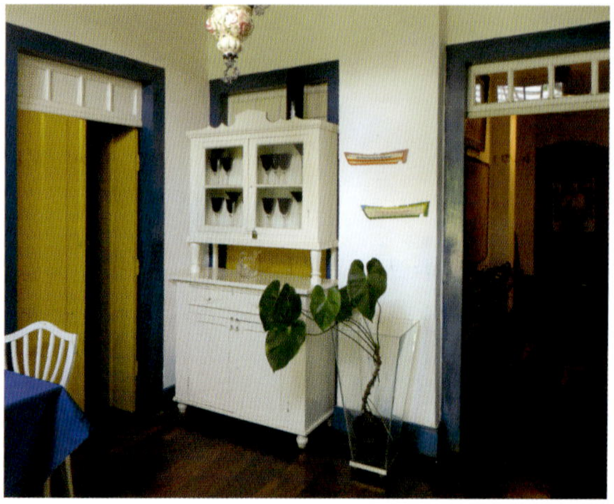

NACH LINKS GERICHTETE BLICKRICHTUNG

Bei dieser Innenansicht gibt es keine horizontalen Linien, die wirklich parallel oder rechtwinklig zum Sehstrahl verlaufen – bei einer Einpunktperspektive wäre das der Fall. Alle vertikalen Linien in diesem Bild stehen senkrecht zum Sehstrahl, daher laufen sie nicht auf einen Fluchtpunkt zu. Alle Horizontal im Raum verlaufenden Linien jedoch sind auf einen der beiden Fluchtpunkte ausgerichtet. Wäre unser Bildausschnitt auf den rechten Flur beschränkt, käme dies einer Einpunktperspektive sehr nahe. Da unser Blick aber nach links gerichtet ist, gibt es hier zwei Fluchtpunkte.

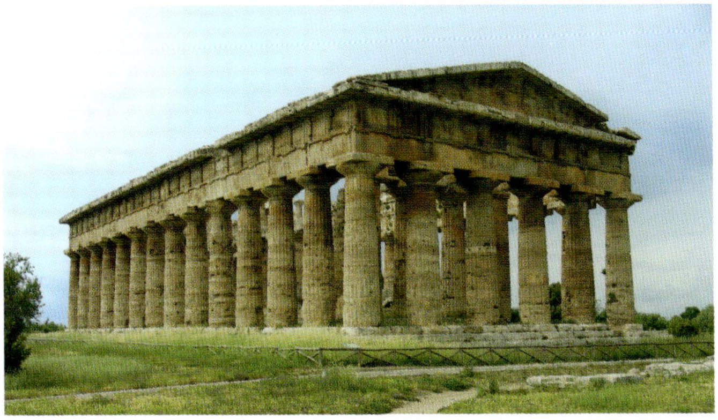

AUS DER FERNE BETRACHTET

Je weiter man sich vom Zeichenobjekt entfernt, desto mehr Abstand liegt in der Regel zwischen den Fluchtpunkten. Das zeigt sich sehr deutlich am rechten Fluchtpunkt in der Skizze des Tempels. Beachten Sie, dass auch hier – wie bei der Einpunktperspektive – die vertikalen Linien des Objekts vertikal gezeichnet werden.

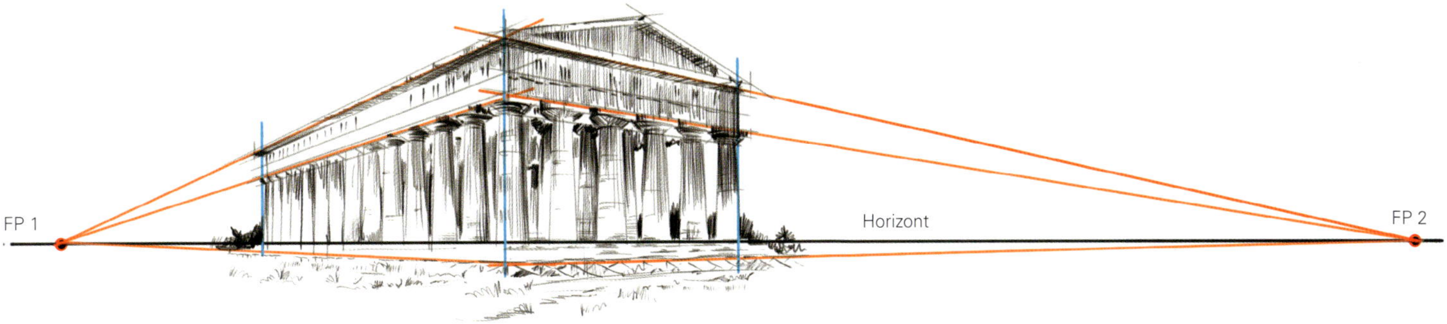

AUS EINS MACH ZWEI

Nicht bei allen Zweipunktperspektiven liegen beide Fluchtpunkte auf der Horizontlinie. Auf diesem Foto von „Harlot's Hall" in Hot Springs, Arkansas (aufgenommen von Walter Arnold), laufen alle horizontalen Linien auf einen Fluchtpunkt auf Augenhöhe zu (dieser liegt etwa auf Höhe des zweiten Stockwerks, von wo aus das Foto entstanden ist). Ausnahme sind allerdings die Linien der nach unten führenden Treppe, diese haben einen Fluchtpunkt weit unterhalb der Augenhöhe. Da die Treppengeländer zu den oberen Fluchtlinien parallel laufen, liegt dieser zweite Fluchtpunkt genau unter dem ersten (angedeutet durch die gestrichelte Linie). Ein weiteres Beispiel für eine solche Konstellation finden Sie auf Seite 47.

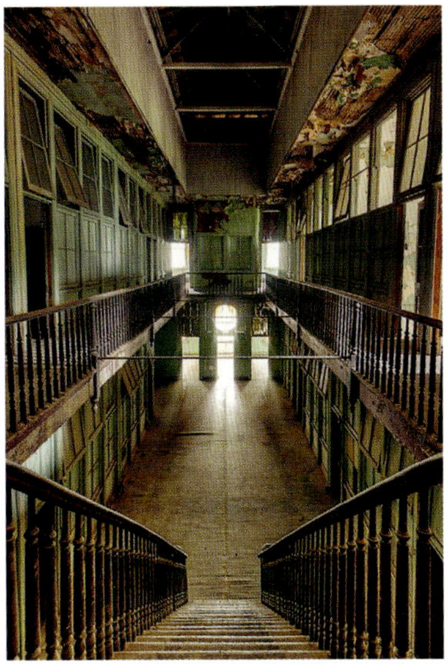

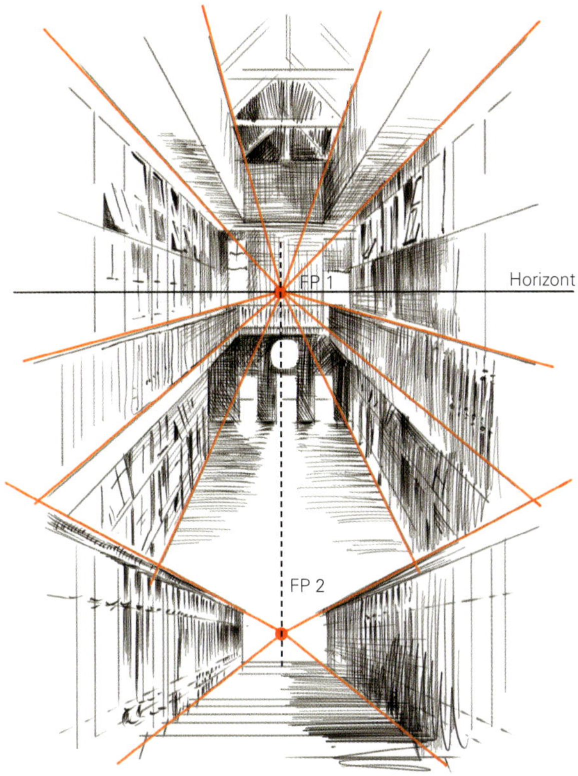

Zweipunktperspektive

Verstehen

Wie bei der Einpunktperspektive sind auch hier die Fluchtpunkte leichter aufzufinden, wenn Sie Ihr Zeichenobjekt zu einer geometrischen Grundform vereinfachen.

ÜBUNG MACHT DEN MEISTER

Um die Zweipunktperspektive besser zu verstehen, lesen Sie den folgenden Abschnitt und machen Sie dann die Übungen auf den Seiten 116–125 des Arbeitsbuchs.

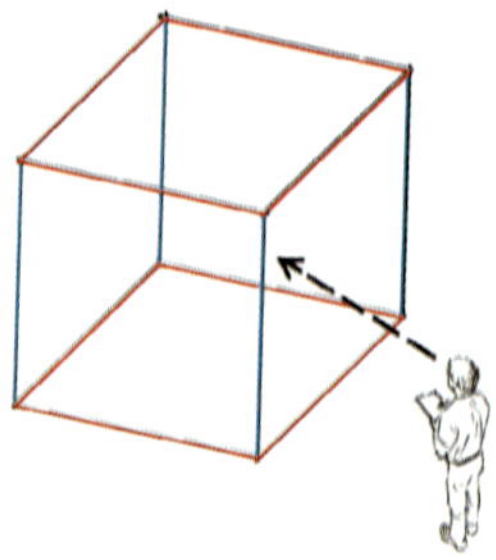

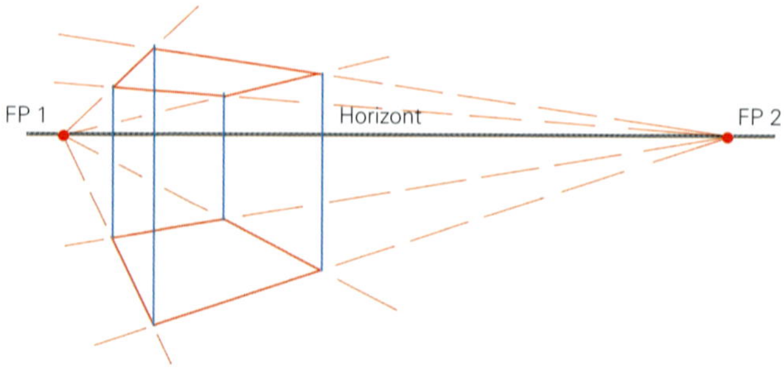

WÜRFELFÖRMIGE OBJEKTE
Stellen Sie sich vor, Sie betrachten den Würfel von Seite 24, aber diesmal von einem anderen Standpunkt aus. Ihr Sehstrahl ist jetzt zu keiner der Würfelkanten mehr parallel.

Die blau hervorgehobenen Vertikalen sind immer noch senkrecht zum Sehstrahl – diese Linien bleiben in der perspektivischen Darstellung vertikal, genau wie bei der Einpunktperspektive. Die rot eingezeichneten Linien verlaufen dagegen zum Sehstrahl weder parallel noch senkrecht.

In der Konsequenz laufen in der perspektivischen Betrachtung alle roten Linien, die nach links in die Ferne führen, zum linken Fluchtpunkt hin. Die roten Linien, die sich nach rechts vom Betrachter entfernen, treffen sich im rechten Fluchtpunkt.

RECHTECKIGE GEBÄUDE
Steht man mehr oder weniger frontal vor einem rechteckigen Objekt, wie bei dieser Skizze eines Tempels in Paestum in Italien, ist von einer Seite immer mehr zu sehen als von der anderen. Stünde man genau vor der vorderen Fassade des Tempels, hätte man es wieder mit einer Einpunktperspektive zu tun. Da der Blick auf den Tempel aber eine weitere Seite umfasst und die im Raum horizontal verlaufenden Kanten des Tempels in einem Winkel zum Sehstrahl stehen, ist dies hier eine Zweipunktperspektive. Bei diesem Bild liegt die Augenhöhe unterhalb des Gebäudes, daher sehen wir es aus der sogenannten „Froschperspektive". Um sich die Konstruktion der Bildstruktur zu vereinfachen, können Sie die Form des Tempels mit zarten Hilfslinien skizzieren. Obwohl der Boden des Tempels im fertigen Bild nicht sichtbar ist, beginnen Sie Ihre Zeichnung damit, alle Linien des Rechtecks vorzuzeichnen.

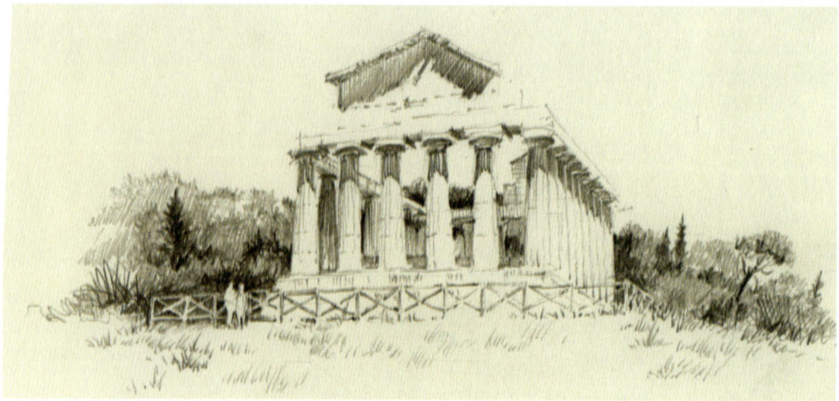

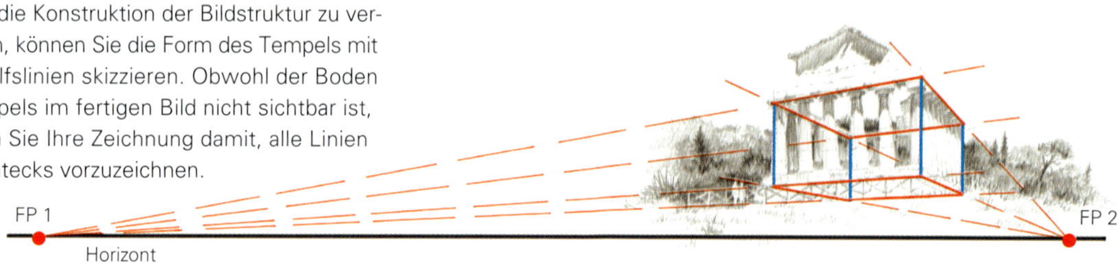

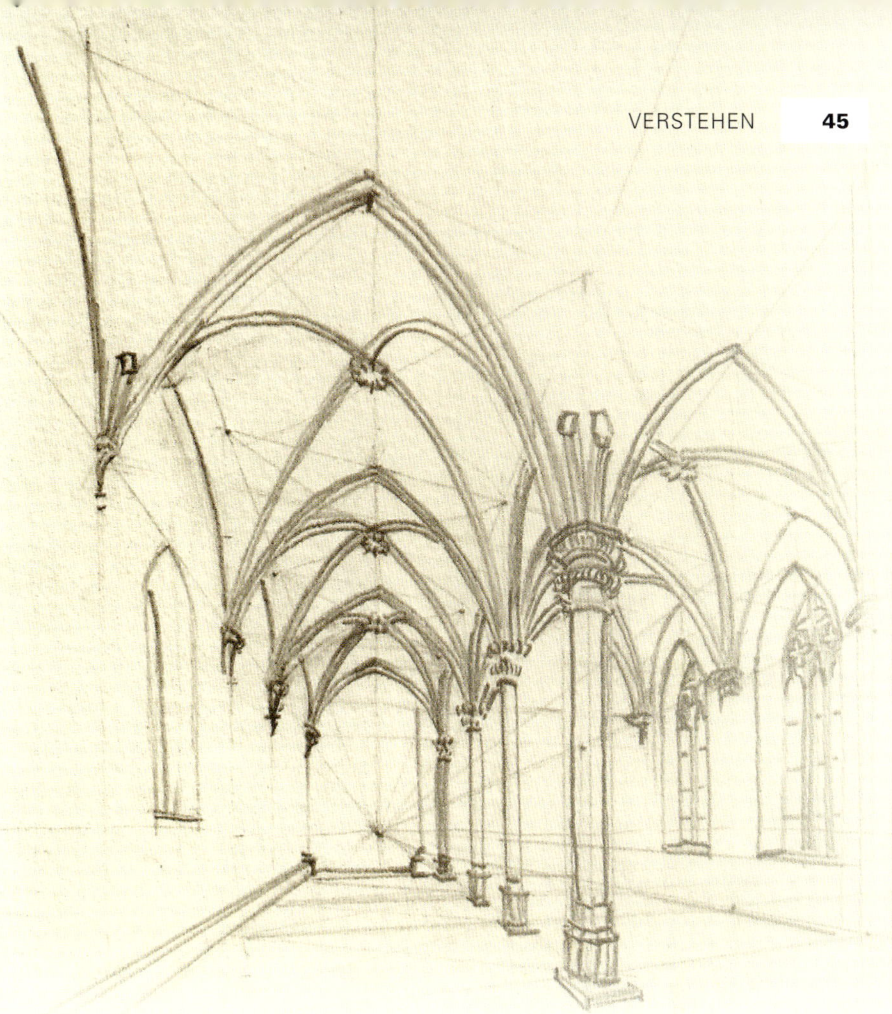

GEWÖLBE

Wenn wir Formen betrachten, die komplexer strukturiert sind als ein einfacher Würfel, erkennen wir, dass stets die gleichen Grundlagen für die Perspektive anwendbar sind. Als Beispiele dafür dienen hier Arno Hartmanns Zeichnung eines Gewölbes *(rechts)* und ein Diagramm, das den von Hartmann dargestellten Raum grob wiedergeben soll *(unten)*. Dieses Motiv ist eine kleine zeichnerische Herausforderung. Einfacher wird es, wenn Sie das Motiv in mehrere überschaubare Einheiten einteilen. Sparen Sie auf keinen Fall an Hilfslinien, wenn Sie die Struktur für Ihre Zeichnung festlegen.

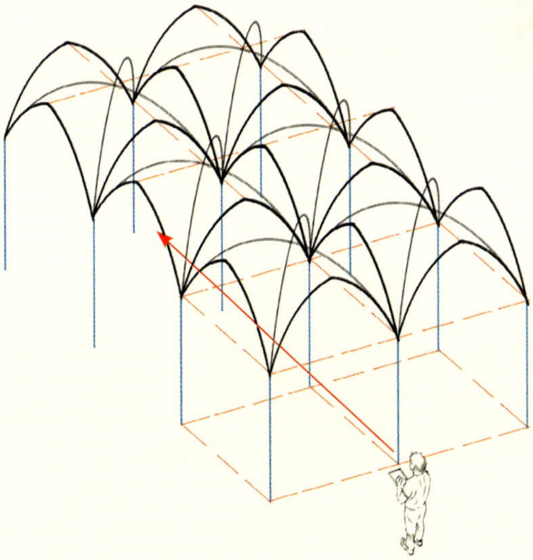

Die rot gestrichelten Linien bei den beiden vorderen Gewölbekuppeln des Diagramms zeigen, dass der Raum unter ihnen jeweils die Form eines Quadrats hat. Beim Festlegen der Struktur einer Zeichnung ist es ratsam, sich zunächst auf solch einfache Grundformen zu konzentrieren und die kompliziert erscheinenden Gewölbekonstruktionen erst einmal gänzlich außer Acht zu lassen.

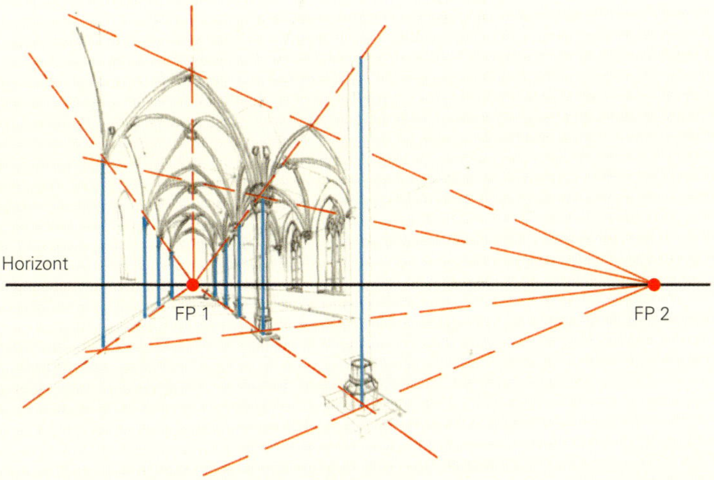

Bei den anderen vier Gewölben sieht man anhand der roten gestrichelten Linien, dass auch die Gewölbespitzen ebenfalls auf immer die gleichen beiden Fluchtpunkte zulaufen. Wenn Sie beim Planen Ihrer Darstellung also zunächst die Hilfslinien für die quadratischen Gewölbe und die Gewölbespitzen zeichnen, wird es einfacher, die Bögen in den Gewölben akkurater anzulegen.

- FP
- Fluchtlinien
- Horizontlinie
- Senkrechte zum Sehstrahl

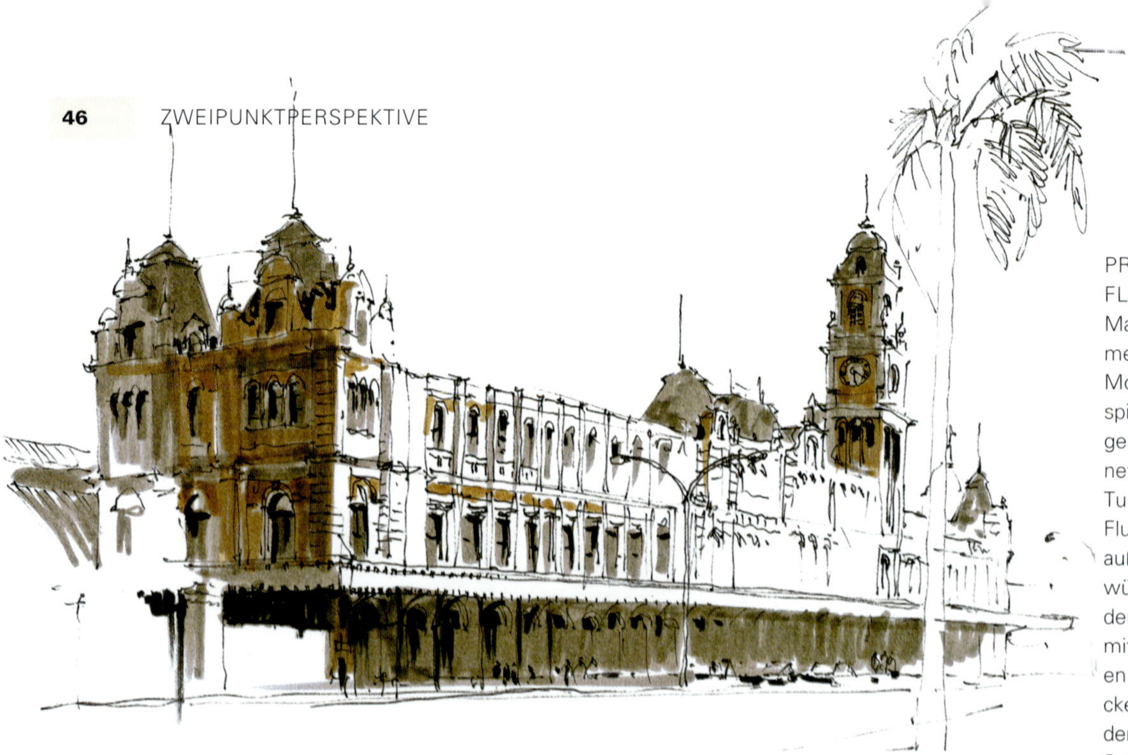

PRÄZISION MITHILFE VON FLUCHTLINIEN

Manchmal ist eine Fluchtlinie für mehr als nur ein Element des Motivs hilfreich. In diesem Beispiel hat Eduardo Bajzek ein langes, schmales Gebäude gezeichnet, das in der Ferne mit einem Turm ausgestattet ist. Der linke Fluchtpunkt befindet sich weit außerhalb des Blattrands, dort würde sich die Augenhöhe mit den roten Pfeilen treffen. Diese mit Pfeilen versehenen Fluchtlinien dienen gleich mehreren Zwecken. Zunächst definieren die beiden dickeren Linien auf der linken Seite die dem Betrachter zugewandte Gebäudeseite. Verlängert man diese Linien jedoch auch nach vorn, dienen sie ebenfalls als Anhaltspunkte für die verschiedenen Ebenen des weiter entfernten Turms. Darüber hinaus hilft die oberste Fluchtlinie dabei, die Länge der beiden Turmspitzen im Vordergrund festzulegen.

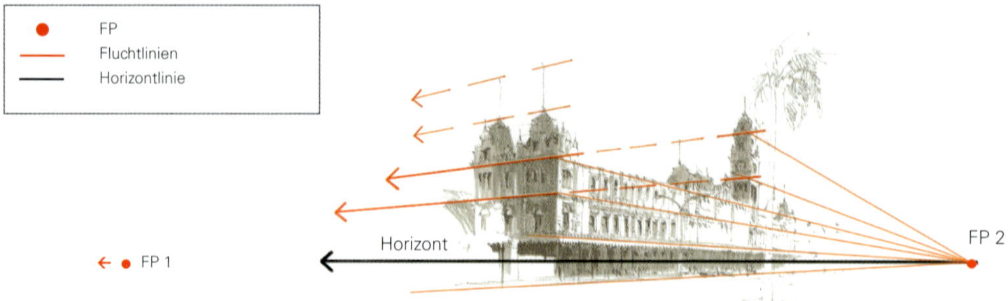

MENSCHEN UND SCHATTEN

Nicht nur Zeichnungen von Gebäuden und anderen Objekten mit geraden Kanten können von Ihrem Verständnis der Zweipunktperspektive profitieren. Die Anordnung der Menschen wie auch der Schatten in diesem Aquarell von Eduardo Bajzek ist klar durch den Gebrauch von Fluchtlinien geprägt. Zwar sind weder die Menschen noch die Schatten genau an diesen Linien ausgerichtet, aber ihre Größe und Position wirkt realistischer, da sie nach einer bestimmten Logik angeordnet sind – und diese Logik basiert auf den Strukturen einer Zweipunktperspektive. Beachten Sie hier auch, dass die Augenhöhe über dem Motiv liegt, da der Künstler das Bild entweder im Stehen oder von einer erhöhten Position aus angefertigt hat.

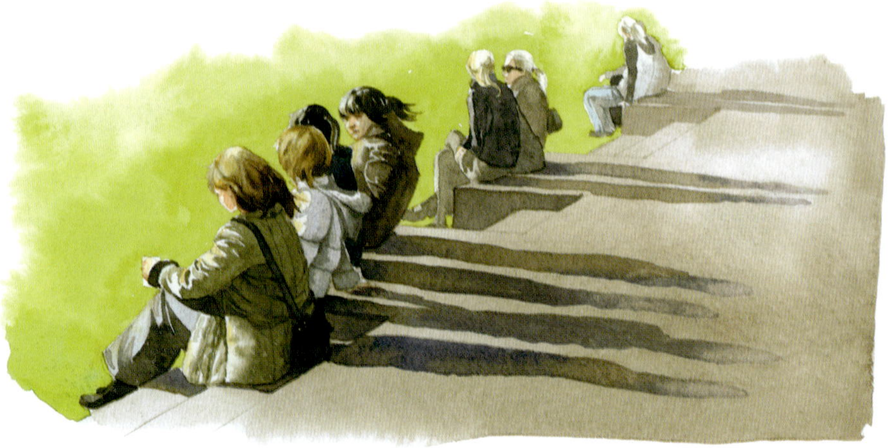

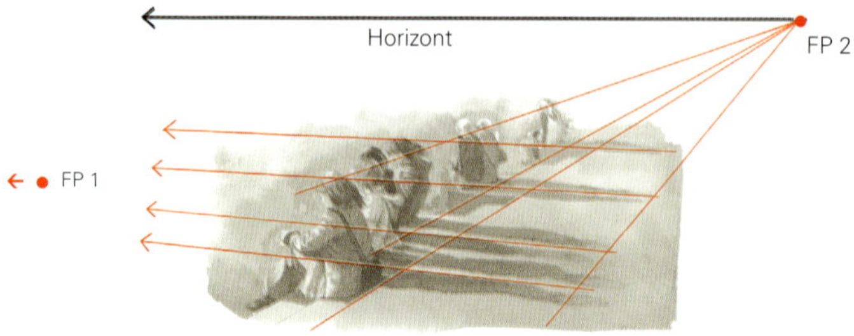

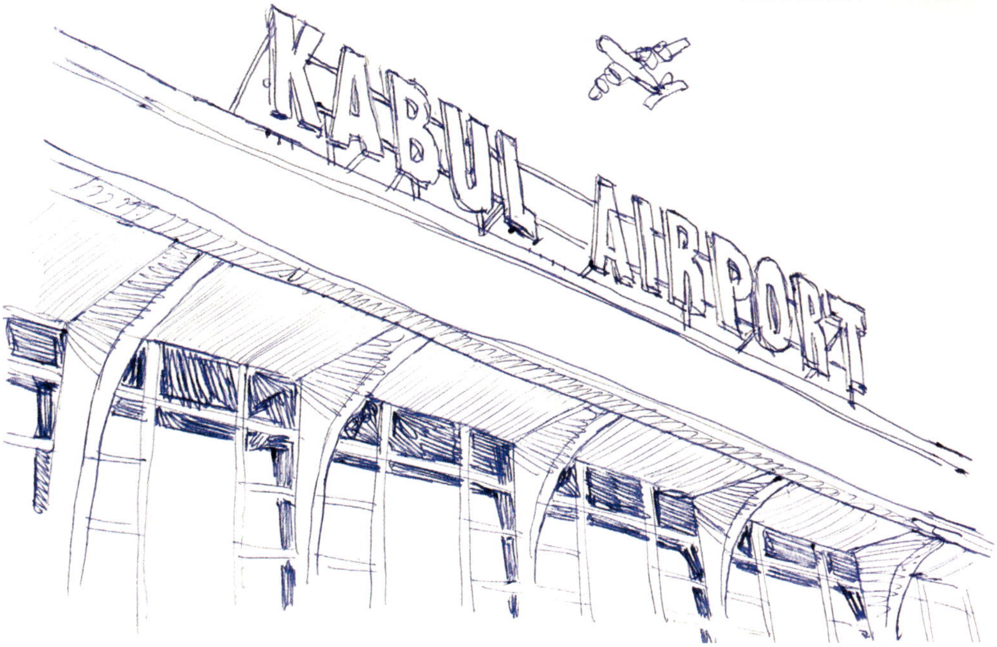

WEIT ENTFERNT LIEGENDE FLUCHTPUNKTE

Ganz im Gegensatz zu dem Aquarell der sitzenden Menschen auf der gegenüberliegenden Buchseite befindet sich in dieser Zeichnung von Richard Johnson das Motiv weit über der Augenhöhe des Betrachters. Alle im Raum horizontal verlaufenden Linien verlaufen in einem abwärts gerichteten Winkel nach links und rechts unten, wie es die Skizze unten zeigt.

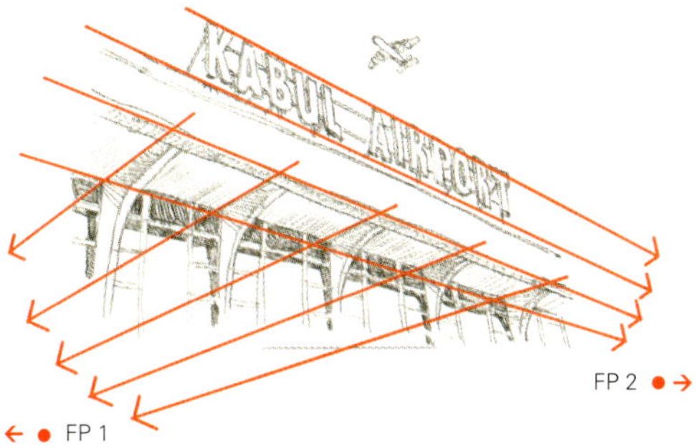

Wie hier sehr schön zu erkennen ist, ist es nicht ungewöhnlich, dass einer der Fluchtpunkte, oder sogar beide, außerhalb des Bilds liegen *(siehe rechts)*. In solchen Fällen ist Ihre Vorstellungskraft gefordert – Sie müssen sich den Punkt vorstellen und präsent halten, zu dem Ihre Fluchtlinien streben.

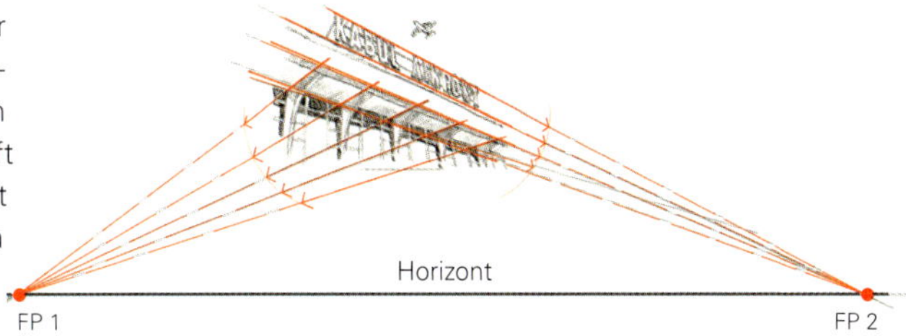

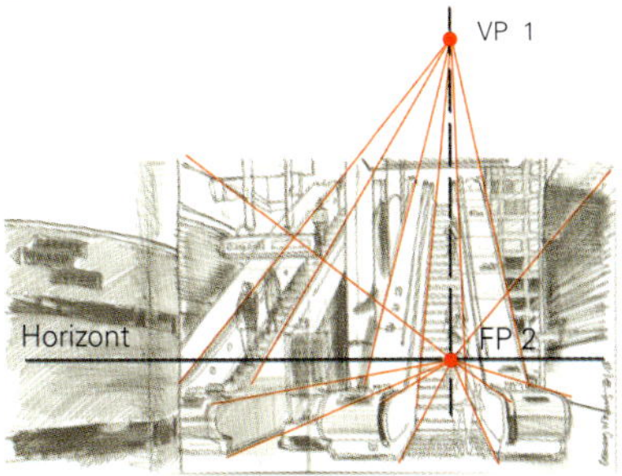

ÜBEREINANDERLIEGENDE FLUCHTPUNKTE

Die Skizze der U-Bahnstation von Canary Wharf von Lis Watkins wäre ein Fall für die Einpunktperspektive – gäbe es da nicht die beiden Rolltreppen. Ähnlich wie bei „Harlot's Hall" auf Seite 43 fordert ein ansteigendes oder abfallendes Element im Bild einen zusätzlichen Fluchtpunkt. Hier befindet sich dieser genau über dem Fluchtpunkt, der auf Augenhöhe liegt (an der gestrichelten schwarzen Linie ist dies zu erkennen). Das hat damit zu tun, dass die Rolltreppen entlang derselben horizontalen Achse angeordnet sind wie die Wände links und rechts.

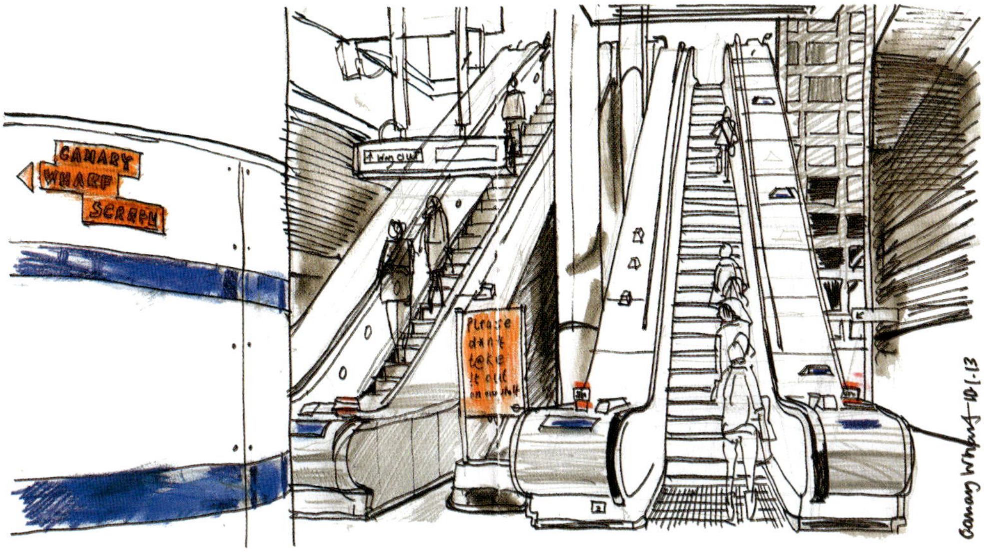

Zweipunktperspektive

Anwenden

Die Zweipunktperspektive ist immer dann nützlich, wenn Sie ein Objekt aus einem leicht „versetzten" Blickwinkel zeichnen wollen. So können Sie seinen dreidimensionalen Charakter eindrücklicher und auch dynamischer wiedergeben als mit der Einpunktperspektive.

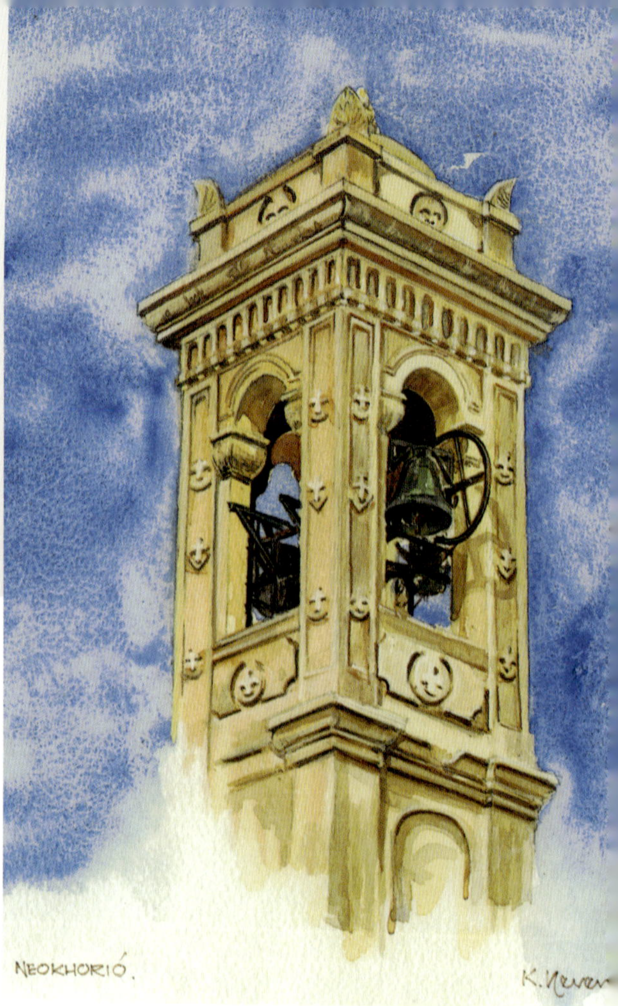

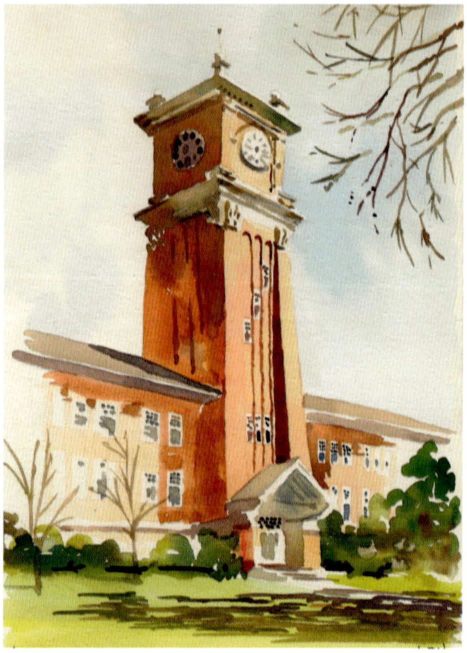

45-GRAD-WINKEL

UHRENTURM DER WASHINGTON STATE UNIVERSITY
◀ *Matthew Brehm*
Aquarell

GLOCKENTURM
▶ *Keith Nevens* • Aquarell

Türme, die aus einiger Entfernung aus einer 45-Grad-Perspektive gezeichnet werden, sind die perfekten Übungsobjekte für die Zweipunktperspektive, auch wenn die Fluchtpunkte für gewöhnlich außerhalb des Zeichenblatts liegen. Sowohl die Zeichnung rechts als auch meine Skizze links zeigen, dass in dieser Ansicht eines aufrecht stehenden Turms die Fluchtlinien etwa im gleichen Winkel vom Objekt weg verlaufen.

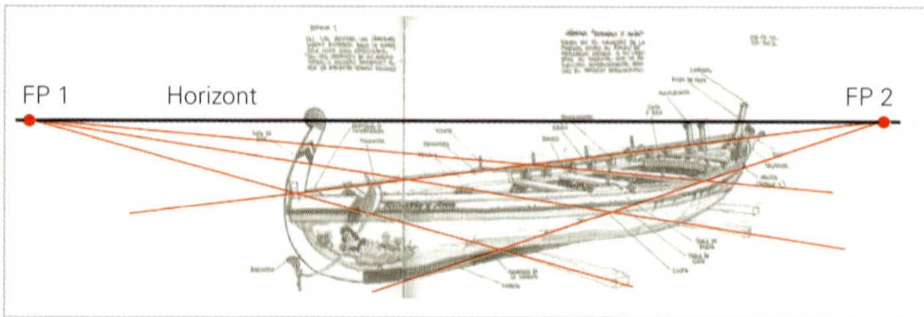

JABEGA-BOOT
Luis Ruiz • Aquarell

▶ Das Boot in dieser Skizze hat nur wenige gerade Linien. Trotzdem kann ein Raster aus Fluchtlinien sehr hilfreich beim Festlegen der Bildstruktur sein. Die hintere Reling des Bootes scheint aus einer nahezu geraden Linie zu bestehen, die auf den rechten Fluchtpunkt zuläuft. Die vordere Reling dagegen ist aus diesem Blickwinkel deutlich stärker geschwungen und berührt die entsprechende Fluchtlinie nur an einer Stelle. Die Sitze und Verstärkungen im Boot sind auf den linken Fluchtpunkt ausgerichtet.

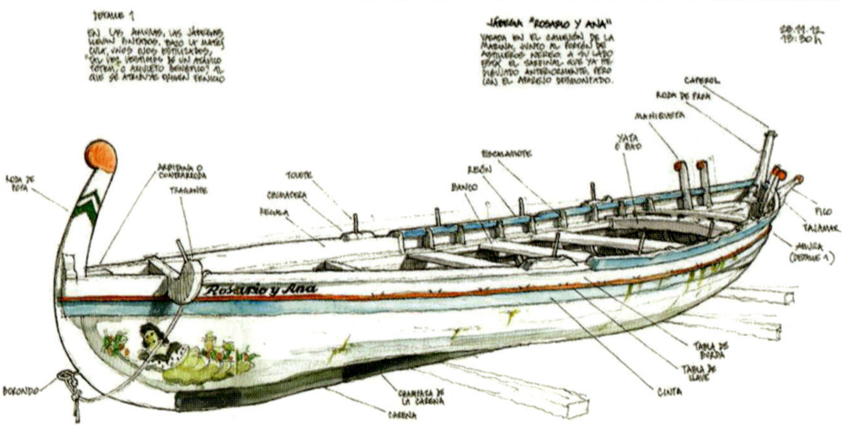

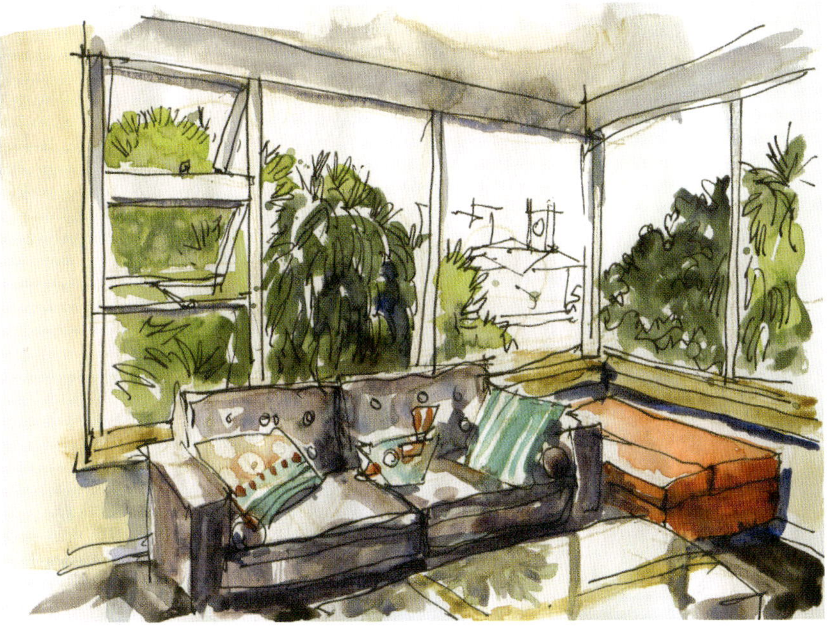

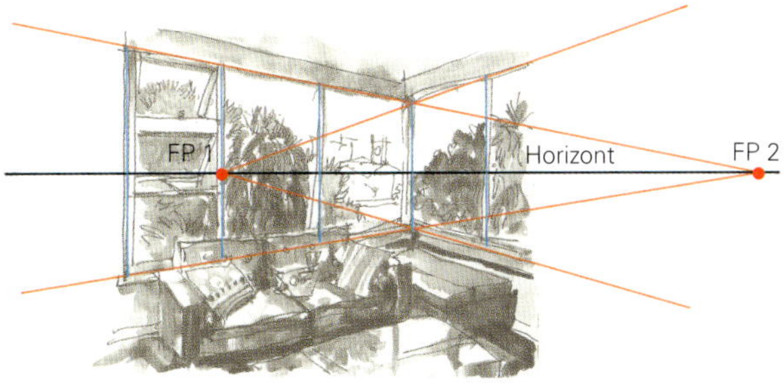

- FP
- Fluchtlinien
- Horizontlinie
- Senkrechte zum Sehstrahl

INNENRÄUME

ZIMMER MIT AUSBLICK

Liz Steel • Tinte und Aquarell

◀ Bei dieser Zeichnung einer Zimmerecke handelt es sich um eine einfache Konstruktion von Fluchtlinien und den senkrechten Fensterstreben. Hierbei wird die bereits behandelte Ansicht einer nach außen zeigenden Ecke lediglich umgekehrt. Von dem Fluchtpunkt aus laufen die Linien in den Raum und driften auseinander – von der Position des Betrachters aus gesehen. Um den gesamten Raum zu definieren, benötigt man eigentlich nur vier Linien. Diese Linien sollten sich oben und unten kreuzen, und zwar ziemlich genau dort, wo in der Zimmerecke die Fensterstrebe steht.

ZIMMER MIT AUSBLICK

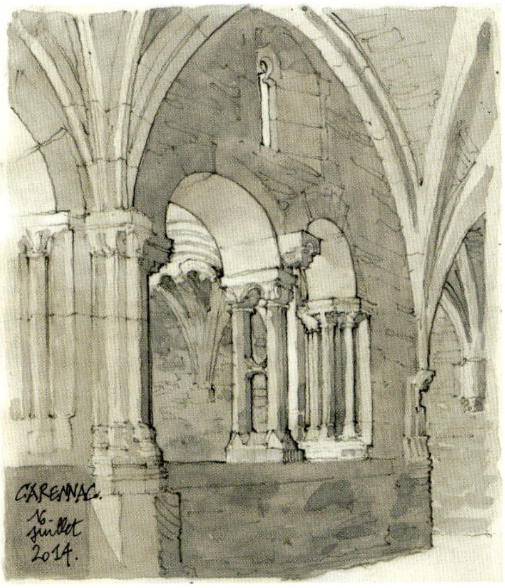

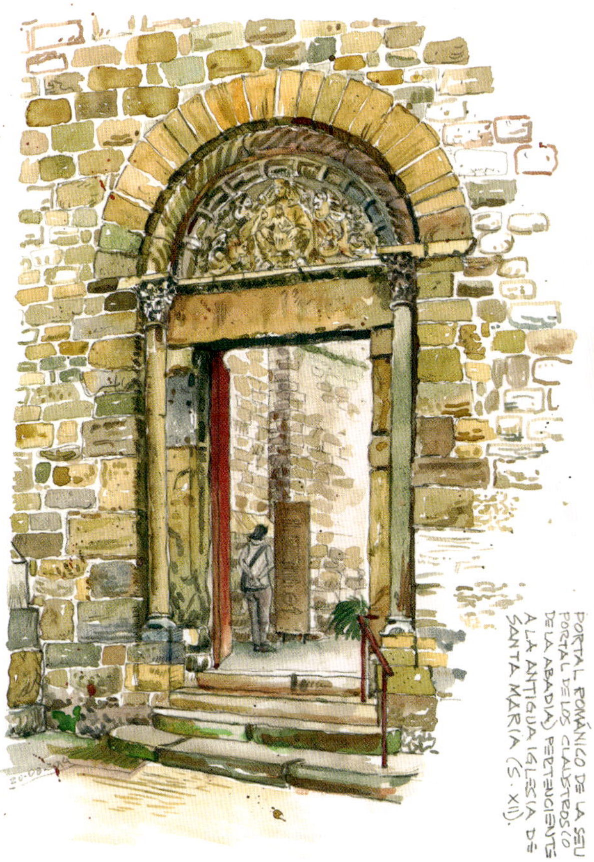

GEWÖLBE EINER KATHEDRALE
▲ *Gérard Michel*
Aquarell

AUSSICHT AUF DEN INNENHOF
▶ *Daniel Castro Alonso*
Aquarell

Hat man Durchsicht von einem Raum in einen dahinterliegenden, verlaufen die Horizontalen auf der Wand im Vordergrund zu einem Fluchtpunkt hin, wogegen die Linien, die diese Wand kreuzen (d. h., die in Richtung der Wanddicke verlaufen), auf den zweiten Fluchtpunkt zustreben.

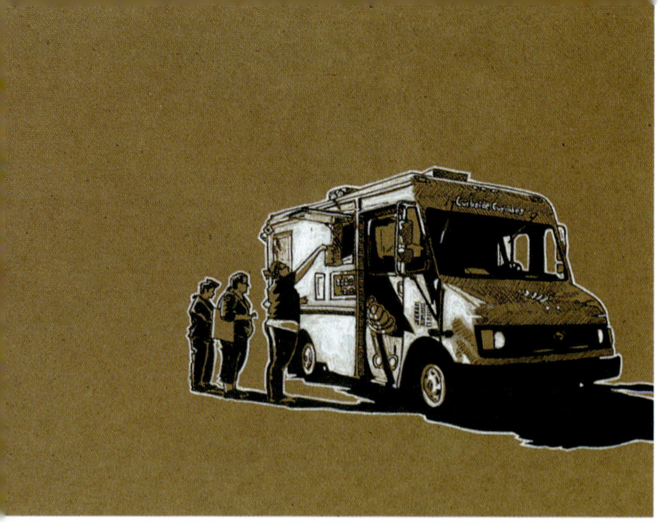

WAGEN UND GRAB

Christian Tribastone • Tusche

◀ ▶ Bei diesen beiden sehr unterschiedlichen Motiven – einem Imbisswagen und einer Gruppe von Grabsteinen – wurde die Zweipunktperspektive jeweils sehr effektvoll eingesetzt. Selbst wenn die Fluchtlinien im Bild nicht eingezeichnet sind, ist doch klar, dass diese Zeichnungen stark von den Linien geprägt sind, die auf die Fluchtpunkte links und rechts zulaufen.

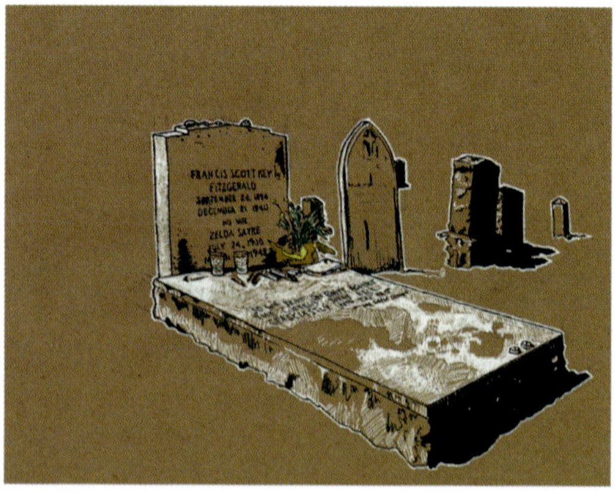

LICHT UND SCHATTEN

BEWEGUNG, IM BILD EINGEFANGEN

Alexandre Veron • Watercolor

▶ In dieser eher ungezwungenen Skizze wird das Auge durch das dominante, fast horizontal verlaufende Geländer direkt zum rechten Fluchtpunkt geleitet. Das Gleiche gilt auch für den Schatten des Geländers am rechten unteren Bildrand. Die Schatten der senkrechten Geländerpfeiler bilden einen Kontrast zu dieser nach rechts gerichteten „Bewegung". Die Brückenbogen im Bildhintergrund unterstreichen, dass die Augenhöhe des Betrachters unterhalb des Geländers liegt, sie befinden sich etwa gleichauf mit der bunt beladenen Kiste auf dem Fahrradgepäckträger.

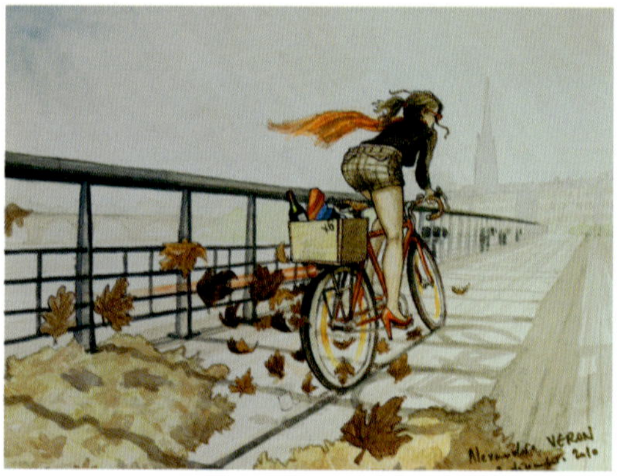

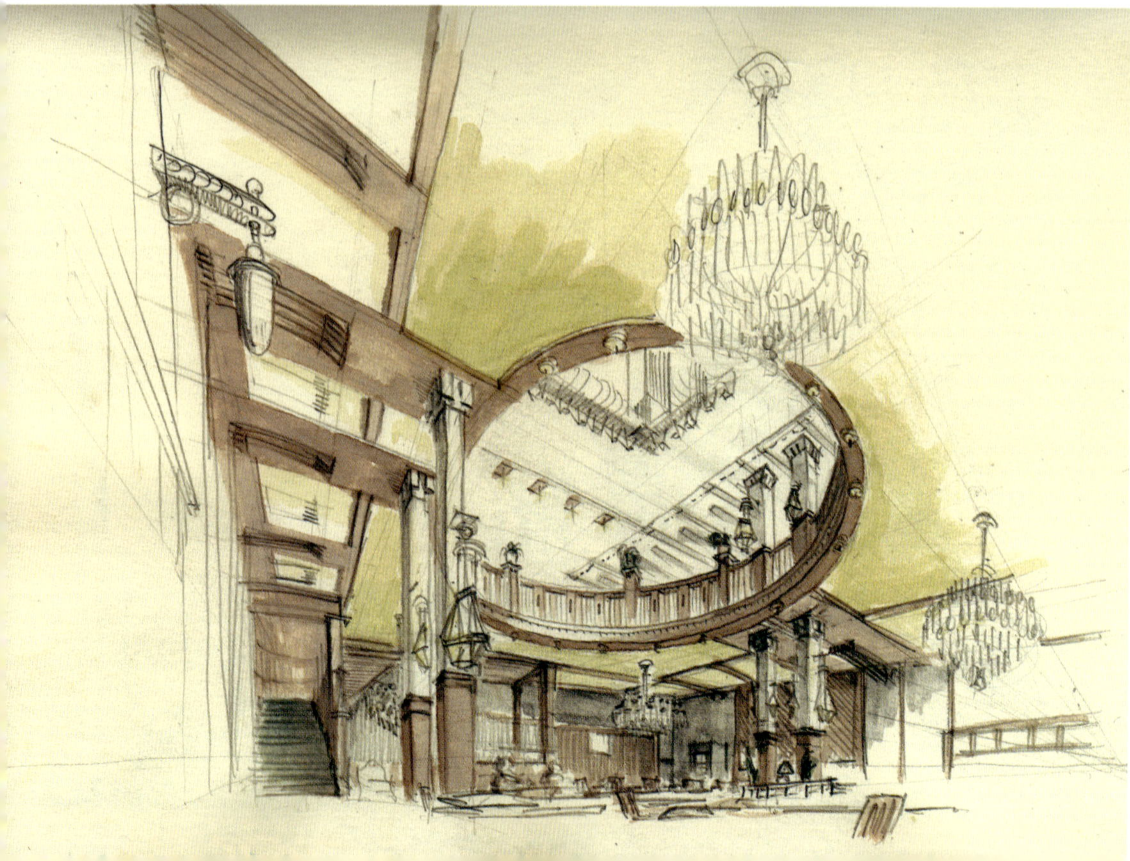

ELLIPSEN

KOMPLEXE INNENRÄUME

Arno Hartmann • Bleistift und Aquarell

◀ Der großzügige Einsatz von Hilfslinien war bei der Anfertigung dieser eindrucksvollen Zeichnung eines Interieurs sicher von Nutzen. Wenn Sie sich einer Herausforderung wie dieser stellen – gerade wenn Sie es mit vielen geschwungenen Linien oder verschwenderischen Details zu tun haben – ist es umso wichtiger, dass Sie sich der tiefer liegenden Strukturen bewusst werden und so viele Hilfslinien wie möglich für die Perspektive verwenden. Und denken Sie bis dahin nicht einmal daran, das erste Detail zu zeichnen. Ist die grundlegende Struktur des Motivs erst einmal akkurat festgelegt und orientiert sich das Bild genau an den Fluchtlinien, dann gelingt auch das Einfügen geschwungener Linien und Details viel schneller und einfacher.

STRASSENECKEN

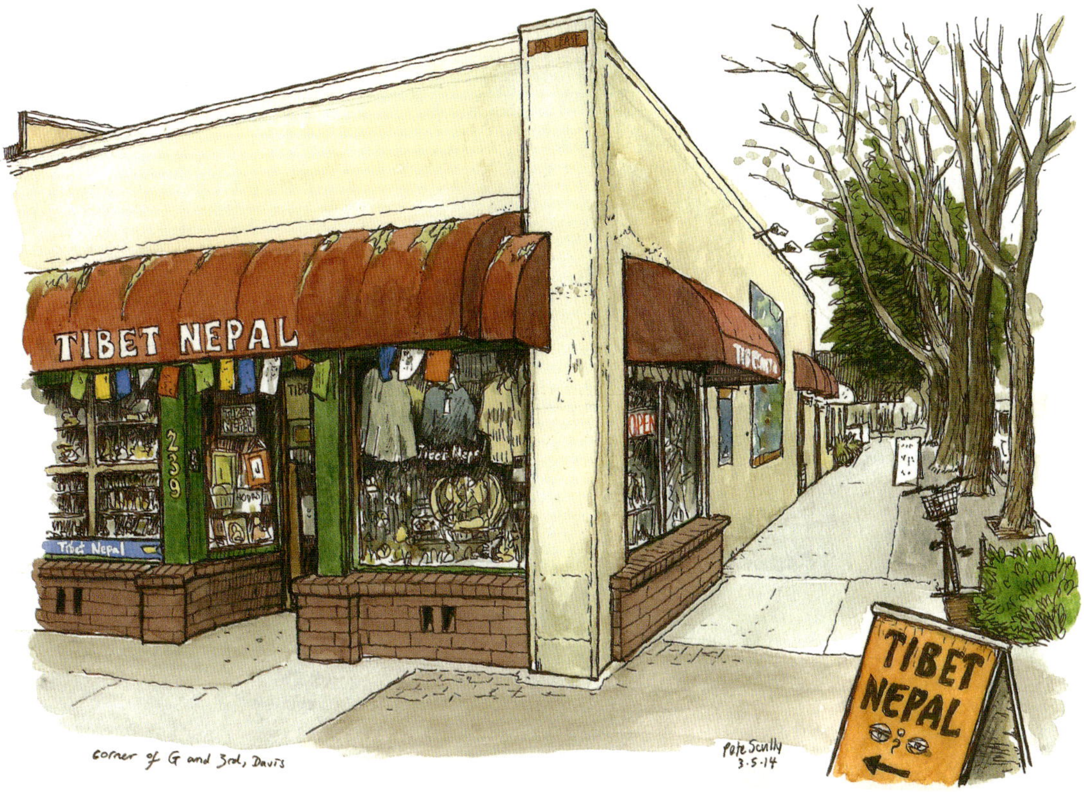

DER LADEN AN DER ECKE

Pete Scully • Aquarell

◀ Wegen seines Standorts legt der Zeichner dieses Ladens in Davis, Kalifornien, den linken Fluchtpunkt weit außerhalb des Bildrands, während ihm der rechte Fluchtpunkt dazu dient, den langen, schmalen Bürgersteig zu akzentuieren. Der Werbeaufsteller im Vordergrund ist scheinbar nicht parallel zu den Kanten des Gebäudes ausgerichtet. Die Kanten dieses kleinen Objekts sind zwar nicht lang genug, um die Fluchtlinien klar zu konstruieren, und doch bildet dieses Detail einen interessanten Kontrapunkt zum Rest des Bilds.

GEBÄUDE UND FAHRZEUGE

Florian Afflerbach • Aquarell

▼ In diesem Aquarell bildet das Gebäude das zentrale Objekt. Der Anstieg zum höchsten Punkt des Gebäudes wirkt recht dramatisch, da die beiden Fluchtpunkte relativ dicht beieinanderliegen – zumindest liegen beide innerhalb des Bilds. Wären die beiden Punkte weiter voneinander entfernt, würde dies diese Perspektive etwas „entschärfen", der Effekt wäre weniger dramatisch. Interessant ist auch die kleine Vorabskizze des Künstlers – kleine Zeichnungen wie diese können eine große Rolle spielen, wenn es darum geht, überhaupt ein Auge für Perspektiven zu entwickeln und gezielt Problemstellungen bei speziellen Motiven anzugehen. Diese Zeichnung ist ebenfalls ein gutes Beispiel dafür, wie sich Fahrzeuge in einer perspektivischen Betrachtung verhalten. Die längs gerichteten Linien des linken Autos werden deutlich von den Fluchtlinien bestimmt, die vom linken Fluchtpunkt kommen. Die Linien von Autodach und Fahrgestell dagegen laufen zum rechten Fluchtpunkt.

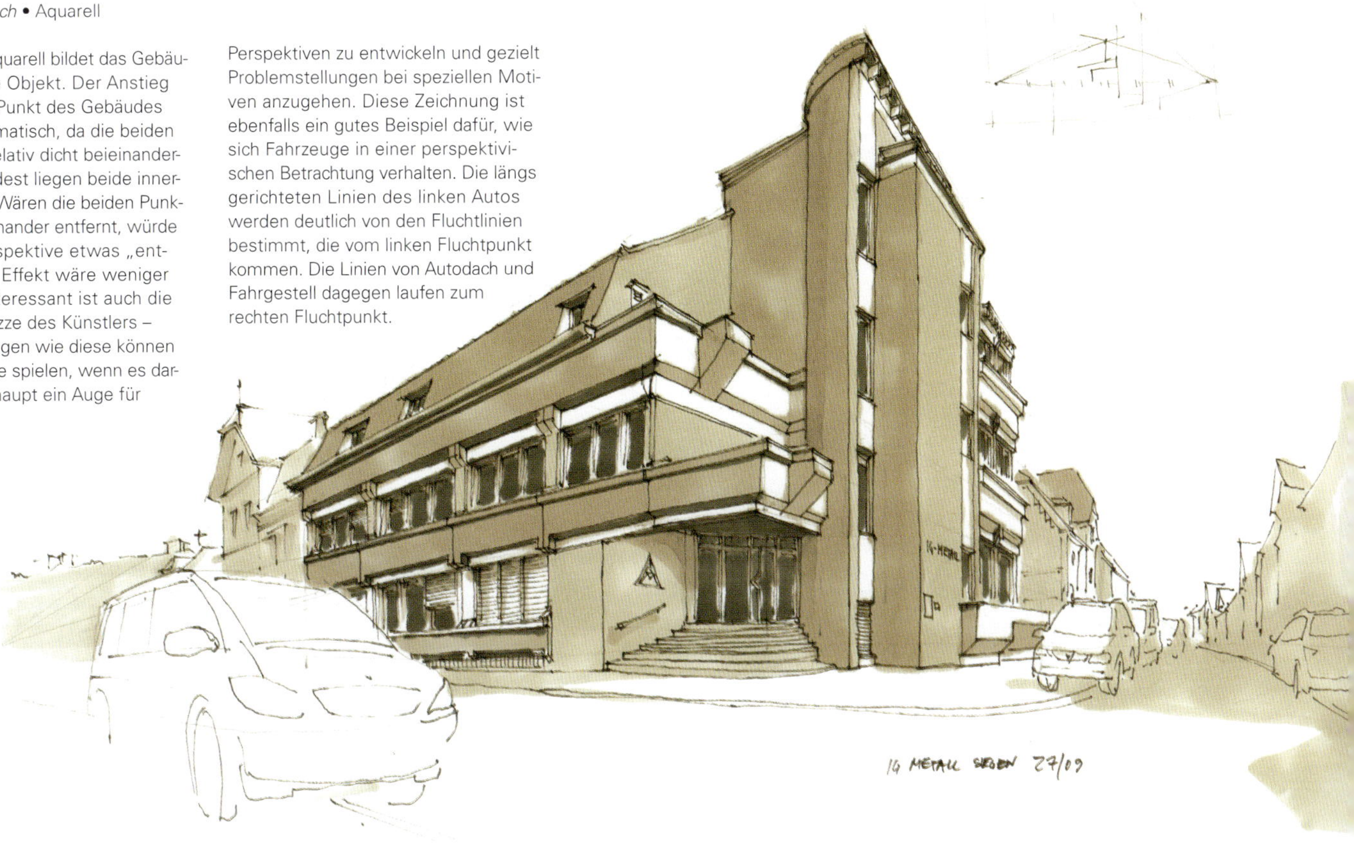

Zweipunktperspektive
Schritt für Schritt

Die Hauptfassade liegt zwar im Schatten, aber das Licht erhellt eine andere Seite dieses schönen Gebäudes. Eine hervorragende Gelegenheit für Eduardo Bajzek, in einer Zweipunktperspektive eine detaillierte Skizze mit verschiedenen Grauabstufungen anzulegen.

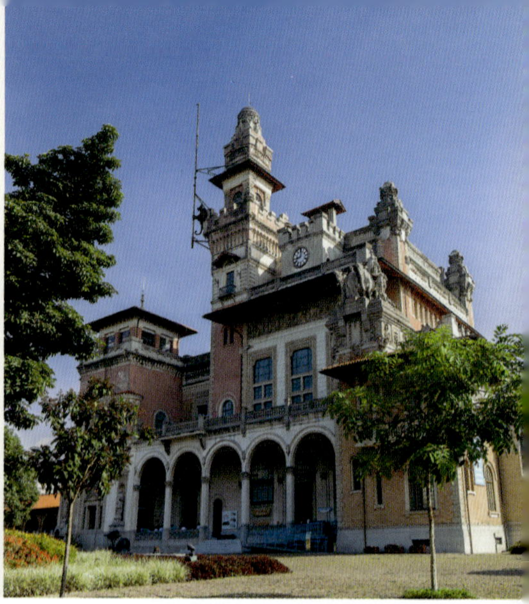

Das Wichtigste: Zuallererst muss die Perspektive anhand von zart eingezeichneten Hilfslinien festgelegt werden, bevor es an die architektonischen Details geht. Vergewissern Sie sich immer wieder, ob die Maße und Winkel in Ihrer Zeichnung stimmen – hier reicht ein Stück Dach oberhalb der Loggia über die Terrasse, die Rundbögen sind entscheidende Elemente für den Aufbau der Perspektive. Legen Sie rasch die Position der Schatten fest, denn diese können sich sehr schnell wandeln, wenn Sie unter freiem Himmel arbeiten.

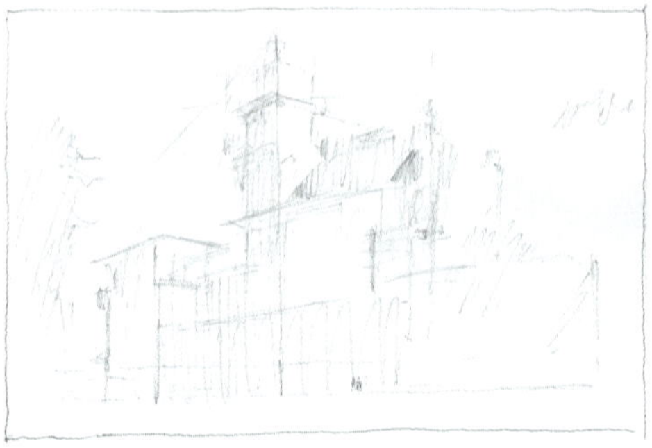

SCHRITT 1 ◀ Zeichnen Sie zunächst locker ein paar erste, zarte Linien, mit denen Sie die Grundform des Motivs festlegen. Zeichnen Sie Ihre Augenhöhe mit einer Linie ein – auf dieser Linie werden die beiden Fluchtpunkte liegen, auch wenn sie sich in diesem Fall nicht mehr auf dem Zeichenblatt befinden.

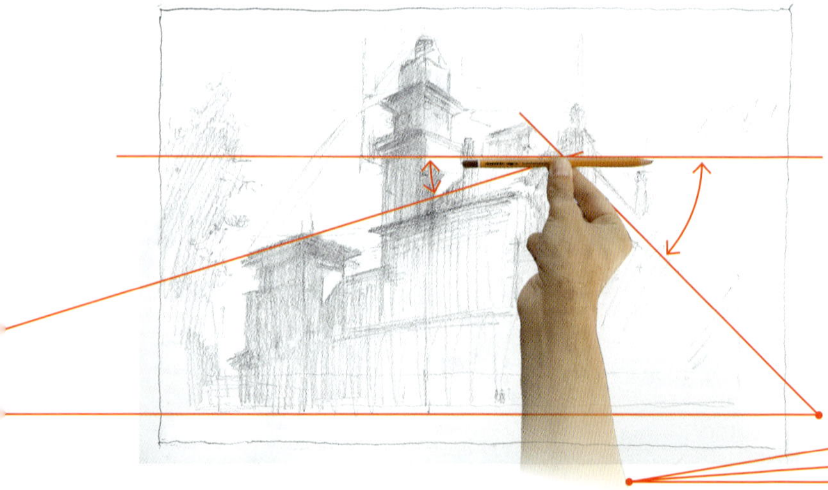

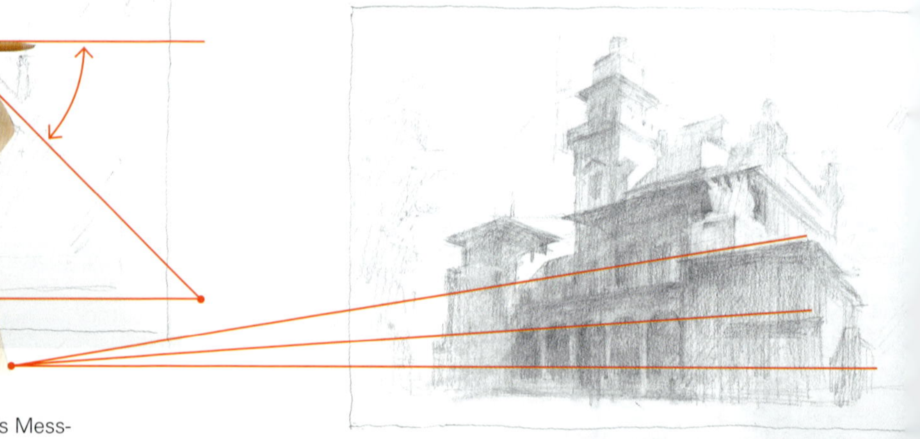

SCHRITT 2 ▲ Nutzen Sie Ihren Bleistift als Messwerkzeug und vergleichen Sie die Winkel der Dachkanten, verschiedener Höhen und Entfernungen etc. Achten Sie darauf, den Arm beim Messen zu strecken. Wenn Sie beim Ausmessen immer mehr ins Detail kommen, kann es sein, dass Sie hier und da ein paar Änderungen vornehmen müssen. Deswegen ist es wichtig, die ersten Linien nicht zu stark zu zeichnen. Verleihen Sie den Gebäudeteilen mit ein paar schnellen Schraffuren mehr Form.

SCHRITT 3 ▲ Arbeiten Sie Ihre Zeichnung weiter aus und fügen Sie alle weiteren Details hinzu, die Ihnen zeigen, ob die Proportionen stimmen – zum Beispiel Fenster, Türen und die Torbögen. Verwischen Sie die Schraffuren und heben Sie mithilfe eines Knetradiergummis helle Areale auf der seitlichen Fassade hervor.

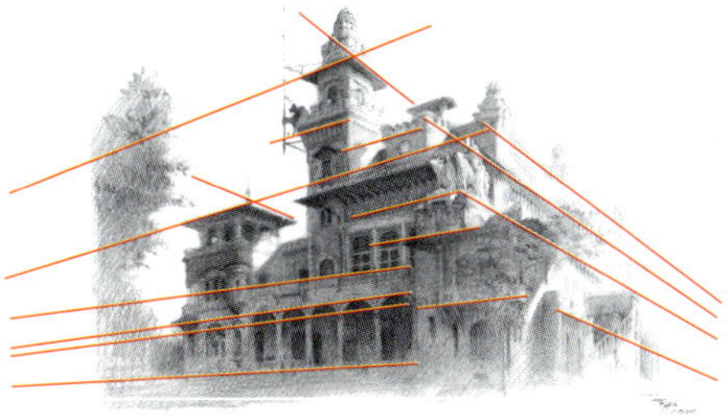

SCHRITT 5 ▼ Alle Motivteile sitzen an der passenden Stelle und sind richtig proportioniert? Dann können Sie jetzt die dunkle Hauptfassade mit den entsprechenden Tonwerten versehen, Stück für Stück, mit jeder Schraffurschicht fügen Sie mehr Details hinzu. Arbeiten Sie dabei immer von oben nach unten. Arbeiten Sie die Rundbögen schön aus und fügen Sie darunter helle und dunkle Akzente ein, um diesen Bildausschnitten mehr Tiefe zu verleihen. Achten Sie auch bei diesem Arbeitsschritt darauf, dass die Proportionen und Winkel stimmen.

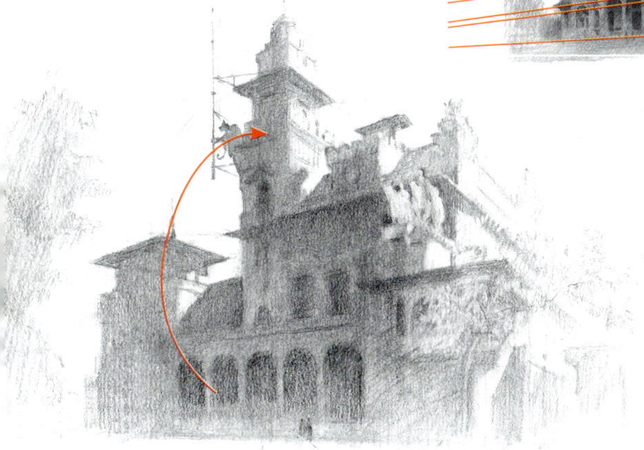

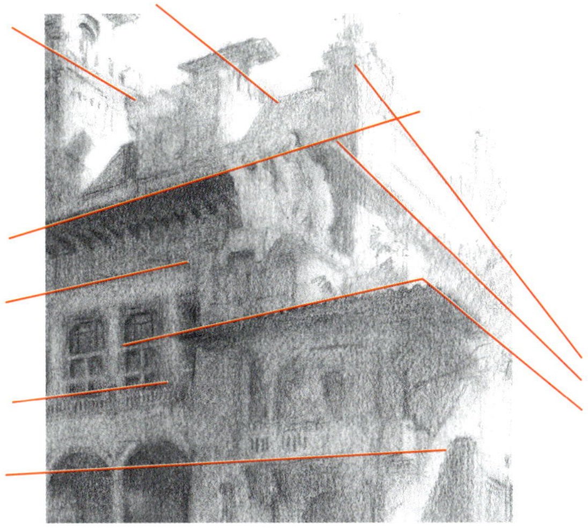

SCHRITT 4 ▲ Beim Aufbau des Bilds sind die architektonischen Details noch nicht von Bedeutung. Aber wenn Sie mit den grundlegenden Proportionen zufrieden sind, können Sie ruhig damit beginnen. Unter Umständen ist es hilfreich, rotierend das Motiv zu bearbeiten – so behalten Sie das Motiv als Ganzes im Auge und verbeißen sich nicht in Kleinigkeiten.

DIE KOMPLETTE ZEICHNUNG Das gesamte detailreiche Gebäude darzustellen, ist ein arbeitsreicher Prozess, daher ist es von entscheidender Wichtigkeit, die Struktur des Bilds, inklusive der Perspektive, gleich zu Beginn festzulegen.

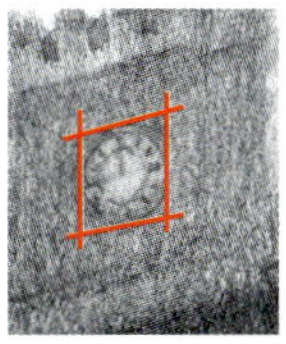

▲ Das perspektivische Zeichnen von Kreisen gelingt leichter, wenn man ein Quadrat als Ausgangsform verwendet.

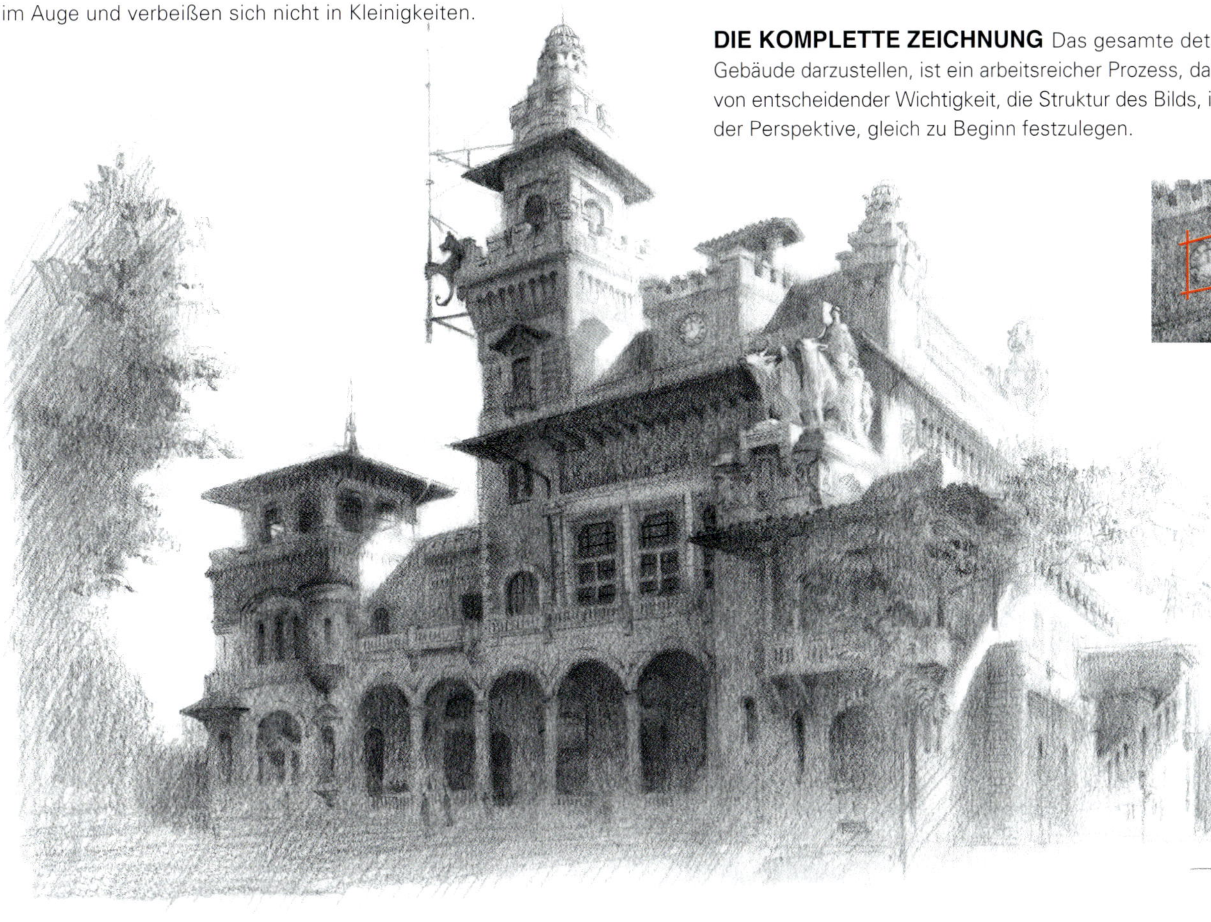

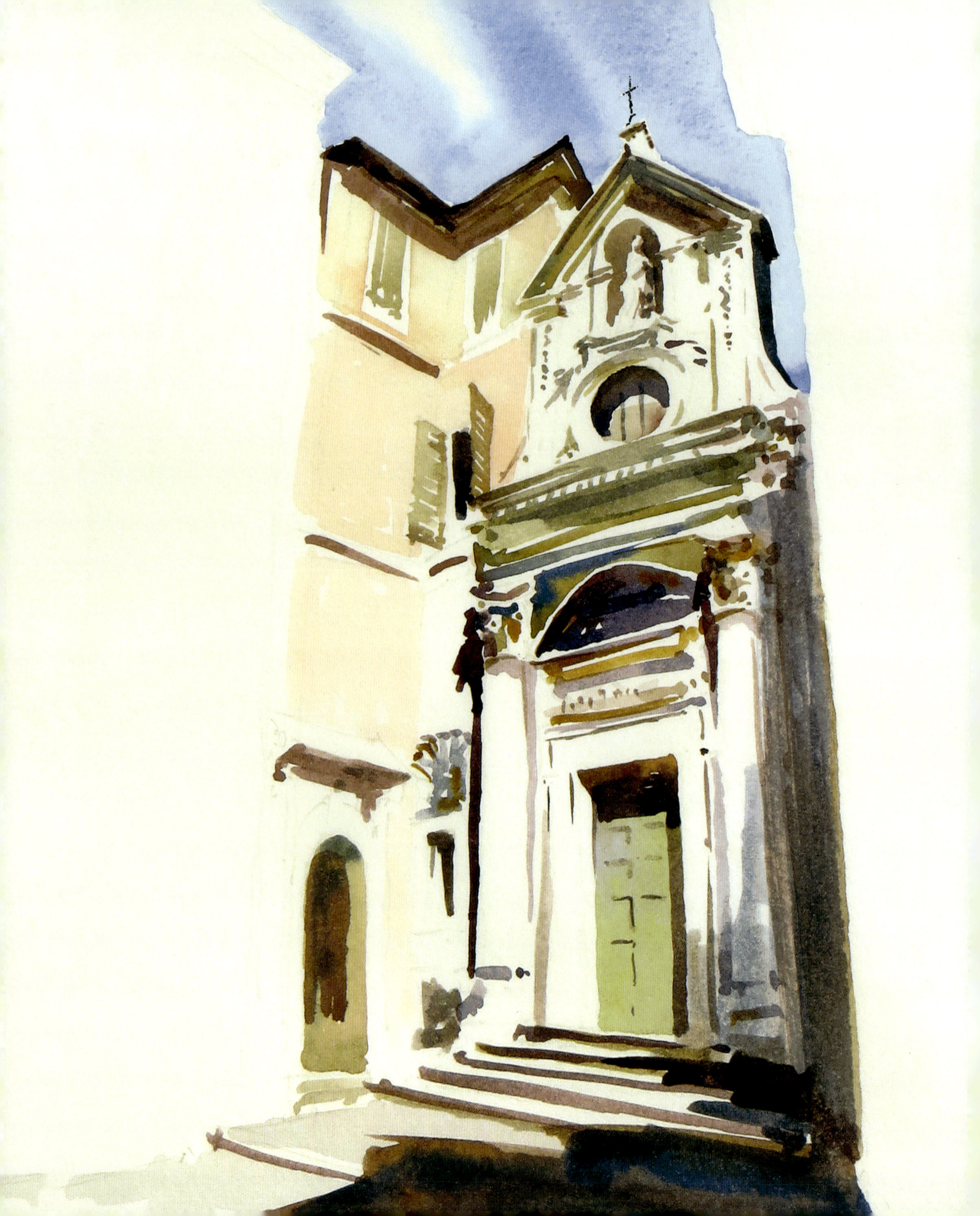

3 PUNKT PERSPEKTIVE

Eine Dreipunktperspektive erlaubt es uns darzustellen, was wir sehen, wenn wir den Blick nach oben oder unten richten. Auch hier befinden sich Fluchtpunkte auf der Horizontlinie, so wie es auch bei der Ein- und Zweipunktperspektive der Fall ist. Nun kommt noch ein dritter Punkt hinzu, der entweder direkt über oder direkt unter dem Standort des Betrachters liegt.

◀ SANTA BARBARA DEI LIBRARI IN ROM • *Matthew Brehm* • Aquarell

Einführung

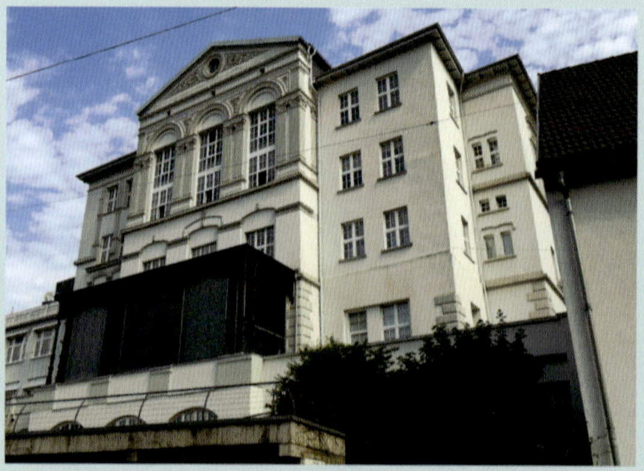

Was ist eine Dreipunktperspektive?

Gegenüber der Einpunktperspektive ist die Zweipunktperspektive in Sachen Dynamik eine deutliche Steigerung – und mit der Dreipunktperspektive kann man noch eins draufsetzen! Mit dieser Perspektive können Sie beispielsweise der Höhe eines Wolkenkratzers oder dem mulmigen Gefühl, das man beim Blick von weit oben hat, dramatisch Ausdruck verleihen.

Zusätzlich zu den zwei Fluchtpunkten links und rechts des Motivs kommt nun ein dritter hinzu, der entweder genau über oder genau unter dem Standort des Betrachters liegt. Ein hohes Gebäude scheint also immer schmaler zuzulaufen, je höher es zum Himmel hinaufragt – den umgekehrten Effekt erhält man, wenn man von oben auf ein Gebäude sieht. Dreipunktperspektiven sind etwas verzwickter als die beiden anderen, da eigentlich immer zumindest ein Fluchtpunkt – wenn nicht sogar alle drei – extrem weit vom Objekt entfernt liegt. Das bedeutet, dass der Punkt, oder die Punkte, beim Zeichnen weit jenseits Ihres Blattes positioniert sind. Daher müssen Sie sich hier nun vorstellen, wo sich die Fluchtpunkte in Relation zur Komposition befinden. Die Mühe lohnt sich jedoch – mithilfe der Dreipunktperspektive lässt sich schließlich die dreidimensionale Realität noch ein ganzes Stück genauer abbilden.

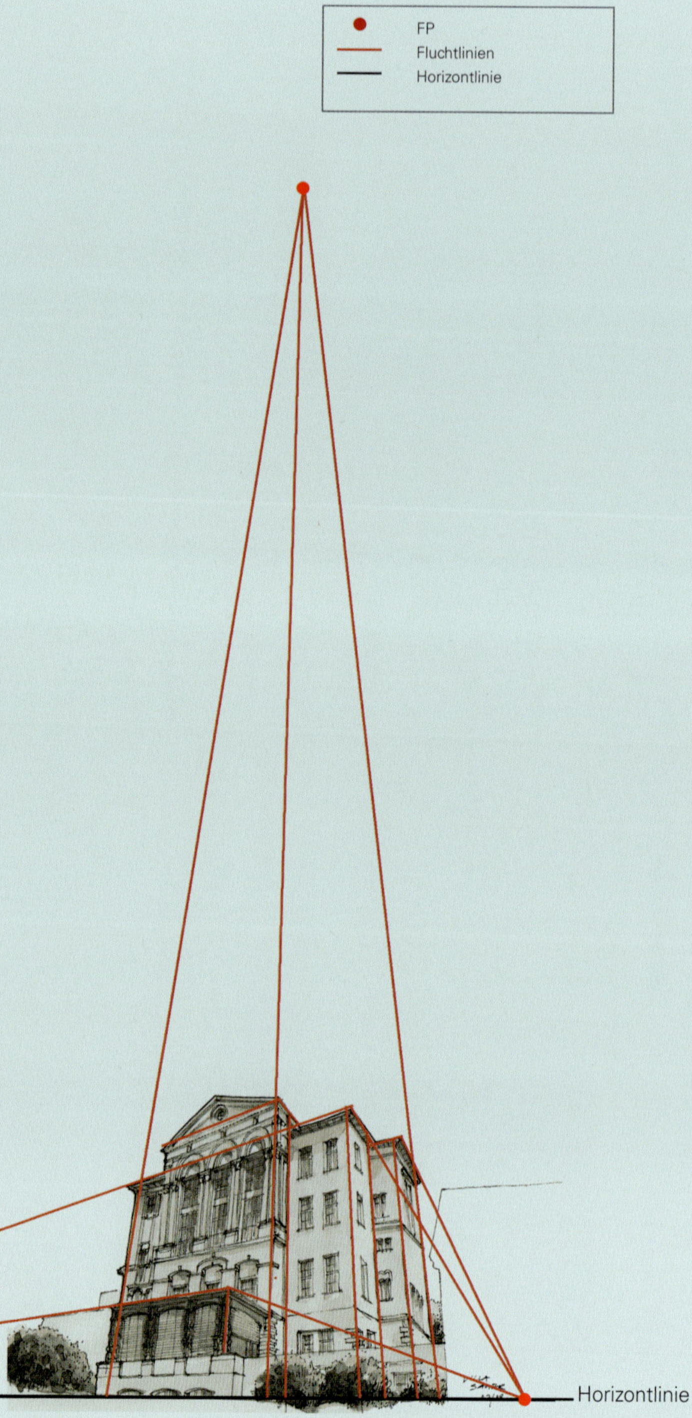

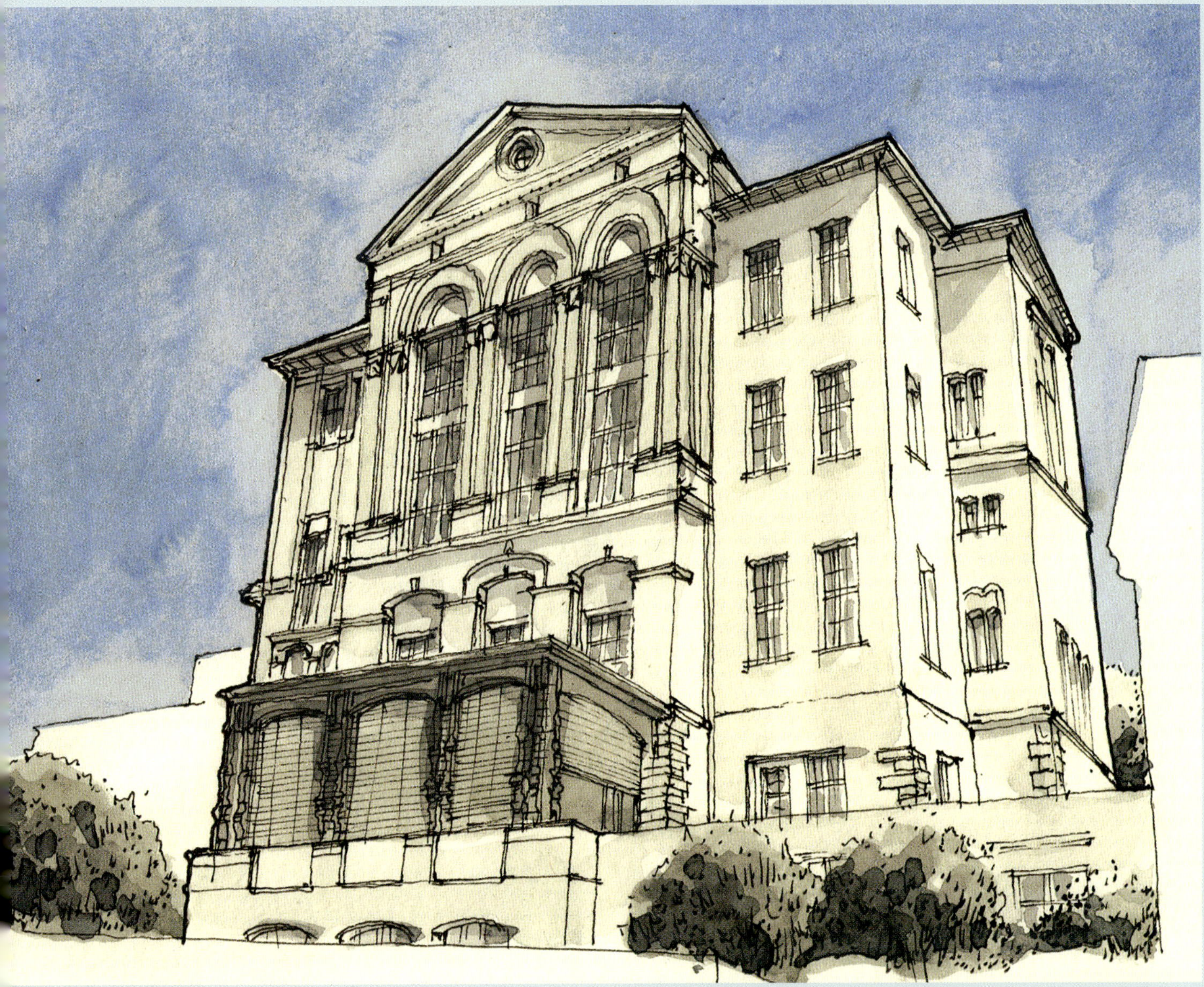

DIE STADT SIEGEN

Florian Afflerbach • Federhalter und Aquarell

▲ Florian Afflerbachs Zeichnung ist ein klassisches Beispiel für eine Dreipunktperspektive. Durch den Standort an einer Ecke des Gebäudes sind zwei Hausseiten zu sehen. Der Blick geht nach oben, direkt zum Dach. Die horizontalen Linien laufen jeweils zum linken oder rechten Fluchtpunkt. Die vertikalen Kanten sind auf den dritten Fluchtpunkt über dem Motiv ausgerichtet, das betont die Höhe des Gebäudes.

Dreipunktperspektive

Sehen

Bei einer Dreipunktperspektive findet man rechts und links vom Motiv gelegene Fluchtpunkte, wie dies auch bei der Zweipunktperspektive der Fall ist. Hinzu kommt jetzt ein dritter Punkt, der direkt über oder unter dem Motiv auf Höhe des Standpunkts gelegen ist. Linien, die im Raum vertikal ausgerichtet sind, scheinen sich in diesem dritten Punkt zu treffen.

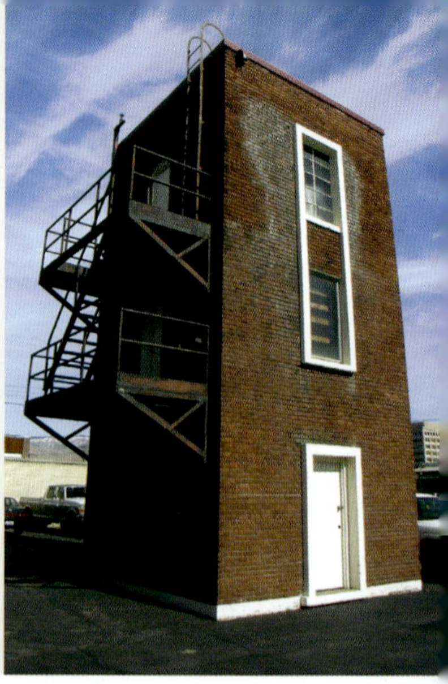

▲ Aus nächster Nähe betrachtet verjüngt sich selbst ein einfacher Turm wie dieser auch nach oben hin.

DER BLICK AUFWÄRTS

Bei der Dreipunktperspektive sieht man immer noch die Linien zum linken und rechten Fluchtpunkt auf der Horizontlinie hinlaufen (wie bei der Zweipunktperspektive), nur befindet sich jetzt noch ein dritter Punkt direkt über oder unter dem Objekt. Beim Betrachten des Kartons unten sieht man, dass die Augenhöhe relativ niedrig gewählt ist und der Blick wandert in den Raum oberhalb des Kartons. Das bedeutet, dass die Oberseite des Kartons weiter vom Standpunkt des Betrachters entfernt liegt als der Boden – auch wenn der Unterschied nur geringfügig ist, erscheint der obere Teil des Kartons durch ihn kleiner als der untere.

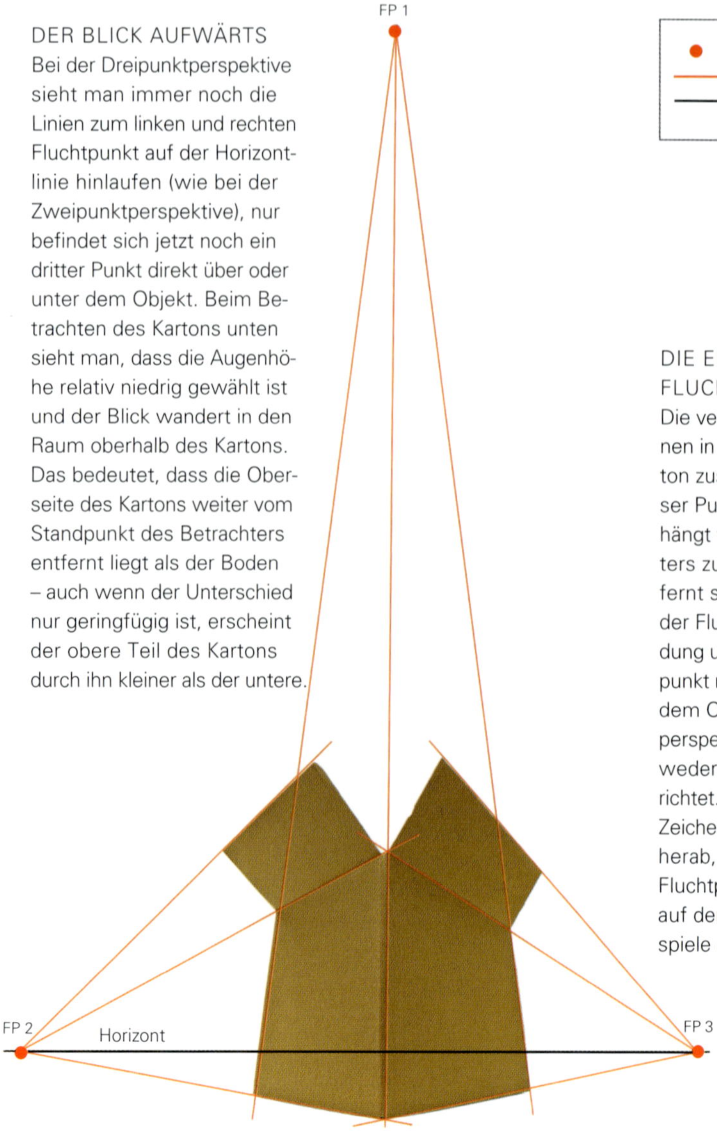

FP
Fluchtlinien
Horizontlinie

DIE ENTFERNUNG DES FLUCHTPUNKTS

Die vertikalen Kanten des Kartons scheinen in einem Punkt direkt über dem Karton zusammenzulaufen – wie weit dieser Punkt genau über dem Karton liegt, hängt von der Entfernung des Betrachters zum Objekt ab. Je weiter Sie entfernt stehen, desto mehr Abstand hat der Fluchtpunkt zum Objekt. Die Abbildung unten rechts zeigt, wie der Fluchtpunkt nach unten rutscht, wenn Sie sich dem Objekt nähern. Bei der Dreipunktperspektive ist der Sehstrahl immer entweder nach oben oder nach unten gerichtet. Befinden Sie sich oberhalb Ihres Zeichenobjekts und schauen Sie darauf herab, so befindet sich der vertikale Fluchtpunkt unter dem Zeichenobjekt, auf der nächsten Buchseite sind Beispiele dazu zu sehen.

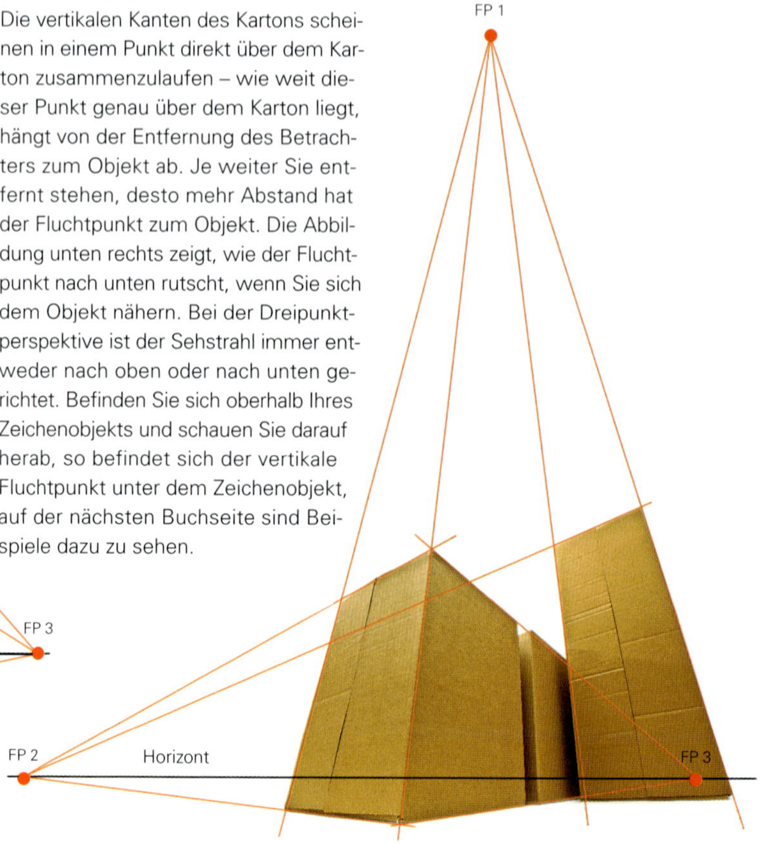

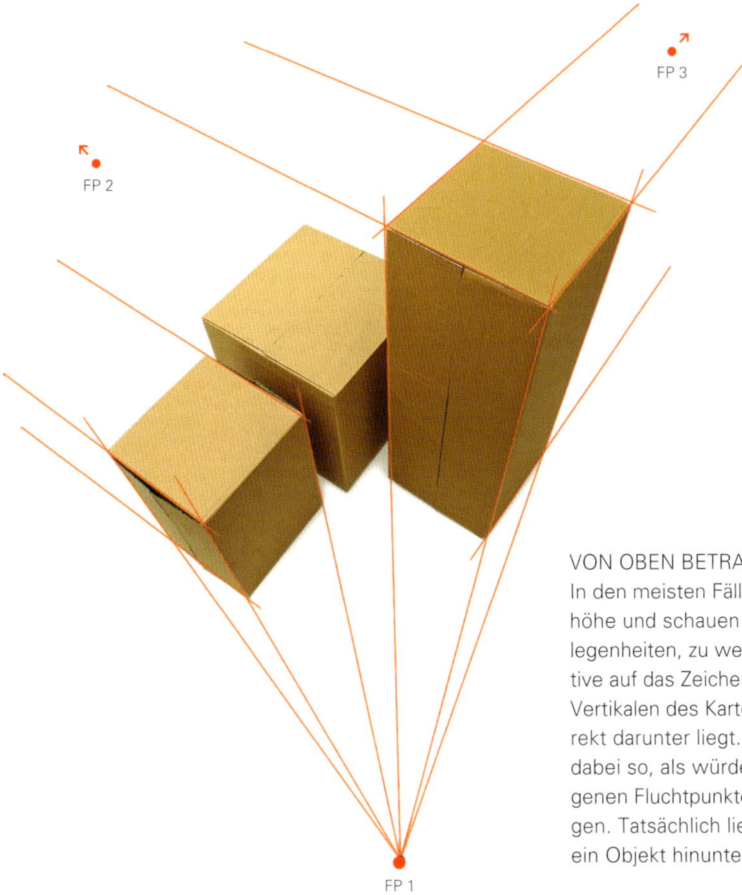

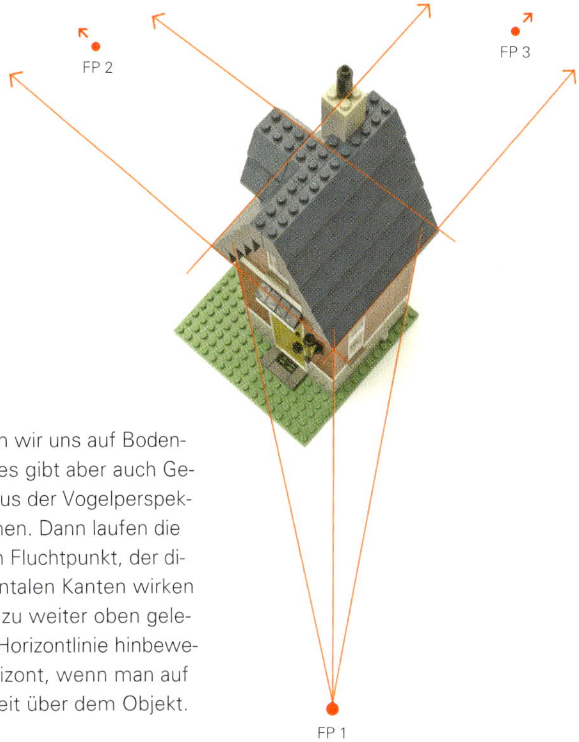

VON OBEN BETRACHTET

In den meisten Fällen befinden wir uns auf Bodenhöhe und schauen aufwärts, es gibt aber auch Gelegenheiten, zu welchen wir aus der Vogelperspektive auf das Zeichenobjekt sehen. Dann laufen die Vertikalen des Kartons zu dem Fluchtpunkt, der direkt darunter liegt. Die horizontalen Kanten wirken dabei so, als würden sie sich zu weiter oben gelegenen Fluchtpunkten auf der Horizontlinie hinbewegen. Tatsächlich liegt der Horizont, wenn man auf ein Objekt hinunterschaut, weit über dem Objekt.

SPEKTAKULÄRE ANSICHTEN

Die Dreipunktperspektive bietet sich an, wenn ein Objekt von einem extremeren Standort aus betrachtet werden soll – wenn man am Fuß eines hohen Turms steht und zu diesem aufschaut, zum Beispiel, oder wenn man von der Turmspitze hinunterblickt.

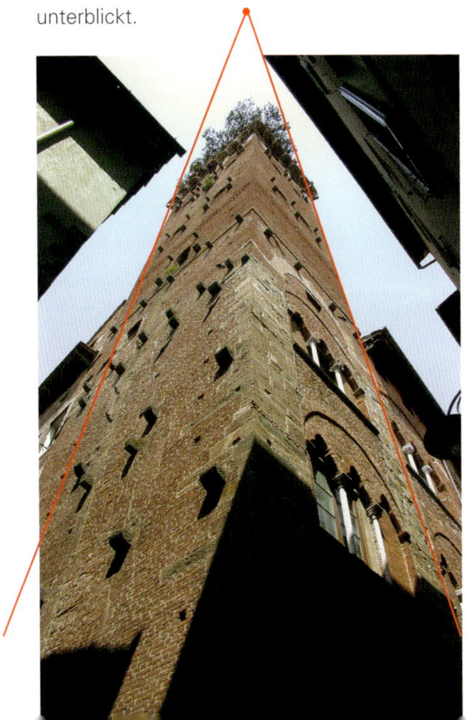

In diesen Beispielen ist die Horizontlinie nirgendwo im Bildausschnitt zu sehen. Ist der Blick in einem steilen Winkel nach oben oder unten gerichtet, liegt die Horizontlinie am Rand unseres Gesichtsfelds – wenn sie überhaupt noch zu sehen ist. Möchten Sie Bereiche aus dem peripheren Blickwinkel mit aufs Blatt bringen, ist jedoch die kurvilineare Perspektive vonnöten. Diese wird auf den Seiten 92–109 erläutert.

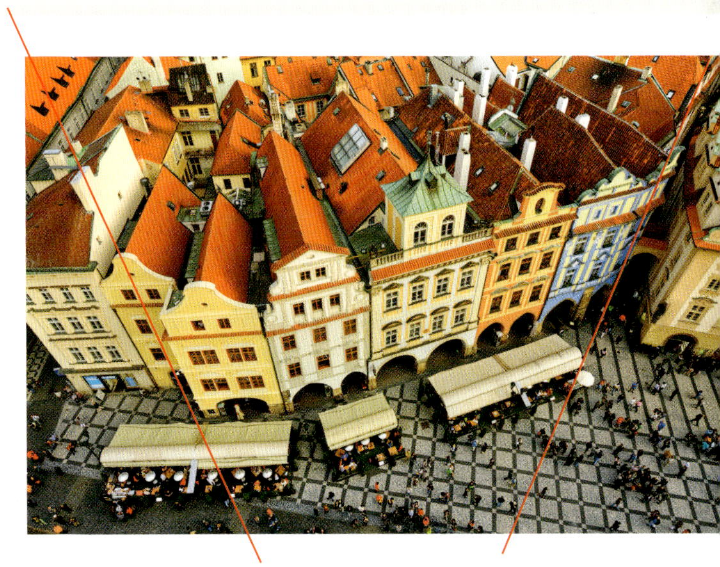

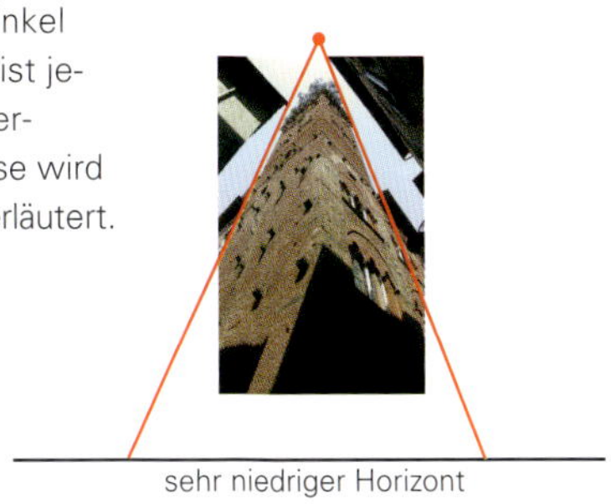

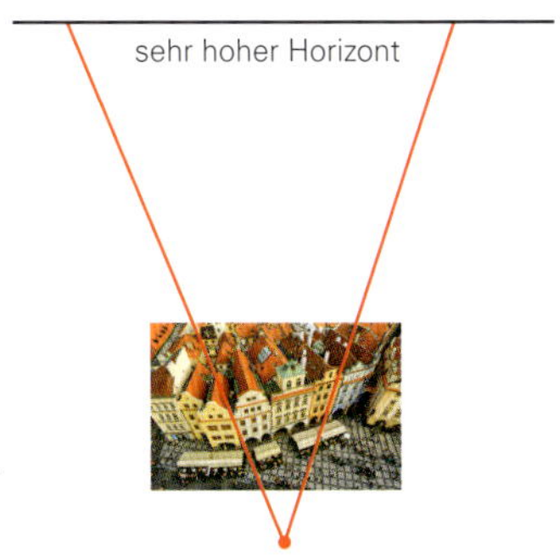

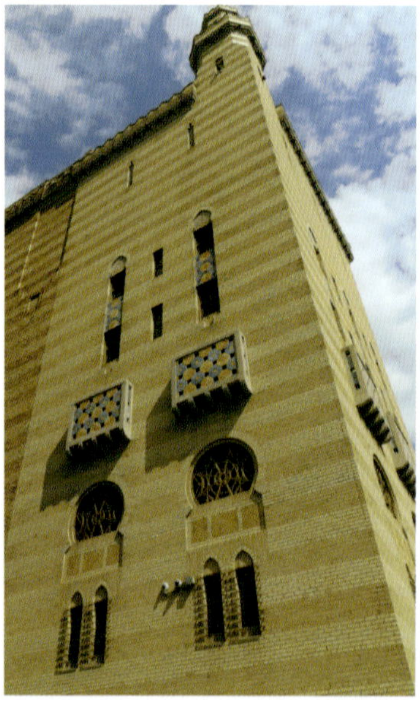

SICHTACHSE

Das Fox Theatre in Atlanta, Georgia, ist mit einem sehr hohen, mit faszinierenden architektonischen Details versehenen Eckturm ausgestattet. Der Gehweg als Treffpunkt von Turmecke und Straße ist nicht sonderlich interessant, daher ist dieses Bauwerk ein perfekter Kandidat für eine Zeichnung in Dreipunktperspektive. Die Linien, die parallel zum Boden verlaufen, treffen sich im linken und rechten Fluchtpunkt, wie bei der Zweipunktperspektive. Die vertikalen Linien jedoch laufen in einem dritten Fluchtpunkt zusammen, der in etwa über dem Mittelpunkt des Turms liegt. In diesem Beispiel ist der Blick nach links gerichtet – daher befinden sich auch der rechte und linke Fluchtpunkt weiter links auf der Horizontlinie. Vergleichen Sie die Anordnung der Punkte mit dem Beispiel unten.

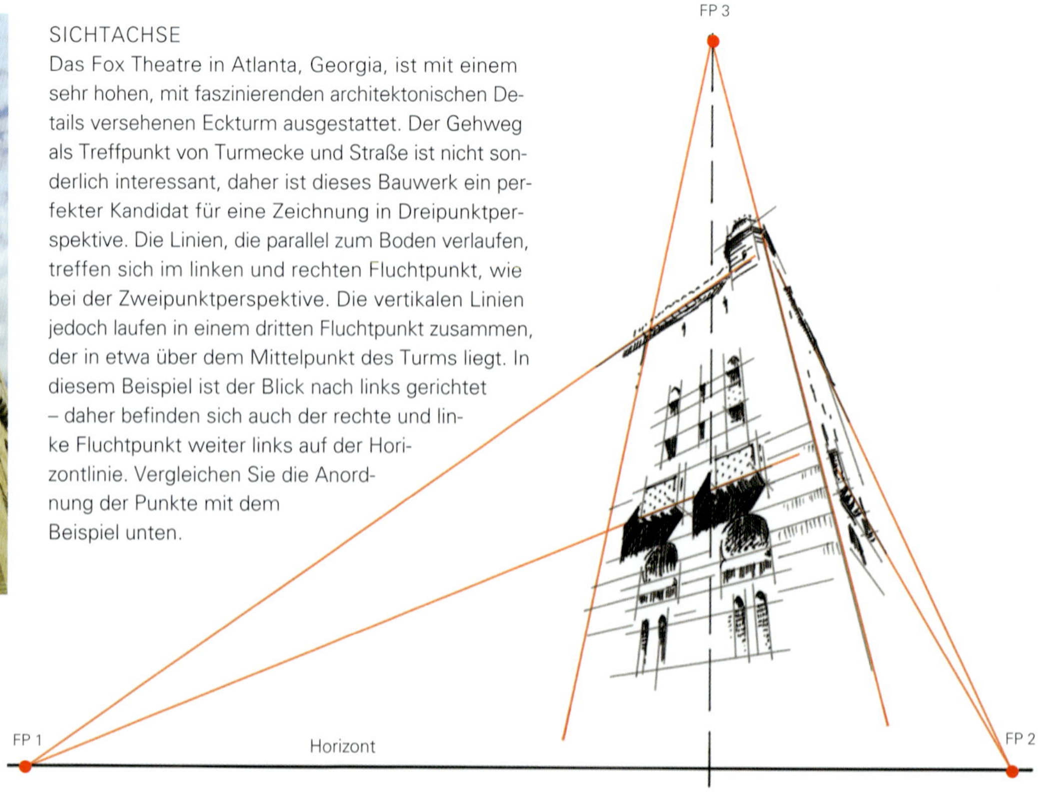

ANSICHT IM 45-GRAD-WINKEL IN DER FROSCHPERSPEKTIVE

Von unten blicken wir an einem hohen Gebäude herauf, das aus einem 45-Grad-Winkel zu sehen ist – wahrscheinlich das einfachste Beispiel für eine Dreipunktperspektive. Die dem Betrachter zugewandte Ecke befindet sich in der Bildmitte und kann problemlos als senkrechte Linie eingezeichnet werden. Alle anderen Linien, die im Raum senkrecht verlaufen, treffen sich im Fluchtpunkt direkt über dem Gebäude. Der linke und der rechte Fluchtpunkt befinden sich hier etwa in der gleichen Entfernung zur Mitte der Komposition.

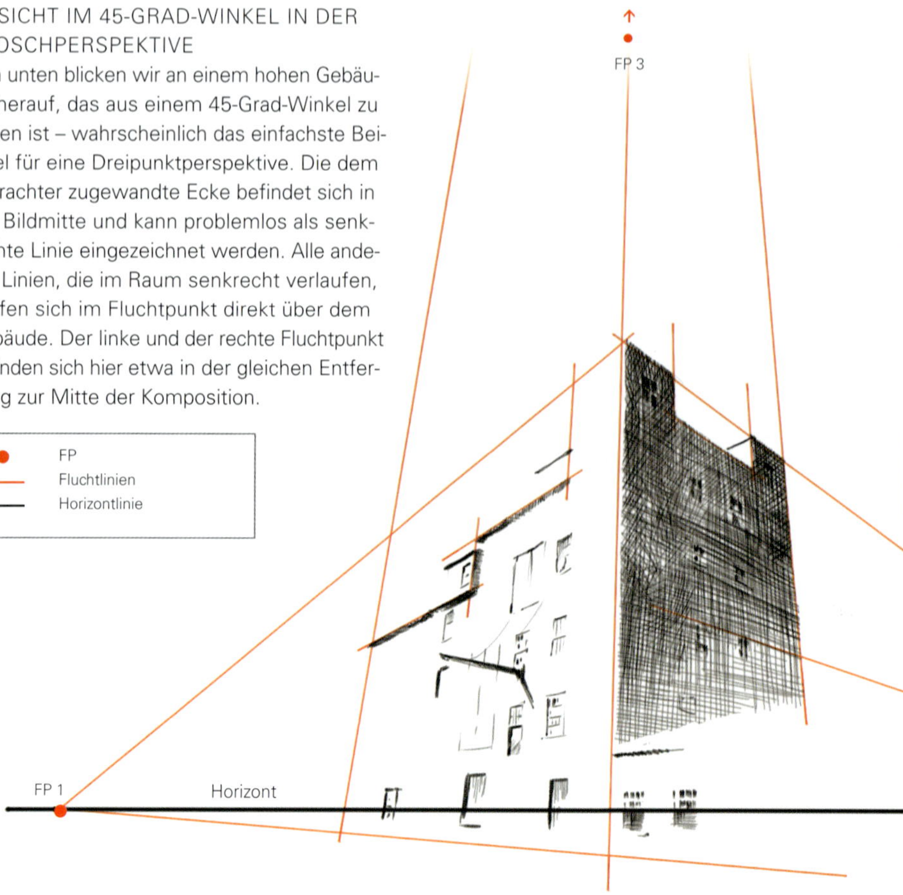

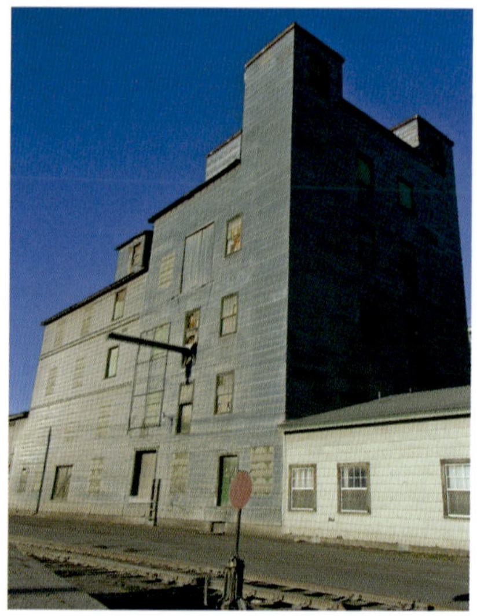

DER BLICK NACH UNTEN

Hier liegt die Augenhöhe über dem Motiv, weit außerhalb des Sichtfelds und Zeichenblatts. Obwohl die Position des rechten Fluchtpunkts nicht ganz klar wird, können wir auf diesem Bild gut erkennen, was wir sehen, wenn wir von oben auf eine Szene schauen. Die Unterkante der Wand, die Ober- und Unterkanten der gerahmten Bilder laufen alle zum linken Fluchtpunkt. Die Seiten der Bilderrahmen – und die vor den Bildern stehenden Menschen – sind am unteren Fluchtpunkt ausgerichtet, der weit unter dem Bildausschnitt liegt. Auch wenn die Fluchtlinien sich nicht exakt in dem unteren Fluchtpunkt treffen, gibt die Neigung der Linien den Hinweis, dass die Szene von oben aus betrachtet wird.

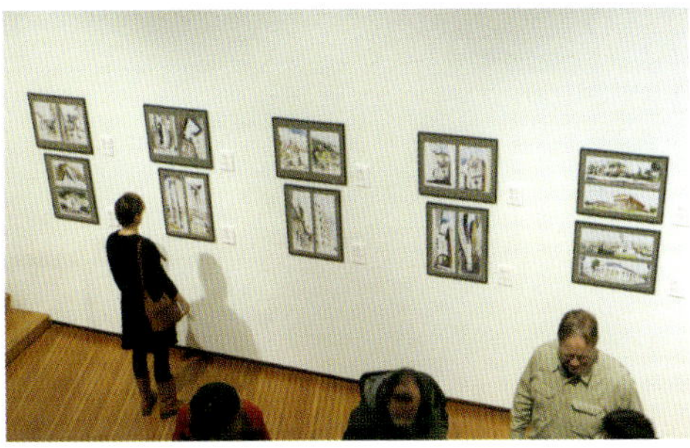

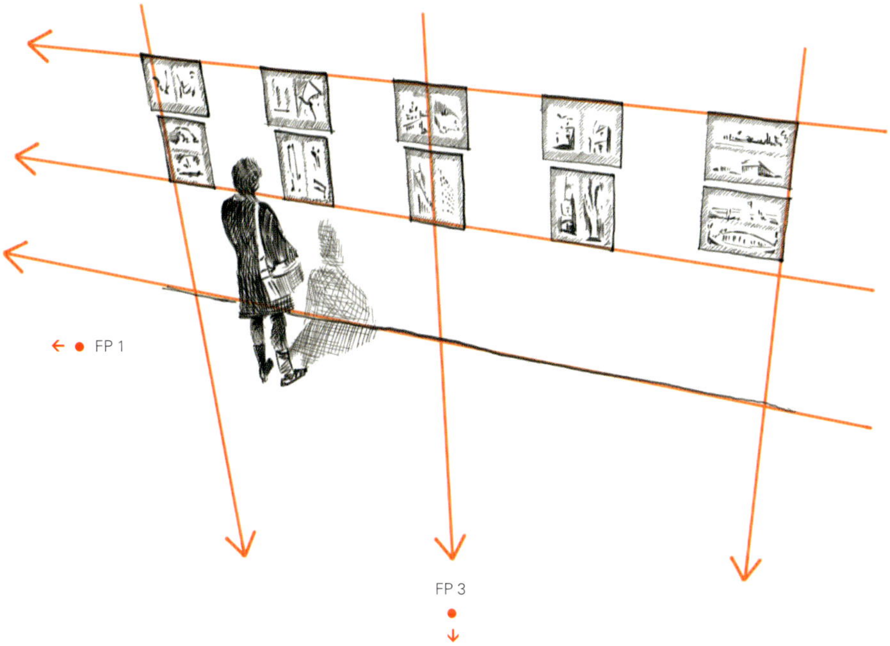

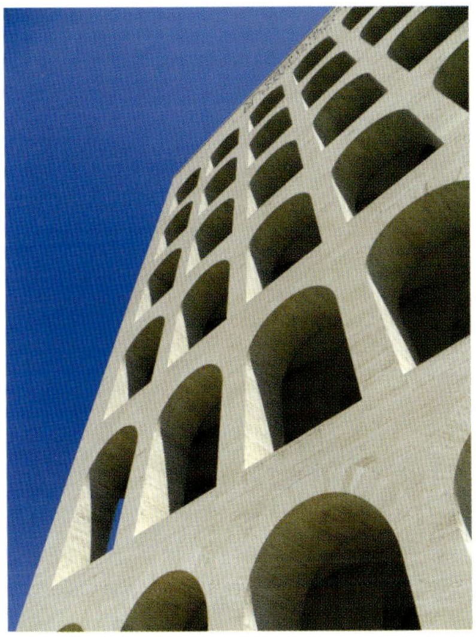

AUS DER NÄHE BETRACHTET

Je näher Sie Ihrem Zeichenobjekt kommen und je höher Sie den Blick richten müssen – vielleicht sogar ganz nach oben – desto näher rückt der vertikale Fluchtpunkt zum Objekt. Ihre Augenhöhe liegt dann weit unter dem Objekt, gänzlich außerhalb der Sicht. Dadurch können Sie die Position des linken und rechten Fluchtpunkts nur erahnen. Auf diesem Bild gibt es keine klar erkennbaren Kanten, die zum rechten Fluchtpunkt zulaufen, und doch kann es sinnvoll sein, die Schraffuren der Schatten so anzulegen, als würden die Linien zusammenlaufen. Die beiden Pfeile in der Skizze unten deuten dies an. Diese Art des Schraffierens wird in einem der folgenden Kapitel näher erläutert.

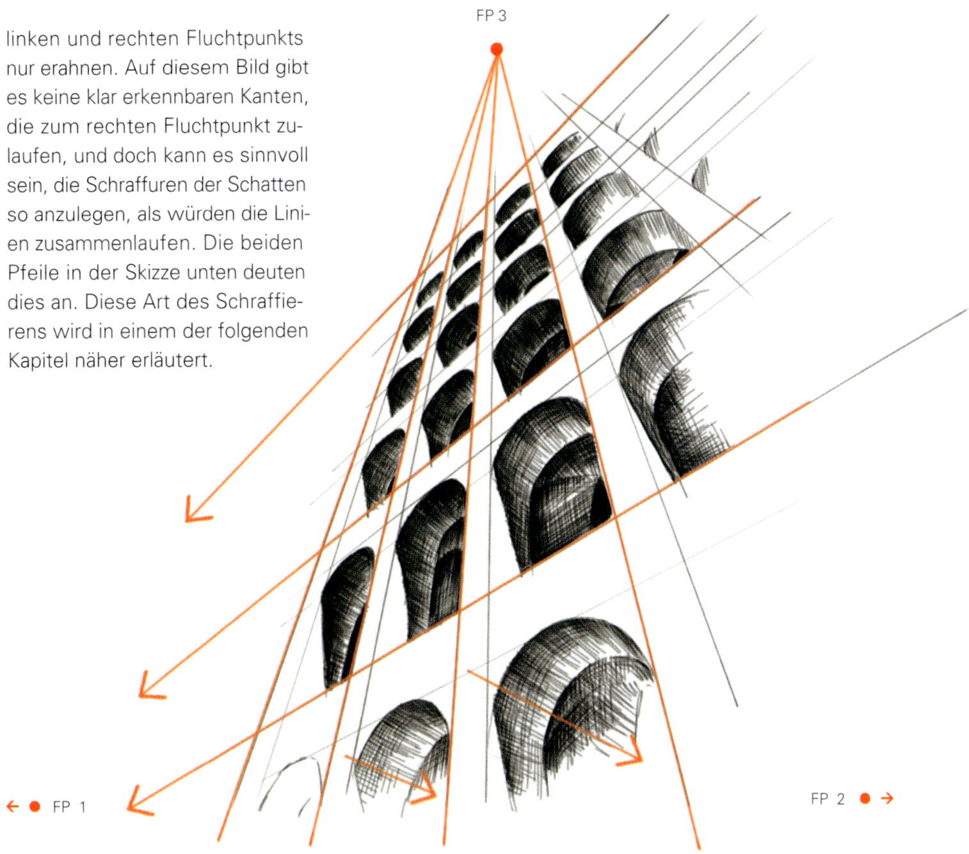

Dreipunktperspektive

Verstehen

Erweitern wir unseren einfachen Würfel um zwei „Stockwerke“, können wir hieran den Aufbau einer Dreipunktperspektive sehen. Wichtig ist, dass der Sehstrahl die vertikalen Kanten der aufeinandergestapelten Würfel jetzt nicht mehr senkrecht trifft. Daraus folgt, dass nun alle aus diesem Blickwinkel sichtbaren Linien auf einen Fluchtpunkt zulaufen.

ÜBUNG MACHT DEN MEISTER

Um die Dreipunktperspektive besser zu verstehen, lesen Sie den folgenden Abschnitt und machen Sie dann die Übungen auf den Seiten 126–129 des Arbeitsbuchs.

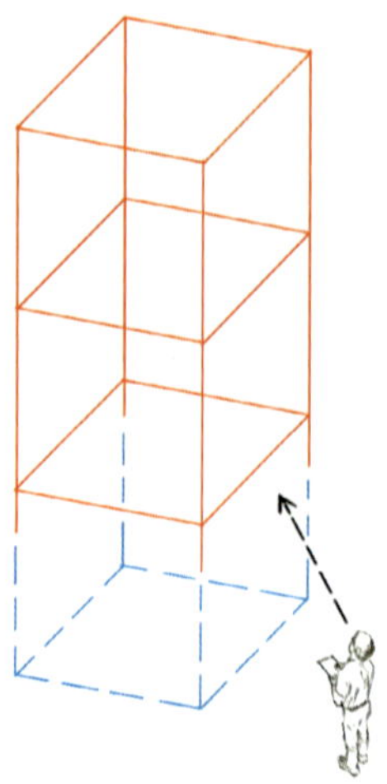

DER BLICK NACH OBEN
Bei dieser Ansicht ist es wichtig zu bestimmen, was zum Bildausschnitt gehört und was nicht. Ist unser Blick aufwärts gerichtet, konzentriert er sich auf den oberen Teil des Objekts. Das heißt, der untere Teil (in der Abbildung oben mit gestrichelten blauen Linien dargestellt) liegt außerhalb des Sichtfelds oder des Sehkegels. Dieser Teil wird also später nicht gezeichnet. Im Ergebnis laufen bei einer solchen Ansicht alle Linien zu einem der drei Fluchtpunkte hin – je einer links und rechts des Objekts (beide liegen auf der Horizontlinie), der dritte befindet sich direkt über dem Zeichenobjekt.

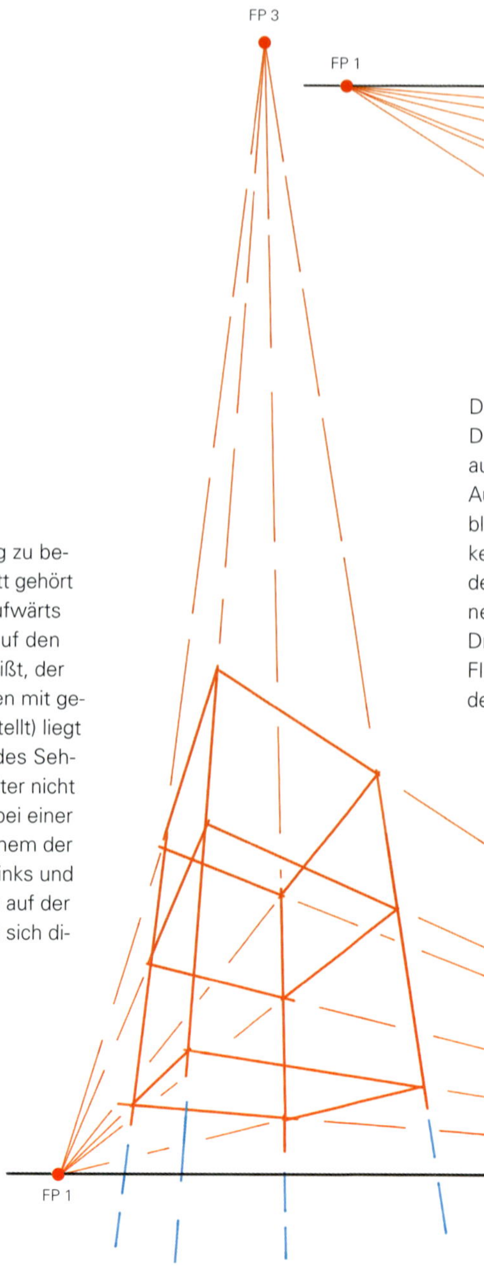

- FP (1., 2. und 3.)
- Fluchtlinien
- Horizontlinie
- Parallelen zum Sehstrahl (vertikal oder horizontal)

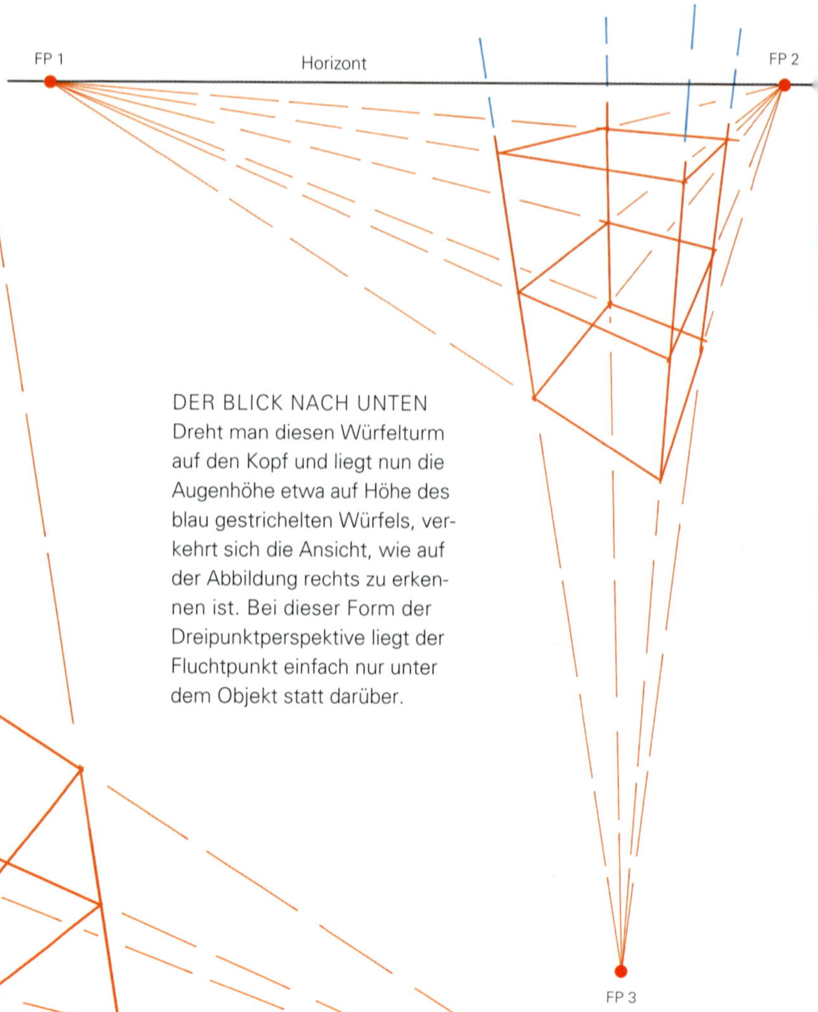

DER BLICK NACH UNTEN
Dreht man diesen Würfelturm auf den Kopf und liegt nun die Augenhöhe etwa auf Höhe des blau gestrichelten Würfels, verkehrt sich die Ansicht, wie auf der Abbildung rechts zu erkennen ist. Bei dieser Form der Dreipunktperspektive liegt der Fluchtpunkt einfach nur unter dem Objekt statt darüber.

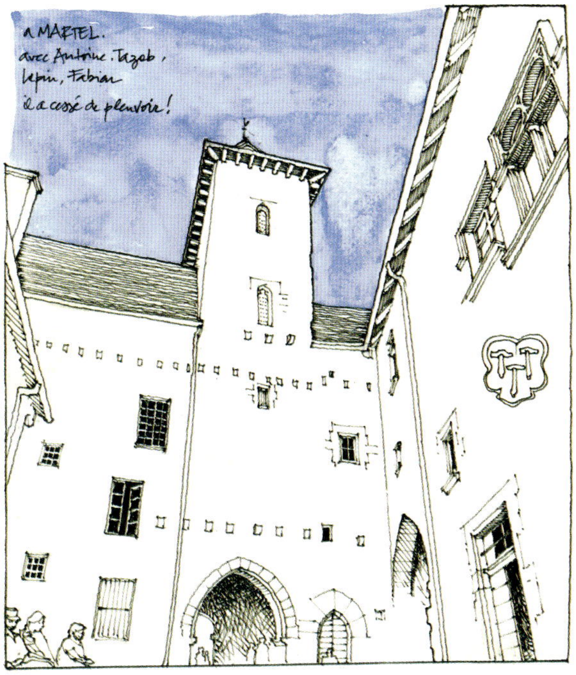

TURM

In diesem Werk von Gérard Michel *(links)* ist der Blick nach oben zum Turm gerichtet. Ein Linienbündel trifft sich im Fluchtpunkt rechts, der weit außerhalb des Blatts liegt. In der Grafik ist er durch Pfeile angedeutet. Ein anderes Linienbündel läuft zum linken Fluchtpunkt, etwa dort, wo am linken unteren Bildrand die Menschen sitzen. Die Wand auf der rechten Seite muss in einem anderen Winkel stehen als die linke Wand. Dass die beiden Wände nicht parallel stehen, sieht man daran, dass die Linien der rechten Wand nicht zum linken Fluchtpunkt laufen (dieser Fall wird im Kapitel über Mehrpunktperspektiven behandelt). Der dritte Fluchtpunkt befindet sich direkt über der Mitte des Objekts und beeinflusst alle senkrechten Linien dieses Innenhofs.

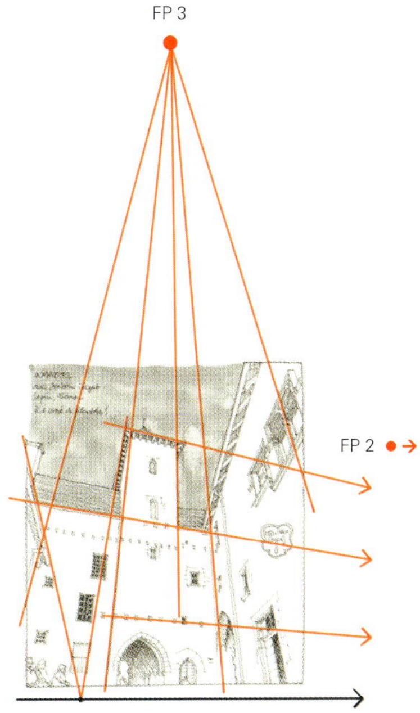

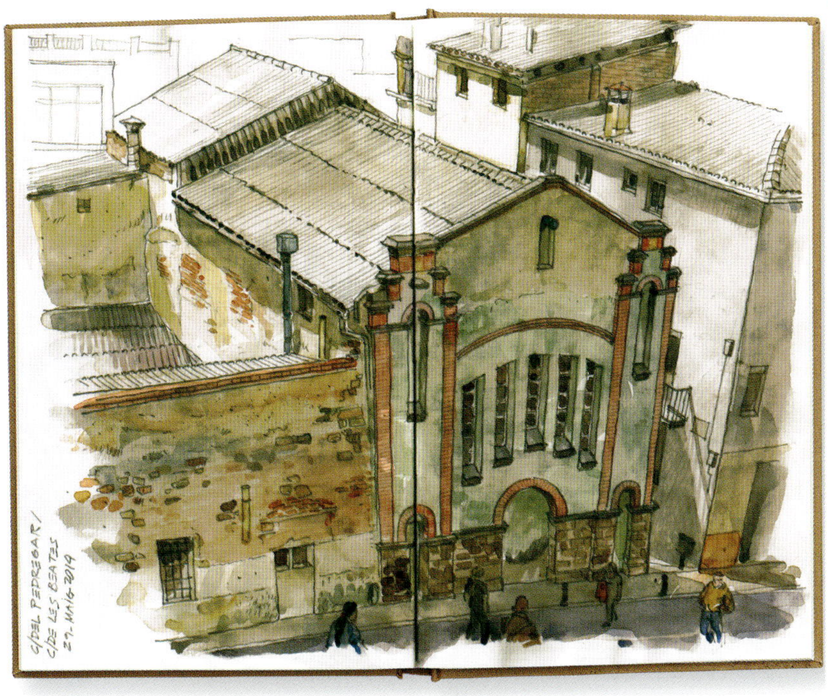

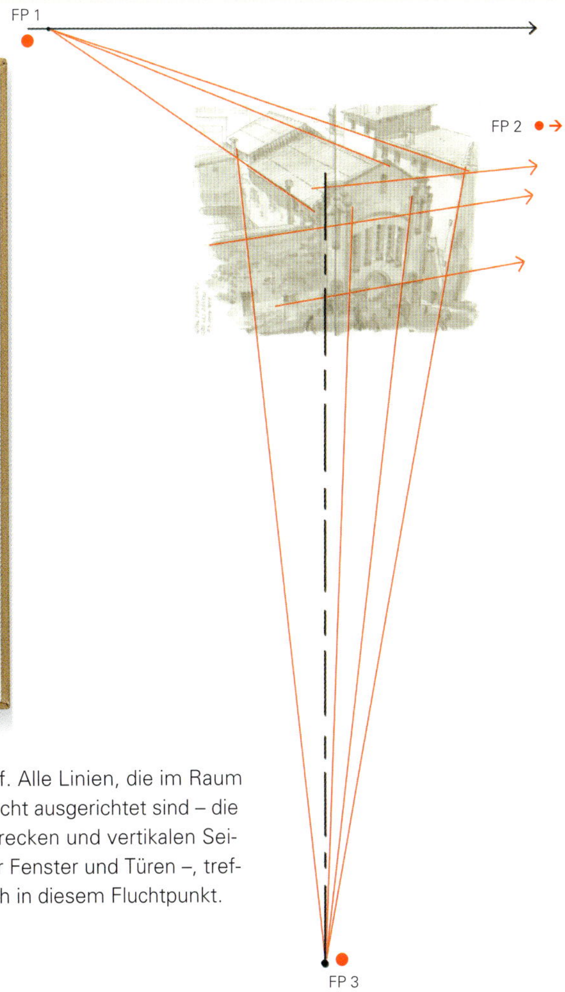

ÜBER DEN DÄCHERN

Daniel Castro Alonsos Standpunkt ist hier erhöht, er schaut beim Zeichnen nach unten. Dadurch liegt die Horizontlinie über dem Objekt, sie verläuft auf Augenhöhe des Betrachters. Auch in dieser Zeichnung gibt es einen linken und einen rechten Fluchtpunkt, der dritte liegt genau mittig unter dem Objekt, die gestrichelte Linie in der Skizze zeigt das auf. Alle Linien, die im Raum senkrecht ausgerichtet sind – die Häuserecken und vertikalen Seiten der Fenster und Türen –, treffen sich in diesem Fluchtpunkt.

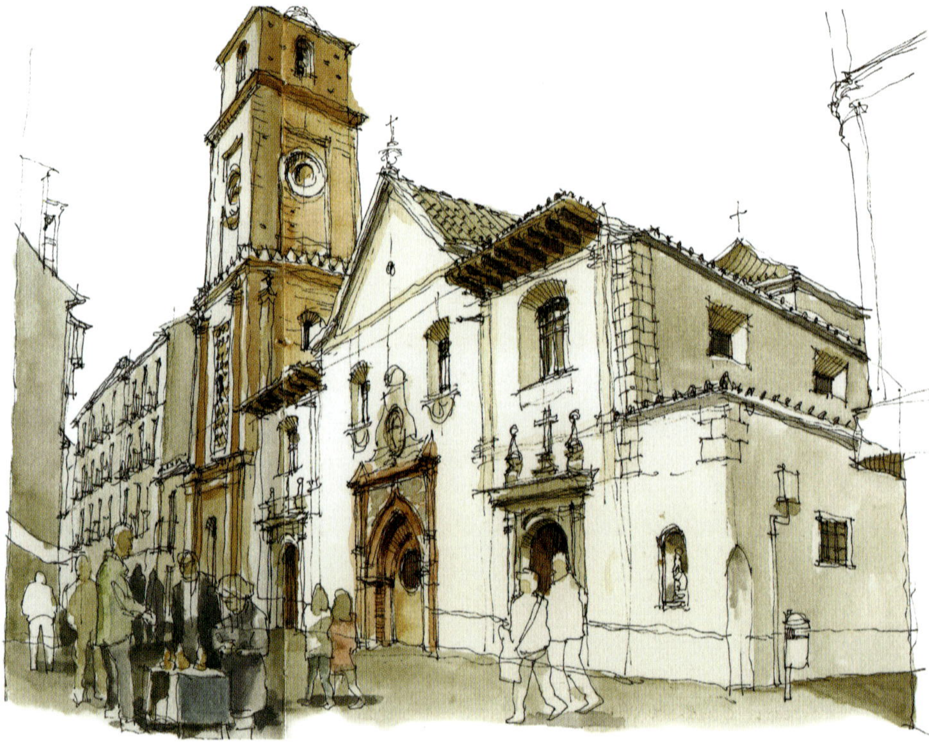

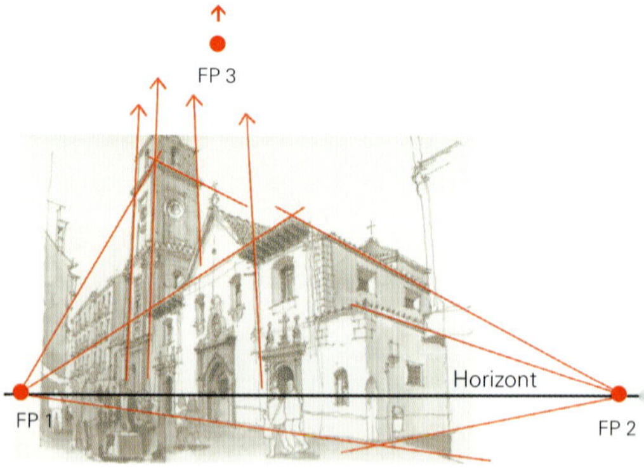

KIRCHE MIT TURM IN ECKANSICHT

Bei dieser Straßenszenerie von Luis Ruiz befand sich der Künstler in einiger Entfernung zum Objekt. Daher liegt der vertikale Fluchtpunkt weit über dem Bildrand und kann in der obigen Skizze nur durch Pfeile angedeutet werden. Wenn ein Fluchtpunkt so weit außerhalb des Bildausschnitts liegt, kommt es bei der Ausrichtung der vertikalen Linien nicht so sehr auf Präzision an – die Linien dürfen nur nicht grundlegend falsch verlaufen. Der Eindruck, dass sich die Linien in einem Punkt treffen, sollte so weit wie möglich aufrechterhalten werden.

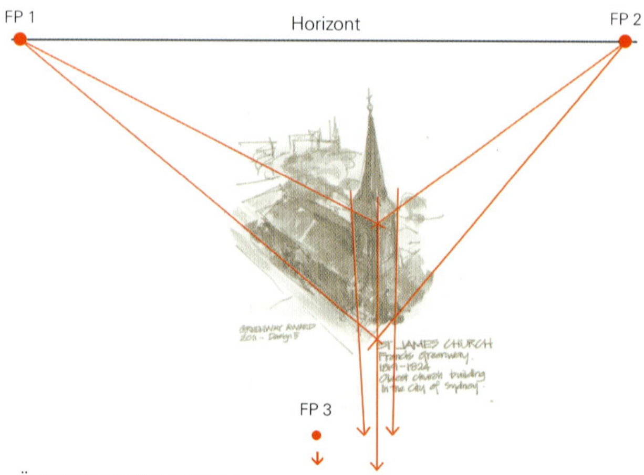

ÜBERM KIRCHTURM

In Liz Steels Aquarell vom Kirchturm der St. James Church liegen die Augenhöhe und damit auch die Horizontlinie sogar über der Kirchturmspitze – damit befinden sich Horizontlinie und die darauf liegenden Fluchtpunkte nicht auf dem Zeichenblatt. Trotzdem sind die Fluchtlinien gut eingehalten worden und laufen alle in Richtung des entsprechenden Fluchtpunkts. Wenn Sie sich wiederholt die Position der Fluchtpunkte in Relation zu Ihrem Zeichenblatt vergegenwärtigen müssen, können Sie sich mit einem langen Lineal behelfen. Oder Sie legen in der Umgebung Ihres Arbeitsplatzes einen Stein oder einen anderen Gegenstand dorthin, wo der Fluchtpunkt – von Ihnen aus gesehen – sein müsste.

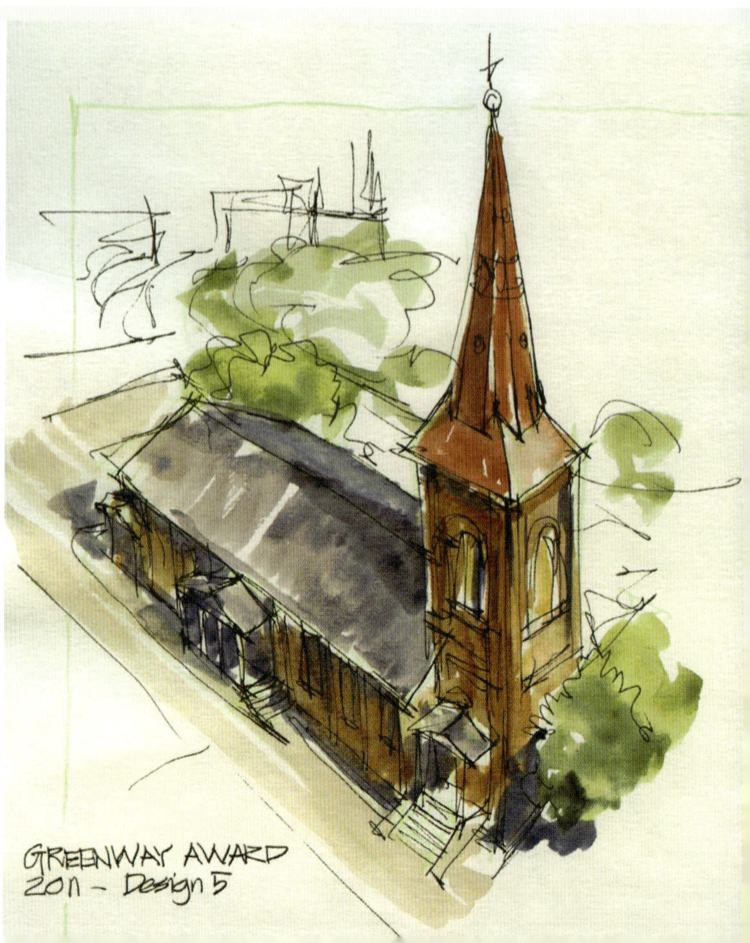

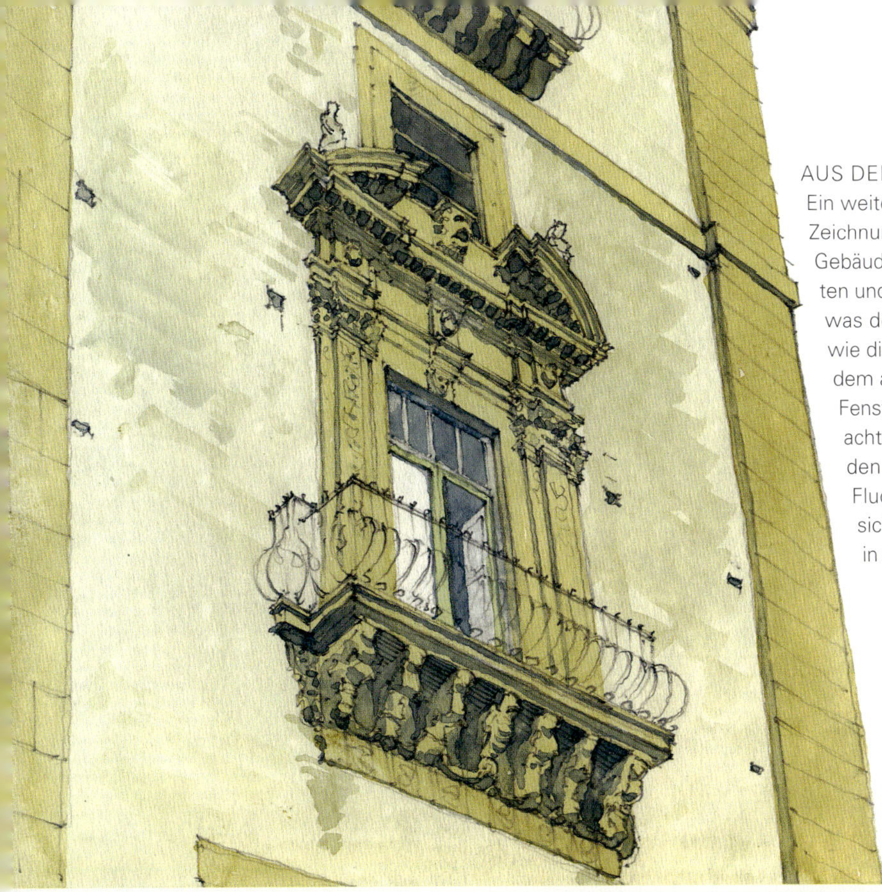

AUS DER NÄHE BETRACHTET

Ein weiteres Beispiel für einen begrenzten Bildausschnitt. Diese Zeichnung von Gérard Michel zeigt nur ein Detail eines größeren Gebäudes. Verlängert man die Fluchtlinien bis zum linken, rechten und vertikalen Fluchtpunkt, beginnt man, auch das zu sehen, was der Künstler nicht mitgezeichnet hat. Man stellt sich vor, wie die Fenster über und unter und vielleicht auch links neben dem abgebildeten aussehen. Es wird deutlich, wie dieses eine Fenster in den größeren, dreidimensionalen Kontext passt. Beachten Sie die hervorstehenden Elemente – den Balkon und den Giebel – die hervortreten, weil einige ihrer Linien zum Fluchtpunkt auf der linken Seite laufen. Tatsächlich treffen sich alle im Raum zur Wand senkrecht verlaufenden Linien in diesem Punkt.

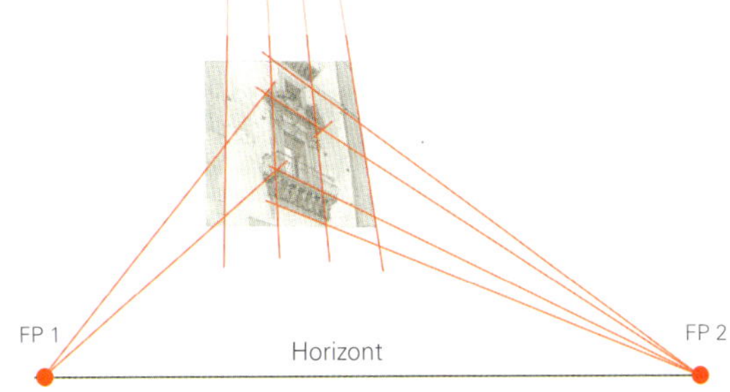

- FP
- Parallele zum Sehstrahl
- Horizontlinie
- Senkrechte zum Sehstrahl

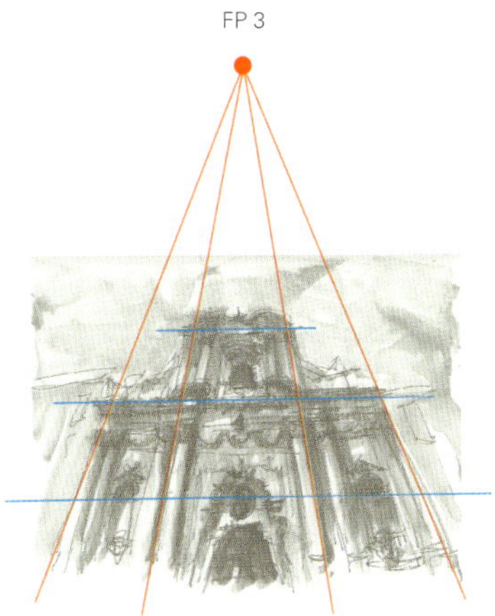

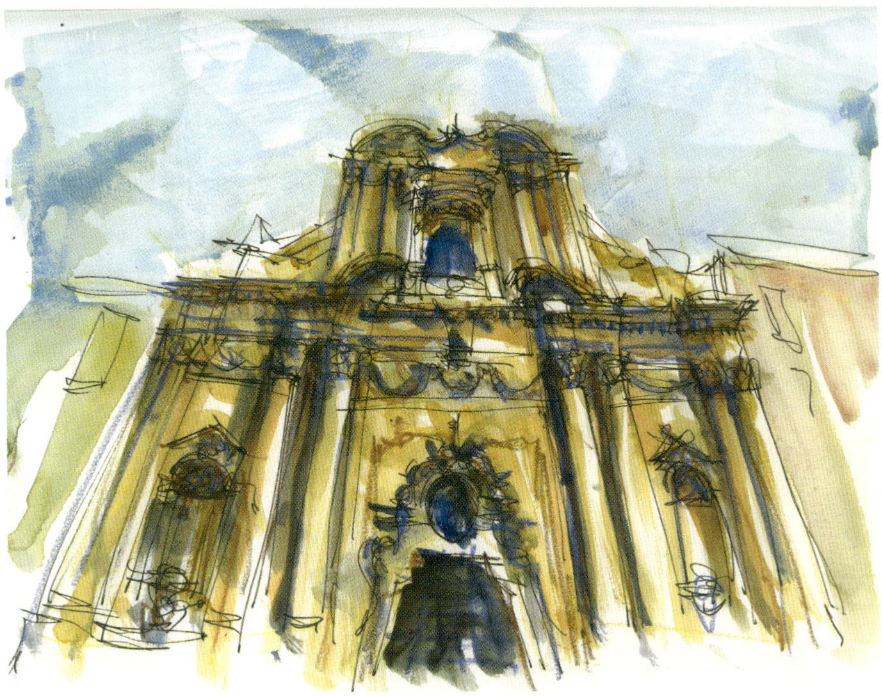

IMPOSANTE KIRCHE

Liz Steels Aquarell einer barocken Kirchenfassade ist genau genommen keine Dreipunktperspektive, obwohl es einige ihrer Prinzipien aufgreift. Da sich die Künstlerin auf der Mittellinie vor der Kirche befand (das heißt, sie stand frontal vor der Fassadenmitte), gibt es keine offensichtlichen Fluchtpunkte links und rechts des Objekts. Hier bleibt es bei dem Fluchtpunkt oberhalb der Fassade. Im Ergebnis ähnelt dies der Einpunktperspektive. Da aber Liz Steels Blick aufwärts gerichtet war, liegt der Fluchtpunkt deutlich über der Horizontlinie.

Dreipunktperspektive

Anwenden

Ein Motiv für die Dreipunktperspektive finden Sie, wenn Sie nach einem Objekt suchen, das eine klare vertikale Ausrichtung hat. Sie setzen es in Szene, indem Sie Fluchtlinien betonen, die zu einem Punkt über oder unter dem Objekt laufen.

EINGEFASSTER TURM
Richard Johnson • Tinte

▶ Richard Johnson hat den Turm mit einer rechtwinkligen Einfassung versehen, um zu betonen, wie der Eckturm immer schmaler wird, je weiter er sich vom Beobachter himmelwärts entfernt.

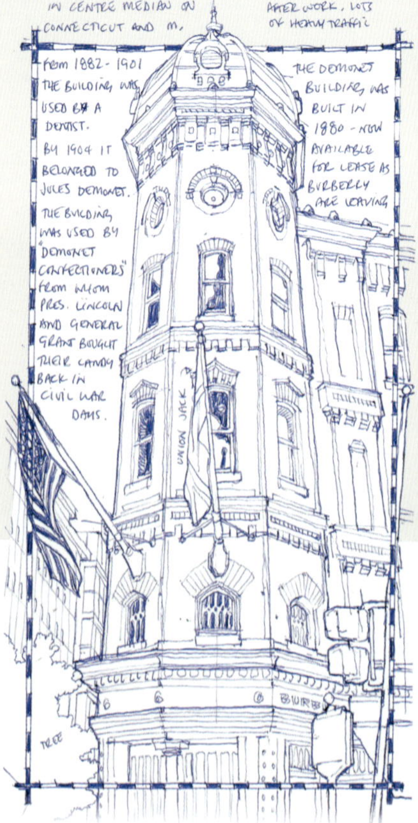

TÜRME

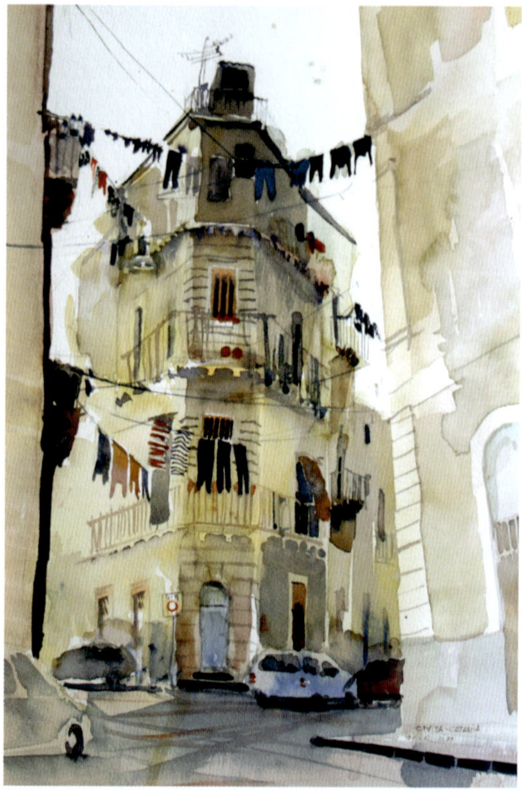

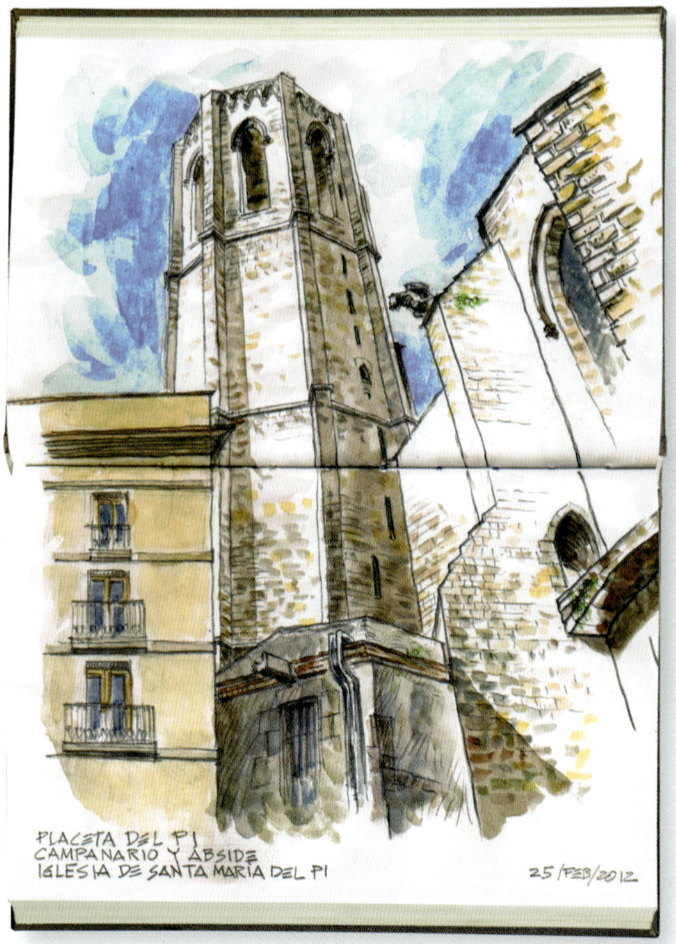

VERZIERTE APARTMENTS
Omar Jaramillo • Aquarell

▲ Die Dreipunktperspektive ist eine der besten Techniken für das Zeichnen von Türmen (und turmähnlich anmutende Hausecken). Die Wände der nebenstehenden Häuser rücken hier zur Bildmitte, vor allem das rechte. Den Zwischenraum hat der Künstler mit wild verlaufenden Wäscheleinen gefüllt.

SECHSECKIGER TURM
Daniel Castro Alonso • Aquarell

▶ Castro unterstreicht die Höhe dieses gotischen Turms und des angrenzenden Stützpfeilers mithilfe des einzelnen Wasserspeiers, der von hoch oben hinunterzuschauen scheint.

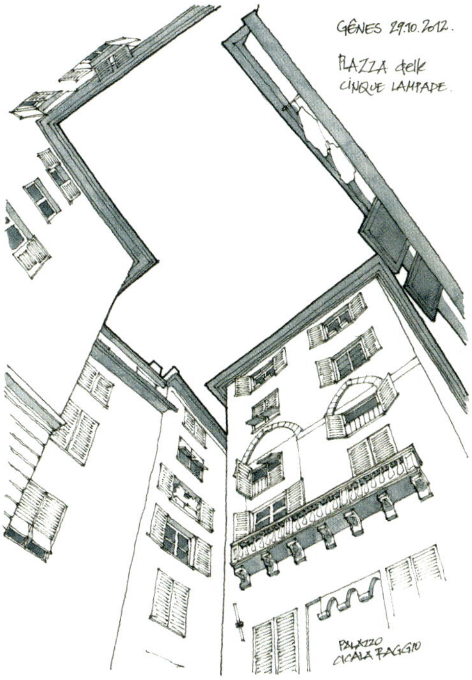

EIN BLICK HIMMELWÄRTS

◀ *Gérard Michel* • Aquarell

AUSSICHT AUF DEN INNENHOF

▶ *Matthew Brehm* • Aquarell

Winzige Innenhöfe wie dieser ziehen den Blick fast magisch in Richtung Himmel. Eine solche Szenerie ist auch gleich eine wunderbare zeichnerische Herausforderung. Genau genommen gibt es auf diesem Bild mehr als nur drei Fluchtpunkte. Im Beispiel rechts sehen wir sogar ansatzweise eine kurvilineare Perspektive. Aber wesentlich für diese beiden Ansichten ist der jeweilige Fluchtpunkt in der Höhe, gleichzeitig laufen Linienbündel zur linken und rechten Seite auf Fluchtpunkte zu, die auf der Horizontlinie weit unter dem Bildausschnitt liegen.

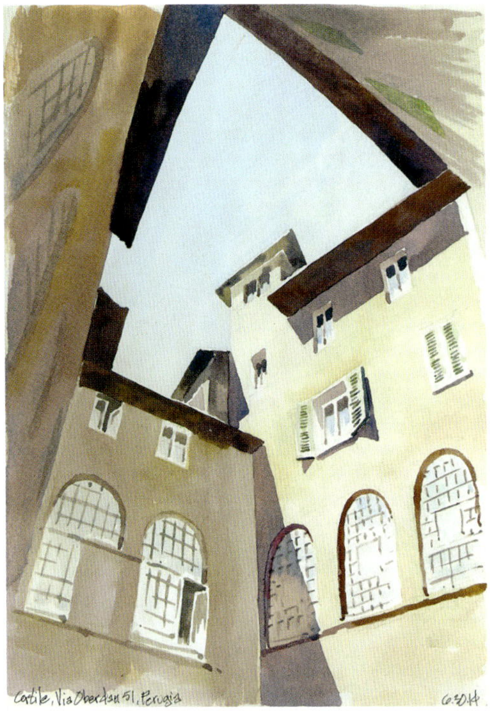

INNENANSICHTEN

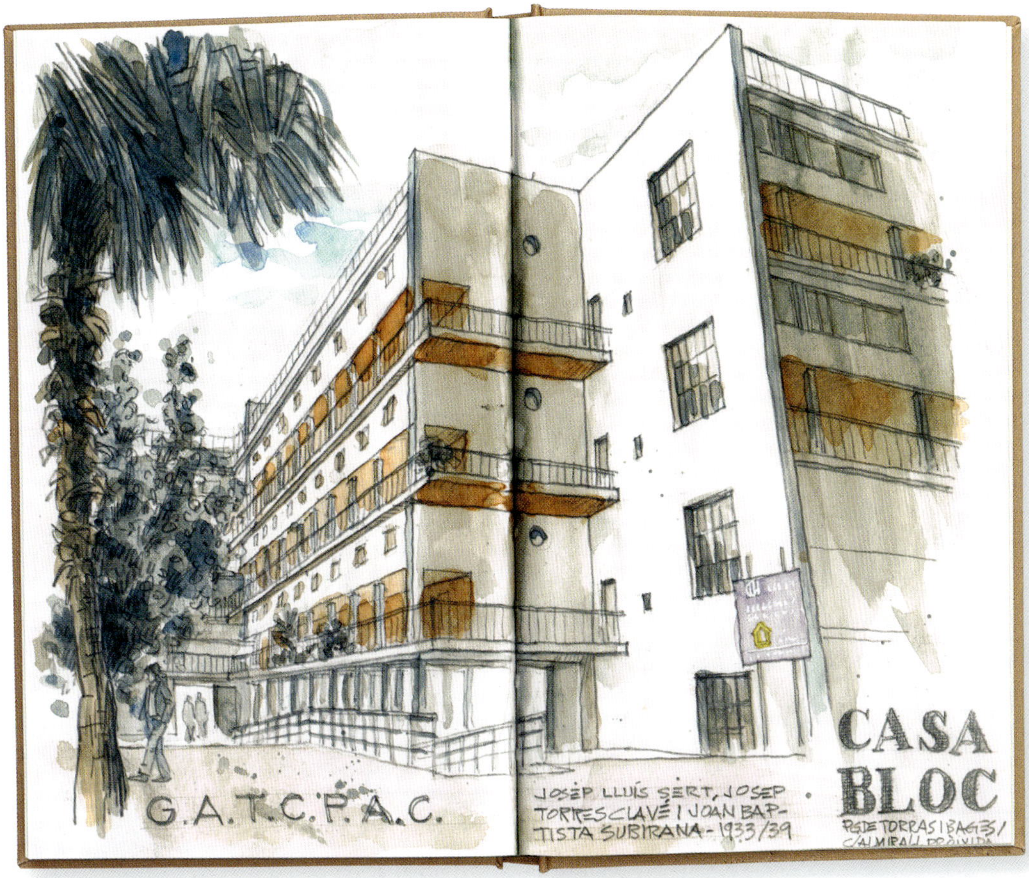

EIN MOTIV AUFPEPPEN

Daniel Castro Alonso • Aquarell

◀ Diese Zeichnung zeigt, wie eine sonst eher unspektakuläre Zweipunktperspektive interessanter gestaltet werden kann, indem ein dritter Fluchtpunkt ins Spiel gebracht wird. Während der größte Teil der linken Bildhälfte einfach anhand des linken und rechten Fluchtpunkts konstruiert wurde, neigt sich die Hausecke auf der rechten Bildseite – klar, das Gebäude verjüngt sich. Wenn Sie die Struktur für Ihre Zeichnung festlegen, erfordert es keine aufwendige Planung, die Szene mit einer Dreipunktperspektive aufzupeppen – insbesondere wenn das Objekt hoch in den Himmel ragt oder Sie weit über Ihrem Objekt thronen. Es genügen ein paar strategisch klug gewählte Linien, die auf einen Punkt weit über oder unter dem Objekt weisen, um die Höhen- und Tiefenverhältnisse zu unterstreichen.

APARTMENTS

BOMBASTISCHE INNENRÄUME

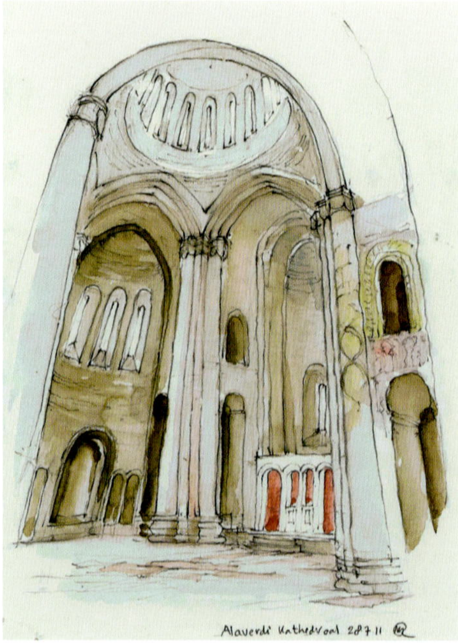

INNENANSICHT EINER KATHEDRALE
◀ *Maarten Ruijters*
Bleistift und Aquarell

DECKE EINER KATHEDRALE
▼ *Luis Ruiz*
Bleistift und Aquarell

Mit der Dreipunktperspektive kann man die Höhenverhältnissen und die Komplexität großer Innenräume gut erfassen, so wie bei diesen beiden Kathedralen. Maarten Ruijters *(links)* und Luis Ruiz *(unten)* haben sich einer ähnlichen Strategie bedient. Beide haben aufwärts auf eine mit Bögen und Gewölben versehene Deckenkonstruktion geschaut, die vielen senkrechten Linien der Pfeiler lassen sie auf einen einzigen Fluchtpunkt weit oben zulaufen. Es ist gemeinhin hilfreich, sich zunächst auf die einfachsten Formen zu konzentrieren, wenn man es mit solchen Motiven zu tun hat. Legen Sie zuallererst die grundlegenden Elemente mit einem harten Grafitstift an und fügen Sie dann Details mit einem weicheren Stift oder mit Tusche hinzu.

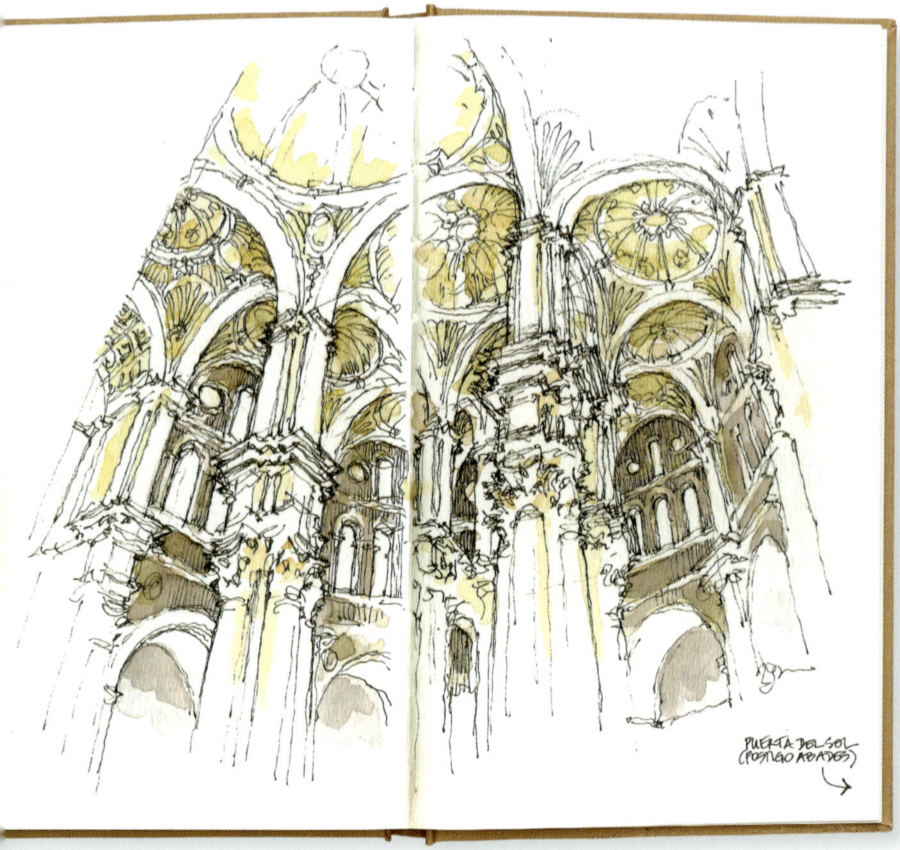

SCHILDER

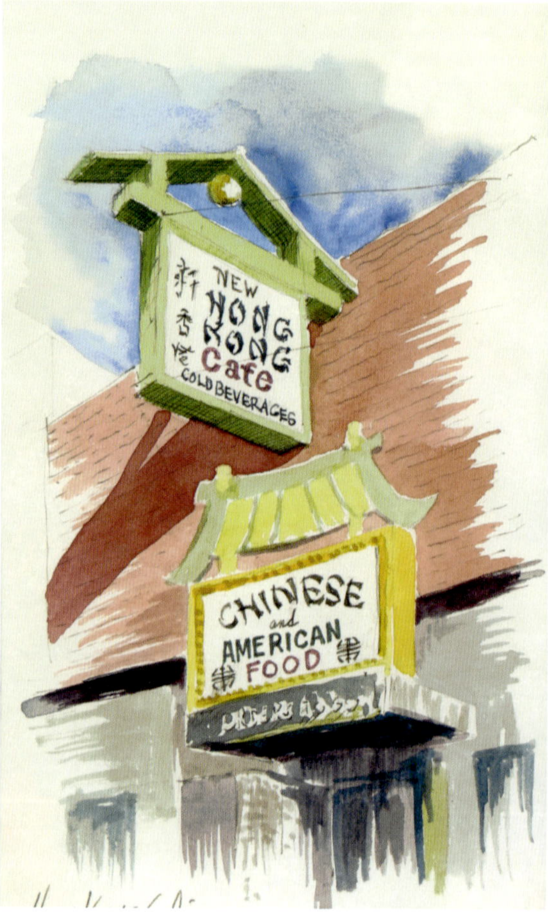

CAFE
Matthew Brehm • Bleistift und Aquarell

▲ Die Werbeschilder habe ich in Moskow, Idaho, gezeichnet, um das einzufangen, was an meiner kleinen Stadt so besonders ist. Das Gebäude, an dem die Schilder hängen, ist nicht weiter von Bedeutung und dient nur als Kontext. Hier ist zwar kein dramatischer Dreipunkteffekt zu sehen, aber die Vertikalen der Schilder laufen auf einen hoch oben gelegenen Fluchtpunkt zu. Die Wirkung einer Dreipunktperspektive kann auch subtil in Spiel gebracht werden, besonders dann, wenn das Objekt aus größerer Entfernung gezeichnet wird und man nicht so weit in den Himmel aufblickt. Auch ein Hauch von vertikaler Konvergenz vermittelt dem Betrachter das Gefühl von Höhe. Diese Strategie ist besonders empfehlenswert, wenn der untere Teil des Bilds nicht weiter interessant ist – beachten Sie, wie das Bild zum unteren Rand hin ausgeblendet wird.

VOGELPERSPEKTIVE

BLICK ÜBER ONTARIO

Brenda Murray • Fineliner und Aquarell

▼ Man kann sich einen vertikalen Fluchtpunkt als Mittelpunkt der Erde vorstellen – bei Brenda Murrays Luftansicht von Kitchener, Ontario scheint genau das der Fall zu sein. Genau genommen liegt dieser Zeichnung eher eine kurvilineare Perspektive zugrunde, der linke und rechte Fluchtpunkt befinden sich auf der gewölbten Horizontlinie. Aber der wichtigste Fluchtpunkt, der bei den Gebäuden die Verjüngung nach unten hin bewirkt, liegt weit unter dem Objekt.

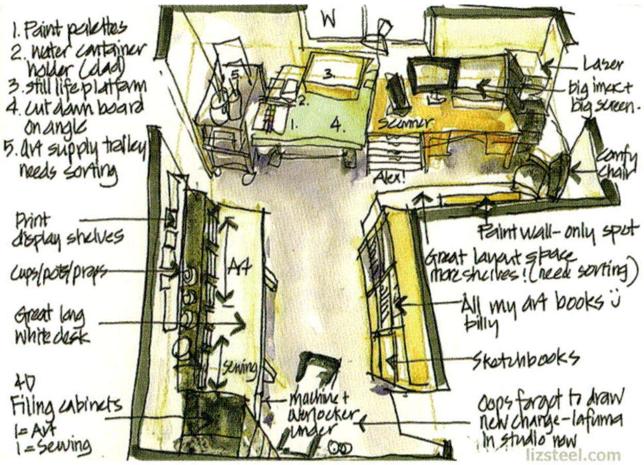

AUFRISS DES ARBEITSZIMMERS

Liz Steel

Tusche und Aquarell

◀ Liz Steel macht sich die Dreipunktperspektive beim Skizzieren ihres Arbeitszimmers *(links)* zunutze. Da die Ecken und Wände zu einem Fluchtpunkt direkt unter dem Zimmer laufen, sieht man mehr von dem Zimmer und den Einrichtungsgegenständen – der Raum öffnet sich förmlich in Richtung des Betrachters. Diese Darstellungsform birgt gegenüber der eher statischen Zweipunktperspektive einige Vorteile. Größe und Beschaffenheit des Raums werden sofort deutlicher, und die Skizze als solche wird viel interessanter.

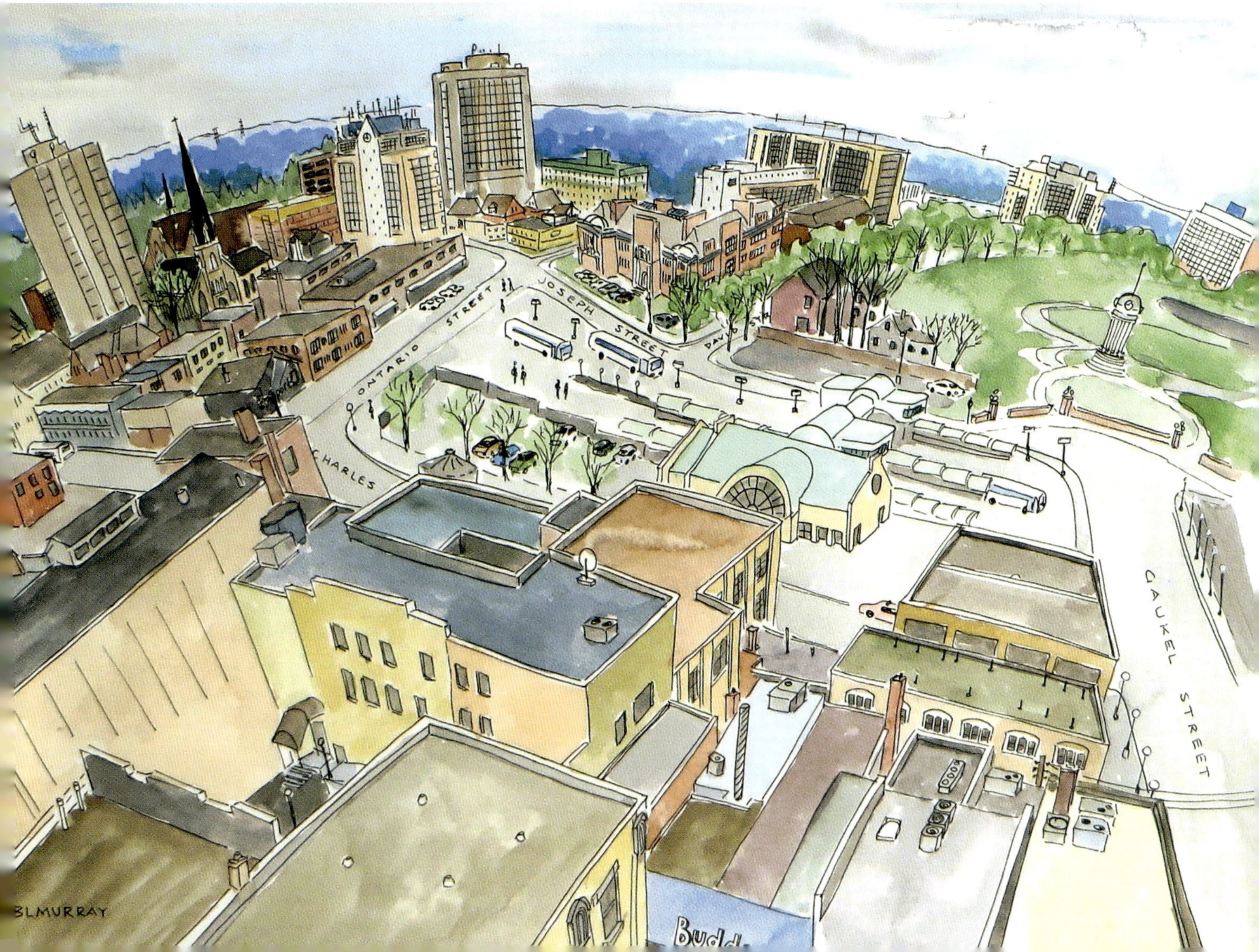

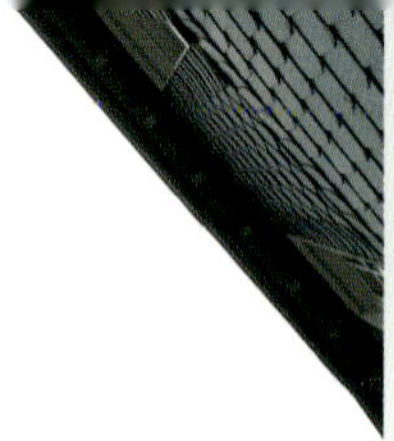

Dreipunktperspektive

Schritt für Schritt

Diese alte deutsche Stadt liegt an einem Hügel – für Florian Afflerbachs Demonstration der Dreipunktperspektive bieten sich beste Voraussetzungen. Wenn Sie aufwärts (oder abwärts) schauen, bleiben senkrechte Häuserkanten nicht senkrecht, sondern laufen auf einen dritten Fluchtpunkt zu. Dieser liegt über dem Kopf des Zeichners – unter dem Dachvorsprung.

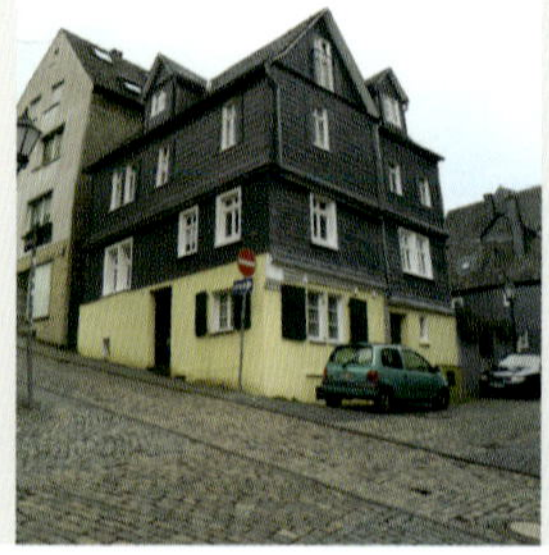

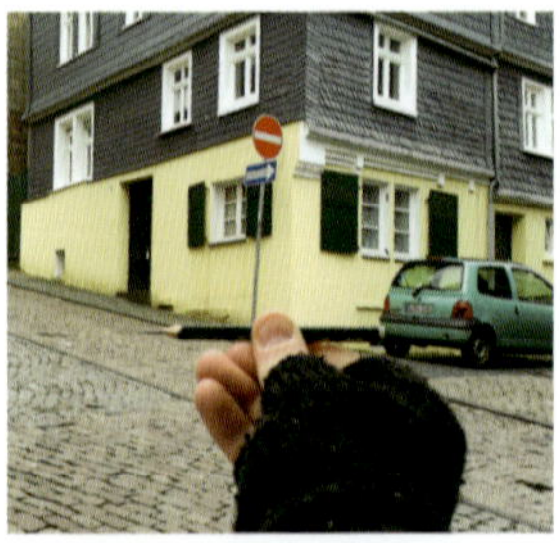

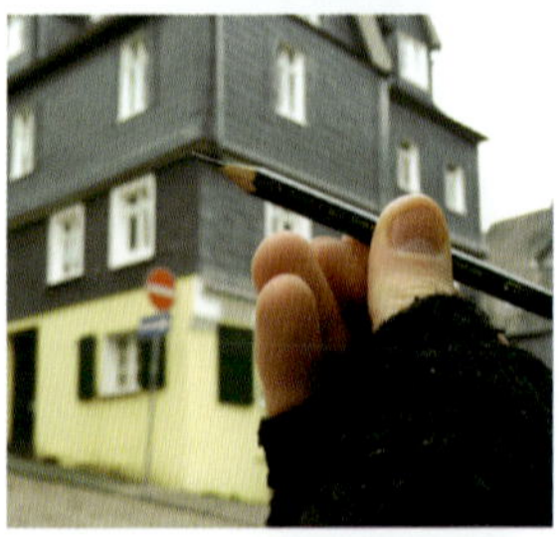

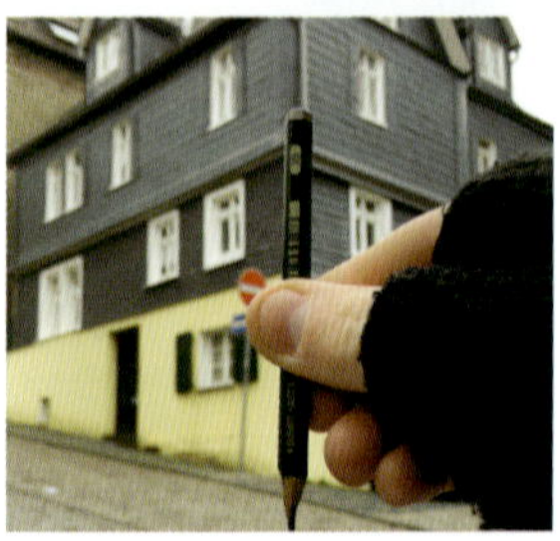

▲ Ihr Stift ist das ideale Werkzeug zum Ausmessen von Längen, Winkeln und Proportionen eines Gebäudes. Halten Sie ihn direkt vor die Kanten von Straßen, Häuserecken oder Dachschrägen. Und denken Sie immer daran, den Arm beim Messen durchzustrecken. Vergleichen Sie Ihre Messdaten miteinander, um die Proportionen richtig festzulegen.

▶ Die Planskizzen zeigen die wichtigsten Informationen zum entstehenden Bild, inklusive der Konstruktion der Perspektive.

Die Skizze stellt das fertige Bild in verkleinerter Ausführung dar, und der Zeichner verwendet sie, um die Szene richtig auf dem Zeichenblatt zu erfassen. Auch die Position des Horizonts und der Fluchtpunkte sollte hier bereits festgelegt werden.

Zur korrekten Darstellung der Perspektive ist es sinnvoll, alle Fluchtpunkte in den Grenzen des Zeichenblatts zu halten. Die Planskizze sollte nicht größer sein als Ihr Handrücken.

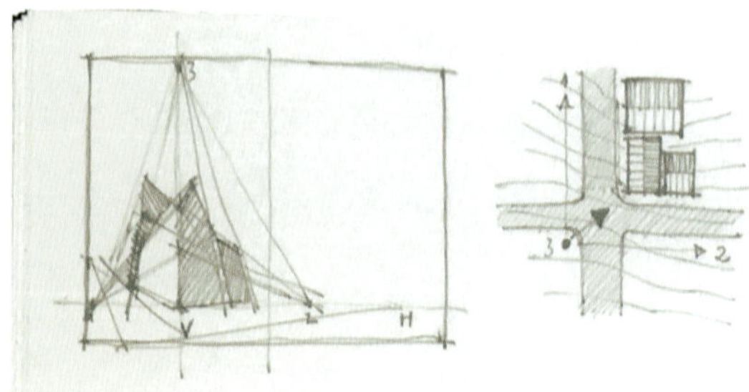

Diese Überblickszeichnung *(oben rechts)* sollte vor der eigentlichen perspektivischen Darstellung angelegt werden. Es handelt sich um eine kleine, abstrakte Umgebungsskizze, in welche der Sehstrahl des Betrachters eingezeichnet ist *(siehe Pfeil)*. Hier befindet sich der Betrachter auf der gegenüberliegenden Straßenseite, vor der Hausecke. Deswegen gibt es die Fluchtpunkte 1 und 2. Außerdem richtet der Zeichner seinen Blick nach oben, um das Gebäude zu sehen. Dafür ist der dritte Fluchtpunkt notwendig (3), der exakt über dem Standpunkt des Betrachters liegt.

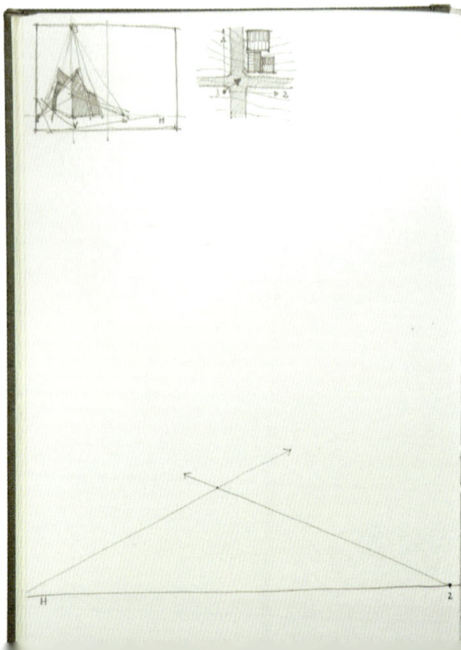

SCHRITT 1 ◀ Zeichnen Sie die Horizontlinie knapp über dem unteren Blattrand ein. Legen Sie jeweils an den Enden die beiden Fluchtpunkte fest (für die im Raum horizontal verlaufenden Linien des Hauses). Messen Sie für beide Hausseiten die Winkel aus, in welchen der Mauervorsprung zwischen erstem und zweitem Stockwerk verläuft und ziehen Sie entsprechende Linien auf Ihrem Blatt – die Linien führen von dem jeweiligen Fluchtpunkt hin zur Blattmitte. Dort, wo sich die beiden Linien treffen, befindet sich die Hausecke. Diese Linie bleibt in der Zeichnung vertikal, da Sie aus einem Winkel von 45 Grad auf das Gebäude schauen.

SCHRITT 2 ▶ Fügen Sie weiter Winkel und Linien anderer Hausdetails ein und legen Sie die Struktur des Hauses genauer an. Da die Straße auf der linken Seite ansteigt, läuft die Kante zwischen Haus und Straße nicht auf den linken Fluchtpunkt zu. Die Entfernung des dritten Fluchtpunkts zum Horizont können Sie auch ausmessen (siehe Foto des Motivs). Dazu setzen Sie einfach die Höhe des Gebäudes mit dem Abstand von Dachspitze und Dachvorsprung in Relation.

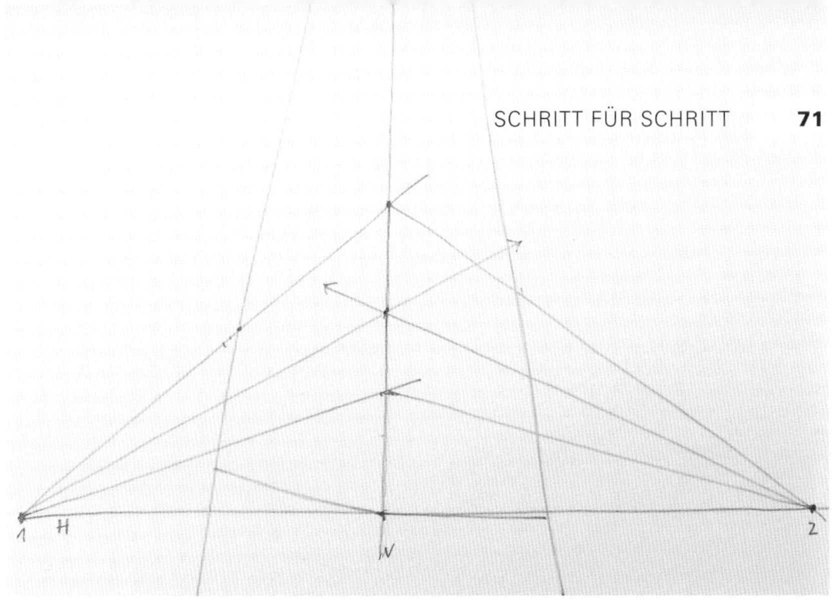

SCHRITT 3 ▶ Arbeiten Sie die Hauptbestandteile des Hauses aus. Fügen Sie das Giebeldach hinzu –, um den Dachfirst richtig zu platzieren, zeichnen Sie zwei Diagonalen in das unter dem Dach liegende Rechteck und ziehen Sie eine Linie durch den Schnittpunkt der beiden Diagonalen hoch zum Fluchtpunkt. Der First liegt auf dieser Linie. Messen Sie den Winkel der Dachseiten noch einmal nach. Die linke Gaube wiederum liegt auf der Mitte der linken Hausseite. Auch diese können Sie über dem entsprechenden Schnittpunkt platzieren.

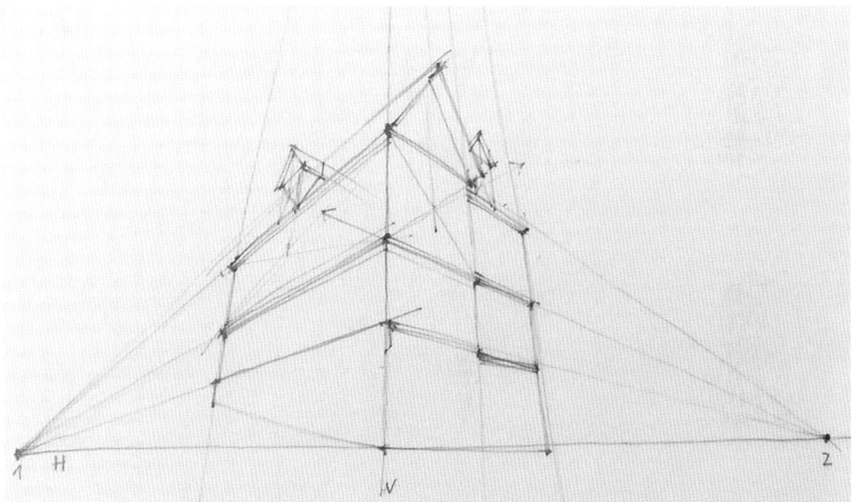

SCHRITT 4 ◀ Fügen Sie nun alle Türen und Fenster hinzu. Achten Sie darauf, dem Rahmen jeweils eine gewisse Tiefe zu verleihen – das Fenster selbst befindet sich in der Mitte der Mauern. Deswegen ist es wichtig, alle drei Fluchtpunkte im Auge zu haben, wenn Sie die Fenster zeichnen.

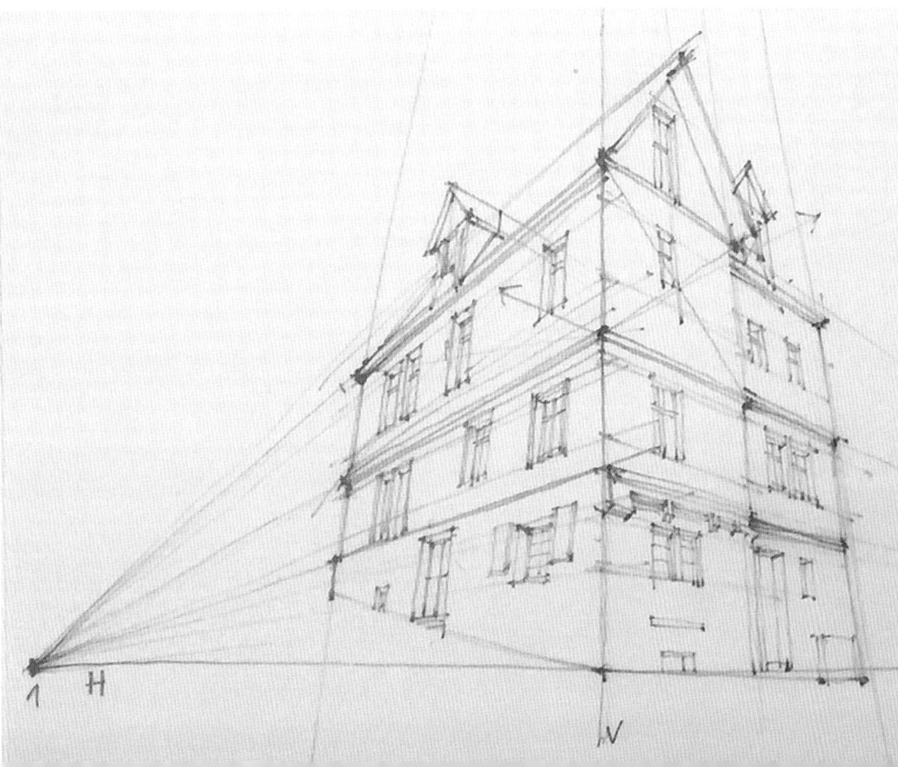

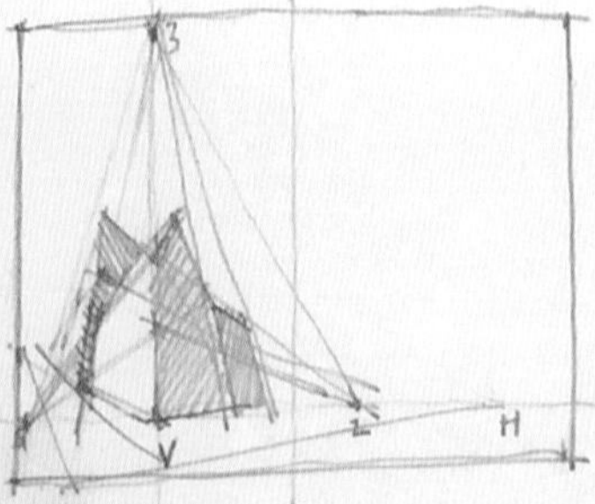

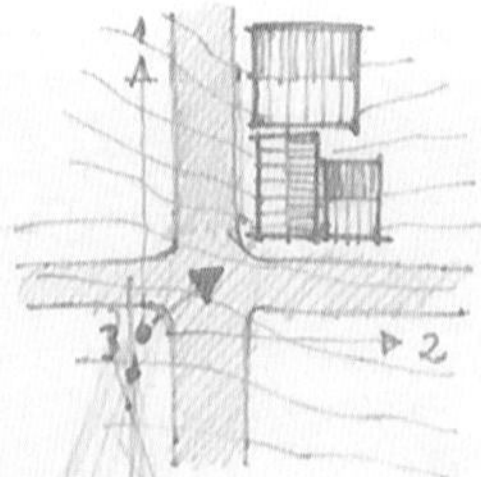

SCHRITT 5 ▼ Hinzu kommen als Nächstes die angrenzenden Häuser und Straßen. Diese sind alle parallel zum Gebäude ausgerichtet, also gehorchen sie den gleichen perspektivischen Grundlagen.

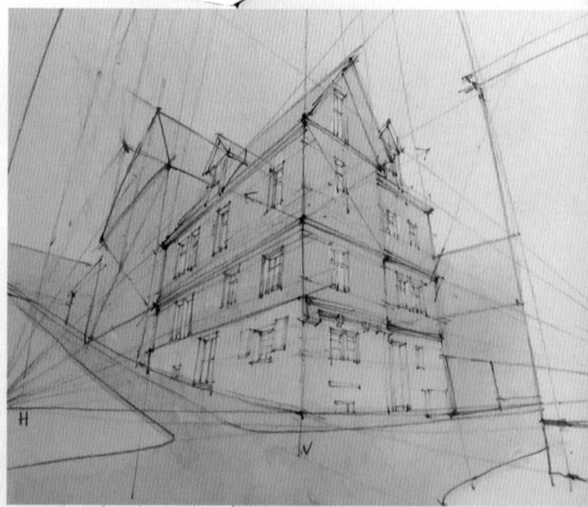

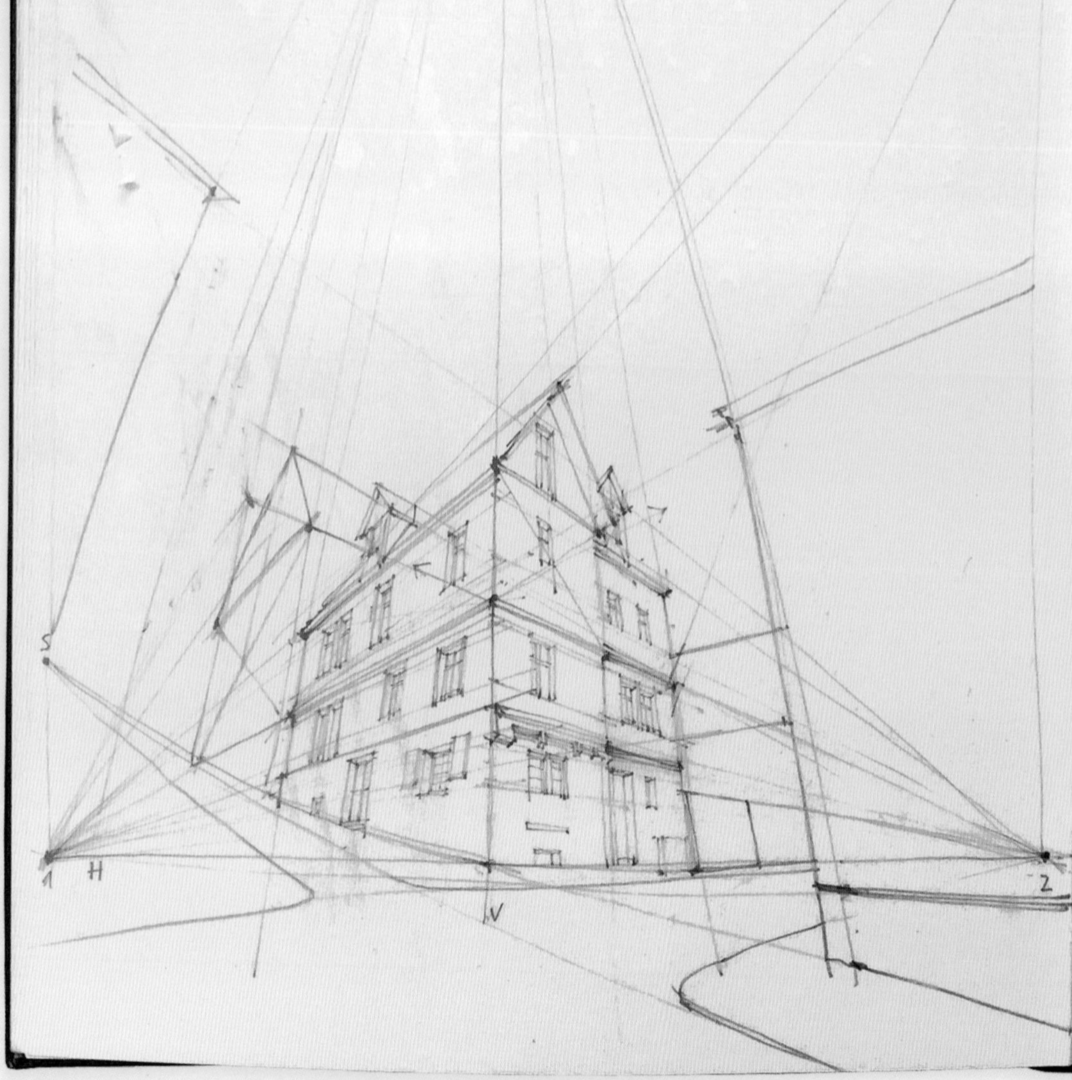

SCHRITT 6 ▲ Bisher wurde für die Zeichnung ein 2B-Bleistift verwendet. Eine Bleistiftzeichnung lässt sich gut mit ein paar Schichten Aquarellfarbe kombinieren. Tragen Sie zuerst ein helles Grau auf. Dieses wird aus Blau und Braun mit sehr viel Wasser gemischt. Arbeiten Sie zügig, denn die Farbe darf während des Auftrags dieser ersten Schicht nicht trocknen. Lassen Sie die weißen Holzrahmen der Fenster und den unteren Gebäudeteil frei – Letzterer bekommt eine andere Farbe.

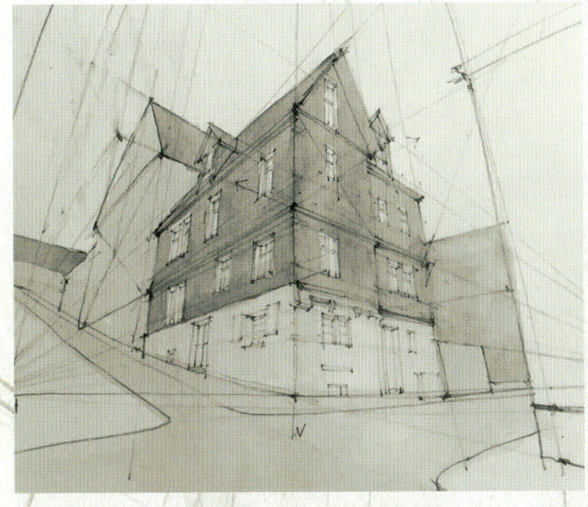

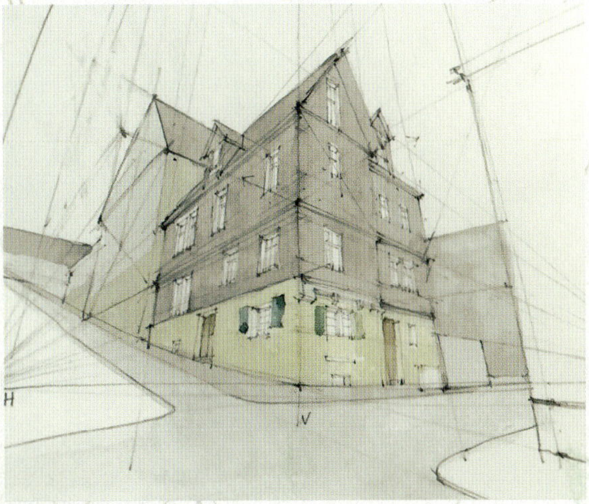

SCHRITT 7 ▲ Wenn die erste Farbschicht trocken ist, tragen Sie einen dunkleren Grauton auf die mit Schiefer gedeckten Dach- und Wandflächen auf.

SCHRITT 8 ▲ Zuletzt ergänzen Sie spezielle Farben, beispielsweise die für den unteren Teil des Gebäudes, die Türen und die Rollläden.

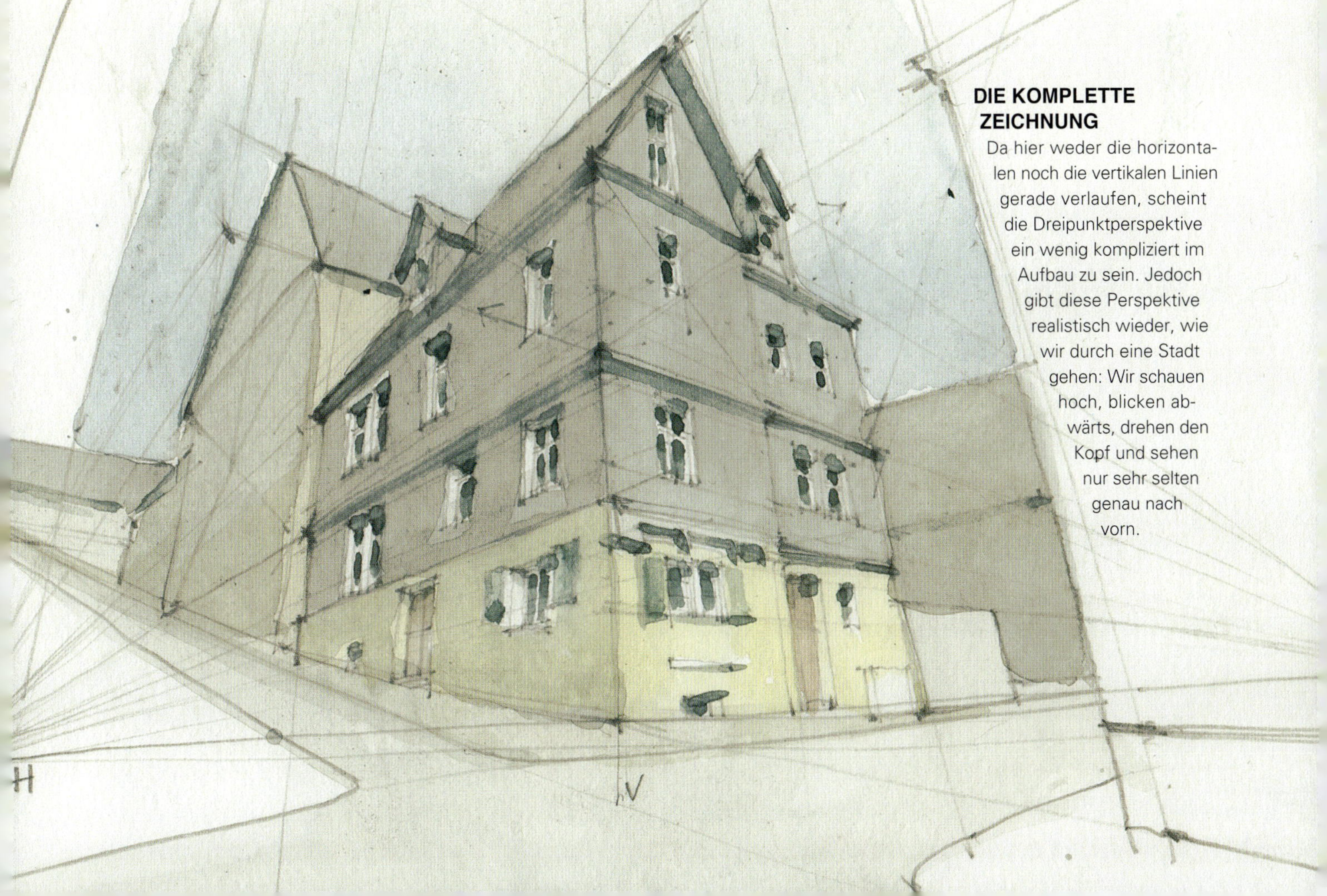

DIE KOMPLETTE ZEICHNUNG
Da hier weder die horizontalen noch die vertikalen Linien gerade verlaufen, scheint die Dreipunktperspektive ein wenig kompliziert im Aufbau zu sein. Jedoch gibt diese Perspektive realistisch wieder, wie wir durch eine Stadt gehen: Wir schauen hoch, blicken abwärts, drehen den Kopf und sehen nur sehr selten genau nach vorn.

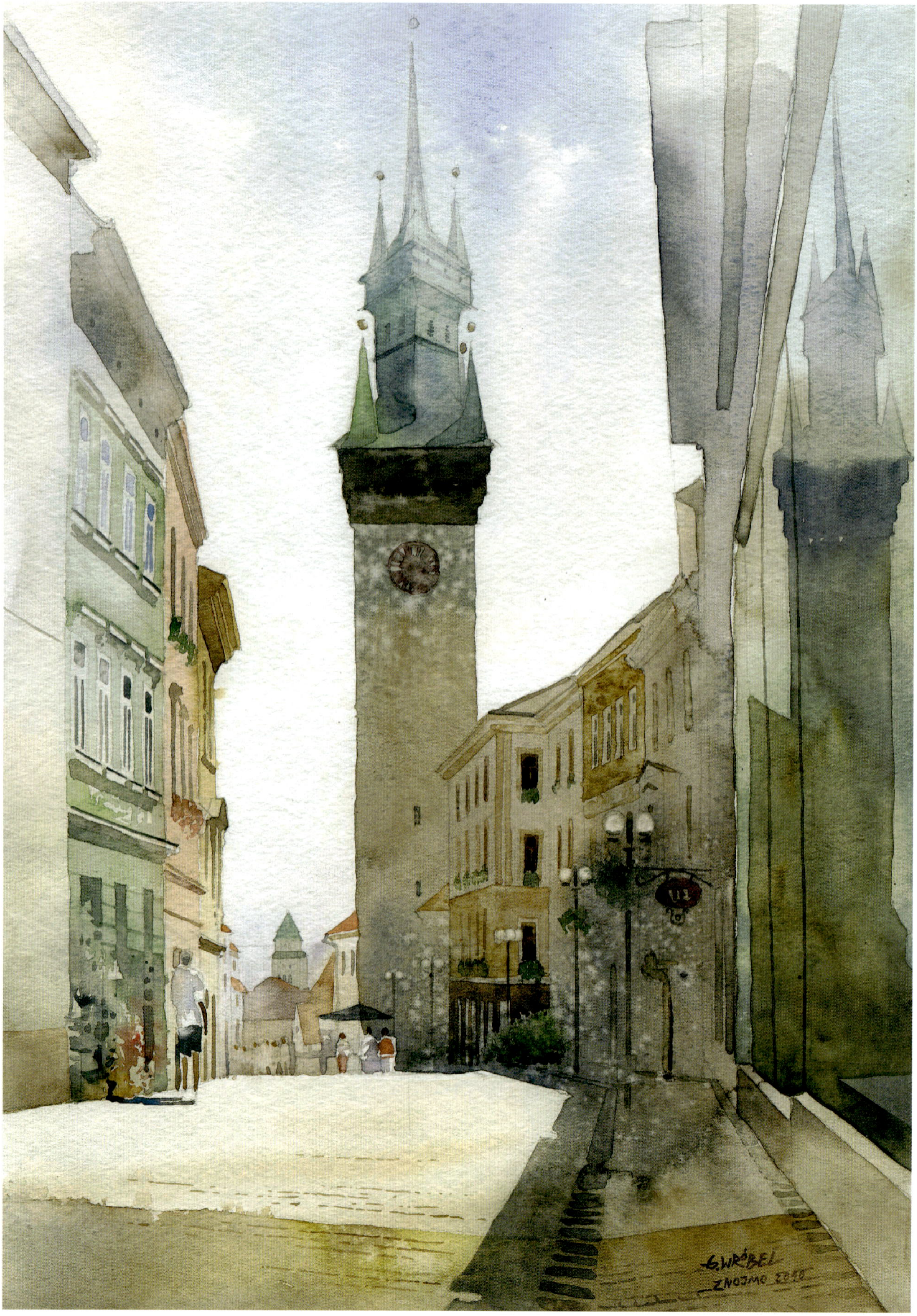
G. WRÓBEL
ZNOJMO 2010

MEHR
PUNKT PERSPEKTIVE

Beim Zeichnen von Plätzen, die nicht rasterförmig angelegt sind, sehen wir nicht nur einen, zwei oder drei Fluchtpunkte, sondern viele. Vor allem trifft das auf Städte aus dem Mittelalter zu, in denen sich die Straßen an den willkürlich angeordneten Häusern vorbeischlängeln.

◀ ZNOJMO IN TSCHECHIEN • *Grzegorz Wróbel* • Aquarell

Einführung

▶ VIA DEL SEMINARIO IN ASSISI, ITALIEN
Matthew Brehm • Grafit und Aquarell

- FP
- Fluchtlinien
- Horizontlinie

1

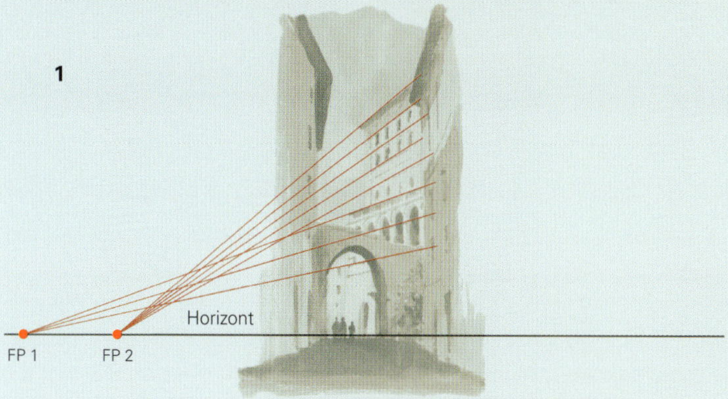

2

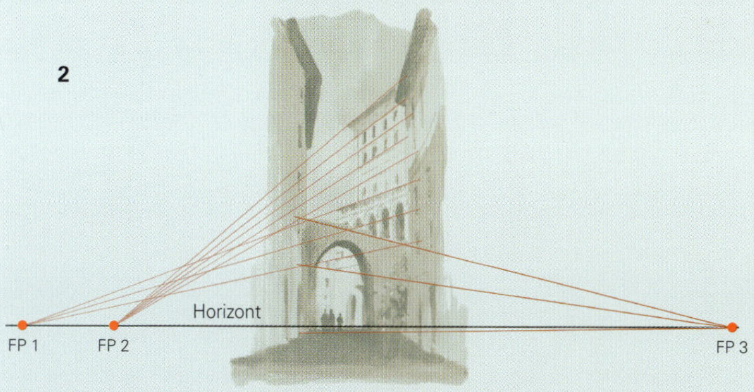

3

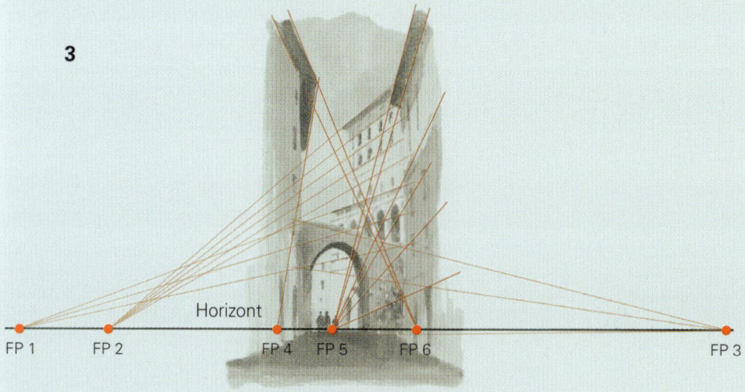

Was ist eine Mehrpunktperspektive?

Die meisten Anleitungen zum perspektivischen Zeichnen konzentrieren sich lediglich auf die Ein-, Zwei- und Dreipunktperspektiven – und diese anwenden zu können, ist ohne Frage von großem Nutzen. Aber meist sind die Umstände doch so, vor allem an Orten, die nicht hundertprozentig rechtwinklig ausgerichtet sind, dass wir deutlich mehr als drei Fluchtpunkte haben. Je nach Anordnung der Gebäude, Plätze und Objekte, die im Bildausschnitt liegen, können das sogar ziemlich viele werden.

Wenn Gebäude oder Objekte nicht rechtwinklig zueinander angeordnet sind – sie also verwinkelt stehen – dann hat jede Fläche und jede Fassade ihre eigenen Fluchtpunkte. Auf den nächsten Seiten finden Sie einige Fotos und Zeichnungen, die dieses Phänomen verdeutlichen. Dabei kann die Vielzahl an Fluchtlinien etwas verwirrend wirken. Um also die Abbildungen so übersichtlich wie möglich zu halten, wurden nur die wichtigsten Linienbündel eingefügt. Halten Sie aber trotzdem mal Ausschau nach den Fluchtlinien, die nicht eingezeichnet sind.

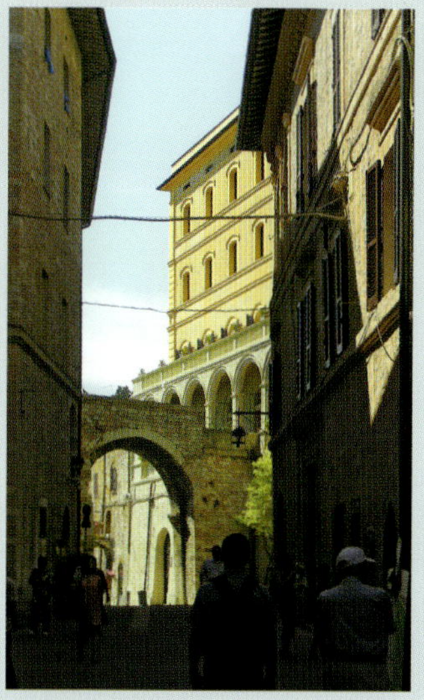

◀ ▶Beim Anlegen dieser Straßenansicht haben mir nicht weniger als sechs Fluchtpunkte geholfen. Die Arkaden und das Gebäude darüber (hinter dem Torbogen) sind nicht hundertprozentig gerade zueinander ausgerichtet, also haben beide einen eigenen Fluchtpunkt (Abbildung 1). Der Torbogen in der Bildmitte gehorcht einem weiteren, weit rechts gelegenen Fluchtpunkt (Abbildung 2), und die Dachvorsprünge richten sich nach ein paar anderen, zentral gelegenen Punkten (Abbildung 3). Hätte ich zum Bildausschnitt nach oben geschaut, gäbe es sogar noch einen weiteren Fluchtpunkt über der Szenerie, wie im Kapitel über die Dreipunktperspektive erläutert wurde.

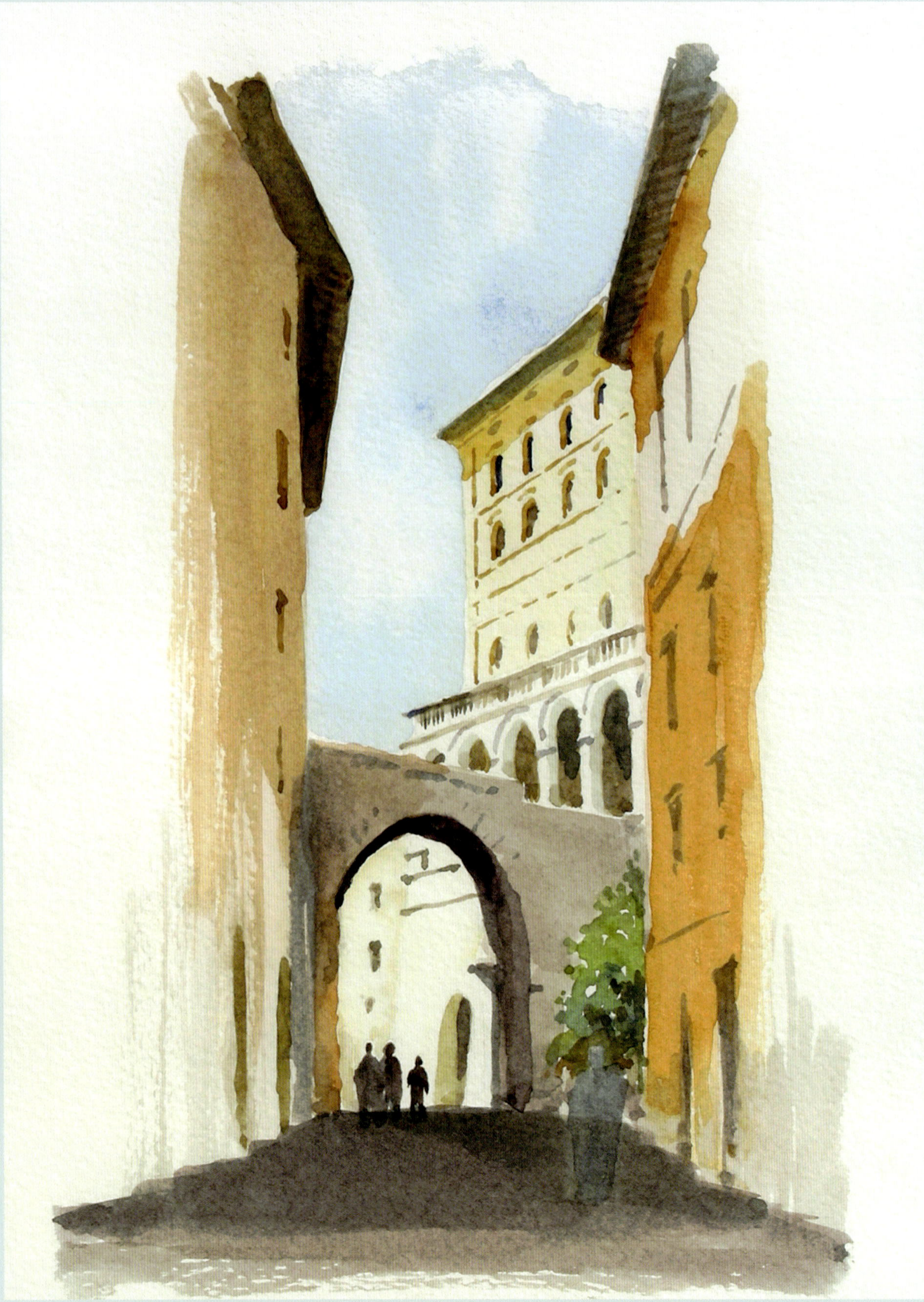

Mehrpunktperspektive

Sehen

Die Mehrpunktperspektive berücksichtigt auch die Ansicht von Objekten und Flächen, die nicht streng an einem zweidimensionalen Raster ausgerichtet sind. Oft sind Wände oder Plätze in verschiedenen Winkeln angeordnet und verlangen nach zusätzlichen Fluchtpunkten, in welchen sich die Linien treffen.

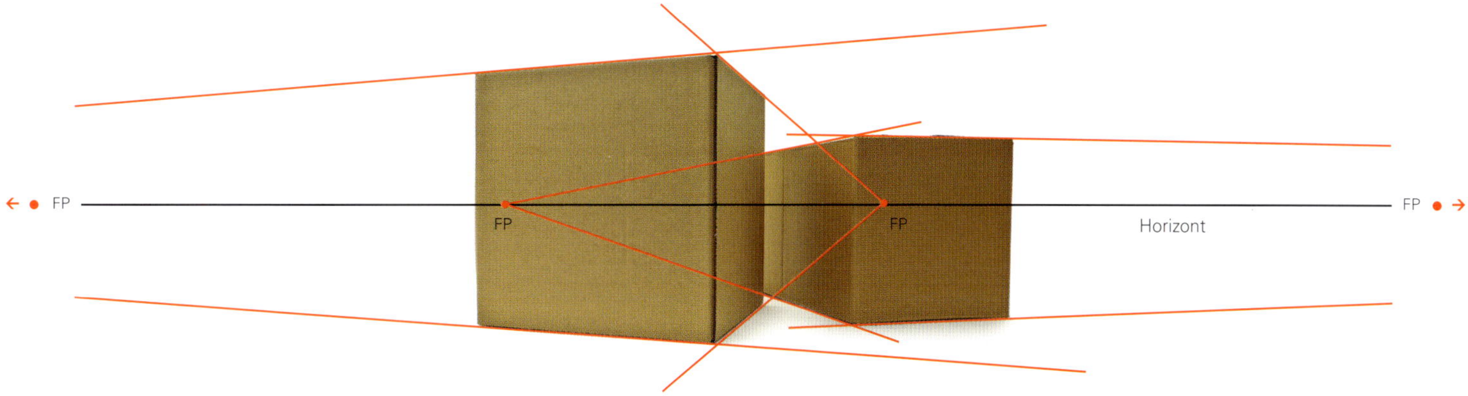

AUGENHÖHE
Die beiden Kartons befinden sich auf Augenhöhe, und es ist gut zu sehen, dass ihre horizontalen Linien zu Punkten auf der Horizontlinie fliehen. Da die Kartons aber in einem Winkel zueinander stehen, verlaufen ihre horizontalen Kanten nicht parallel – jeder Karton hat also seine eigenen Bündel paralleler Linien, mit seinen eigenen Fluchtpunkten auf der Horizontlinie. Bei beiden Kartons liegt einer der Fluchtpunkte nahe der Bildmitte, der andere liegt weit in der Ferne links beziehungsweise rechts auf der Horizontlinie.

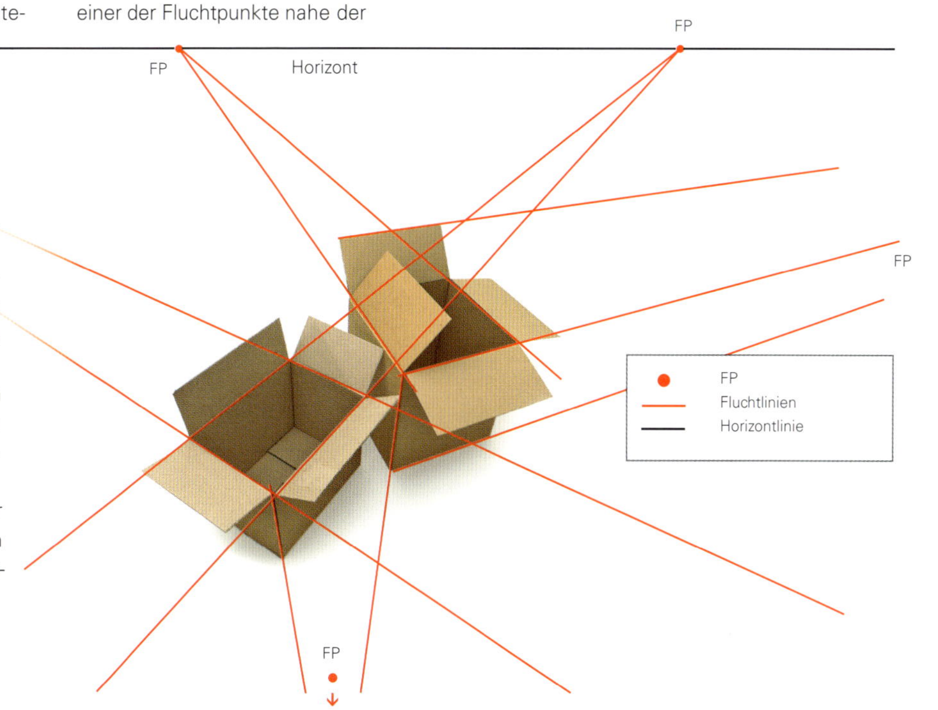

VON OBEN
Hier betrachten wir die Kartons von oben her, die Klappen sind in willkürlichen Winkeln aufgestellt. Dadurch steigt die Anzahl von Fluchtpunkten. Zudem gibt es für die horizontalen Kanten jedes Kartons zwei eigene Fluchtpunkte. Ein dritter Punkt direkt unter den Kartons kommt hier noch hinzu. Er ist den Grundlagen der Dreipunktperspektive gemäß positioniert (siehe Seiten 54–73). Schließlich gibt es entlang der Klappenkanten noch Fluchtlinien – diese laufen auf Fluchtpunkte zu, die unter beziehungsweise über der Horizontlinie liegen. Der Übersichtlichkeit wegen wurden diese Linien hier weggelassen – bei der Mehrpunktperspektive kann es zur Herausforderung werden, bei all den Fluchtlinien den Durchblick zu behalten.

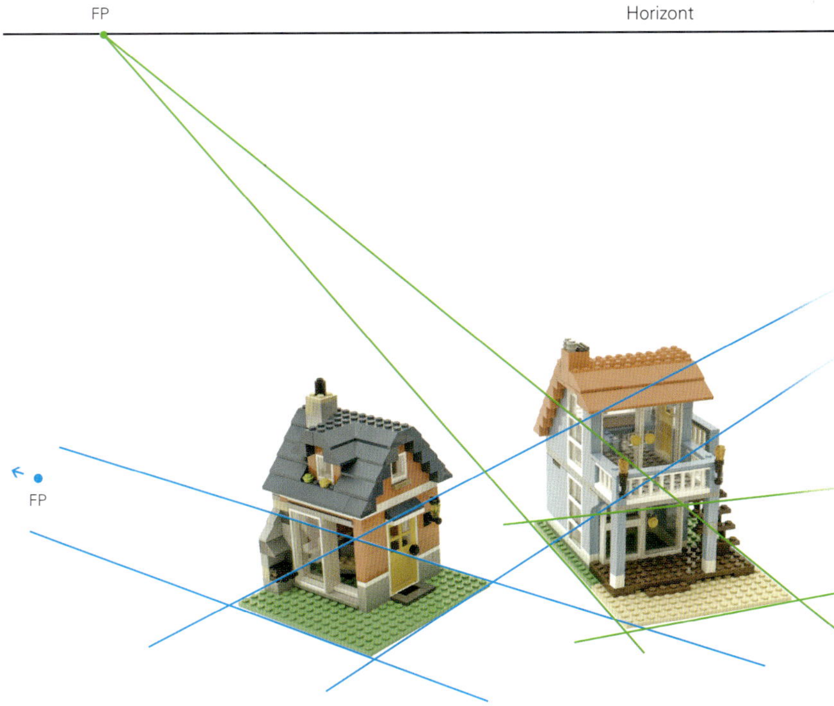

LEGO-HÄUSER

Wenn die Häuser nicht an einem rechteckigen Raster ausgerichtet sind, hat jedes seine eigenen Fluchtpunkte. Das Haus auf der linken Seite besitzt einen linken und einen rechten Fluchtpunkt (blaue Linien). Die horizontalen Kanten des rechten Hauses laufen auf Fluchtpunkte zu, die von den grünen Linien angezeigt werden.

Die vertikalen Kanten beider Häuser verlaufen dagegen parallel zueinander – deshalb treffen sie sich in einem gemeinsamen Fluchtpunkt, der sich in diesem Fall direkt unter den Häusern befindet.

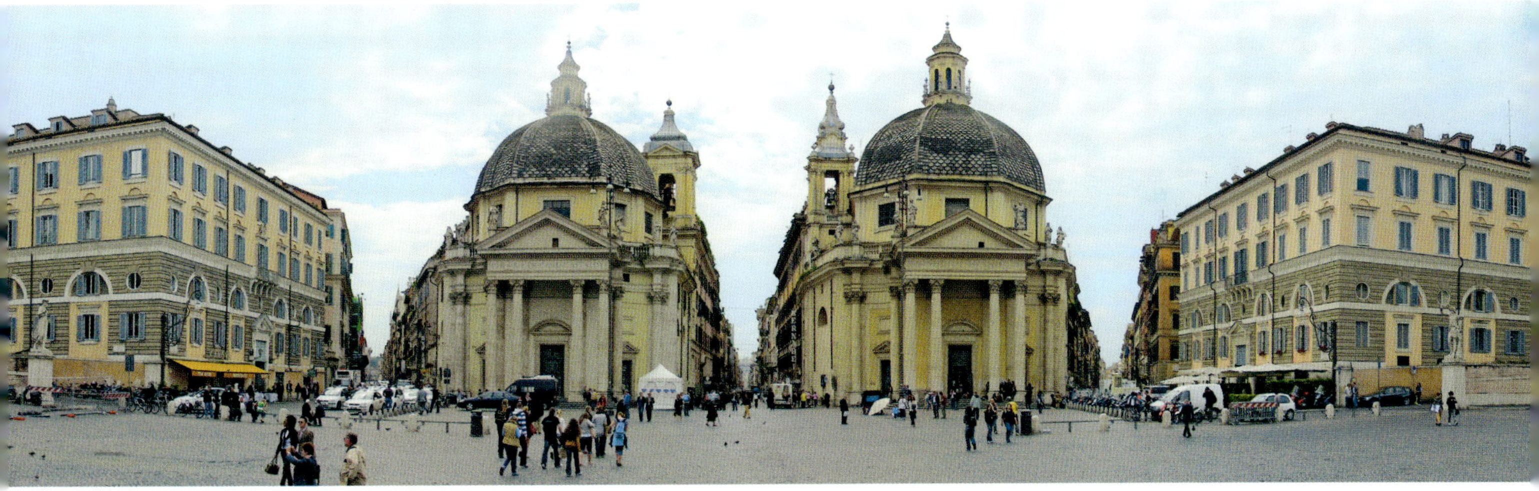

ROM ENTDECKEN

In einer der wohl berühmtesten perspektivischen Ansichten der Welt sieht man von der Piazza del Popolo drei Straßen abgehen. Dass jede Straße in Richtung eines eigenen Fluchtpunkts läuft, ist hier gut zu sehen. Die schräg stehenden Gebäude links und rechts gehorchen wiederum ihren eigenen Fluchtpunkten.

GARNSPULEN

An diesem Beispiel ist zu sehen, dass es eine beliebige Anzahl von Fluchtpunkten geben kann, sie hängt von der Anordnung der Objekte im Bildausschnitt ab. Hier liegen keine Spulen parallel zueinander, somit bekommen alle ihre eigenen Fluchtpunkte.

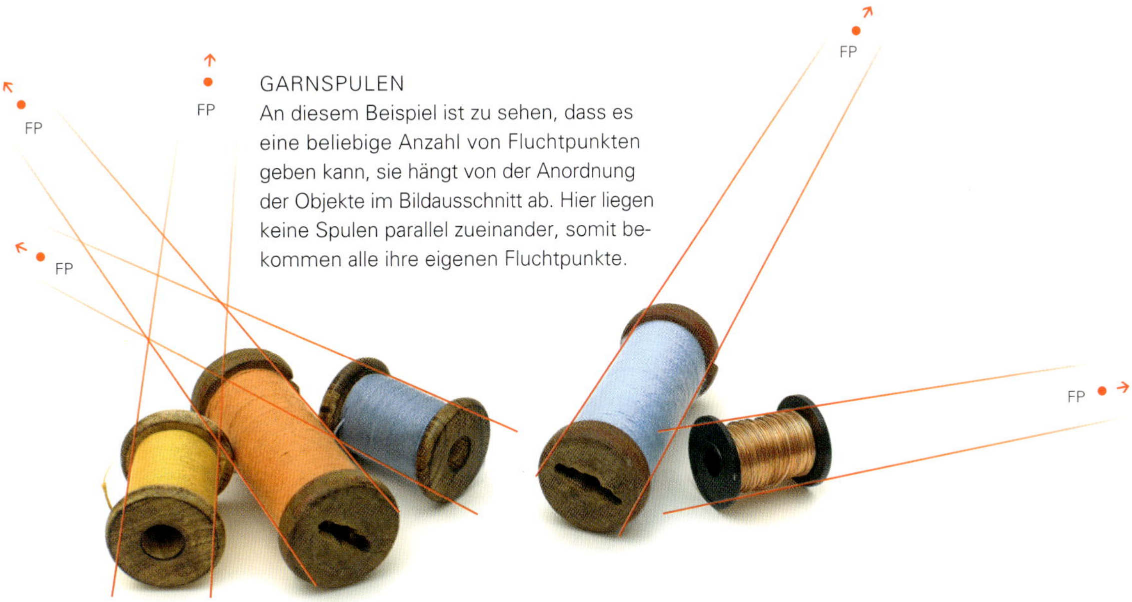

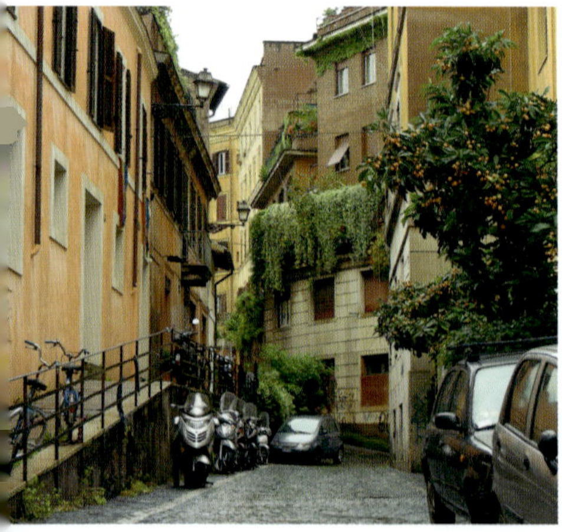

DAS RASTER SPRENGEN

Der Vicolo dell'Atleta in Rom ist eine Straße, die im Laufe der Jahrhunderte immer wieder Veränderungen erfahren hat. Die Gebäude und Wege sind dadurch alles andere als rechtwinklig angeordnet. Betrachten Sie das Bild links und die gezeichneten Abbildungen und halten Sie Ausschau nach den unterschiedlichen Bündeln von Fluchtlinien. In den Abbildungen werden vier davon aufgezeigt, aber vielleicht finden Sie ja mehr.

Denken Sie beim Zeichnen geneigter Flächen – wie der Rampe mit ihrem Geländer – daran, dass Sie hier zwei Fluchtpunkte benötigen: einen für die horizontalen und vertikalen Flächen und einen für die Schräge. Der Punkt für die Schräge liegt entweder genau über oder unter dem Fluchtpunkt für die andere Ebene *(rechts)*.

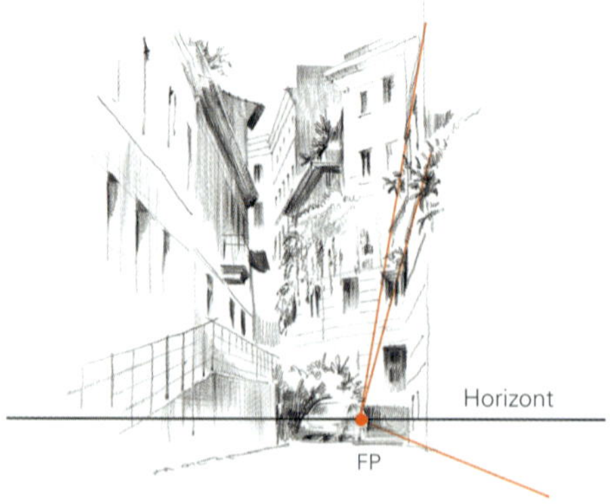

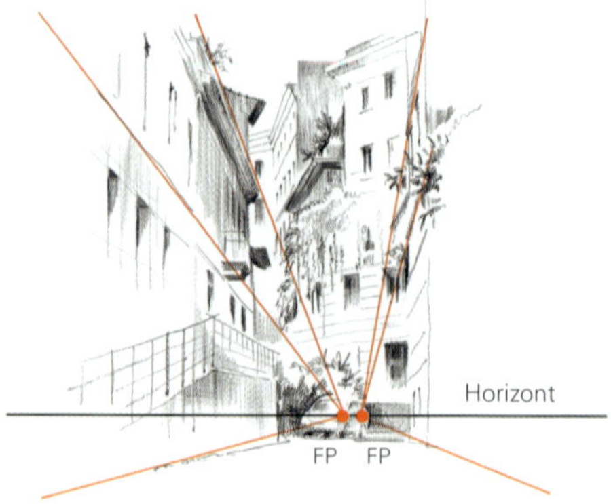

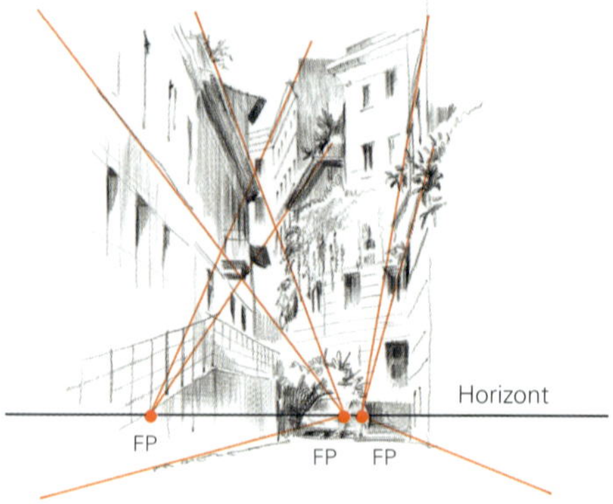

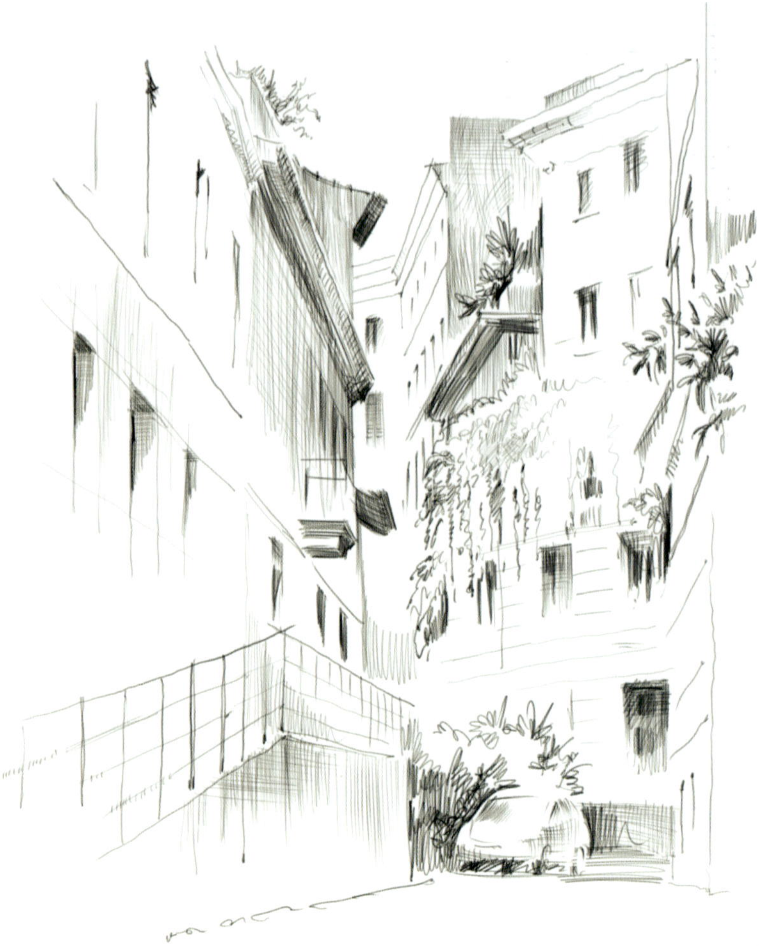

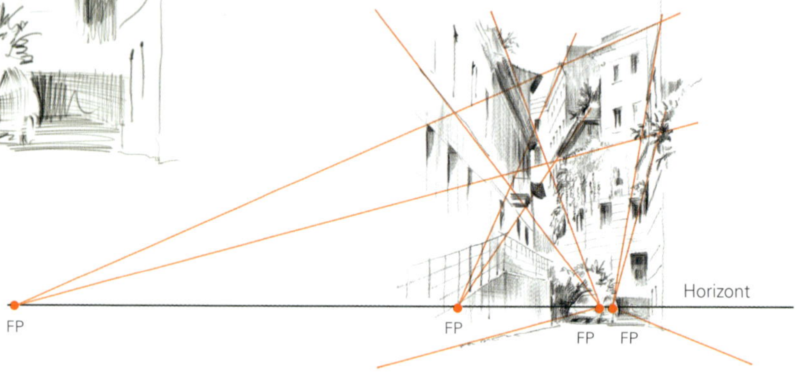

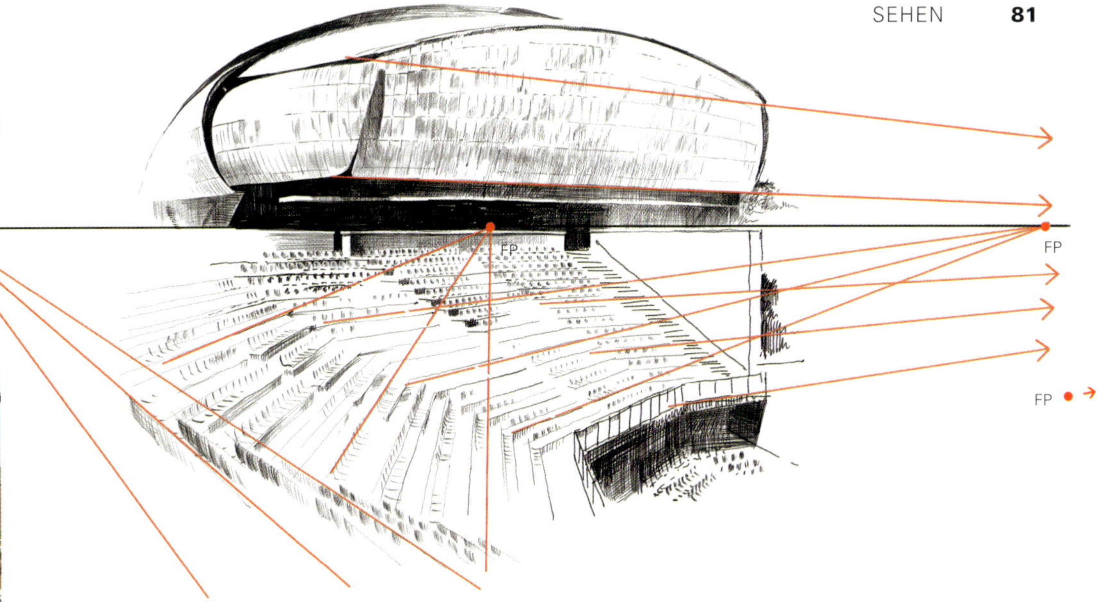

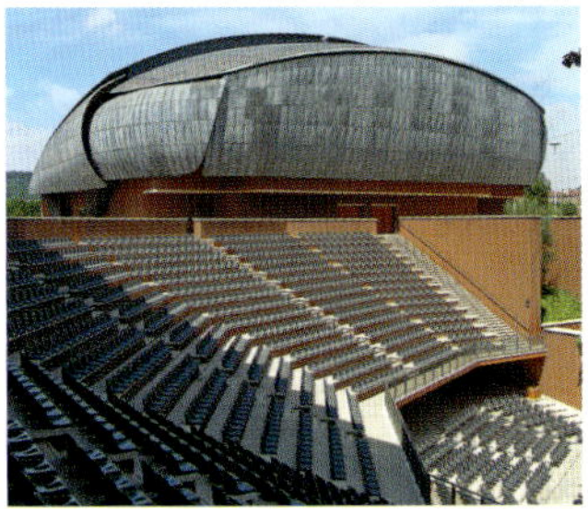

STADIONSITZE
Bei diesem Schauplatz für Outdoor-Veranstaltungen in Rom sieht man deutlich die zahlreichen Fluchtpunkte, weil die vielen Sitzreihen klar erkennbare Bündel von Fluchtlinien bilden. Jeder Sitzblock ist in einem anderen Winkel angeordnet. Das ergibt mindestens vier Fluchtpunkte für diesen Bildausschnitt. Da der Sehstrahl des Betrachters parallel zum Boden verläuft, befinden sich alle Fluchtpunkte auf der Horizontlinie. Die Fluchtlinien der Sitze im Vordergrund des Bilds konvergieren in einem Fluchtpunkt links außerhalb des Bilds, die der Sitze dahinter folgen einem Punkt in der Bildmitte, die dritte Gruppe läuft zu einem rechts gelegenen Punkt, und für die hintersten Sitze gibt es einen Fluchtpunkt rechts außerhalb des Bilds.

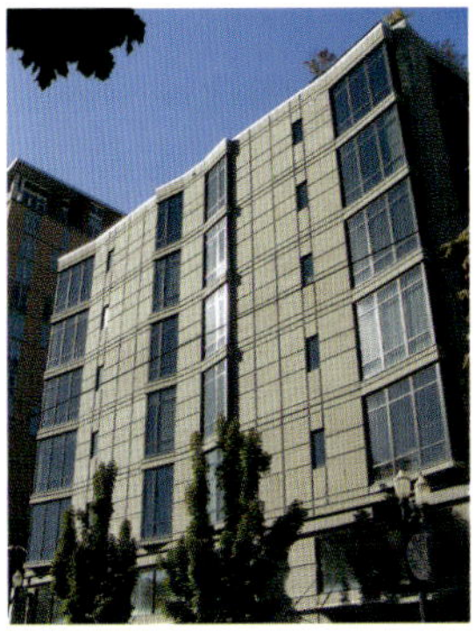

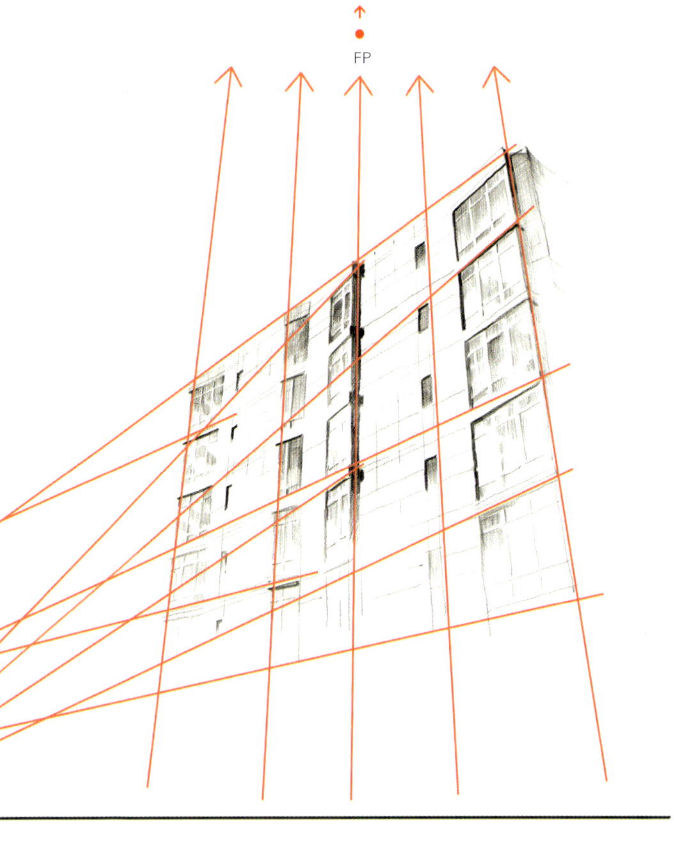

EINE UNEBENE FASSADE
Die Front dieses Hauses in Portland, Oregon, fällt durch seine untypische Fassade ins Auge. Die vier vertikal untereinander liegenden Fenster stehen jeweils geringfügig schräg und erzeugen so eine umfassendere Aussicht, eine interessantere Fassadenstruktur ergibt sich überdies. In diesem Bild gibt es mindestens fünf Fluchtpunkte. Einer davon ist nicht eingezeichnet, er liegt weit rechts außerhalb des Bildausschnitts. Da der Blick nach oben gerichtet ist, gibt es hier auch einen vertikalen Fluchtpunkt, der von den Pfeilen angedeutet wird.

Verstehen

Wenn ebene Flächen nicht rechtwinklig aufeinandertreffen, ergeben sich dadurch mehrere Fluchtpunkte. Die Abbildungen und Beispiele auf der nächsten Seite sollen Ihnen das Prinzip dieser Fluchtpunkte anhand zahlreicher Szenarien verständlich machen.

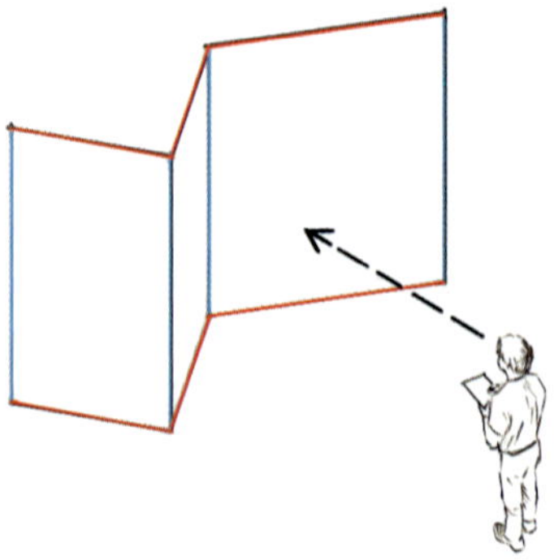

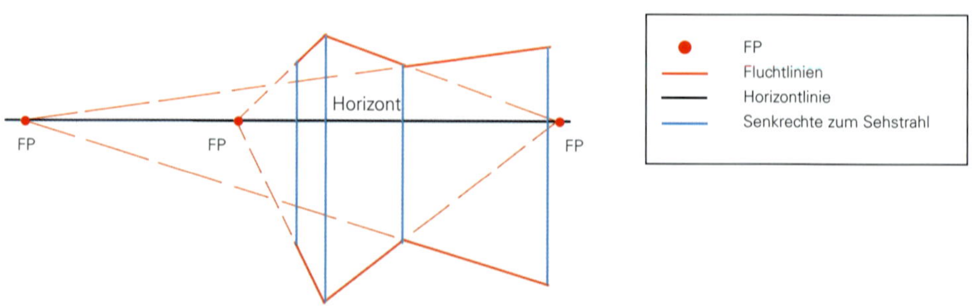

MEHRTEILIGE FLÄCHEN

Dies ist eine leichte Abwandlung der Darstellungen, die Sie aus den vorangegangenen Kapiteln kennen. Der Sehstrahl des Betrachters verläuft parallel zum Boden, daher bleiben die blau markierten vertikalen Linien auch in der perspektivischen Ansicht vertikal. Diesmal ist es kein einfacher Würfel, sondern es sind drei Flächen zu sehen, die in willkürlichen Winkeln aneinandergrenzen und eben nicht an einem rechtwinkligen Raster ausgerichtet sind, wie das in den vorangegangenen Beispielen war. Daher bekommt jede Fläche ihren eigenen Fluchtpunkt. Die rot eingezeichneten Fluchtlinien verlaufen im Raum parallel zum Boden, deswegen liegen diese Fluchtpunkte alle auf der Horizontlinie. Allerdings trifft sich jedes parallele Linienpaar (jeweils die Ober- und Unterkante der Fläche) in einem anderen Punkt.

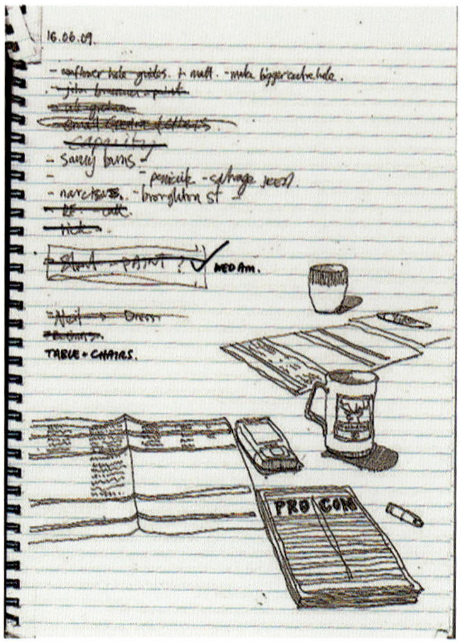

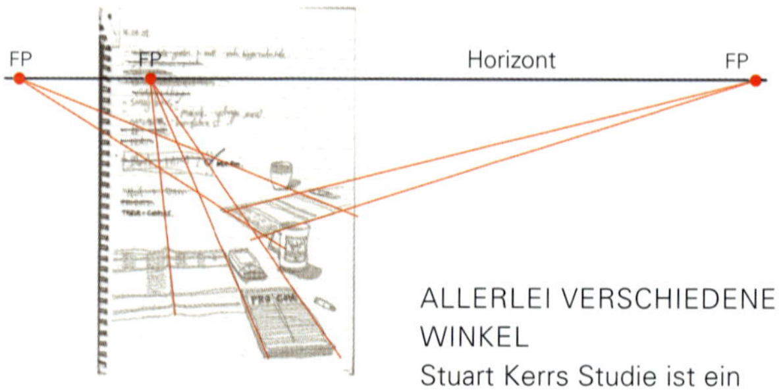

ALLERLEI VERSCHIEDENE WINKEL

Stuart Kerrs Studie ist ein gutes Beispiel für eine Mehrpunktperspektive, aber die „Flächen" (die Zeitungen auf dem Tisch) befinden sich hier nicht vertikal, sondern horizontal im Raum. Auch hier hat jede Fläche ihr eigenes Paar Fluchtlinien, da sie nicht rechtwinklig zueinander angeordnet liegen. Das Blatt ganz oben rechts im Bild erscheint in einer einfachen Zweipunktperspektive, mit einem linken und einem rechten Fluchtpunkt. Die Zeitungen im Vordergrund liegen in einem anderen Winkel und folgen einem anderen Fluchtpunkt. Da alle Zeitungen flach auf dem Tisch liegen, parallel zum Boden und zum Blickwinkel, liegen alle Fluchtpunkte auf der Horizontlinie.

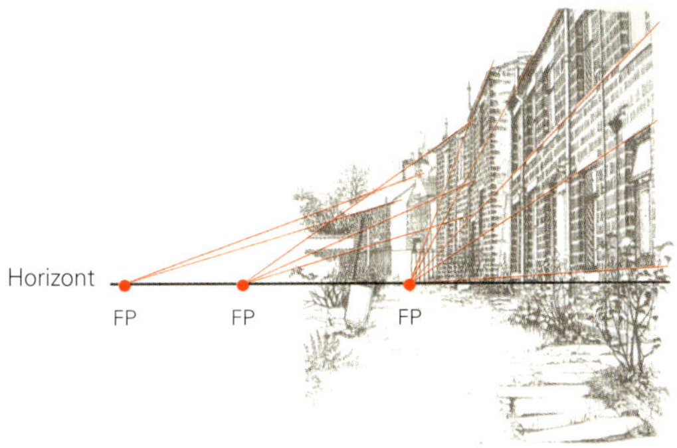

EINE VIELFALT AN FASSADEN

Diese Zeichnung von Pat Southern-Pearce ist hilfreich dafür, sich die Mehrpunktperspektive zu verdeutlichen. Was passiert bei der Ansicht einer gekrümmten Straße, wenn die Häuserfassaden sich nicht bogenförmig an den Straßenverlauf anpassen, sondern wenn die Fassaden der Häuser in Stufen an die Straße heranrücken – und jedes Haus in einem anderen Winkel zum Betrachter steht? Hier stehen die beiden Häuser am rechten Bildrand noch parallel zueinander, dadurch laufen ihre horizontalen Kanten (die Dachvorsprünge, Ober- und Unterkanten von Türen und Fenstern) alle zum gleichen Fluchtpunkt. Die beiden Häuser links daneben stehen jedoch nicht parallel. Dadurch benötigt jede dieser beiden Fassaden einen eigenen Fluchtpunkt. Je weiter sich die Fassade der Häuser zum Betrachter hin eindrehen, desto weiter links liegt der dazugehörige Fluchtpunkt auf der Horizontlinie. Was passierte, wenn es in der Ferne ein weiteres Gebäude gäbe, das noch frontaler zum Betrachter steht – wo läge dann der Fluchtpunkt? Können Sie ihn sich noch weiter links auf der Horizontlinie vorstellen?

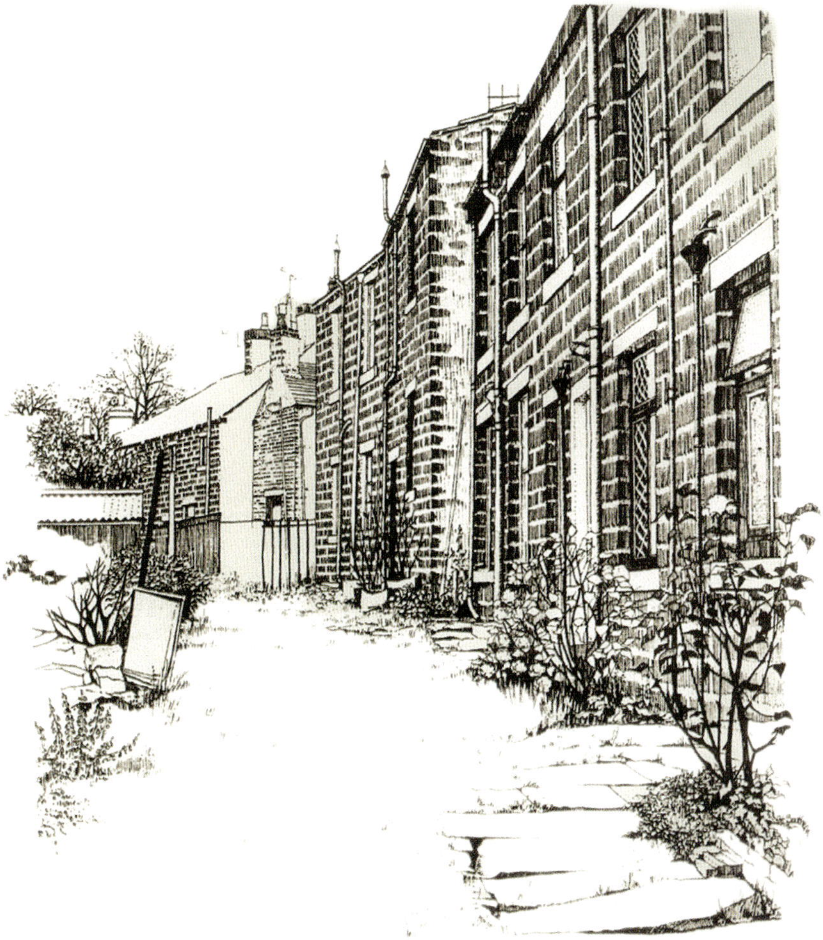

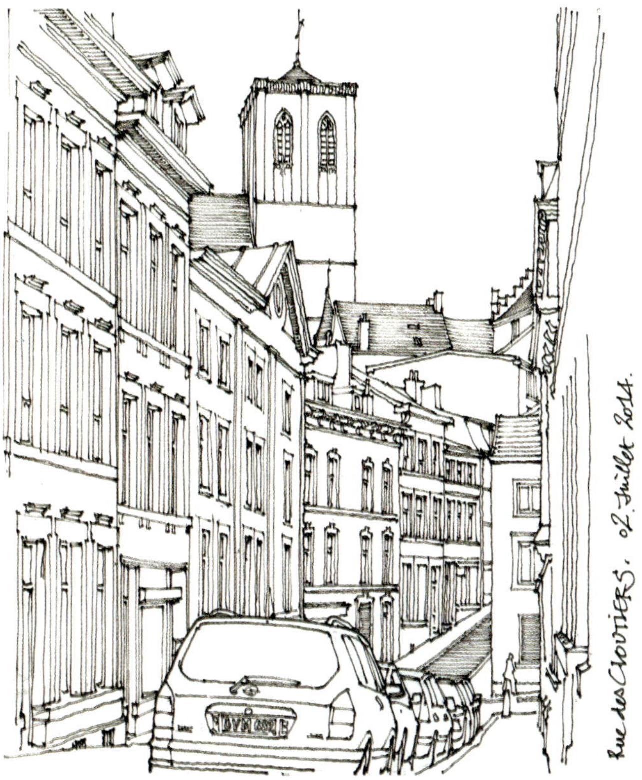

FLUCHTPUNKTE ERKENNEN

Die Häuser im Bildhintergrund stehen in leicht variierendem Winkel. Darüber hinaus sieht man in der Ferne einen Glockenturm, der wieder einen völlig anderen Winkel zum Betrachter hat. Dieser Tatsache hat Gérard Michel in seiner Zeichnung entsprochen, indem er jeder Fassade ihren eigenen Fluchtpunkt zugeteilt hat. Die Fassaden ganz links und ganz rechts vorn im Bild stehen parallel zueinander und können als einfache Einpunktperspektive behandelt werden – die Abbildung zeigt den mittig gelegenen Fluchtpunkt. Dagegen brauchen der Glockenturm und die Gebäude am Straßenende jeweils einen zusätzlichen Fluchtpunkt. Darüber hinaus gibt es noch einige andere Fluchtpunkte in diesem Bild. Finden Sie die zusätzlichen Linienbündel, die sich in anderen als in den eingezeichneten Punkten treffen?

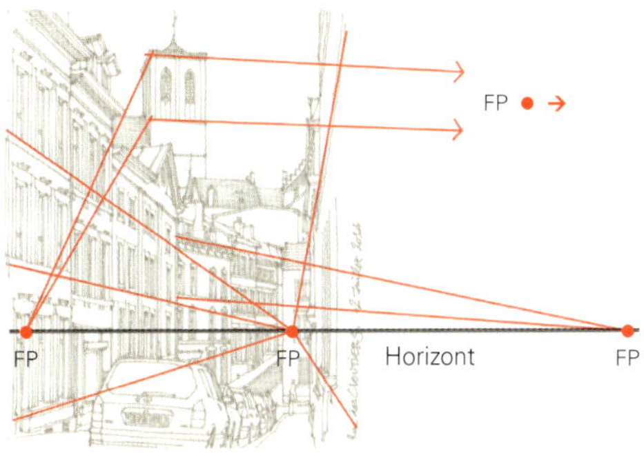

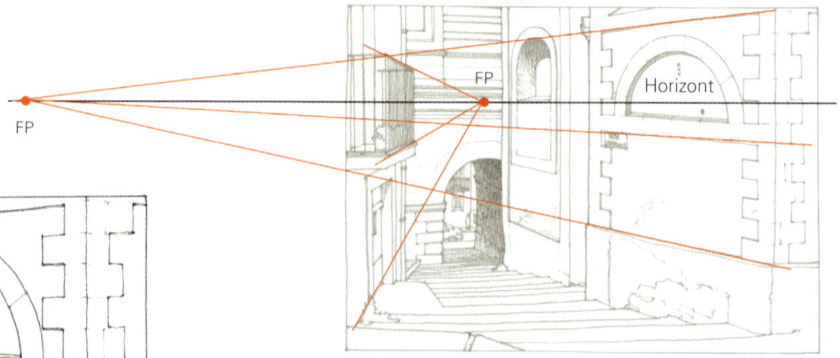

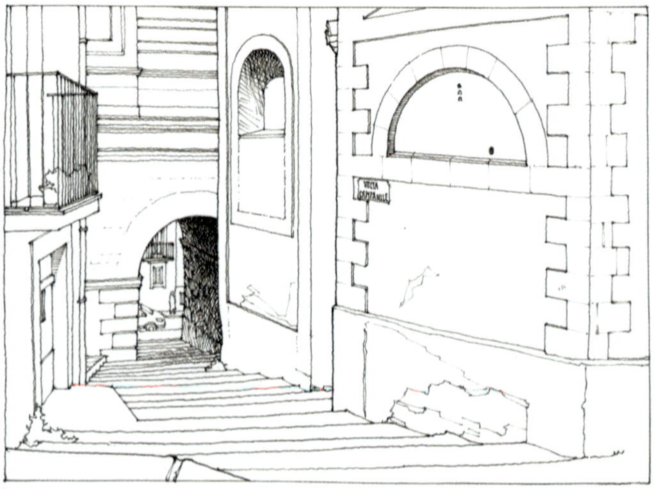

EINE INTERESSANTE ANSICHT

In dieser Zeichnung von Gérard Michel blickt man auf einen interessanten Wegabschnitt mit Treppe, die durch einen Torbogen hindurchführt. Die Augenhöhe liegt nahe dem oberen Bildrand. Der kleine Balkon links und die Wand rechts stehen schräg zueinander, beide haben daher ihren eigenen Fluchtpunkt. Da die Trittflächen der Treppen parallel zum Sehstrahl liegen und im Raum horizontal ausgerichtet sind, verlaufen ihre Außenkanten in Richtung der Fluchtpunkte auf der Horizontlinie.

ZEICHNEN OHNE RASTER

In dieser Straßenansicht von Daniel Castro erkennt man mindestens fünf verschiedene Fluchtpunkte auf der Horizontlinie, und mindestens noch einen weiteren, der über dieser Linie liegt. Die vielen unterschiedlich angeordneten Häuserfassaden verlangen ihre eigenen Fluchtpunkte – hier hat die Straßenplanung offensichtlich ohne rechtwinkliges Raster stattgefunden. Darüber hinaus steigt die linke Straße zum Bildrand hin etwas an, sodass ein weiterer Fluchtpunkt zur linken, ein Stück über der Horizontlinie, benötigt wird.

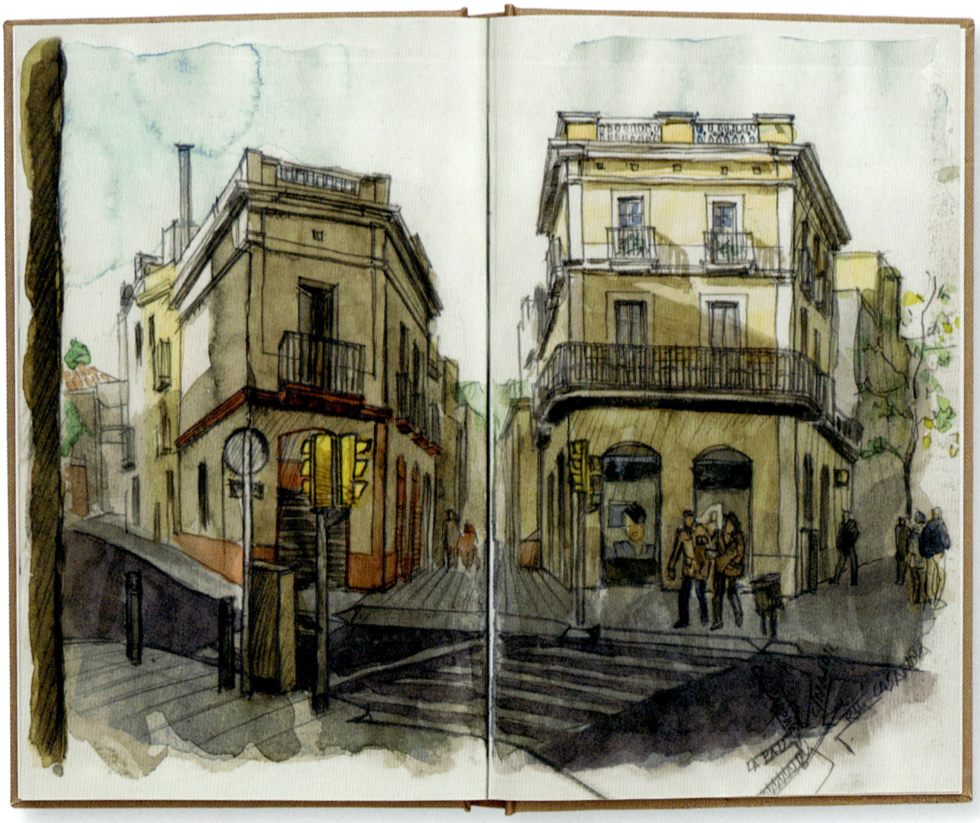

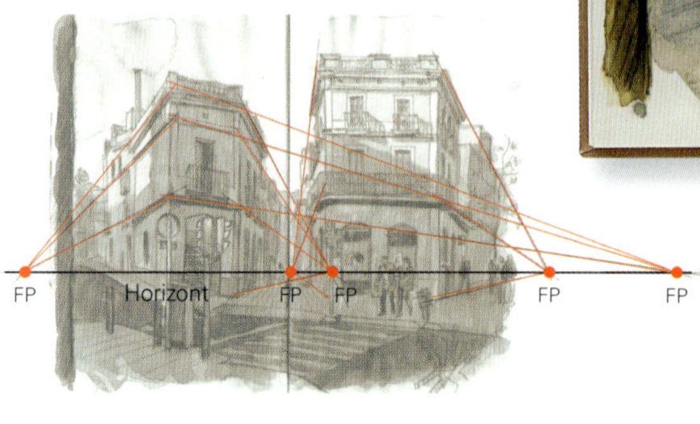

● FP
— Fluchtlinien
— Horizontlinie

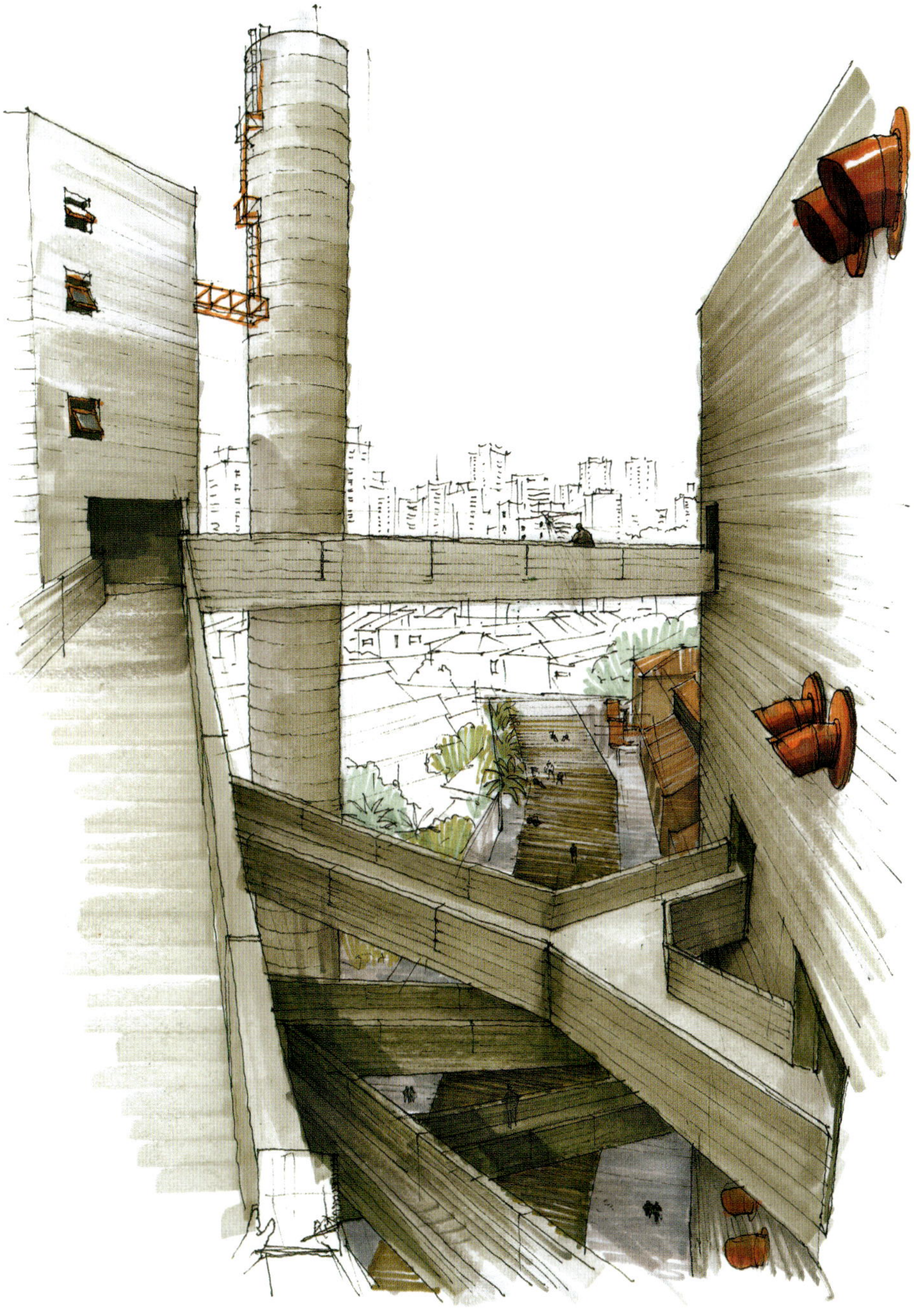

UNENDLICH VIELE FLUCHTPUNKTE

In manchen Fällen sind zum Strukturieren einer Ansicht unfassbar viele Fluchtpunkte nötig. Eduardo Bajzeks Zeichnung *(links)* zeigt Gebäude, die durch Übergänge miteinander verbunden sind, alle Elemente haben völlig unterschiedliche Ausrichtungen. Wenn der Winkel eines Elements auch nur wenige Grade abweicht, braucht man einen neuen Fluchtpunkt – die Abbildung zeigt nur sieben davon, es gibt aber viele mehr.

FLUCHTPUNKTE FERNAB DER HORIZONTLINIE

Wenn der Boden nicht eben ist, wie in dieser Zeichnung von Maarten Ruijters, dann braucht man eine Reihe von Fluchtpunkten zum Konstruieren der Treppen und Hänge. Da diese Elemente sich munter durch das Bild schlängeln, müssen die Fluchtpunkte dementsprechend angepasst werden. Und da die Linien nicht parallel zu unserem horizontal ausgerichteten Sehstrahl verlaufen (da der Boden nicht eben ist), liegen die Fluchtpunkte nicht auf der Horizontlinie. Versuchen Sie, in dieser Zeichnung so viele Fluchtpunkte wie möglich zu finden – einige davon befinden sich links oder rechts auf der Horizontlinie, andere über oder unter.

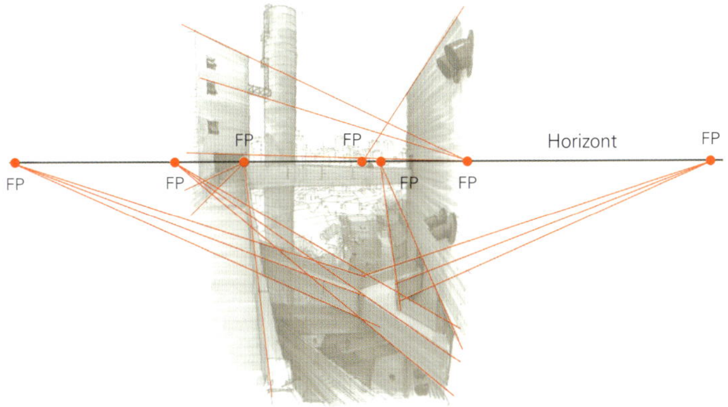

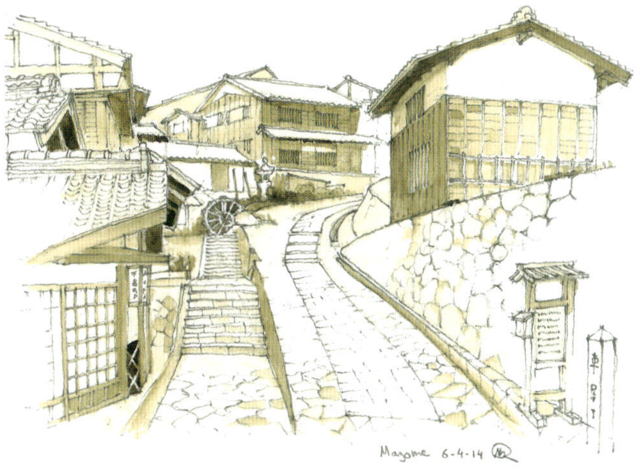

Mehrpunktperspektive

Anwenden

Die Mehrpunktperspektive macht es im Verlauf des Zeichnens gemeinhin notwendig, die Fluchtlinienbündel zu erkennen, aufs Papier zu bringen und klar voneinander zu unterscheiden.

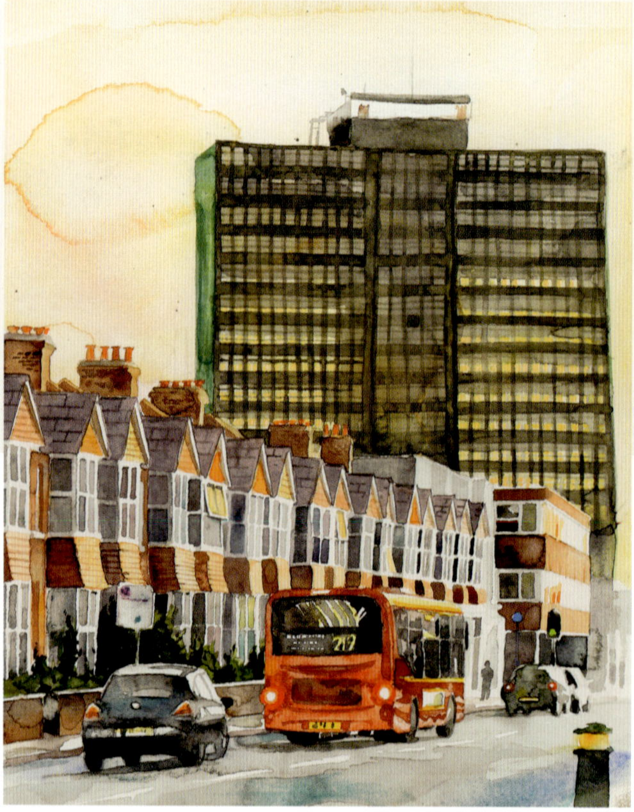

EIN SCHÖNER KONTRAST
Eduardo Bajzek • Aquarell

▼ Eduardo Bajzeks ruhige Straßenansicht *(unten)* besticht durch den einfachen, aber äußerst effektvoll gesetzten Bildschwerpunkt in der Ferne. Das alleinstehende, schräge Haus am Ende der Straße bildet einen hübschen Kontrast zu den Gebäuden, die die Straße flankieren. Wenn Sie auf der Suche nach geeigneten Motiven sind, halten Sie Ausschau nach ungewöhnlichen Ansichten wie dieser hier.

DIE STRASSEN DER STADT
Sharon Smart • Aquarell

▶ Das Aquarell der Colliers Wood High Street zeigt ein interessantes Nebeneinander von Gebäuden unterschiedlicher Größe. Zusätzliche Spannung wird erzeugt, weil Vorder- und Hintergrund jeweils eigene Fluchtpunkte haben. Das Hochhaus in der Ferne ist nur leicht perspektivisch dargestellt, während sich die Häuserreihe vorn dramatischer mit vielen Ausrichtungen zeigt.

STADTANSICHTEN

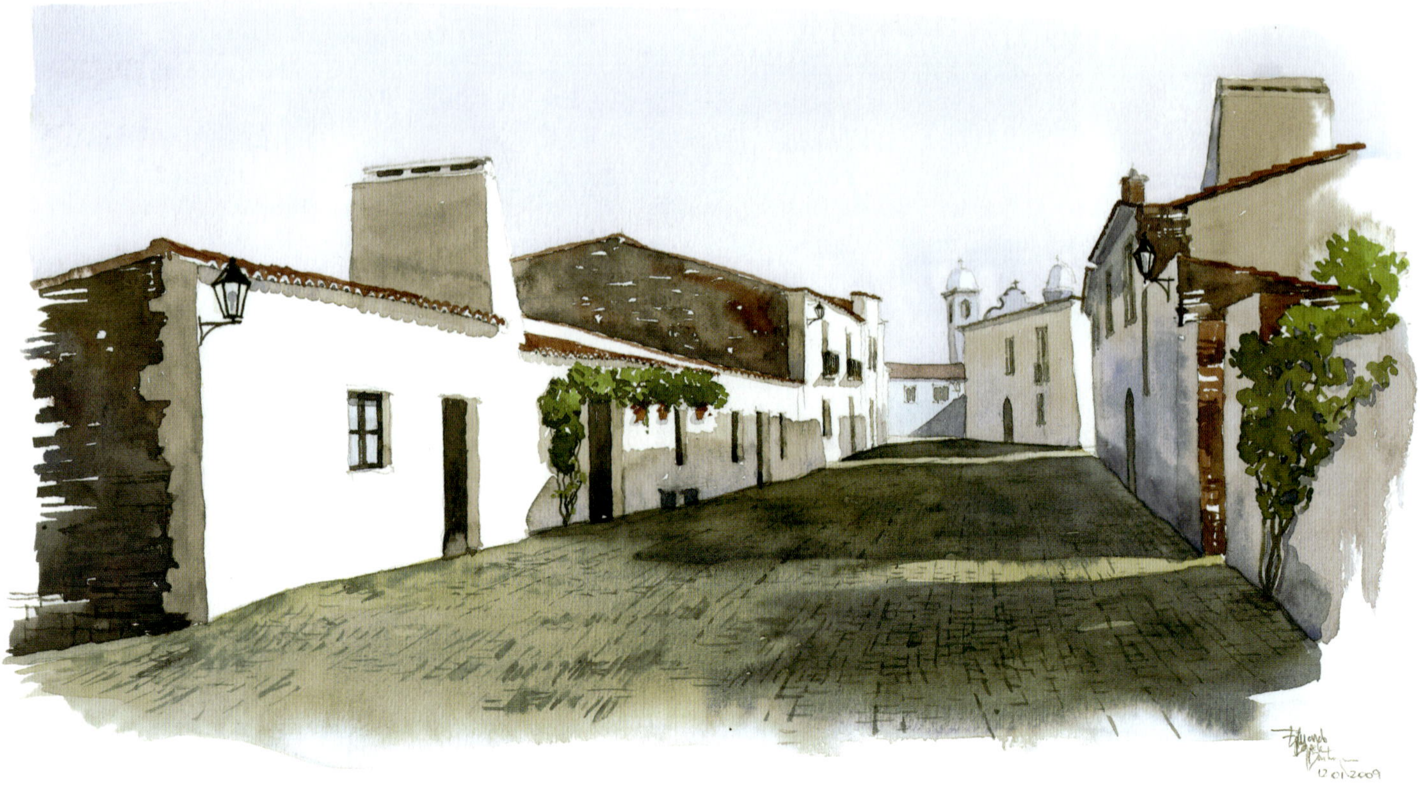

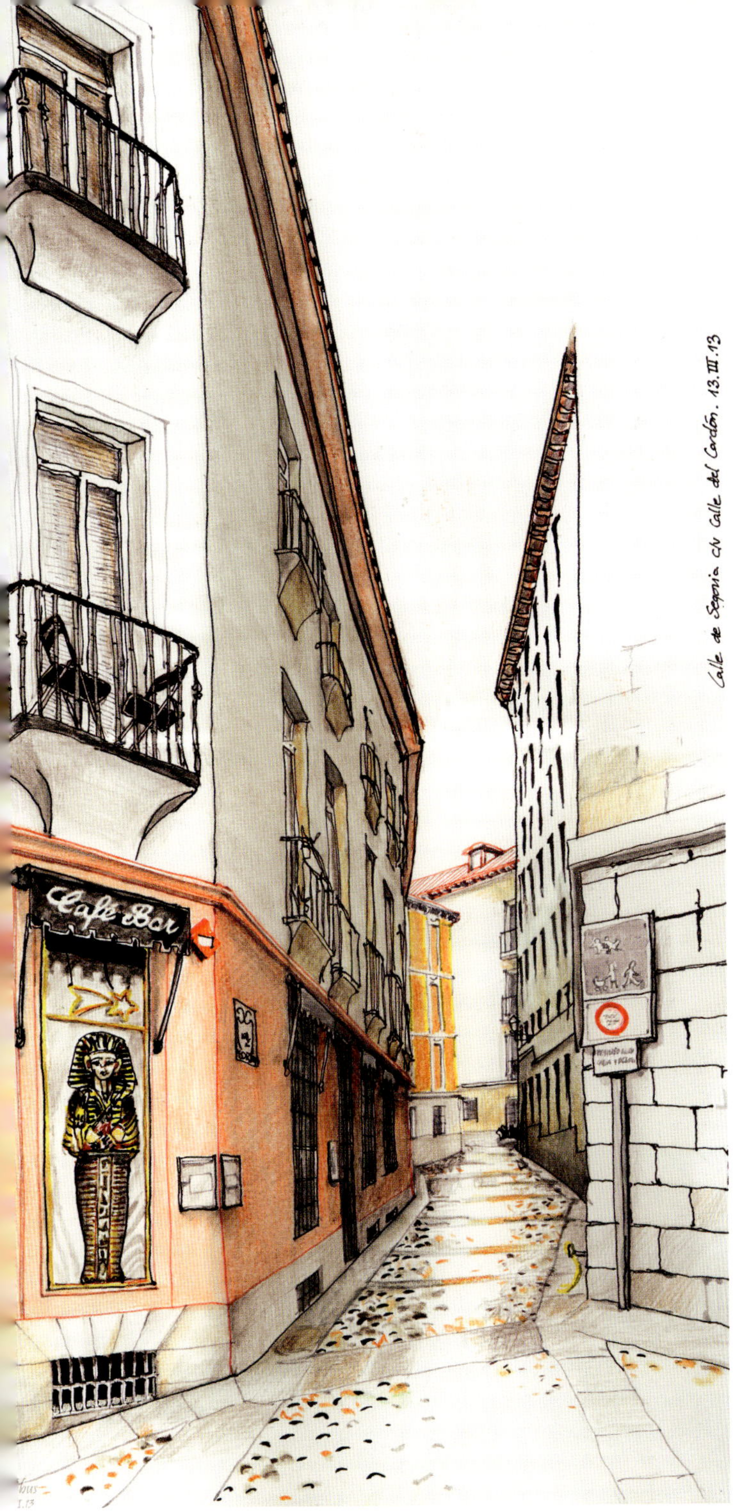

EINE SCHMALE GASSE

Ana Rojo • Aquarell

▲ Diese faszinierende Straßenansicht demonstriert, wie hilfreich eine Mehrpunktperspektive sein kann. Die kleine Gasse steigt zum Bildhintergrund leicht an, die im Raum horizontal verlaufenden Linien verjüngen sich in Richtung Horizontlinie – diese verläuft hier ein wenig unterhalb der Stelle, an der die Straße in der Ferne verschwindet. Die Dachvorsprünge rechts und links wirken fast vertikal, da die Gasse sehr schmal ist und die Häuser sehr hoch sind. Oft werden solche Linien fälschlicherweise zu flach angelegt und sind damit wesentlich undramatischer ausgerichtet, als es in Wirklichkeit zu beobachten ist. Versuchen Sie also, jedes Element Ihres Motivs so wahrheitsgetreu wie möglich einzufangen.

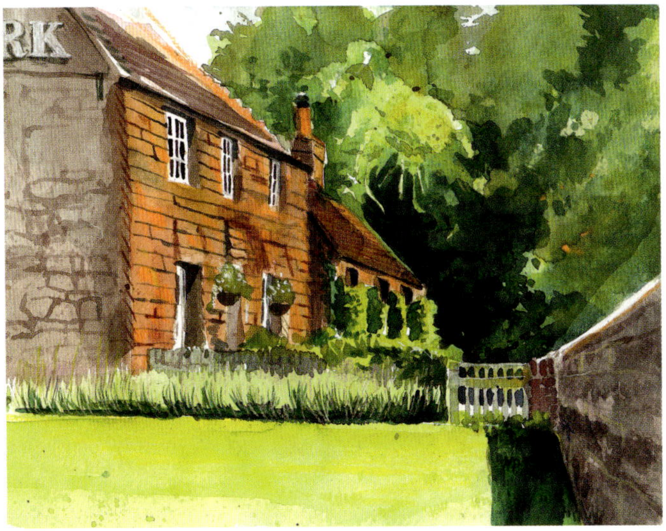

ANSTIEG ZUM CHÂTEAU

Maarten Ruijters • Aquarell

▼ In der Zeichnung dieses Schlosses finden wir eine großartige Studie einer Mehrpunktperspektive. Das Château selbst befindet sich auf einer Anhöhe, seine Fluchtlinien laufen nur sehr schwach aufeinander zu. Die Mauern und Stufen aber, die im Vordergrund zum Schloss hinführen, winden und schlängeln sich den Hügel hinauf – das macht gleich einige Fluchtpunkte nötig, um die gleichlaufenden Linien konsequent und folgerichtig auszurichten.

LANDLEBEN

Sharon Smart • Aquarell

▲ Dieses Aquarell zeigt gut verständlich, dass die rechte Gartenmauer und das Gebäude links nicht parallel zueinander stehen, sie haben unterschiedliche Fluchtpunkte. Es ist nur ein geringer Unterschied in der Ausrichtung, aber er ist wichtig, um die räumlichen Verhältnisse eines Orts richtig wiederzugeben.

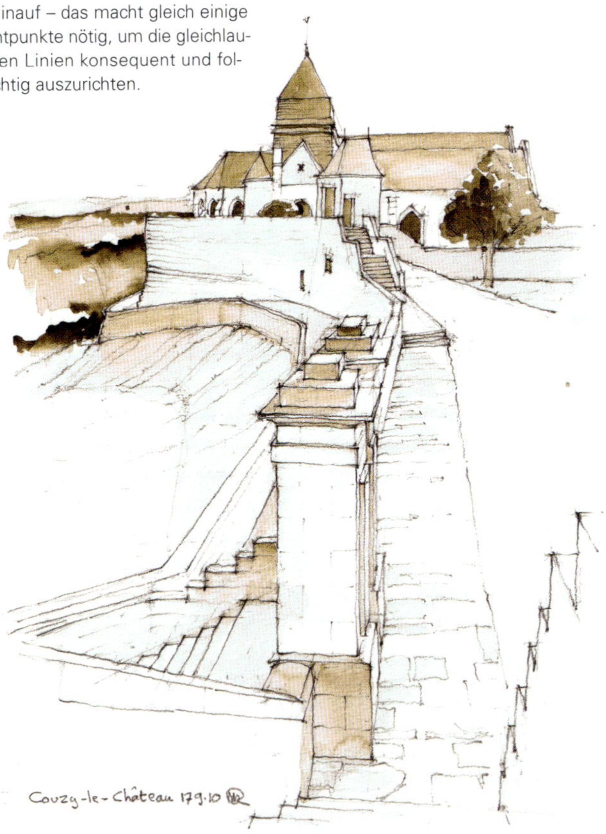

DER GLOCKENTURM VON SANTA CHIARA

Matthew Brehm • Aquarell

▶ Kleine mittelalterliche Städte bieten hervorragende Gelegenheiten, Mehrpunktperspektiven auszuprobieren. Sie haben sich über sehr lange Zeiträume entwickelt – oft über mehrere Jahrhunderte – und selten sind diese Entwicklungen am Reißbrett entstanden. Anders ist es bei modernen Städten, denen fast unweigerlich ein Raster zugrunde liegt. Die Straßen und Plätze alter Städte sind nicht selten eine schwindelerregende Ansammlung wirrer Winkel, was heutzutage als Inbegriff des Charmes gilt. Diese Straße im italienischen Assisi liefert die perfekte Szenerie für den Glockenturm. Die Straße führt einen Hügel hinunter, die Wände links und rechts winden sich in immer neuen Winkeln den Weg entlang. Von den vertikalen Flächen ist – vor allem auf der linken Seite – nicht viel zu sehen, aber die vorspringenden Dächer liefern wertvolle Hinweise auf die räumliche Anordnung der Gebäude.

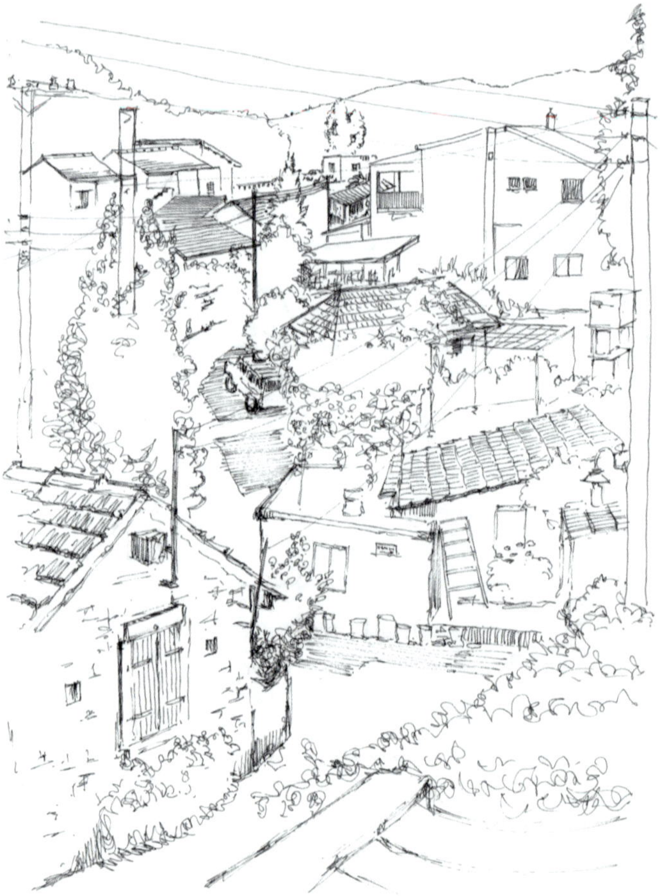

DAS DORF LANIA

Keith Nevens • Federhalter und Tusche

▲ In dieser Zeichnung eines zyprischen Dorfes haben nicht einmal zwei Häuser die gleiche Ausrichtung. Diese willkürliche Anordnung macht aus der Ansicht ein interessantes Motiv – eine Herausforderung in Sachen Beobachtungsgabe und zeichnerischer Fertigkeit. Wenn Ihnen die Mehrpunktperspektive erst einmal in Fleisch und Blut übergegangen ist, werden Sie gezielt nach solch wundervollen Motiven für Ihre Skizzen Ausschau halten. Und Sie werden erkennen, wie häufig Ihr Grundlagenwissen in Sachen Perspektive auf die Probe gestellt wird. Mit ein wenig Übung jedoch werden Sie solche komplexen Motive, die über die Ein-, Zwei- und Dreipunktperspektive hinausgehen, bald gern in Angriff nehmen.

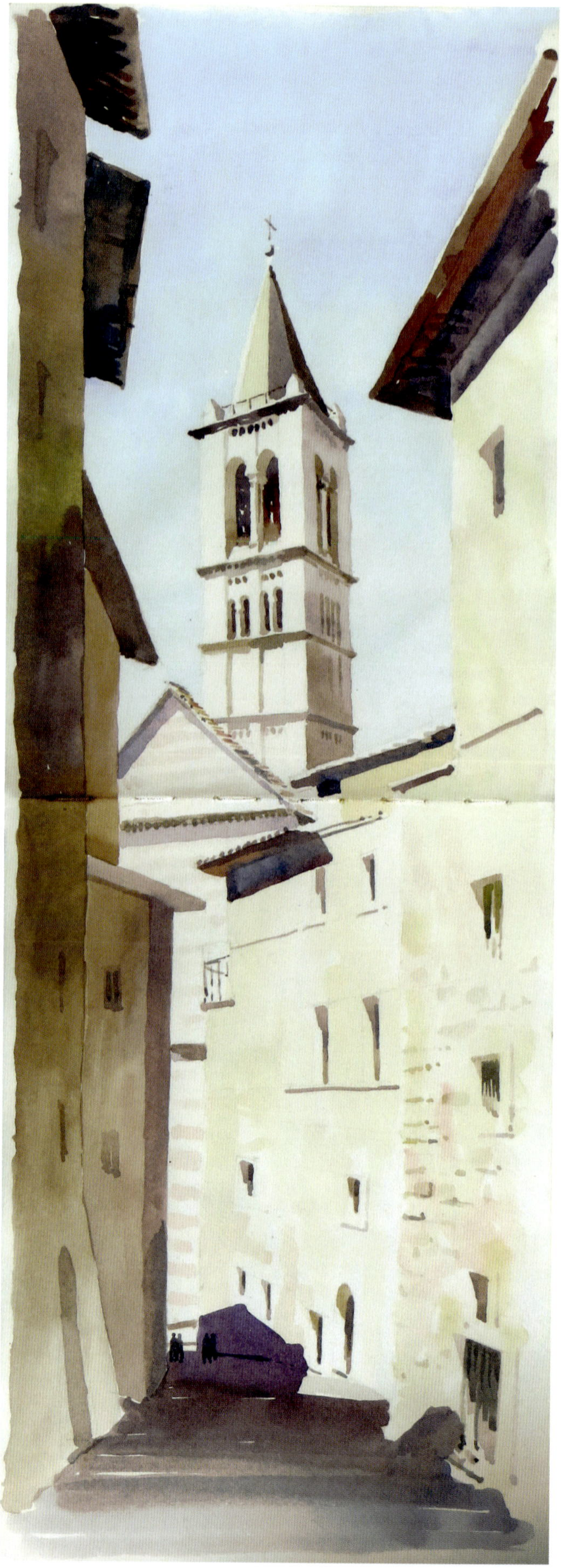

DIE SKYLINE VON KASSEL

Omar Jaramillo • Aquarell

▼ Der Blick in dieser Skizze schweift über die Dächer, dank der Firsten und Traufen entsteht zum Horizont hin ein Gefühl von räumlicher Tiefe. Besonders zieht aber der Raum zwischen den beiden Häusern im Vordergrund den Blick auf sich, der kühle schattige Bereich zwischen den Gebäuden bildet einen Kontrast zum warmen Sonnenlicht darüber.

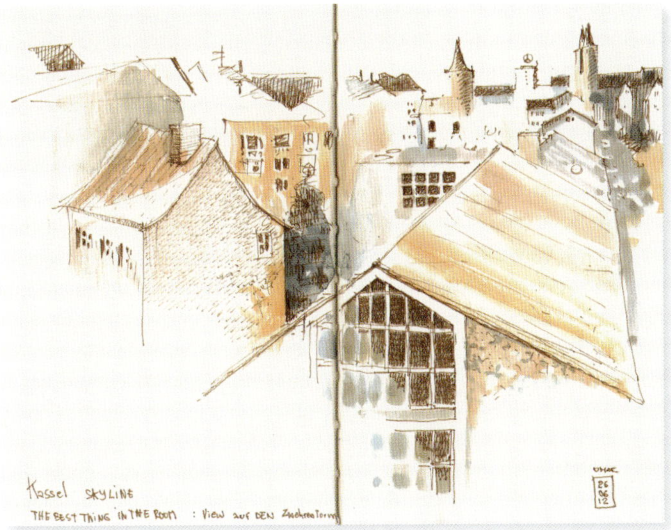

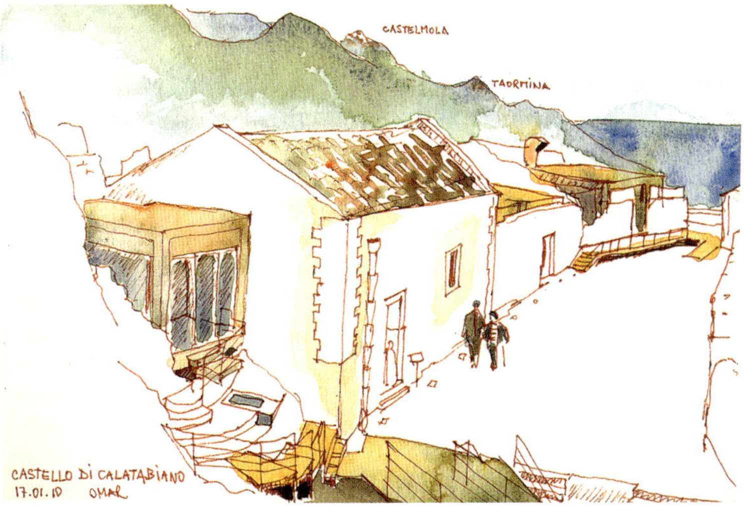

CALATABIANO

Omar Jaramillo • Tusche und Aquarell

▲Dieses mit Tusche und Aquarell gemalte Werk ist eine einfache, aber wirkungsvolle Demonstration einer Mehrpunktperspektive. Das Haus im Bildhintergrund steht leicht schräg und weist hin zur See. Dass sich der Betrachter in erhabener Position befindet, wird deutlich, da in der Ferne der Horizont zu sehen ist und der Blick von oben auf die beiden Personen im Vordergrund fällt. Versuchen Sie sich vorzustellen, wie die Fluchtlinien auf die Horizontlinie treffen, die als obere Wasserkante direkt eingezeichnet ist.

ÜBER DEN DÄCHERN

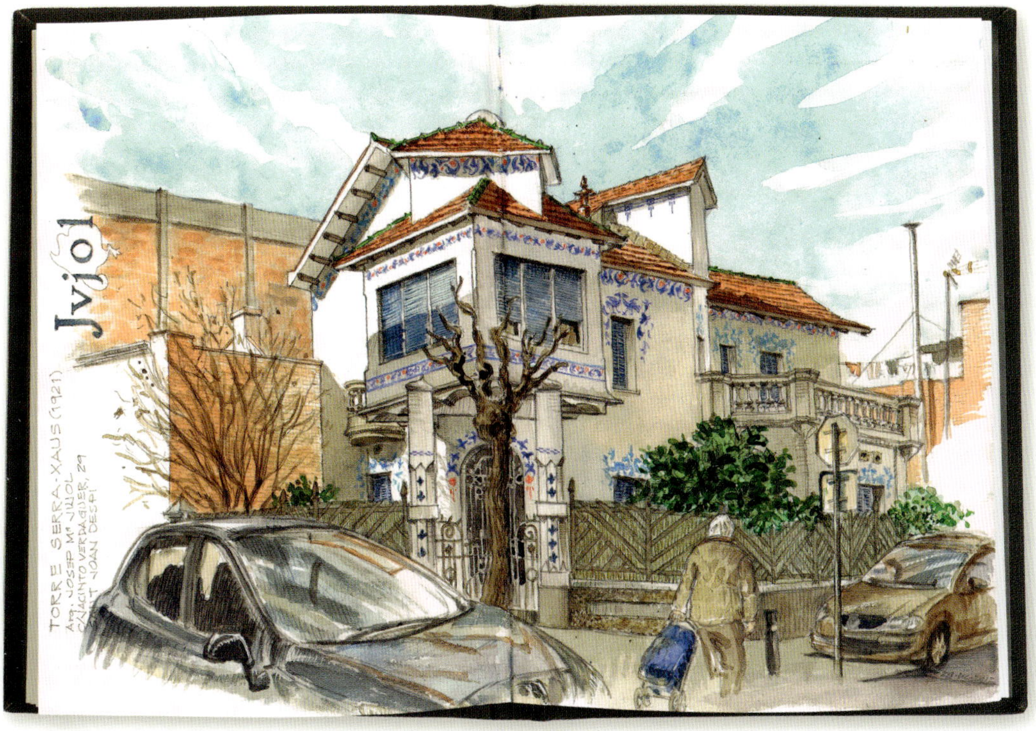

DAS XAUS SERRA-HAUS

Daniel Castro Alonso

Aquarell

◀ Dieses ungewöhnliche Haus nimmt für sich sieben oder acht Fluchtlinienbündel in Anspruch. Jede Baueinheit des Hauses, mit den dazugehörigen Dachkanten, wird von zwei Fluchtpunkten definiert. Es ist hier quasi so, als würde man viele verschiedene Zweipunktperspektiven in einem Bild kombinieren. Sich bei der Strukturierung einer Mehrpunktperspektive zunächst nur auf ein bestimmtes Teilelement zu konzentrieren, ist meistens äußerst hilfreich – teilen Sie dafür das Objekt in so viele Ein- oder Zweipunktperspektiven auf wie nötig. Achten Sie jedoch darauf, dass diese Teileinheiten zum Schluss in der richtigen Relation zueinander stehen, damit das Objekt als Ganzes präzise wiedergegeben ist und optisch Sinn ergibt.

Schritt für Schritt

Thomas Thorspeckens Zeichnung „City Walk" zeigt eine der Hauptstraßen im Universal Studios-Themenpark. Die Skizze ist erfüllt von Leben und gleißenden Neonlichtern. Die Gebäude stehen nicht rechtwinklig zueinander, daher hat jedes seinen eigenen Fluchtpunkt.

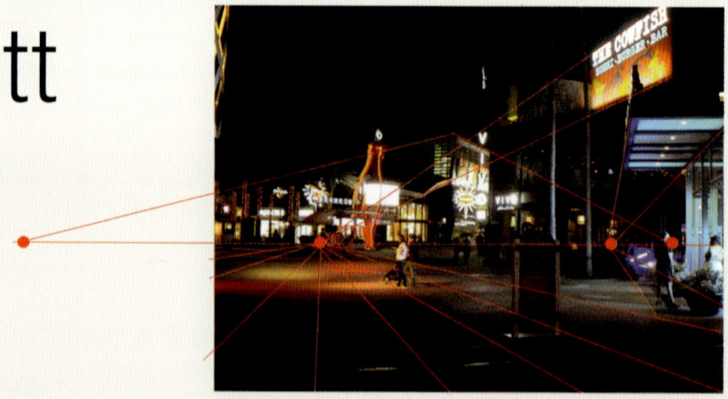

ANS WERK

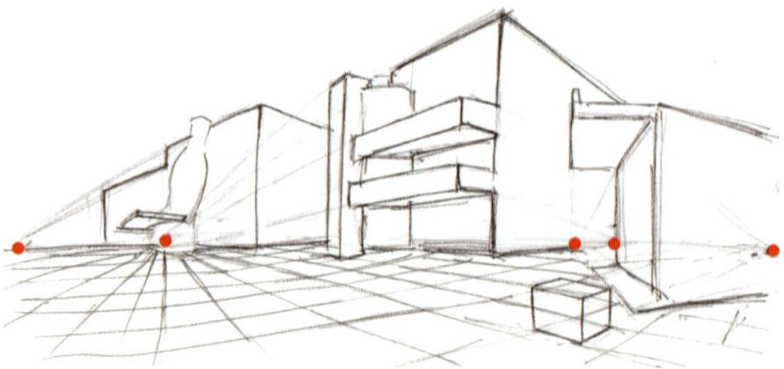

Diese kleine Planskizze zeigt fünf Fluchtpunkte an. Ein sechster Punkt für die Wände des rechten Gebäudes läge rechts weit außerhalb des Skizzenblatts. In meinen Augen ist der zweite Fluchtpunkt von links der wichtigste Fluchtpunkt für das Bild.

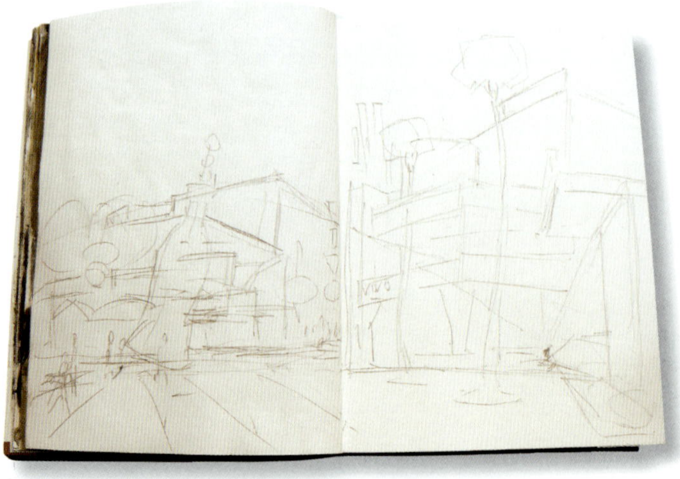

SCHRITT 1 ▲ Zeichnen Sie die Horizontlinie ein und finden Sie die beiden wichtigsten Fluchtpunkte: den für das Neonschild über der Bar und den für das Gebäude im Hintergrund. Legen Sie das Vordach auf der rechten Seite an. So bringen Sie Struktur auf diese Seite der Skizze. Das höchste Objekt des Motivs ist die Palme, sie wird als Nächstes gezeichnet.

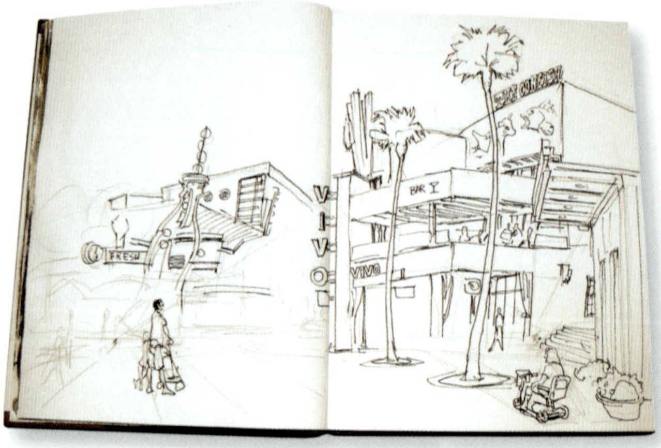

SCHRITT 2 ▲ Ziehen Sie die Linien mit einem Fineliner nach. Arbeiten Sie von links nach rechts oder vom Vordergrund zum Hintergrund. Die Frau in dem Elektromobil wurde vom Boden aus aufwärts gezeichnet, der Untergrund hat seinen eigenen Fluchtpunkt. Ich brauchte ein paar Menschen für den Vordergrund, der Rest wird später eingefügt.

SCHRITT 3 ▼ Fügen Sie einen ovalen Lichtstrahl auf dem Boden so hinzu, dass er den Vater mit seiner Tochter beleuchtet. Die Linien auf dem Gehweg waren geschwungen, ich habe sie jedoch gerade gezeichnet, um das Auge zum Fluchtpunkt zu lenken, der hinter der Vater-Tochter-Szenerie liegt. Nun zeichnen Sie die Menschenmenge im Hintergrund.

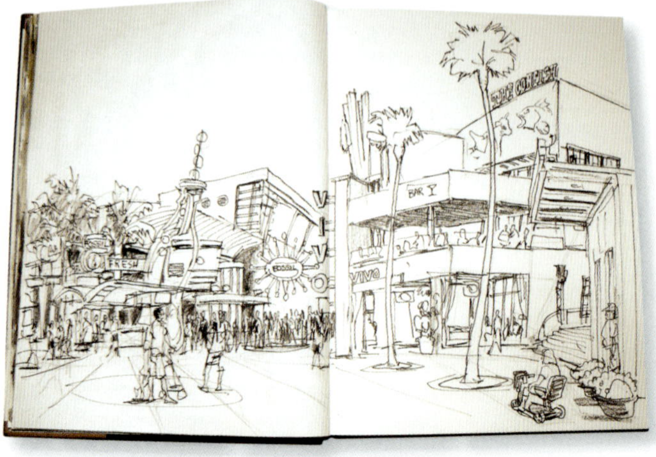

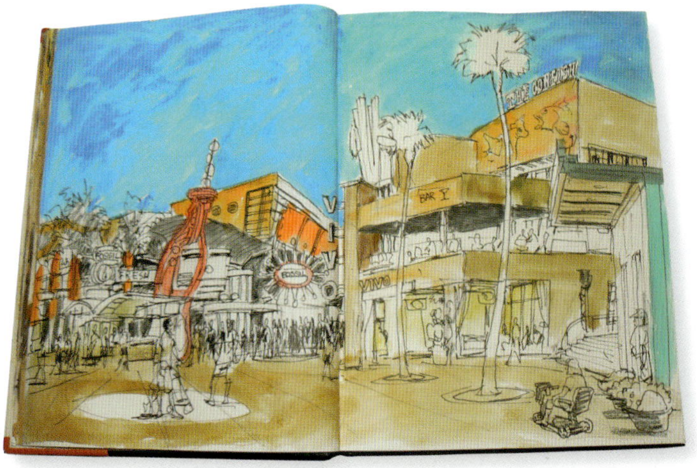

SCHRITT 4 ▲ Alle Neonschilder leuchten. Die untergehende Sonne wirft Licht auf die eine Seite der Gebäude. Versehen Sie die orange Seite zuerst mit Farbe, dann kommt der blaue Himmel. Decken Sie so große Flächen wie möglich ab; Sparen Sie die künstlichen Lichtquellen aus. Fügen Sie die rote Farbe der Cola-Skulptur hinzu, verwenden Sie dann gelbes Ocker, um die Skizze etwas dunkler zu gestalten.

SCHRITT 5 ▶ Dann kommen die grünen Blätter dran, gefolgt von den im Schatten liegenden Gebäudeseiten – für diese Farbe mischen Sie etwas Violett ins gelbe Ocker. Achten Sie gut auf Farbtemperatur und -wert: Überlegen Sie sich im Vorfeld, welche Flächen warm oder kalt, welche hell oder dunkel sein sollen. Bauen Sie mit jedem Pinselstrich die Dunkelheiten im Bild weiter aus.

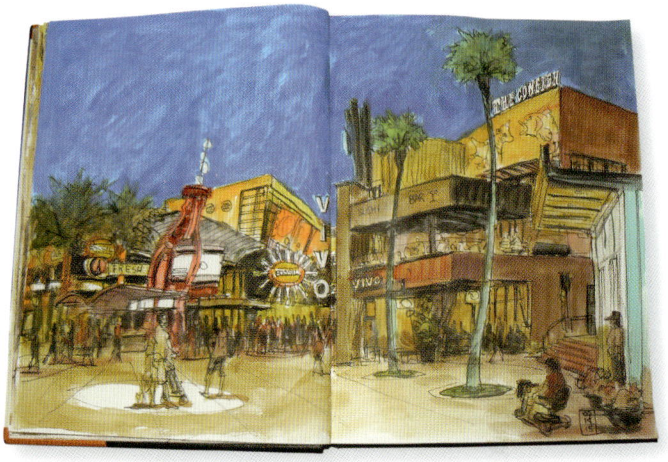

DIE KOMPLETTE ZEICHNUNG ▼ Die rein schwarzen und rein weißen Farbflächen und die Wärme der künstlichen Lichtquellen bilden einen Kontrast zum kühlen Nachthimmel. Mit Aquarellfarben ist es schwierig, exakt umrissene Lichtpunkte hinzubekommen. Daher habe ich beschlossen, eher eine Impression der Lichteffekte wiederzugeben.

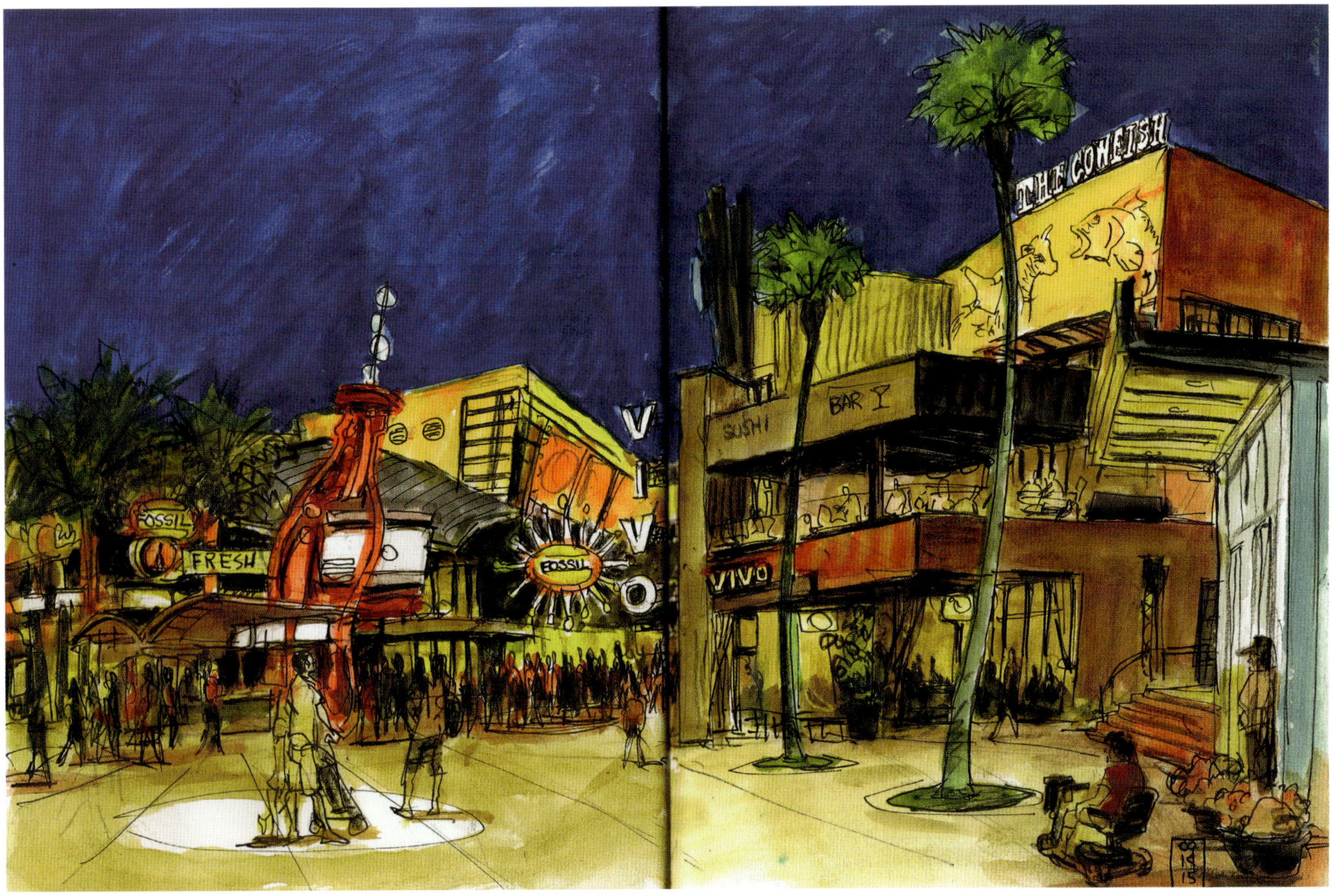

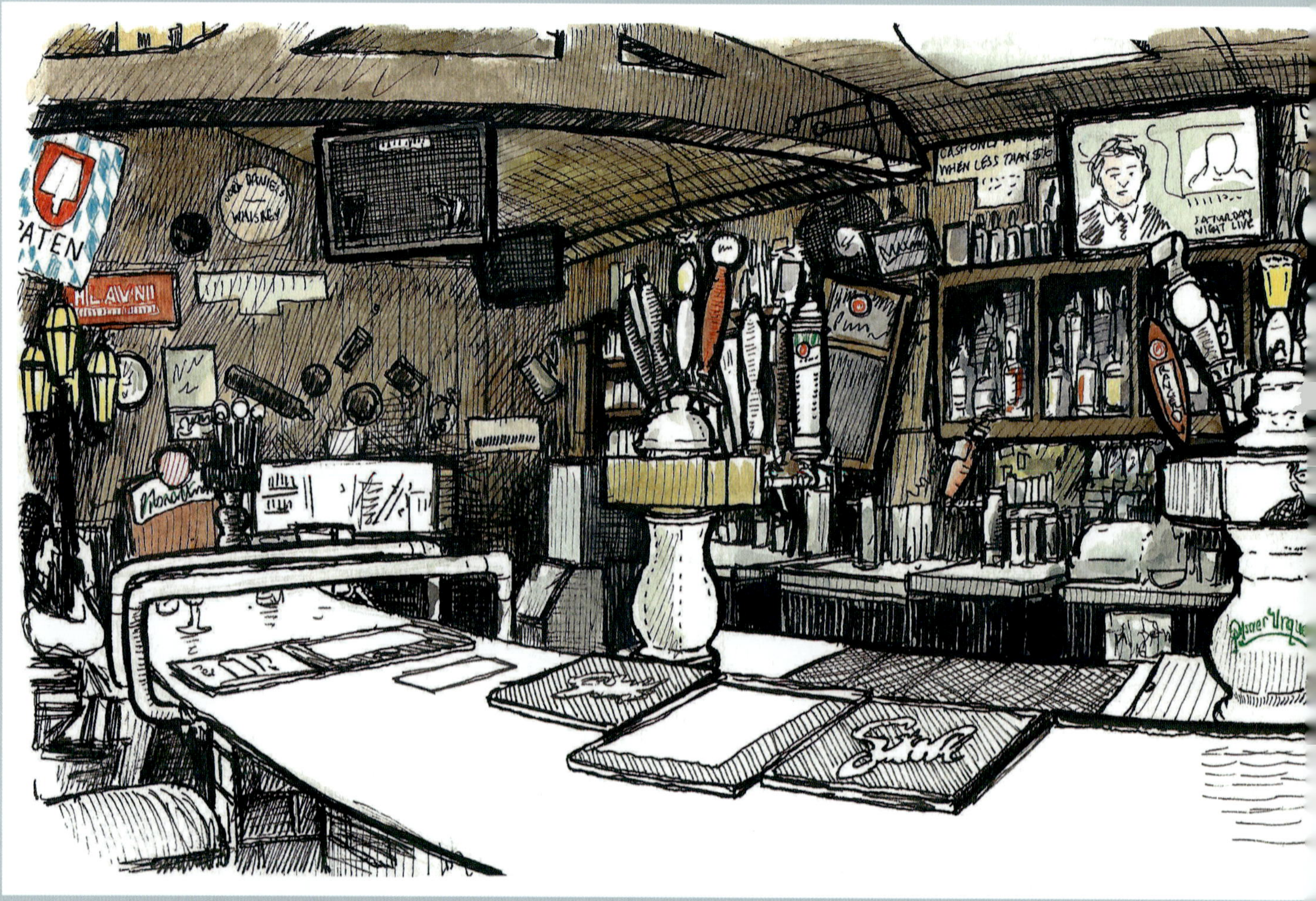

KURVILINEARE

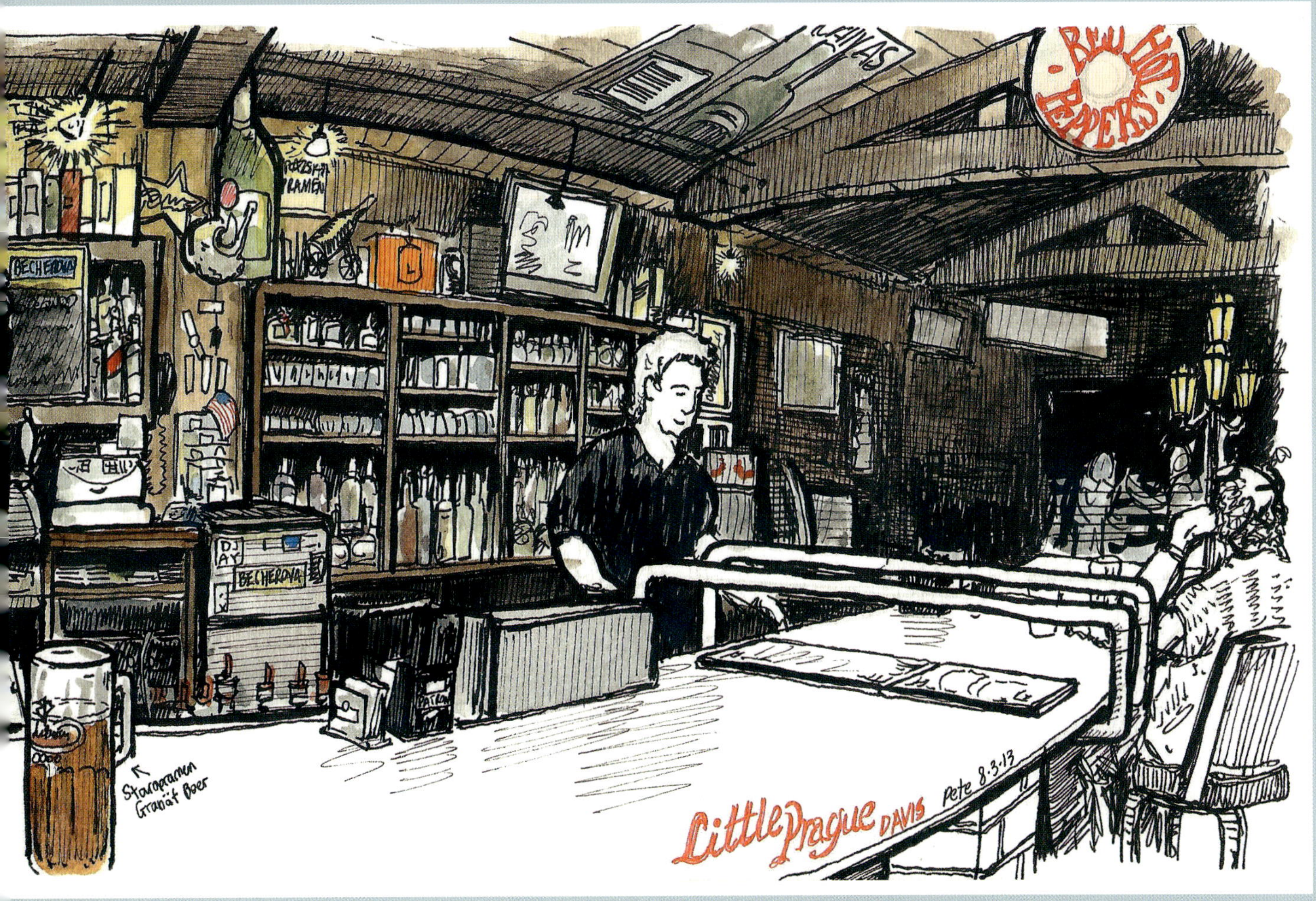

PERSPEKTIVE

Die kurvilineare Perspektive erlaubt es dem Künstler, den Bildausschnitt bis zum Äußersten auszudehnen und alles darzustellen, was im peripheren Blickfeld noch wahrnehmbar ist. Im ersten Moment wirken solche Zeichnungen verzerrt, vielleicht sogar ein wenig verwirrend, aber letztendlich gelangt man mit dieser Perspektive näher an das, was man im wahren Leben sieht, als mit jeder linearen Perspektive.

▲ LITTLE PRAGUE • *Pete Scully* • Tusche und Aquarell

Einführung

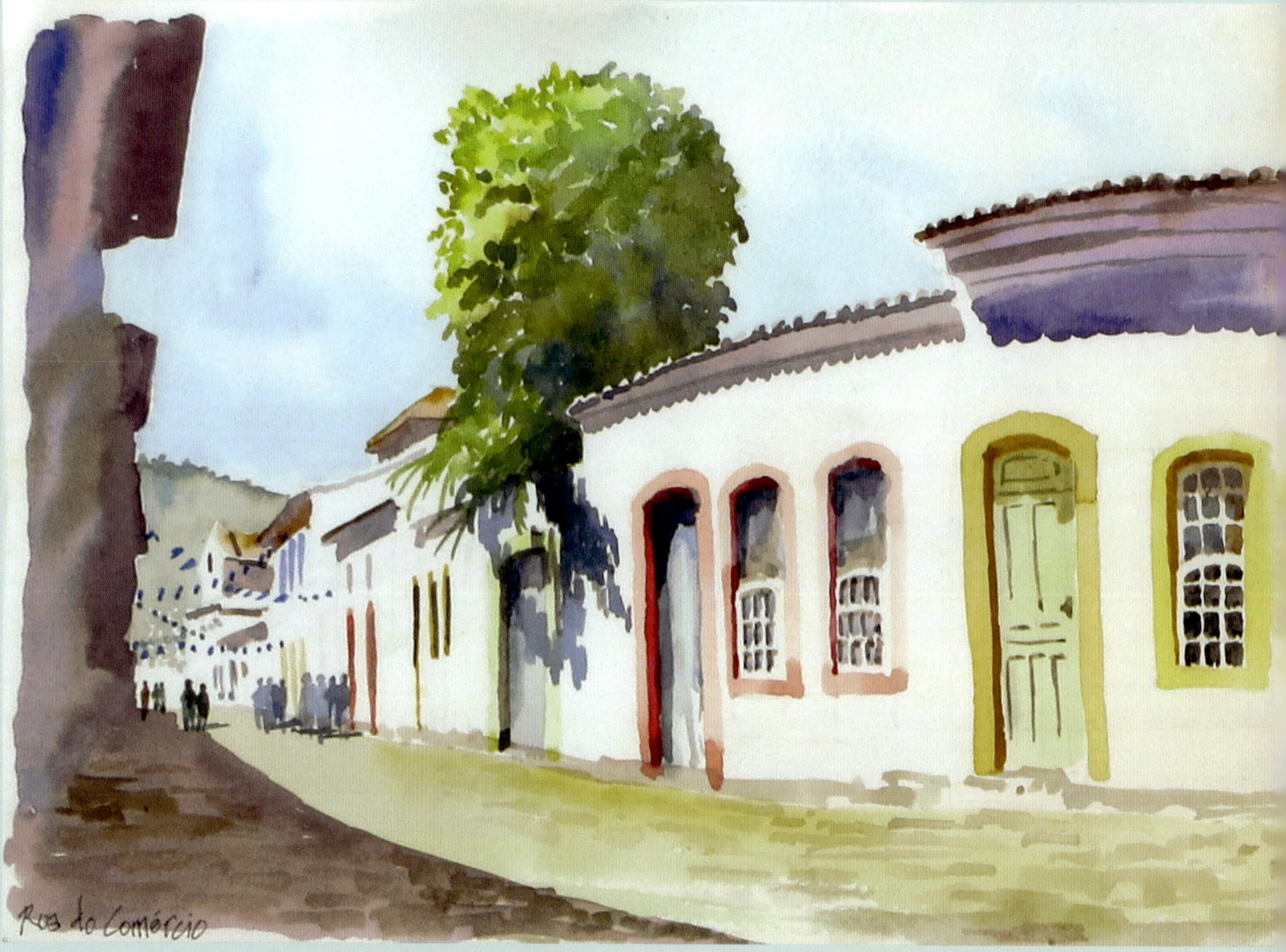

Was ist eine kurvilineare Perspektive?

Durch das sogenannte periphere Sehen sieht man eine ganze Menge. Man sieht, was oben, unten, links und rechts liegt, und nicht nur das, was sich direkt vor der eigenen Nase befindet. Mit der kurvilinearen Perspektive lässt sich also das darstellen, was man sozusagen aus dem Augenwinkel wahrnimmt. Um eine solche Zeichnung anzufertigen, ist es notwendig, eine Panorama-Ansicht aufs Skizzenblatt zu bringen, indem man die Linien biegt, die in anderen Perspektiven sonst völlig gerade wären.

Als „lineare" Perspektiven werden die Ein-, Zwei-, Drei- und Mehrpunktperspektiven bezeichnet, da hier die Linien, die in Wirklichkeit gerade sind, gerade bleiben. Eine solche Perspektive stützt sich auf einen begrenzten „Sehkegel". Hierbei handelt es sich um den Bereich, den wir etwa 60 Grad rund um unseren Sehstrahl wahrnehmen.

Bei der kurvilinearen Perspektive zeigt man auch das, was außerhalb dieses Kegels in unserem sogenannten peripheren Blickfeld liegt. Manchmal wird in diesem Zusammenhang auch von zylindrischer Projektion und sphärischer Perspektive gesprochen. Mit der Bezeichnung „kurvilinear" werden diese speziellen Ausprägungen auf einer allgemeineren Ebene erfasst, denn es geht hier generell um perspektivische Konstruktionen, bei denen mit gekrümmten statt mit geraden Linien gearbeitet wird.

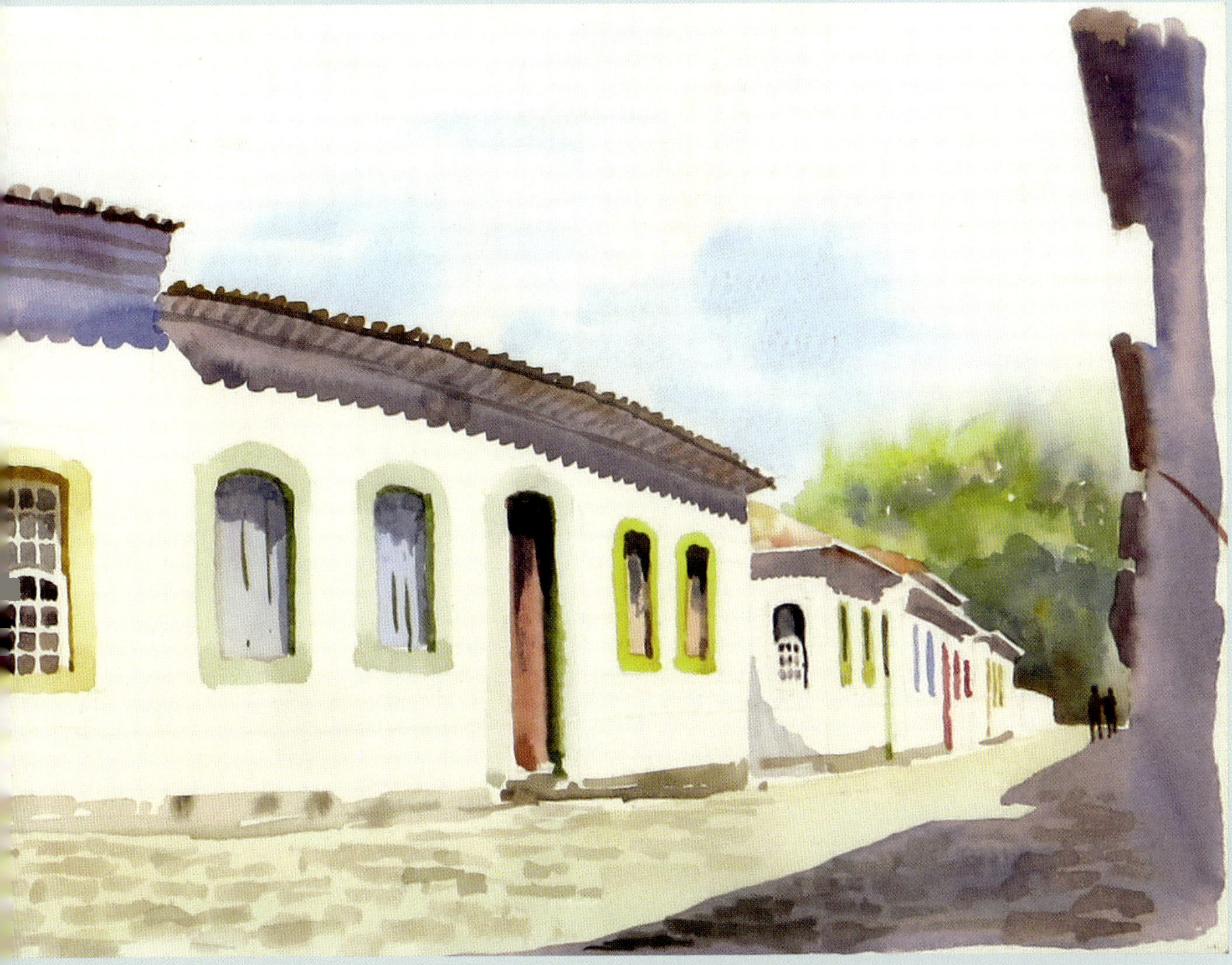

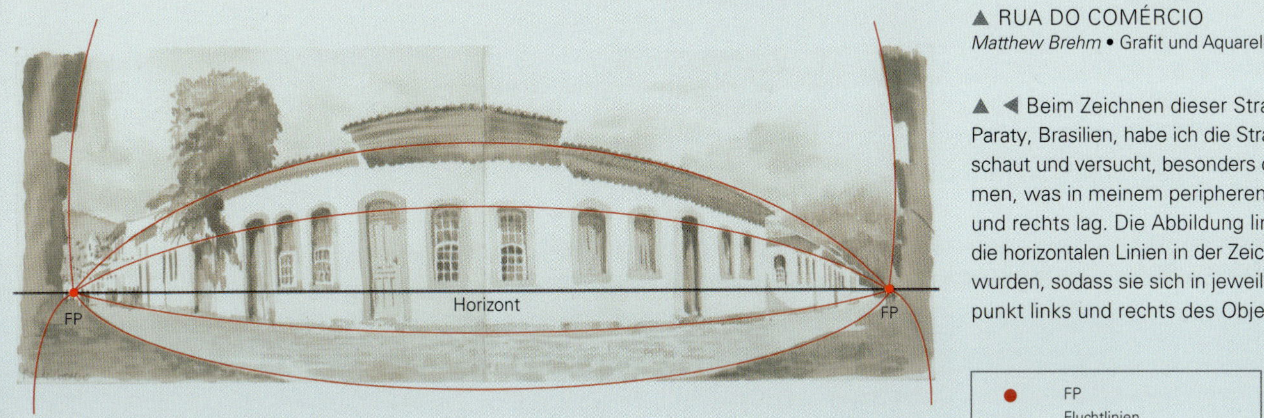

▲ RUA DO COMÉRCIO
Matthew Brehm • Grafit und Aquarell

▲ ◀ Beim Zeichnen dieser Straßenansicht in Paraty, Brasilien, habe ich die Straße hinuntergeschaut und versucht, besonders das wahrzunehmen, was in meinem peripheren Blickfeld links und rechts lag. Die Abbildung links zeigt, dass die horizontalen Linien in der Zeichnung gebogen wurden, sodass sie sich in jeweils einem Fluchtpunkt links und rechts des Objekts treffen.

Sehen

Eine kurvilineare Perspektive zu erkennen, kann eine kleine Herausforderung sein, denn das Phänomen gebogener Fluchtlinien spielt sich außerhalb unseres zentralen Blickfelds ab – dafür müssen wir ins periphere Sehen umschalten. Dann aber können wir mit dieser Perspektive einen sehr viel größeren Bildausschnitt wiedergeben, einfach indem wir Linien biegen, die in einer „normalen" perspektivischen Zeichnung gerade wären.

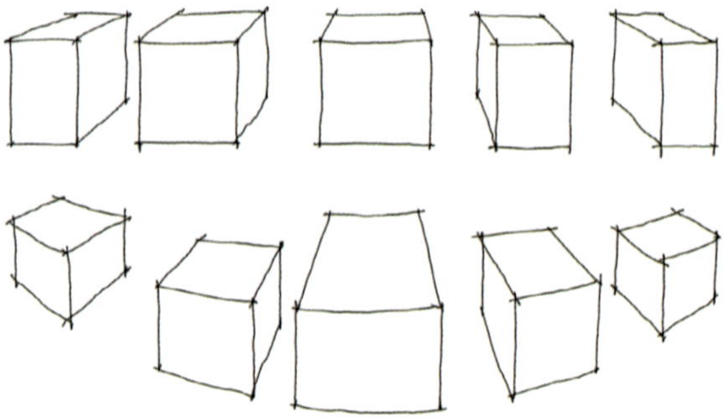

ALLER ANFANG IST LEICHT!

In einer linearen Perspektive werden die Linien, die im Raum gerade sind, auch gerade wiedergegeben, wie die Kartons in der oberen Reihe. Diese Darstellung lässt allerdings die Tatsache außer Acht, dass man die Kartons, die links und rechts außen stehen, kleiner darstellen müsste als die in der Mitte, da sie vom Betrachter weiter entfernt sind. Die kurvilineare Perspektive trägt diesem optischen Phänomen Rechnung, indem die Linien in der Zeichnung gebogen werden, wie dies bei der unteren Reihe von Kartons zu sehen ist.

FP
Fluchtlinien
Horizontlinie

HORIZONTALE UND VERTIKALE LINIEN

Ob die Linien im Raum nun vertikal oder horizontal sind, in einer kurvilinearen Perspektive biegen sie sich umso stärker, je weiter sie vom Betrachter entfernt sind. Horizontale Linien biegen sich dort, wo sie sich weg vom Sehstrahl in Richtung Horizontlinie entfernen und ins periphere Sehen nach rechts und links abwandern – in der unten stehenden Abbildung ist dies zu erkennen. Vertikale Linien biegt man zur vertikalen Achse des Sehstrahls hin, wenn ihr Abstand zum Betrachter größer wird und sie die direkte Blickrichtung nach oben oder unten hin verlassen – in der rechten Abbildung ist es gezeigt. In beiden Fällen sind die Linien in der unmittelbaren Nähe des Sehstrahls (also dort, wo der Blick des Betrachters hintrifft) noch horizontal beziehungsweise vertikal.

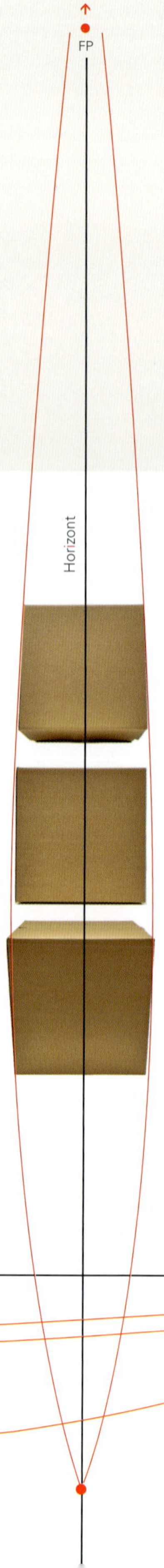

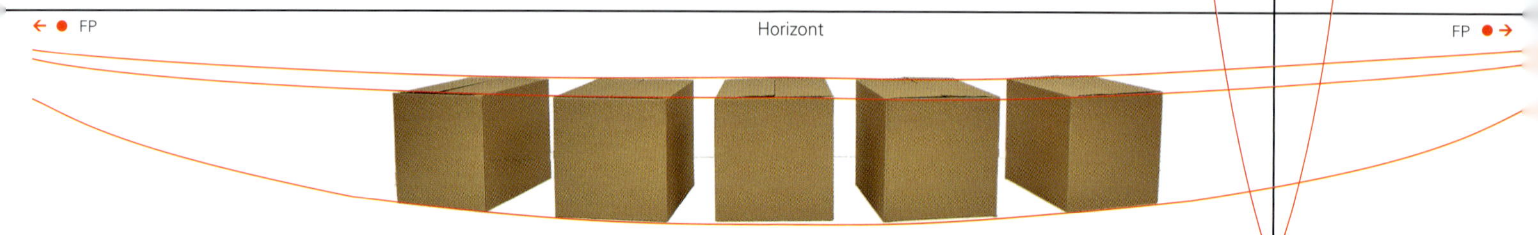

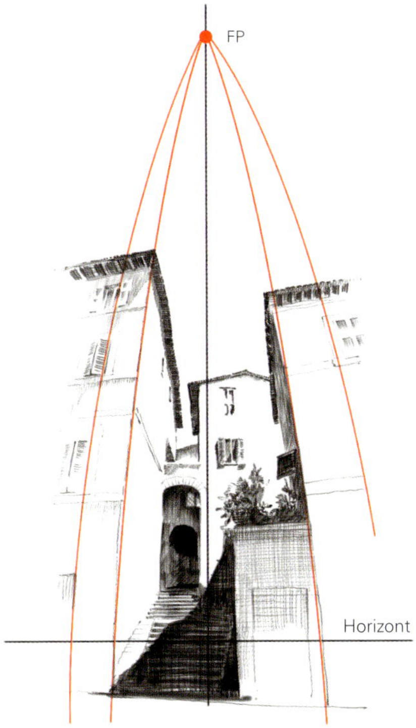

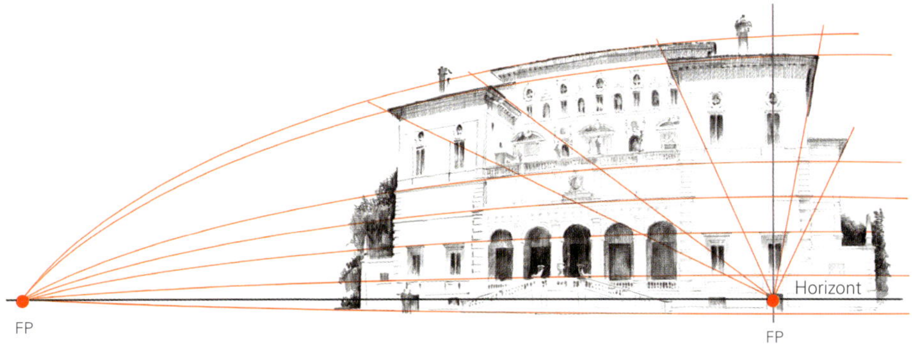

EINFACHE VERTIKALE KRÜMMUNG

Wenn Sie versuchen, sowohl die Objekte auf Augenhöhe als auch alles im peripheren Blickfeld darüber wahrzunehmen, werden Sie eine Krümmung der vertikalen Linien erkennen. Auf Augenhöhe erscheinen die Linien, die im Raum vertikal stehen, auch noch vertikal. Je weiter ein Objekt allerdings von Ihrem Standort entfernt ist, desto mehr biegen sich die Linien nach innen.

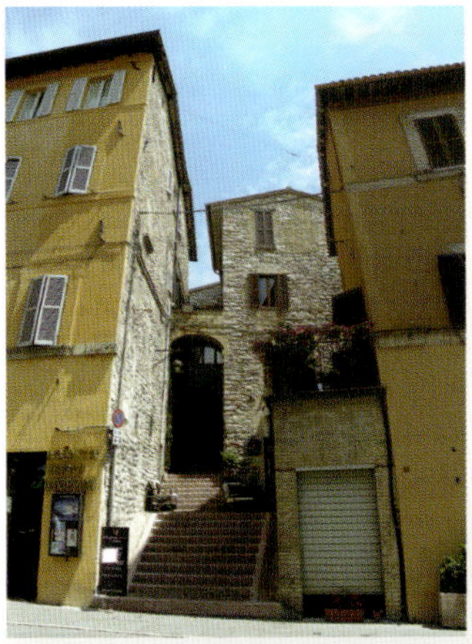

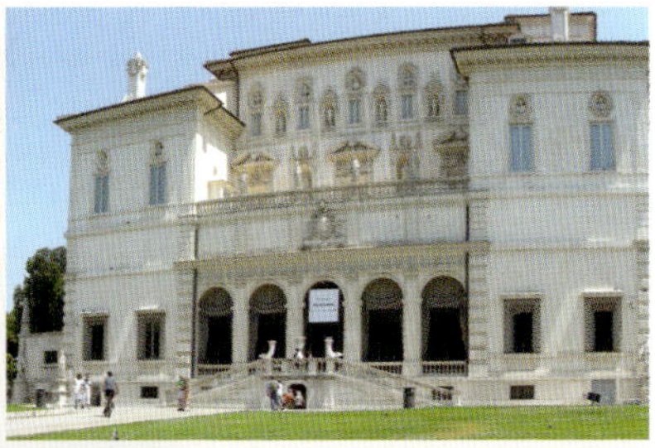

EINFACHE HORIZONTALE KRÜMMUNG

Verläuft der Sehstrahl parallel zum Boden und ist er auf ein horizontal erweitertes Blickfeld ausgerichtet, beobachtet man die allermeisten Krümmungen entlang der horizontalen Linien. Die Darstellung verdeutlicht die Art und Weise, wie Gebäude nach außen hin in dieser Perspektive gekrümmt werden. Der rechts stehende Gebäudeteil ist dem Betrachter am nächsten, die Fassade steht im rechten Winkel zum Sehstrahl. Daher erscheint dieser Bereich eher flach als perspektivisch. Der linke Teil des Gebäudes ist klar erkennbar weiter vom Betrachter entfernt und wird in der Ferne kleiner – dadurch wirkt es perspektivisch. Die horizontalen Linien laufen dabei auf einen Fluchtpunkt links außerhalb des Bildausschnitts zu. Die Dachvorsprünge, Balustraden und andere horizontale Linien erscheinen dadurch gebogen – während sie auf der rechten Seite der Ansicht noch horizontal verlaufen, fallen sie zum linken Bildrand hin immer stärker ab.

HORIZONTALE UND VERTIKALE KRÜMMUNG IN KOMBINATION

Diese Ansicht eines kleinen Speichers fordert nicht unbedingt eine kurvilineare Perspektive. Die gekrümmten Linien könnten der Einfachheit halber genauso gut begradigt werden. Aus der kurvilinearen Perspektive würde dann eine etwas stärker linear geprägte Ansicht werden. Die leichten Krümmungen sowohl der horizontalen als auch der vertikalen Linien bringen jedoch zum Ausdruck, dass der Betrachter sich in unmittelbarer Nähe zum Objekt befindet, die vordere Ecke erscheint sehr viel dichter zu sein als der Rest des Hauses. Dies ist einer der großen Vorzüge der kurvilinearen Perspektive – Sie können hier die sonst so strengen „Regeln" der Linearperspektive buchstäblich verbiegen, um die Ansicht dynamischer zu gestalten. Dadurch bilden Sie die Umgebung viel naturgetreuer ab.

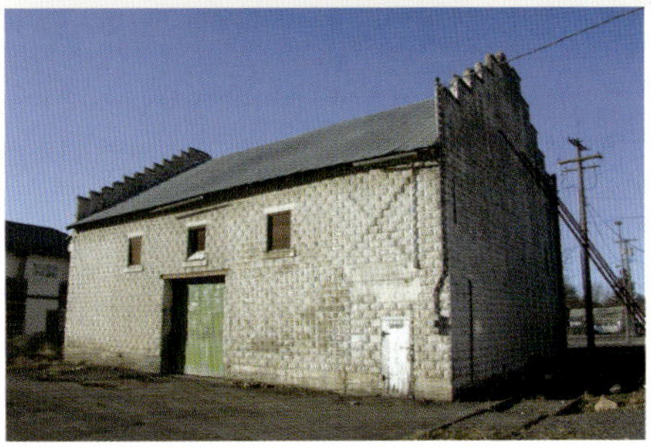

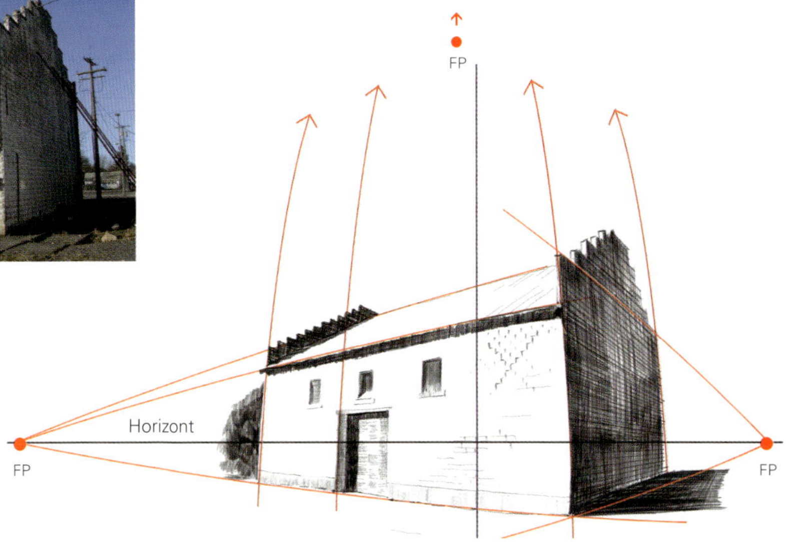

Kurvilineare Perspektive

Verstehen

Um die kurvilineare Perspektive zu verstehen, halten Sie sich zwei Dinge vor Augen. Erstens werden Objekte immer kleiner, je weiter sie vom Betrachter entfernt sind und zweitens scheint sich eine Linie zu krümmen, wenn man sie im peripheren Blickfeld wahrnimmt – selbst wenn man weiß, dass die Linie in Wirklichkeit kerzengerade verläuft.

ÜBUNG MACHT DEN MEISTER

Um die kurvilineare Perspektive besser zu verstehen, lesen Sie den folgenden Abschnitt und machen Sie dann die Übungen auf den Seiten 130–137 des Arbeitsbuchs.

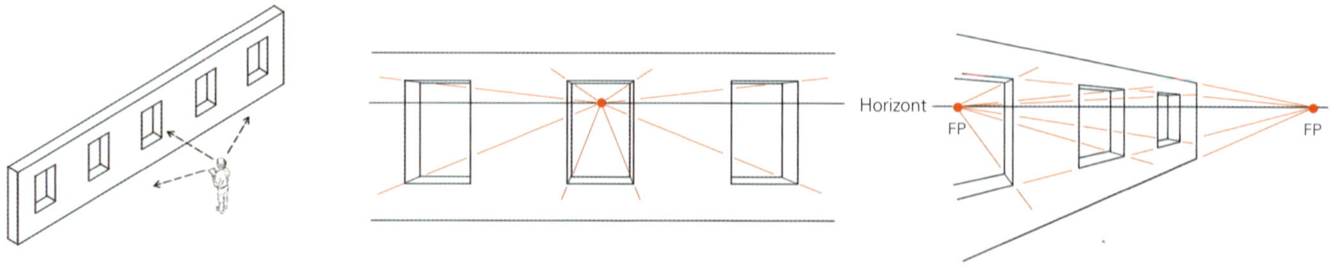

WEITE BLICKWINKEL VERSTEHEN
Schaut man wie auf der obigen Abbildung auf eine Wand, so hängt die zeichnerische Darstellung dieser Wand einerseits davon ab, wohin der Blick fällt und andererseits von der Größe des Blickfelds. Wenn der Blick eng und starr durch die mittlere Öffnung fällt, erhält man eine Einpunktperspektive, wie in der oberen Abbildung. Ist der Blick nach rechts gerichtet, wieder mit einem eingegrenzten Radius, erhält man eine Zweipunktperspektive, wie oben rechts. Ein geradeaus gerichteter Blick mit erweitertem Blickfeld – dieses erfordert peripheres Sehen – ergibt eine Zeichnung wie im unten stehenden Beispiel. In dieser ist die Einpunktperspektive in der Bildmitte mit jeweils einer Zweipunktperspektive links und rechts davon kombiniert. Die kurvilineare Perspektive vereint quasi die unterschiedlichen Winkel der horizontalen Linien, indem diese im peripheren Blickfeld gekrümmt werden.

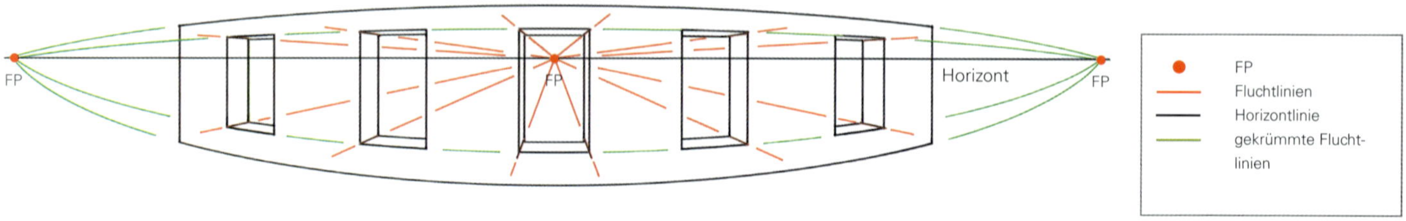

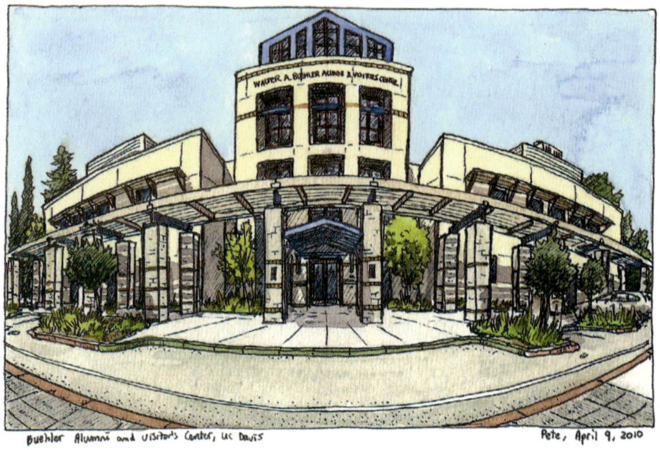

FISCHAUGENANSICHT
Der Krümmungsgrad, den Sie in Ihrer Zeichnung anlegen, muss nicht hundertprozentig exakt sein. Es gilt jedoch: Je näher Sie beim Zeichenobjekt stehen, desto stärker scheinen sich die Linien zu krümmen. Ein Beispiel hierfür ist die Zeichnung von Pete Scully. Diese sieht aus wie eine Fotografie mit einem Fischaugenobjektiv. Wenn der Sehstrahl parallel zum Boden verläuft, ist der Horizont eine gerade Linie, und die Linien um ihn herum werden nach oben oder unten gekrümmt.

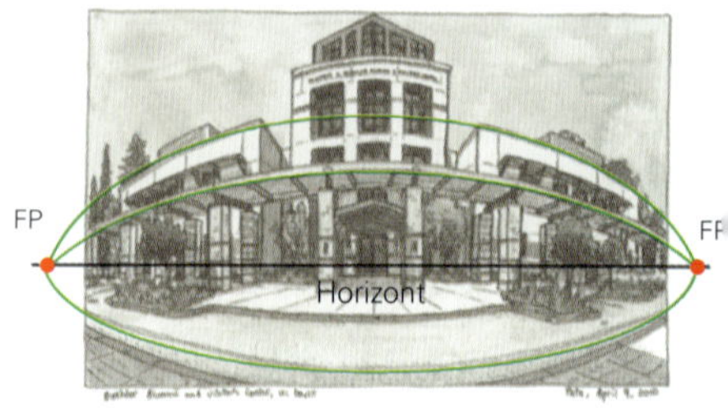

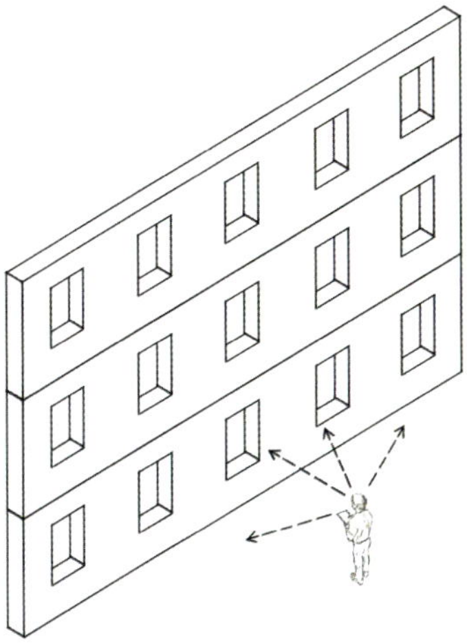

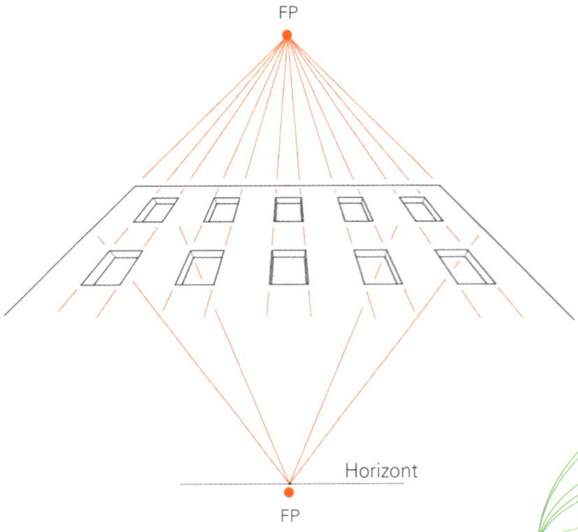

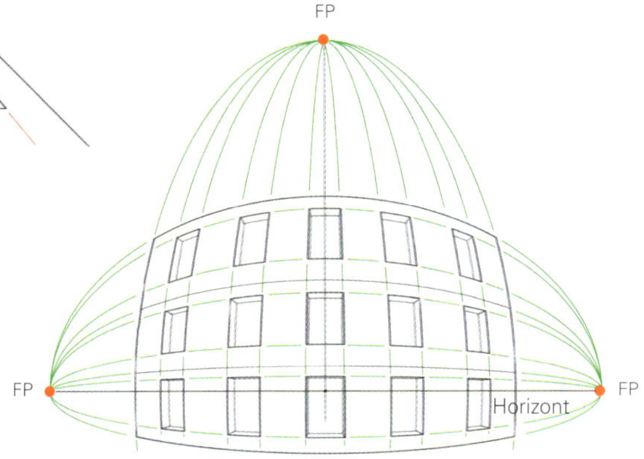

BREITE UND HOHE OBJEKTE

Ist das Zeichenobjekt nicht nur sehr breit, sondern dazu noch sehr hoch, behandelt man den oberen Teil der Ansicht wie bei der Dreipunktperspektive *(siehe Abbildung oben)*. Das bedeutet, dass in dieser Ansicht die Einpunktperspektive (für den Blick gerade nach vorn), die Zweipunktperspektive (links und rechts davon) und die Dreipunktperspektive (darüber) wirkungsvoll vereint werden, wobei die gekrümmten Fluchtlinien diese alle verbinden. Da in diesem Beispiel der Sehstrahl immer noch parallel zum Boden verläuft, bleibt die Horizontlinie ungekrümmt.

AUFWÄRTS GEBOGEN

In dieser Zeichnung von Gérard Michel verjüngen sich die sehr hohen Türme der Kathedrale. Die Türme streben beide auf einen Punkt zu, der oberhalb des Blickmittelpunkts liegt. Da hier der Blick des Betrachters nach oben gerichtet ist, weist auch die Horizontlinie eine Krümmung auf, wie in der unteren Skizze zu sehen ist.

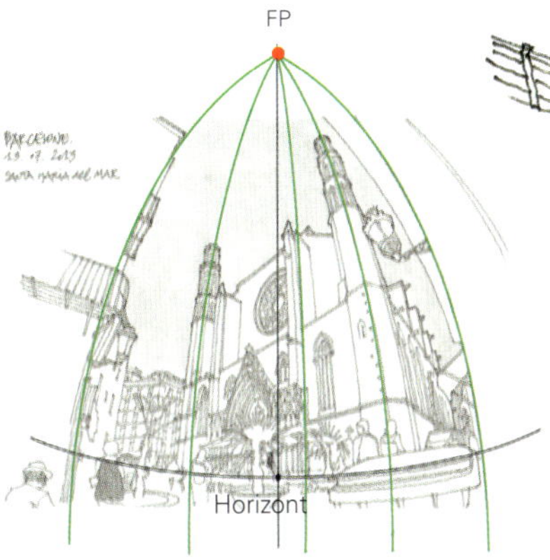

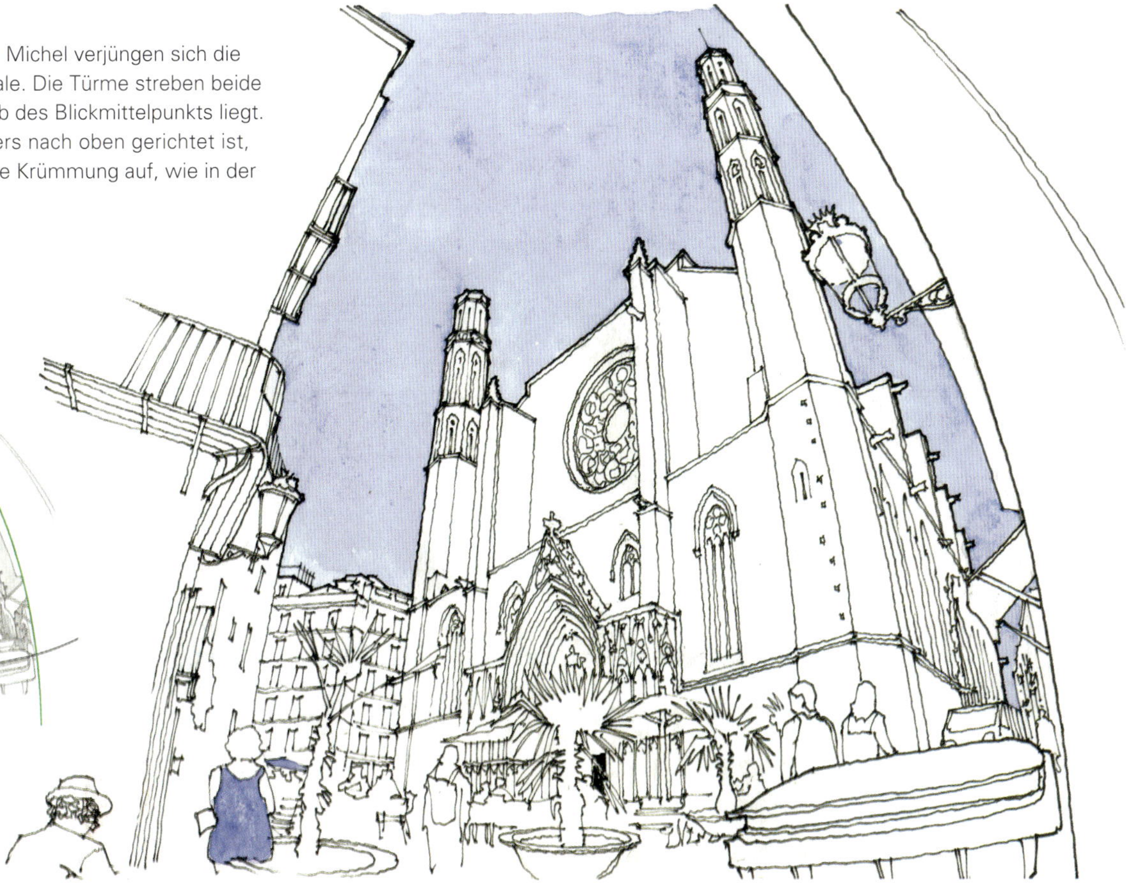

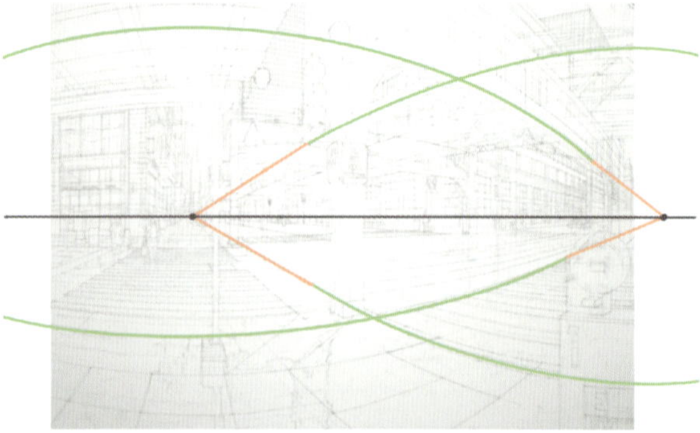

DEN BETRACHTER EINFANGEN

In der Strukturskizze für Nathan Walshs *Chicago im Regen* (129 × 183 cm) sieht man die verwendeten Hilfslinien – die meisten davon krümmen sich zwischen den beiden Fluchtpunkten: Einer davon liegt links außerhalb des Bildausschnitts, der andere befindet sich rechts knapp außerhalb des Bilds. Der dritte Fluchtpunkt liegt etwas links neben der Bildmitte. Dieser Punkt ist der zentrale Punkt der gesamten Komposition. Die von diesem Bild ausgehenden Linien beginnen sich erst zu krümmen, wenn sie ins periphere Blickfeld laufen. Um den zentralen Punkt des Bilds herum bleiben die Linien gerade – betrachtet man nur diesen Teilabschnitt, sieht man eine recht einfache Einpunktperspektive. Erst indem sich die Linien zur rechten Bildseite hin krümmen, erfasst Walsh diese urbane Szene gänzlich.

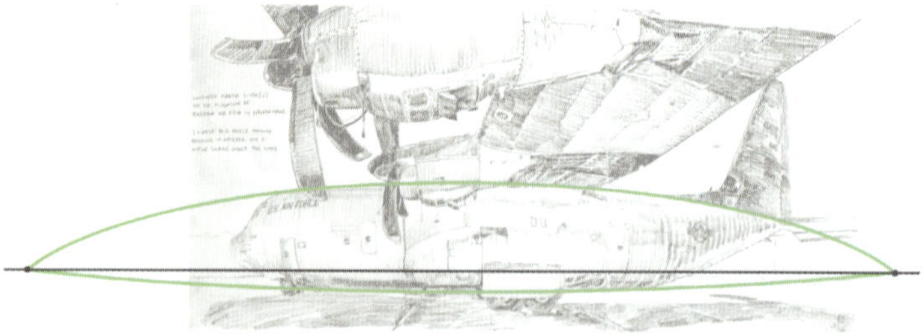

WIE IM FLUG

Die Zeichnung von Richard Johnson bedient sich einer sehr subtilen Krümmung, um die Größe des Flugzeugs wiederzugeben. Die Turbine, der Propeller und die Tragfläche im Bildvordergrund erscheinen riesig verglichen mit dem Rumpf – das vermittelt das Gefühl großer Entfernung. Die leicht kurvilineare Perspektive am Rumpf unterstreicht die räumliche Dynamik. Richten Sie Ihr Augenmerk darauf, wie die Nase und das Heck des Flugzeugs den Regeln der Perspektive folgen. Die horizontalen Linien beginnen hier, zu den Fluchtpunkten links beziehungsweise rechts hinzulaufen. Die Mitte des Flugzeugs erscheint leicht verbreitert, da diese dem Betrachter am nächsten ist. Deswegen erscheint dieser Teil größer als Nase oder Heck. Sie sehen, dass selbst eine schwache Krümmung wie diese eine große Wirkung haben kann.

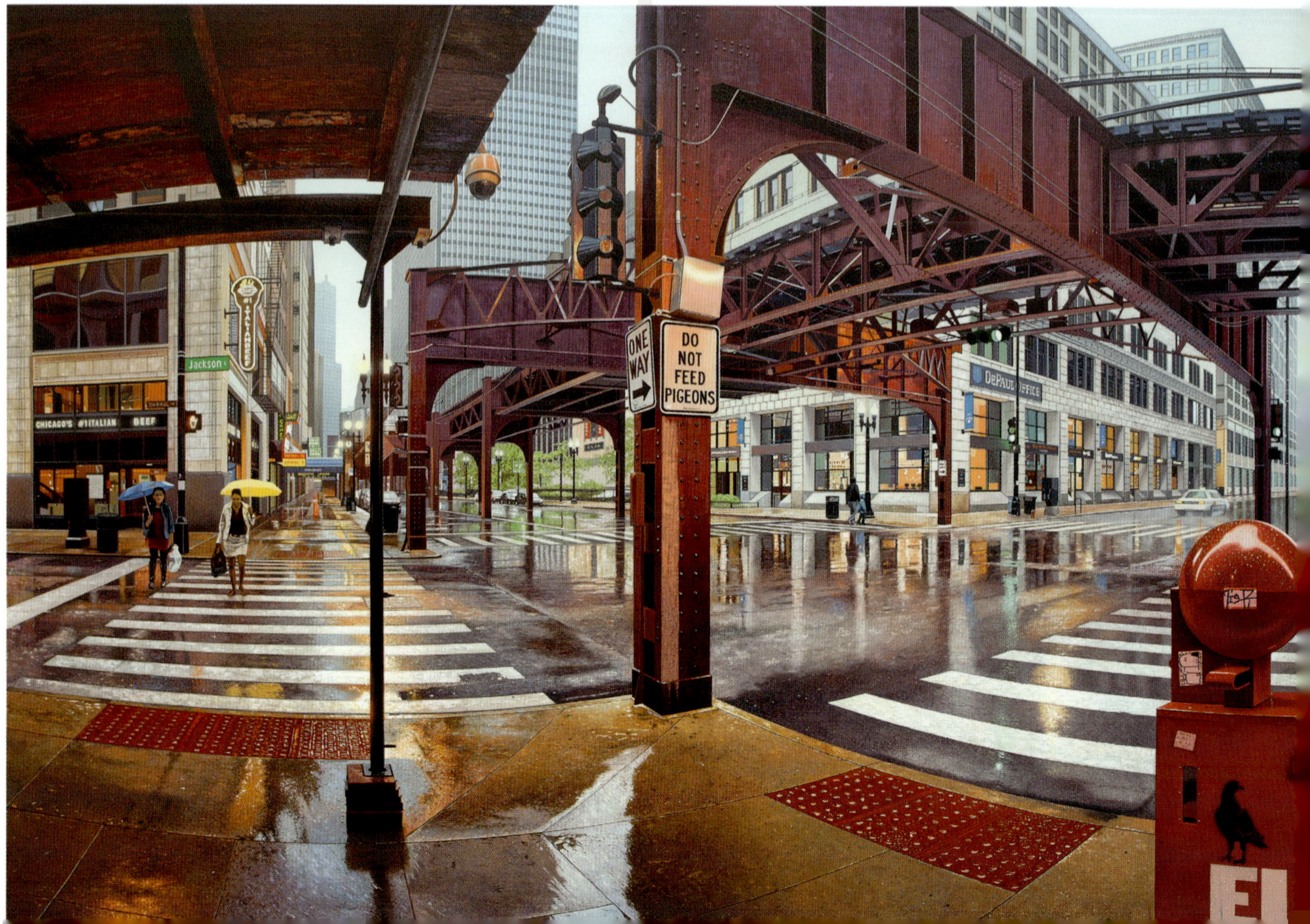

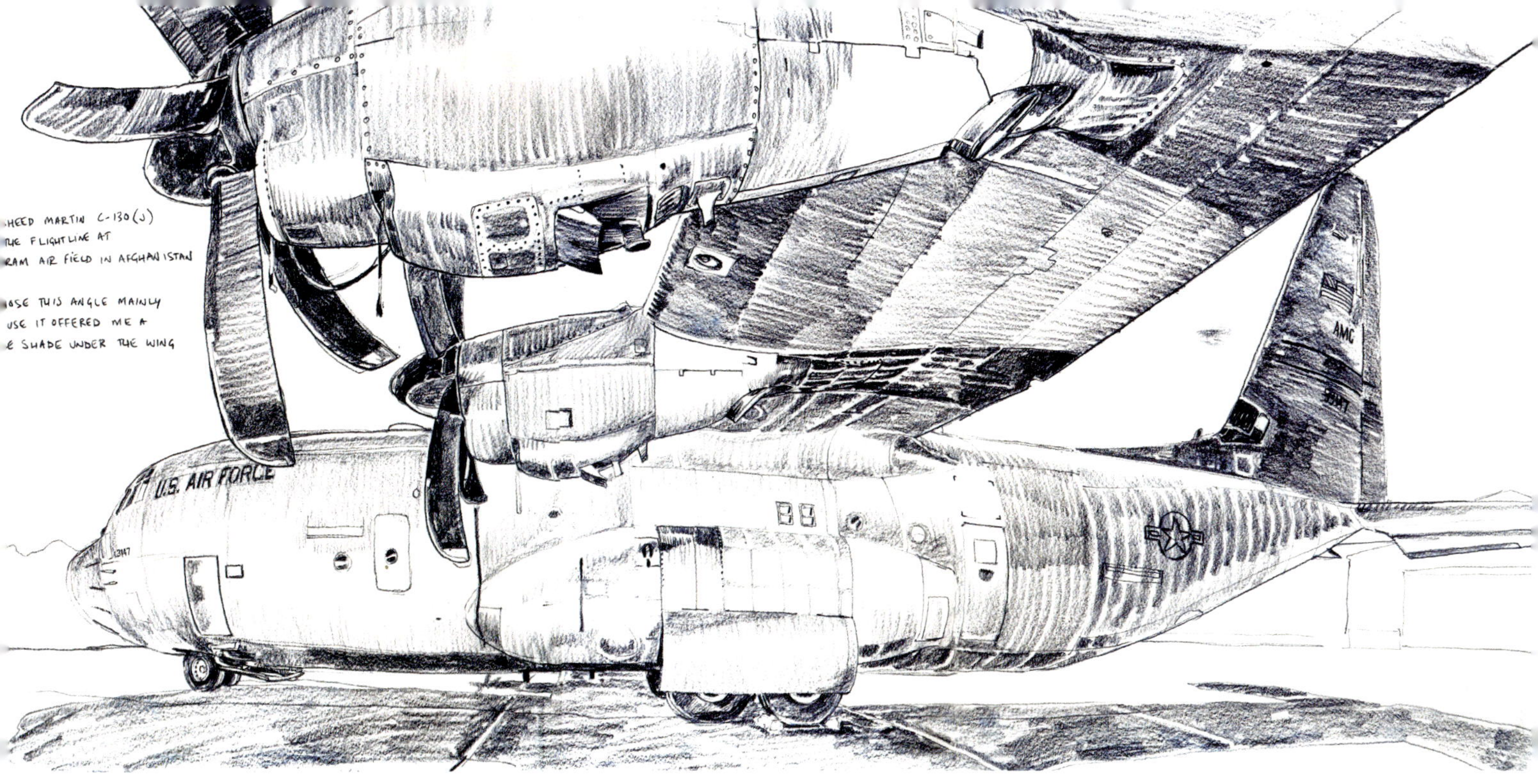

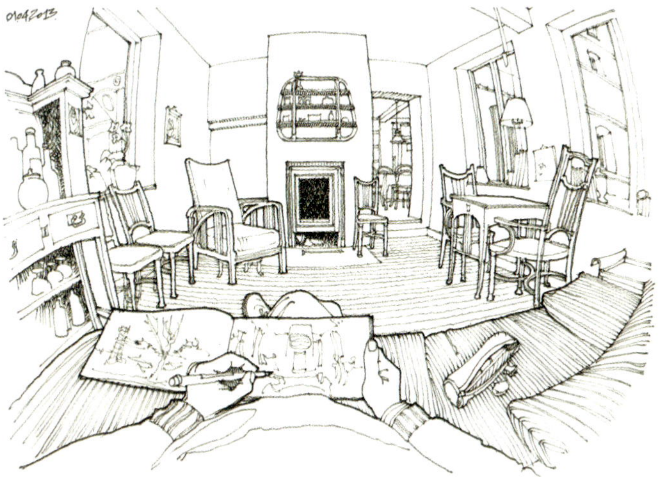

GEWÖLBTE GEBÄUDE

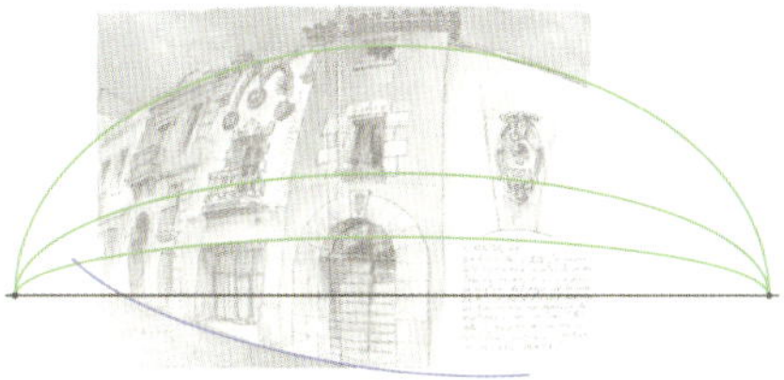

Die kurvilineare Perspektive kann auch verwendet werden, um bestimmte Teilelemente einer Ansicht zu akzentuieren, indem man sie optisch näher an den Betrachter heranholt. Die Gebäude in der Mitte des hier abgebildeten Aquarells von Daniel Castro Alonso wölben sich nach außen, während die angrenzenden Häuser in die Ferne fliehen. Die effektvoll gekrümmte Dachkante lässt das Bild verzerrt erscheinen. Hinzu kommt eine nach rechts hin abfallende Straße – das erkennt man daran, dass die Unterkante der Häuser klar auf einen Fluchtpunkt oberhalb der Augenhöhe und der Horizontlinie zuläuft.

GEKRÜMMTER INNENRAUM

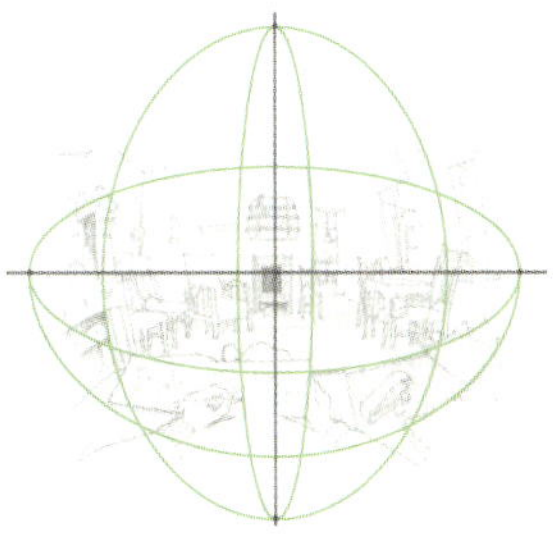

Diese Innenansicht von Gérard Michel zeigt gut, wie viel man aus den Augenwinkeln wahrnehmen kann und wie die kurvilineare Perspektive eingesetzt werden kann, um dem Betrachter das Gefühl zu vermitteln, er stünde nicht vor dem Bild, sondern mittendrin. Die Bildmitte ist nur sehr schwach verzerrt – dies liegt wieder daran, dass man es hier eigentlich mit einer Einpunktperspektive zu tun hat. Doch je weiter das Blickfeld zu beiden Seiten wird, desto stärker müssen die Linien gekrümmt und somit verzerrt werden.

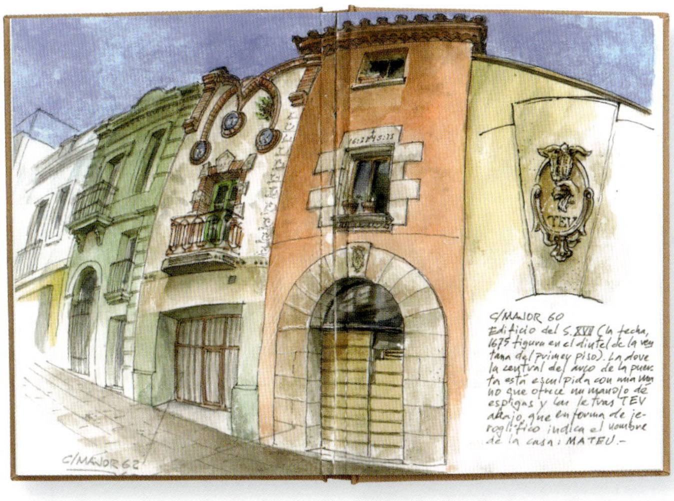

Kurvilineare Perspektive

Anwenden

Die kurvilineare Perspektive lässt sich auf eine Vielzahl von Motiven anwenden: auf Objekte, die sich in nächster Nähe befinden, auf enge Innenraumdarstellung – aber auch auf weite und spektakuläre Panorama-Ansichten.

LAMBRETTA-ROLLER
Lapin • Füllfederhalter und Aquarell

▶ Lapins Zeichnung eines Retro-Rollers demonstriert hervorragend, wie sich die kurvilineare Perspektive auf die Wahrnehmung von Objekten auswirkt, die sich in nächster Nähe befinden. Hier ist nicht viel Präzision vonnöten. Halten Sie einfach die weiter entfernten Teile des Objekts etwas kleiner und haben Sie Spaß beim Erkunden dieses Effekts.

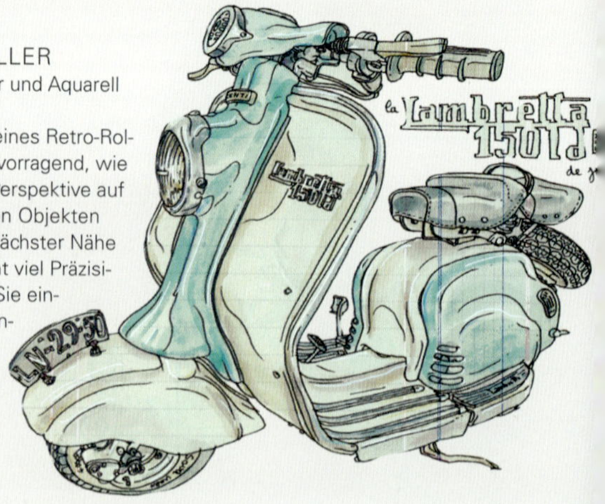

STADTANSICHTEN

DER MATRIZ-PLATZ IN PARATY, BRASILIEN
Matthew Brehm • Füllfederhalter

▼ Dieses Bild ist während eines Workshops von Paul Heaston über kurvilineare Perspektive in Brasilien entstanden. Ein Tipp von Paul bestand darin, den Zeichenblock in das Bild zu integrieren – dadurch bezieht man sehr viel stärker das periphere Sehen ein, als dies normalerweise der Fall wäre. Scheuen Sie sich überdies nicht, die Linien nach Lust und Laune zu verbiegen, um so viel in Ihren Bildausschnitt zu quetschen, wie nur möglich ist.

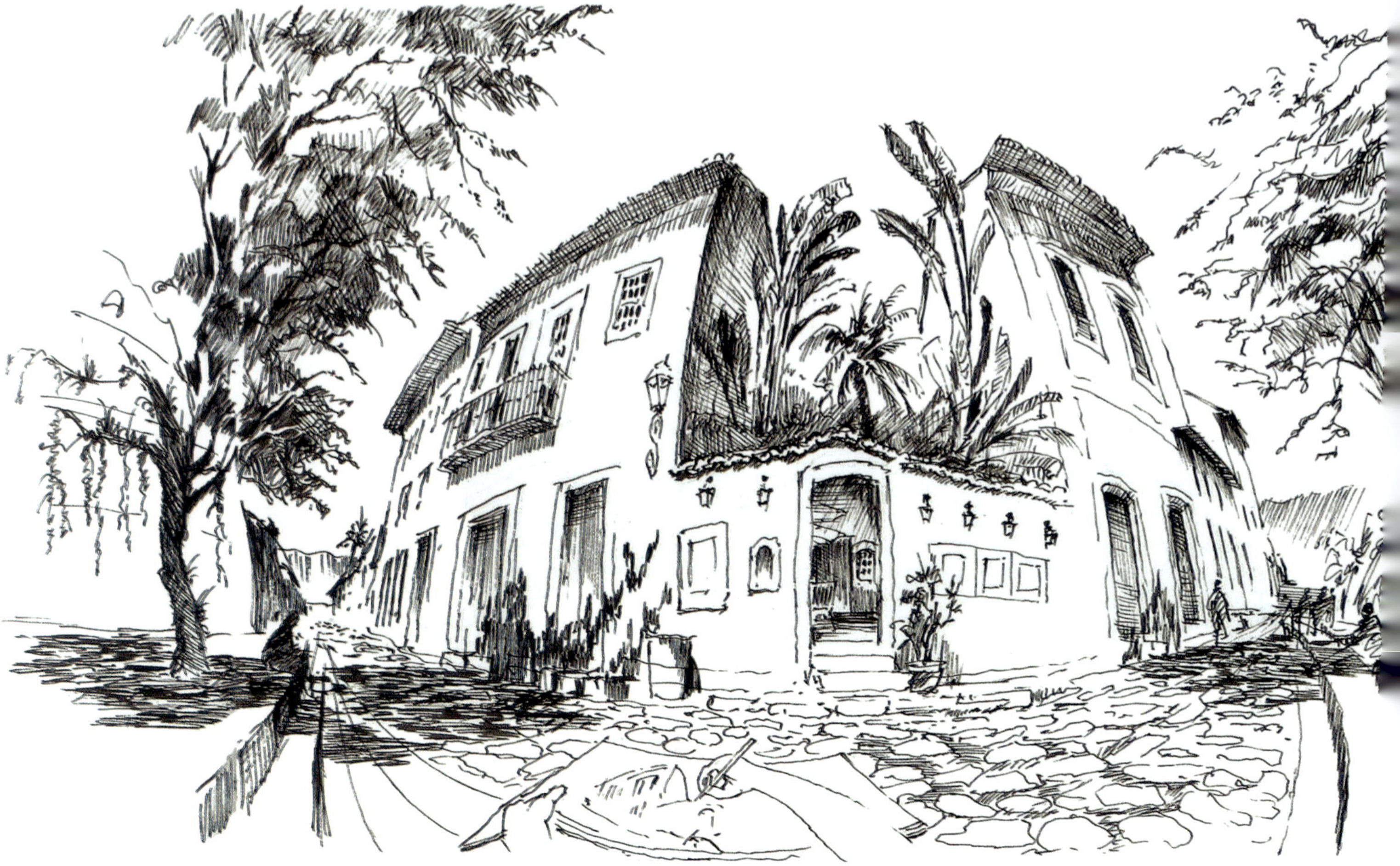

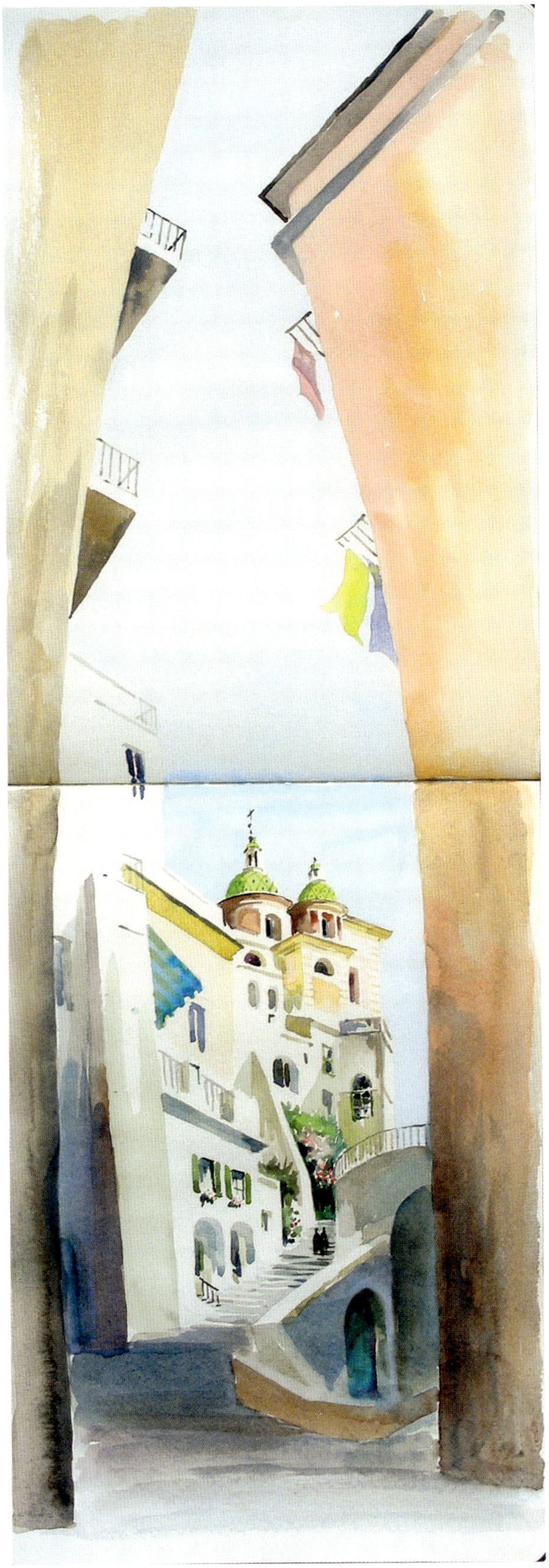

◀ KIRCHE IN ATRANI
Matthew Brehm
Aquarell

In dieser italienischen Küstenstadt habe ich die größte Kirche, die Santa Maria Maddalena, skizziert und dabei versucht einzufangen, wie spektakulär sie in ihre Umgebung eingebettet ist. Die Kirche mit ihrer unverwechselbaren Kuppel erhebt sich plötzlich vor einem, wenn man zwischen den beiden ungewöhnlich hohen Gebäuden um die Ecke biegt. Die kurvilineare Perspektive dient in diesem Bild dazu, die Nähe und die Höhe der beiden Gebäude zu unterstreichen und der Ansicht eine bessere Räumlichkeit zu verleihen. Mein Blick war leicht nach oben gerichtet und verlief nicht parallel zum Boden, daher sind die Unterkanten der Ecken ein wenig nach unten gebogen.

▶ VIA DEL'ARCO DI SAN CALLISTO
Matthew Brehm
Aquarell

In diesem Aquarell wird nicht nur die enorme Höhe der Gebäude an dieser Straße in Rom betont, sondern auch wie nah sie beieinanderstehen. Hätte ich hier keine kurvilineare Perspektive verwendet – wären also alle vertikalen Linien in dieser Zeichnung vertikal wiedergegeben –, dann würde das Bild wahrscheinlich den Anschein vermitteln, ich hätte relativ weit vom Zeichenmotiv entfernt gestanden. Auch hier wurden die Fluchtlinien für die Zeichnung nicht exakt konstruiert. Nachdem ich mir die Winkel der Dächer angeschaut hatte, habe ich die leicht gekrümmten Fluchtlinien hinzugefügt, die in Bodennähe in die annähernd vertikalen Kanten der Gebäude übergehen. Auch die anderen Fluchtlinien habe ich nach Gefühl konstruiert. Da ich beim Zeichnen unter dem Vorsprung des Daches auf der linken Seite stand, ist diese Linie ebenfalls aufwärts und leicht nach rechts geneigt.

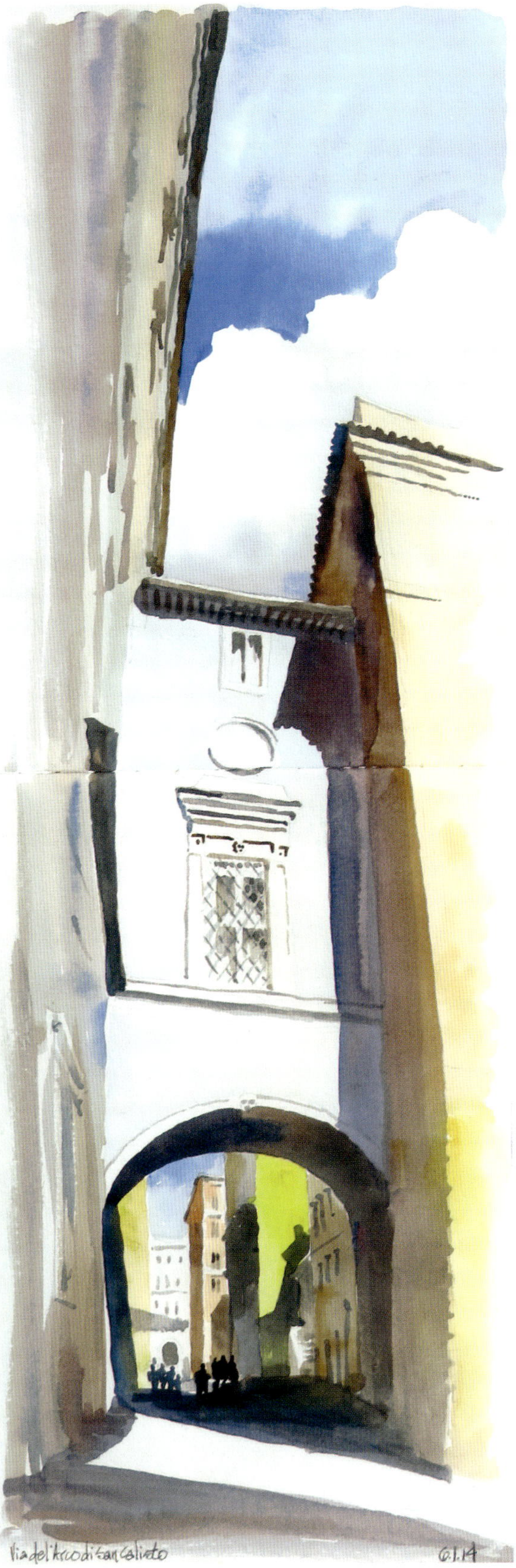

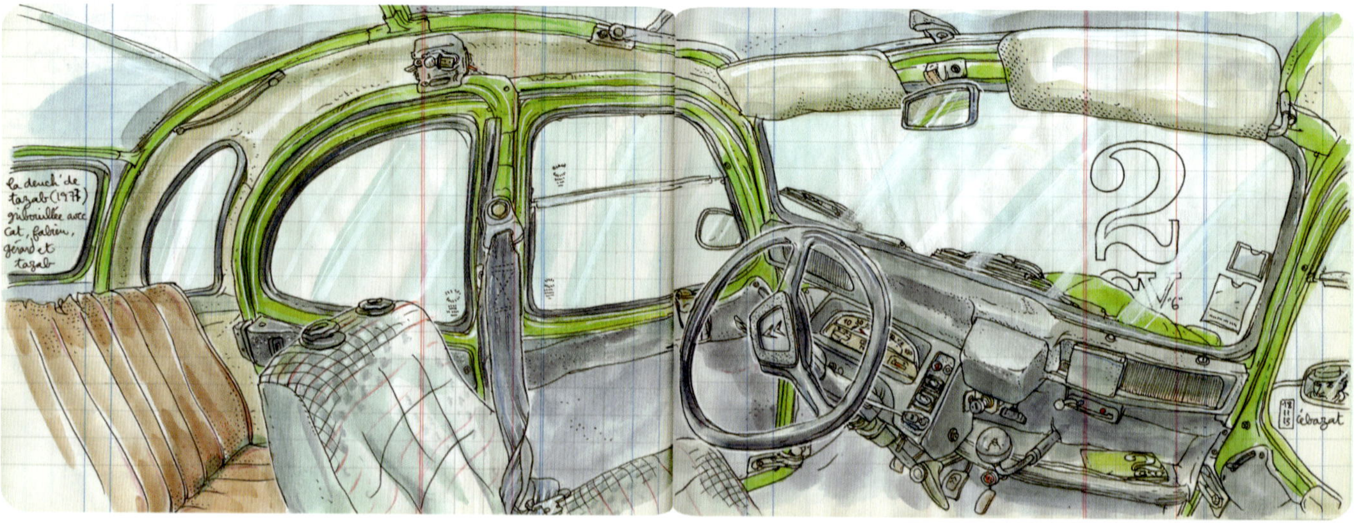

▲ ENTE MIT ZWEI PFERDESTÄRKEN
Lapin • Aquarell

▶ ROLLS ROYCE
Gérard Michel • Aquarell

▼ UNTERHALTUNG ÜBER DEN WOLKEN
Maarten Ruijters • Aquarell

Die kurvilineare Perspektive ist oft die einzige Möglichkeit, einen kleinen Innenraum auf Papier zu bringen, sie wird daher gerne für die Darstellung von Flugzeug- und Auto-Innenräumen verwendet. Um auch in den Grenzbereichen des peripheren Sehens eine realistische Anmutung zu haben, muss die Zeichnung gebogen und verzerrt werden. Für gewöhnlich wird diese Perspektive für Ansichten gewählt, die sich von links nach rechts erstrecken – wie in der Skizze einer Flugzeugkabine von Maarten Ruijters *(unten)*. Ein anderer Ansatz, einen engen Innenraum zu zeichnen, besteht darin, ihn aufgefächert offenzulegen, so als wäre er aufgebrochen, auseinandergefaltet und glattgestrichen worden. Die Auto-Innenansicht von Lapin demonstriert dies *(oben)*. Auch hier kommt es nicht auf Präzision an. Die Herausforderung liegt eher darin, so viel wie möglich aus dem Blickfeld in die Zeichnung zu bringen, während man versucht, beim Geradeaussehen auch den letzten Winkel des Raums zu erfassen. Gérard Michel hat bei seiner Zeichnung eines alten Rolls Royce einen strukturierteren Ansatz gewählt und die perspektivische Darstellung vorher mithilfe einer Skizze geplant. Solche kleinformatigen Skizzen können enorm helfen, das Wesentliche der Ansicht zu erfassen und sich vor Augen zu führen, wie sich die Linien auf die Fluchtpunkte hin krümmen.

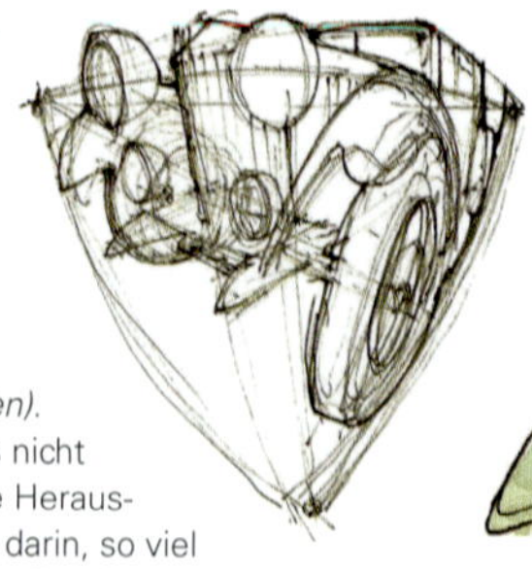

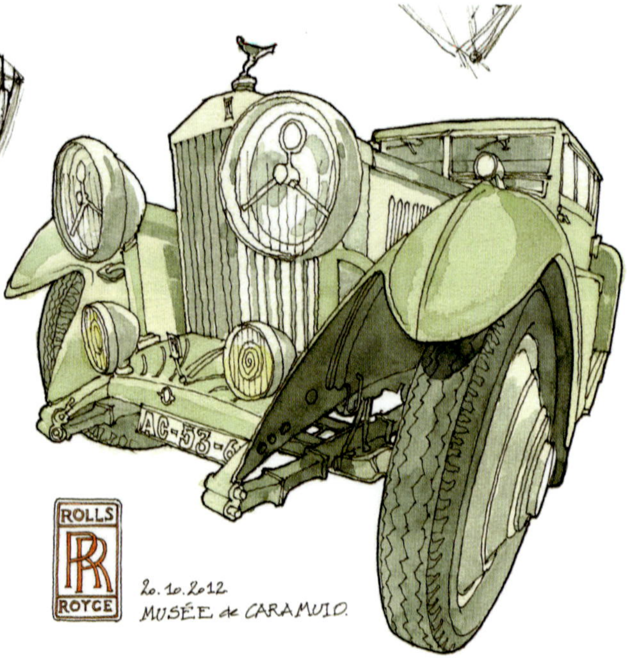

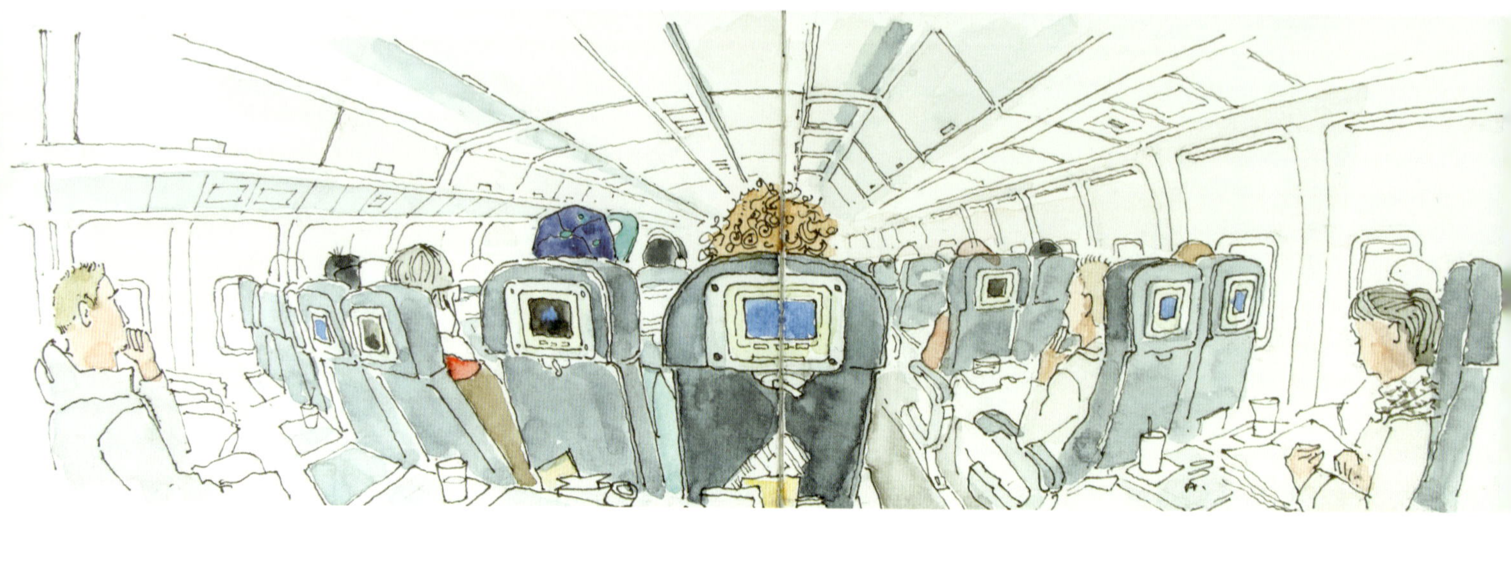

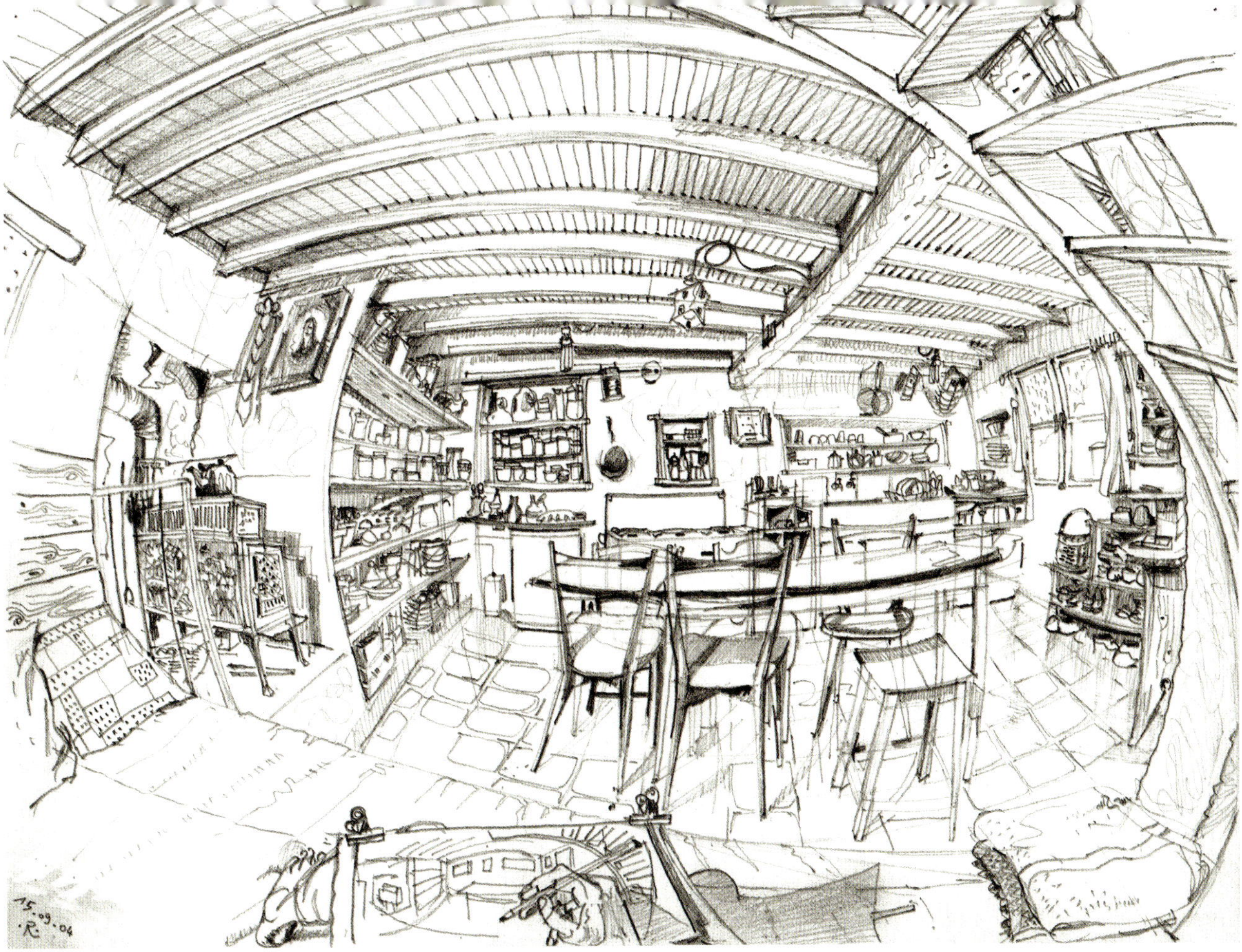

▲ EINE BERGHÜTTE
A. Rmyth • Bleistift

Beim Betrachten von A. Rmyths großartiger Skizze erkennt man konzentrische Kreise oder Ellipsen, die die Struktur für diese Ansicht festlegen. Beim Anlegen einer Zeichnung wie dieser ist es unerlässlich, mit einer Vielzahl von Hilfslinien zu arbeiten – fügen Sie solche Linien mit zarten Strichen ein und benutzen Sie dafür einen harten Bleistift. Dann erst sollten Sie zu Tusche oder Farbe greifen. Wenn die grundlegende Struktur der Perspektive klar ist – und das ist hier ganz deutlich der Fall – dann ist es auch kein Problem mehr, die zahllosen kleinen Elemente und Details einzufügen.

▶ AUF DEM MARKT
Luis Ruiz • Aquarell

Hier ist das Blickfeld in die horizontale und in die vertikale Richtung vergrößert. Dadurch werden gleichzeitig die architektonischen Aspekte der Szene und die lebendige, quirlige Atmosphäre des Markts hervorgehoben. Nur eine sanfte Krümmung genügt hier, um die erweiterte Perspektive anzudeuten.

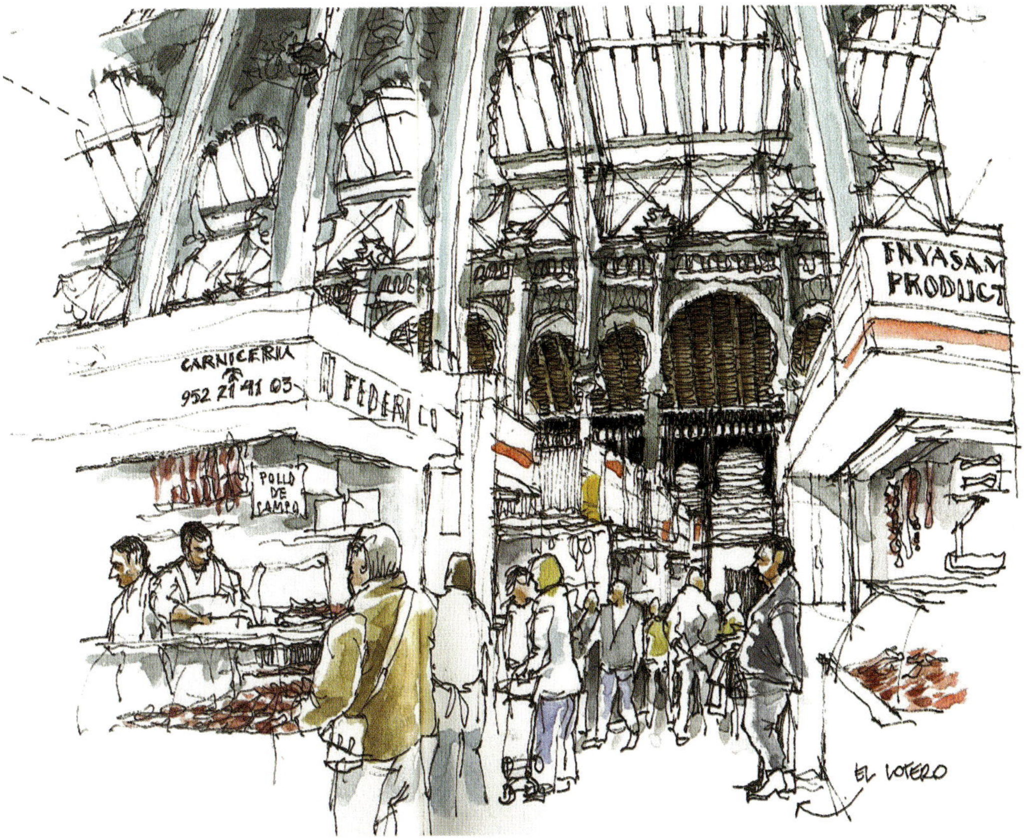

Kurvilineare Perspektive

Schritt für Schritt

Nathan Walsh wollte, dass sich diese Zeichnung förmlich um den Betrachter herumwickelt, sodass dieser das Gefühl hat, er könne in das Bild hineingehen. Dabei bestand die Herausforderung darin, die Straßenbahnstation mit Blick auf die New Yorker Queensborough Bridge so zu zeichnen, dass alle Bildsequenzen nahtlos ineinander übergehen, optische Brüche sollte es nicht geben.

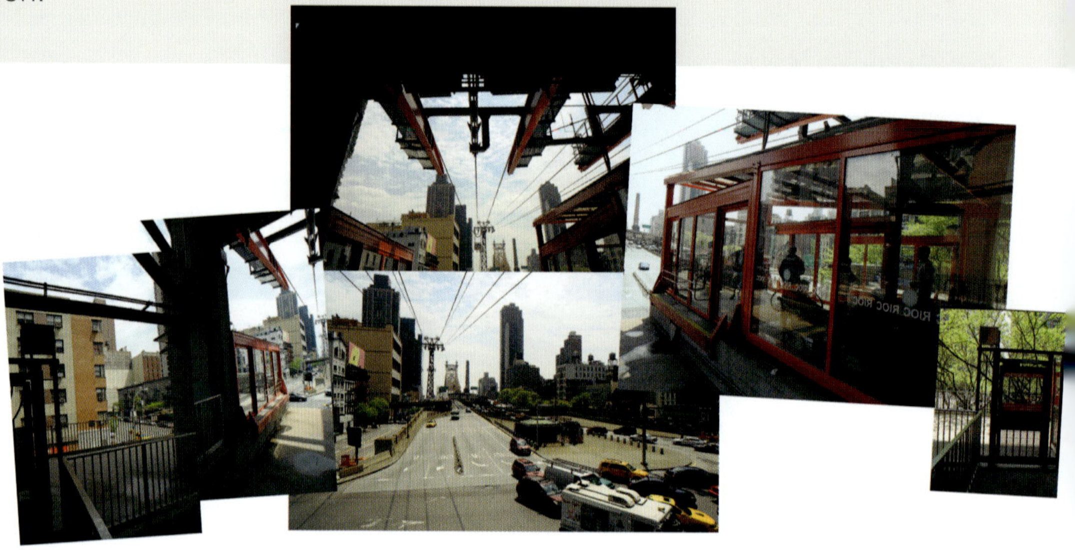

▶ Das Motiv vereint Innen- und Außenansichten und erstreckt sich über einen extrem weiten Blickwinkel. Um all diese Elemente in einen nahtlosen Zusammenhang zu bringen, wurde eine kurvilineare Perspektive gewählt, bei welcher sowohl horizontale als auch vertikale Linien gekrümmt sind. Dadurch gewinnt der Betrachter den Eindruck, dass sich die Szene nicht vor ihm auftut, sondern um ihn herum. Schaut man auf zum Bahnhofsdach, laufen die Linien auf einen Punkt am Zenit zu. Nach unten hin biegen sie sich zu einem Punkt, der tief unter dem Betrachter liegt.

SCHRITT 1 ▶ DAS RASTER
Zunächst wurden Höhe und Breite der fertigen Zeichnung festgelegt und ein perspektivisches Raster mithilfe eines Adobe Photoshop-Plug-ins von Mark McKay erstellt. Dieses Raster erleichtert das Anlegen vieler Fluchtlinien und hilft außerdem, sich darüber klar zu werden, wie stark die vertikalen Linien des Motivs zum oberen und unteren Fluchtpunkt hin gekrümmt werden sollen. Dann wird die Horizontlinie eingefügt. Diese sollte über das gesamte Arbeitsblatt laufen, nicht nur bis zum Ende des Bildausschnitts.

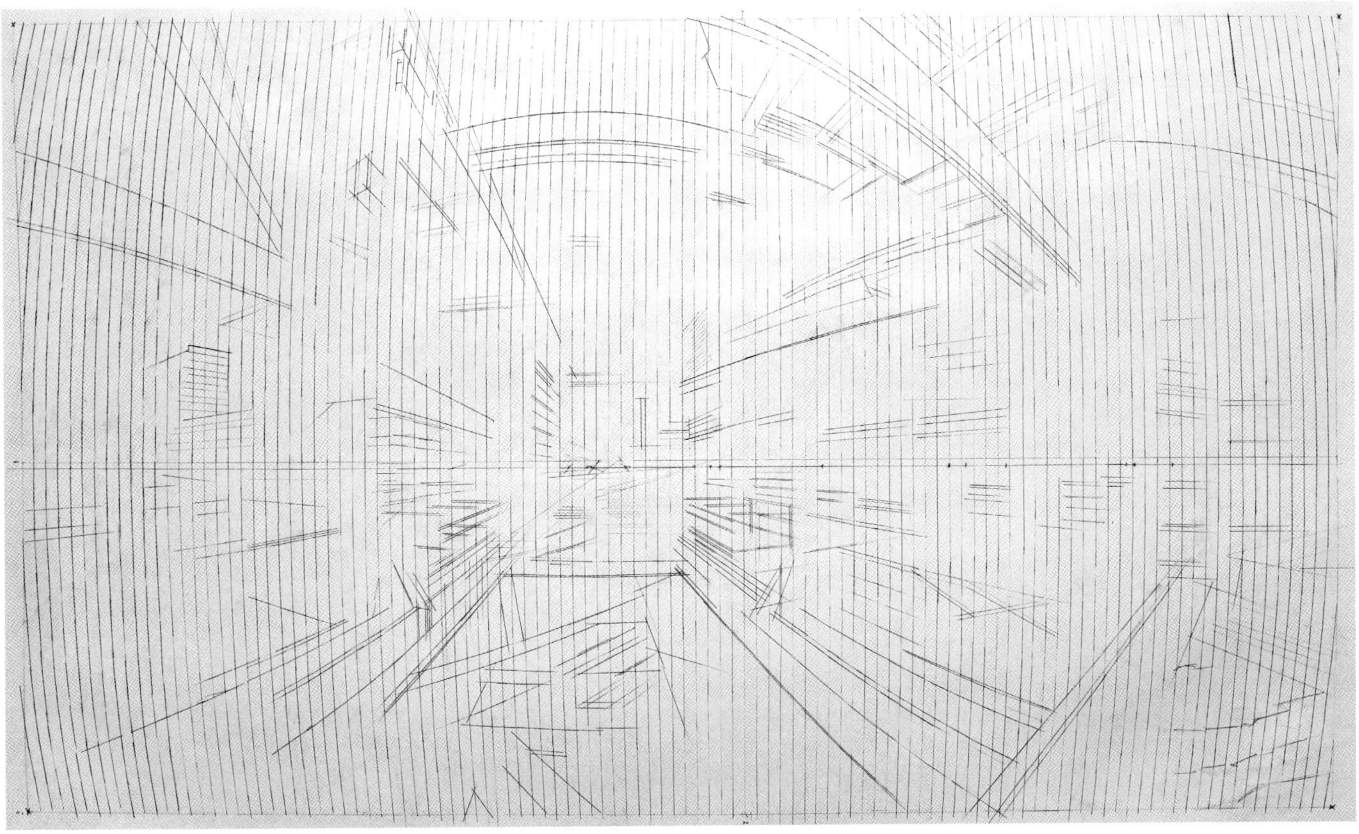

SCHRITT 2 ▲ EINFACHE FORMEN

Beginnen Sie damit, mit zarten Linien die ersten Objekte einzuzeichnen. Jedes Element – seien es Gebäude, Zäune oder Bäume – bekommt seinen eigenen Fluchtpunkt auf der Horizontlinie. Zu diesem Zeitpunkt steht noch nichts endgültig fest. Alle Elemente können verschoben werden, auch in ihrer Größe und Position können die Elemente noch wesentliche Änderungen erfahren. Halten Sie sich an große, einfache Formen und versuchen Sie zu erkennen, wie diese zueinander und zur Gesamtkomposition in Relation stehen. Vom Groben zum Feinen zu arbeiten ist sehr hilfreich, um sich nicht zu früh mit zu komplizierten oder detaillierten Bereichen aufzuhalten.

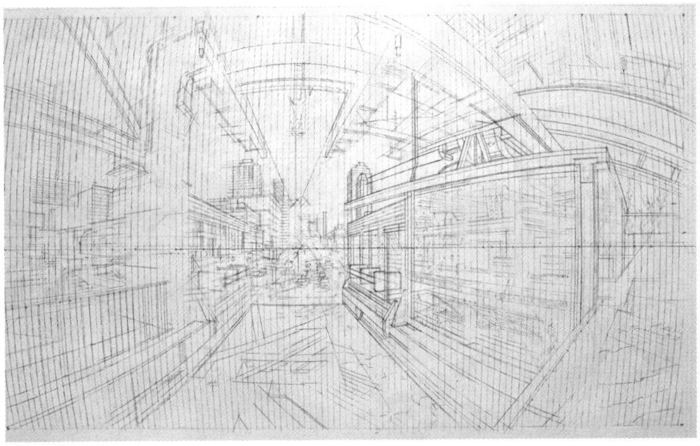

ZEICHENMETHODE

Der Künstler hat die Zeichnung auf einem großen Blatt weichen Fabriano-Papiers angefertigt, das er an einer Atelier-Wand befestigt hat. Arbeitswerkzeuge waren Bleistifte der Stärke HB und weiche Knetradiergummis. Damit war es ihm möglich, Elemente des Motivs umzuplatzieren und Änderungen vorzunehmen. Dieser Prozess aus Prüfen und Ändern führt letztendlich zu einer zusammenhängenden Szene, die dynamisch und trotzdem leicht zu erfassen ist.

SCHRITT 3 ▲ ENTWICKLUNG DER BILDTIEFE

Mit etwas Übung werden Sie diese einfachen Formen immer zielgenauer in Ihre Zeichnung einfügen und sie in immer kleinere Elemente runterbrechen können. Mithilfe einer simplen mathematischen Konstruktion können Sie ermitteln, wie Sie die Objekte, die sich vom Vordergrund zum Hintergrund des Bilds wiederholen, platzieren müssen. Scheuen Sie sich nicht davor, einzelne Elemente anders zu zeichnen, als sie in Wirklichkeit sind, wenn sich die Ansicht dadurch interessanter gestaltet. Alles geht, solange es sich logisch in die Komposition einfügt.

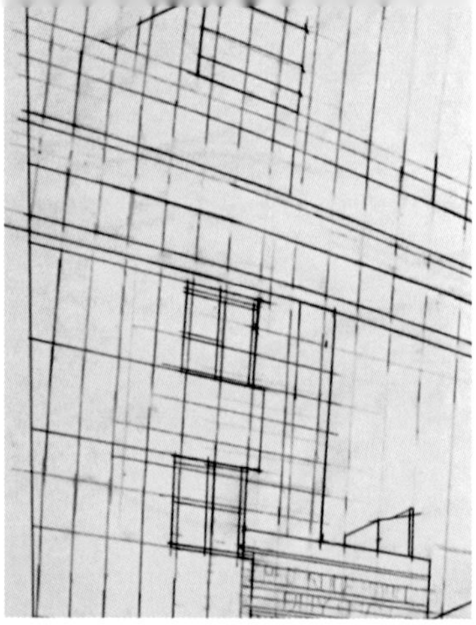

◀ Der Krümmungsgrad der Fluchtlinien erreicht sein Maximum am Bahnhofsdach am rechten Bildrand. Wenn Sie solche Bildareale isoliert betrachten, wirken diese verzerrt und unwirklich. Perspektivische Überlegungen dienen nur als Strategie – Experimente sind erwünscht. Ein atemberaubendes Werk ist wichtiger als das strikte Befolgen der Grundlagen einer Technik.

▶ Hier wurde zum Beispiel die Seite des Bahnhofs nicht als gerade Fläche dargestellt, sondern in einzelne Teilflächen aufgefächert, die alle einen anderen Fluchtpunkt auf der Horizontlinie besitzen. Dies ergibt eine Reihe subtiler Bögen, die durch kurze gerade Linien miteinander verbunden sind.

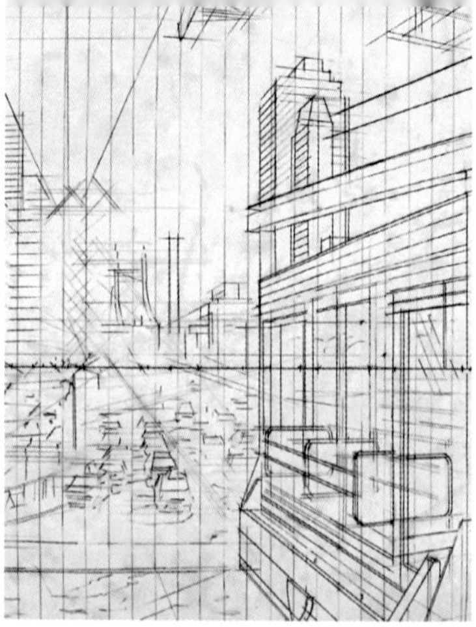

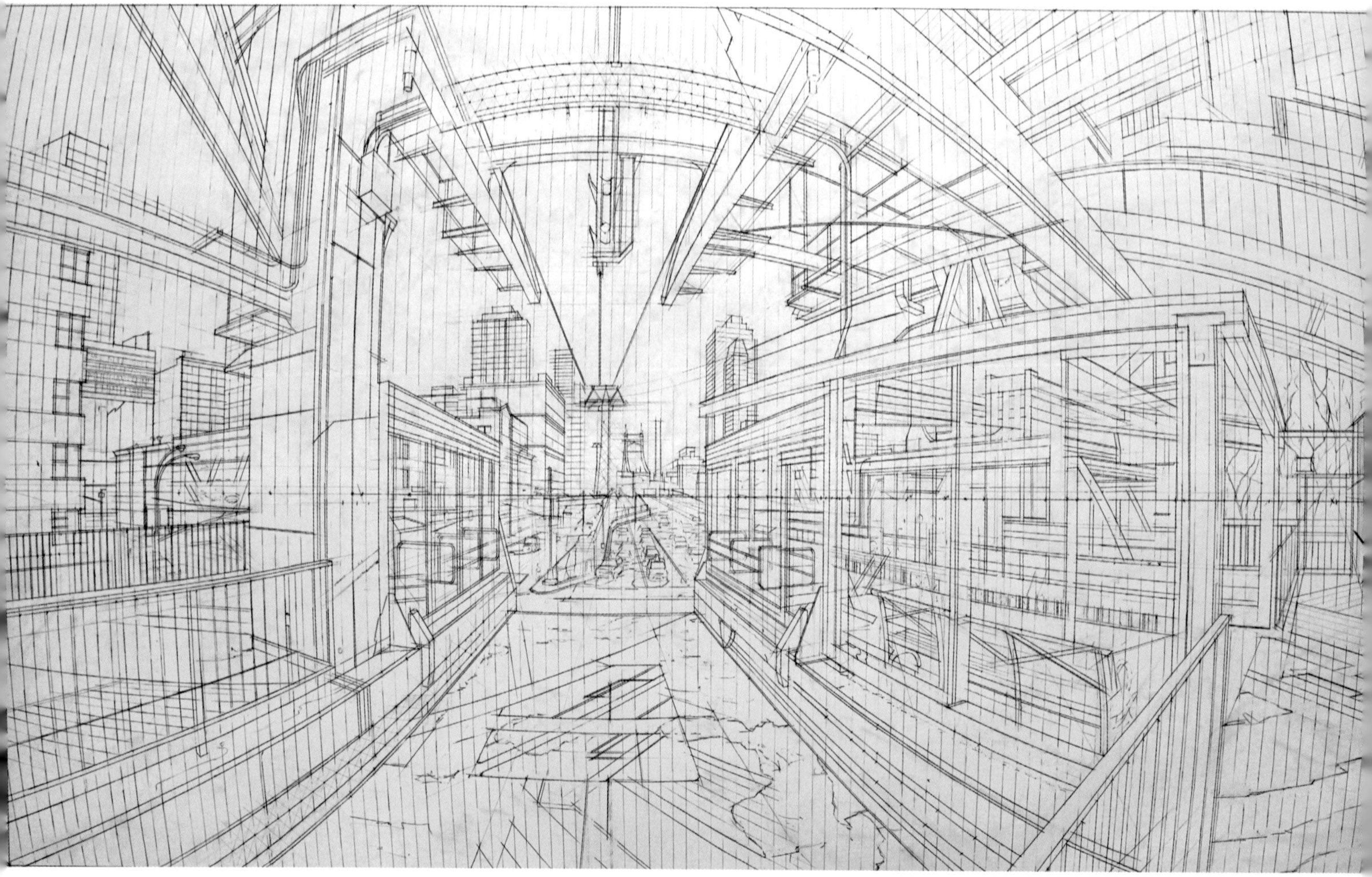

▲ DIE KOMPLETTE ZEICHNUNG

Bis zum Erreichen dieses Stadiums wurde die Zeichnung einige Male überarbeitet, jedes Element wurde mit größerer Sicherheit eingepasst und in der Gesamtkonstruktion verankert. Im Ergebnis hinterlässt dieser Prozess eine Fülle von Markierungen, Berechnungen und Radierungen, die, obwohl sie für den Betrachter vielleicht interessant sein mögen, formale Zweideutigkeiten bewirken können. Daher ist es ratsam, die Zeichnung nicht mit zu vielen Details zu überfrachten, die sowieso nicht merklich zur Wirkung des Bilds beitragen.

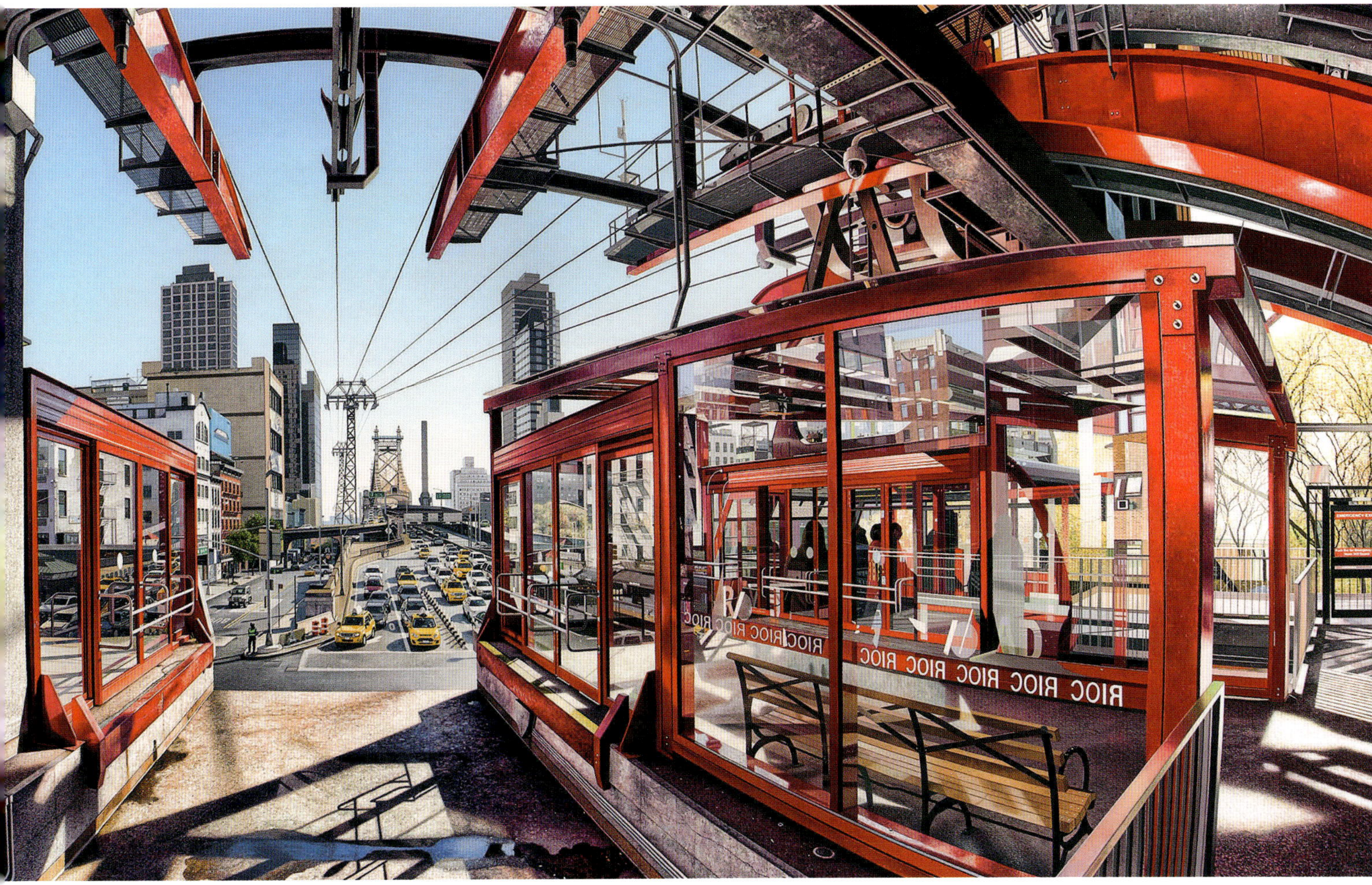

▲ DAS KOMPLETTE GEMÄLDE

Die Ölfarbe wurde über Monate in vielen Schichten aufgetragen. Zuerst dünn, darauf folgten schwerere Texturen und dichte Flächen. Hier wurde der Luftperspektive viel Aufmerksamkeit geschenkt und mithilfe von Farben, Helligkeitswerten und Kontrasten eine Illusion räumlicher Tiefe geschaffen. Mischt man einer Farbe eine kleine Menge der Komplementärfarbe bei, wird der Farbton stumpfer und tritt optisch zurück. Ordnet man dagegen die beiden Komplementärfarben einzeln nebeneinander an, so entsteht an dieser Stelle ein starker Kontrast. Und selbst in diesem Arbeitsstadium fühlte sich der Künstler nicht verpflichtet, die Originalstrukturen unverändert zu übernehmen. Wenn Ihnen an einer Stelle die Idee zu einer Variation kommt, sollten Sie diese auf jeden Fall erwägen.

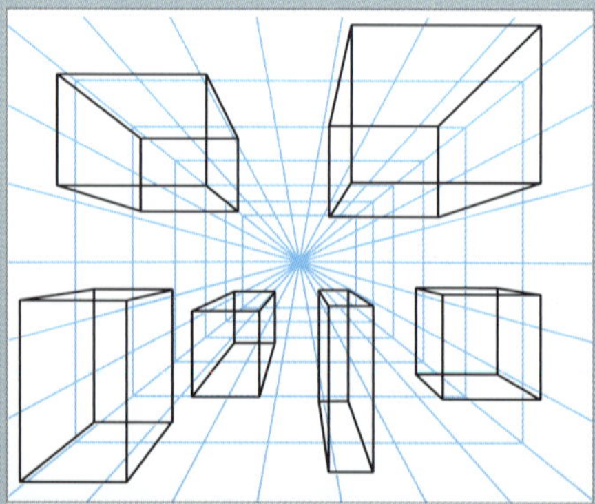

EINFACHE QUADER: Sie dienen zur Veranschaulichung, wie sich geometrische Formen in einer räumlichen Perspektive verhalten.

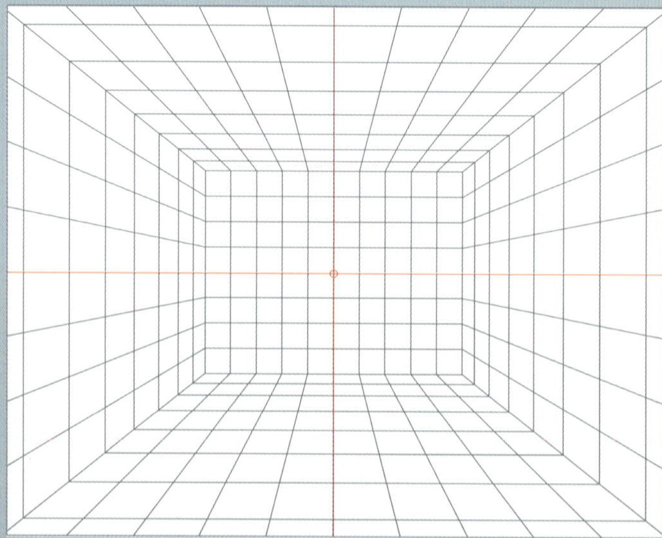

1. ÜBUNG: Diese einfachen Quader sollen Ihnen vermitteln, wie Objekte im Bild wirken, wenn Sie sie auf unterschiedlichen Höhen und in unterschiedlichen Abständen zum Fluchtpunkt anordnen. Kopieren Sie sich das leere Raster und nehmen Sie die Zeichnung links als Beispiel. Entwickeln Sie dann aber Ihre eigene Anordnung von Quadern.

ARBEITS-BUCH

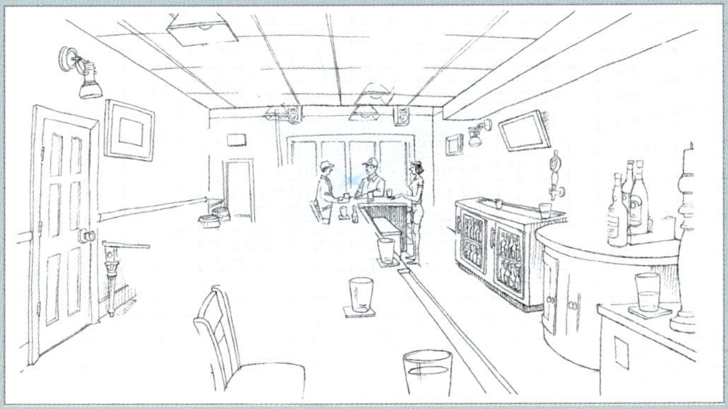

2. ÜBUNG: Hier finden Sie eine unfertige Zeichnung vor. Vervollständigen Sie sie, indem Sie die in der Liste angegebenen Gegenstände einfügen. Stellen Sie sich dafür vor, wie die Objekte perspektivisch aussehen würden. Machen Sie sich keine Gedanken, wenn Ihre Version nicht haargenau der fertigen Zeichnung gleicht. Wenn Sie die Übung nicht direkt ins Buch zeichnen möchten, machen Sie sich eine Kopie der Seite.

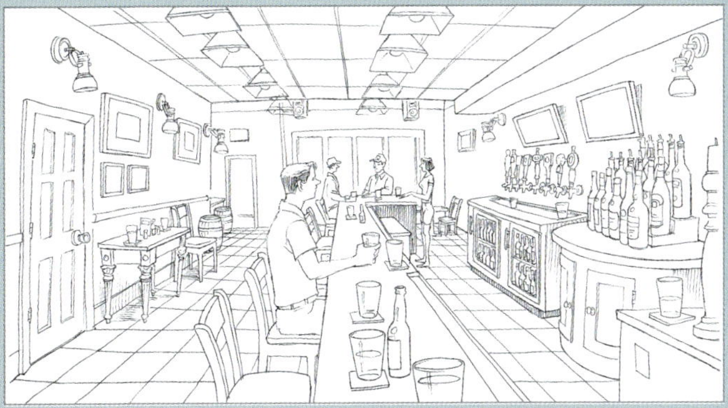

KOMPLETTE ZEICHNUNGEN: Die kompletten Zeichnungen befinden sich im hinteren Teil des Buchs (Seiten 138–140). Schauen Sie sich diese jedoch möglichst erst an, wenn Sie mit der Übung fertig sind – denn Ihre eigenen Interpretationen sind mindestens genauso passend wie die „richtige" Variante.

In diesem Arbeitsbuch können Sie nun die Grundregeln der vorgestellten Perspektiven selbst ausprobieren. Oben auf dieser Doppelseite sehen Sie die Übungen, die dazu auf Sie warten. Vorgegebene Raster, einfache Quader zur Veranschaulichung und unfertige Zeichnungen zum Vervollständigen – bei alldem wenden Sie die Grundlagen aller im Buch behandelten Perspektiven an. Auf den Seiten 118, 119, 132 und 133 finden Sie jeweils Raster im XXL-Format, um sich an großformatigen Motiven zu versuchen.

Artwork Thomas Thorspecken
Raster John Woodcock

Vorlagen im Download
Auf www.emf-verlag.de/perspektive stehen unter Downloads die leeren Rasterräume und die fertigzustellenden Bilder aus dem Arbeitsbuch zum Downloaden für Sie bereit. Einfach ausdrucken und die gewünschten Übungen draufzeichnen.

Arbeitsbuch

Einpunktperspektive

In fast allen Skizzen befindet sich zumindest ein Fluchtpunkt. Ein guter Ausgangspunkt für eine Skizze ist es, die Linien am Boden oder am Dach auszumachen, die in der Verlängerung zu diesem Punkt führen. Wenn Sie sich im Freien aufhalten, liegt der Fluchtpunkt wahrscheinlich auf der Horizontlinie am Ende einer Straße oder eines Eisenbahngleises. Sie sind in einem Raum? Dann stellen Sie sich vor, an den Wänden hingen überall Spiegel. Dort, wo Sie Ihr eigenes Gesicht im Spiegel sehen würden, befindet sich der Fluchtpunkt. Da in den wenigsten Räumen so viele Spiegel hängen, können Sie sich auch anders behelfen – schätzen Sie einfach, wie hoch Ihre Augen vom Boden entfernt sind und schauen Sie in dieser Höhe gerade an die Wand vor Ihnen. Dort liegt der Fluchtpunkt.

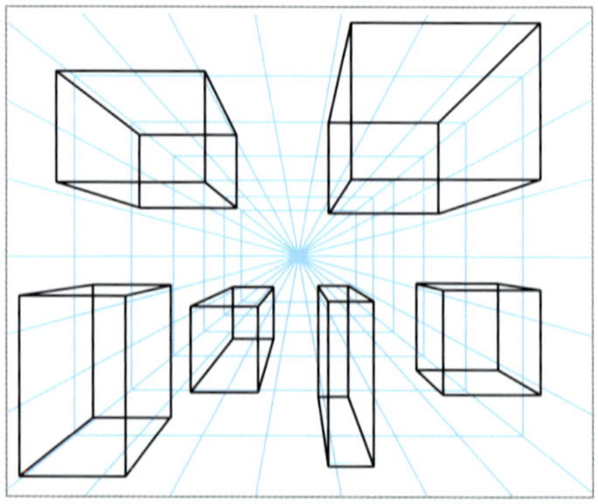

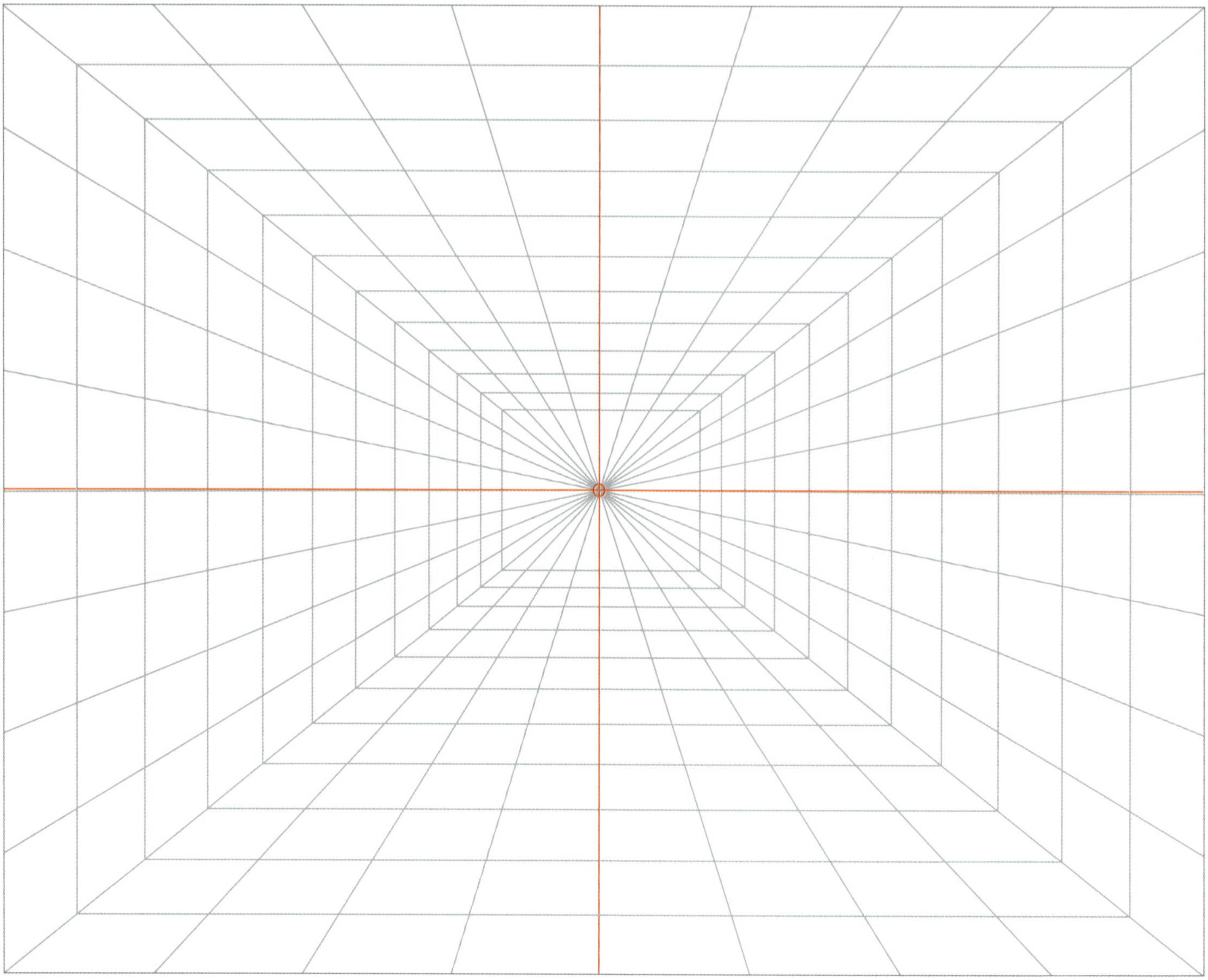

Den Fluchtpunkt direkt in die Mitte eines Bilds zu legen, ist meist keine gute Idee. Wenn Sie beim Zeichnen sitzen, liegt der Fluchtpunkt eigentlich niedriger, wenn Sie stehen, ist er deutlich höher positioniert. Kopieren Sie das unten vorgegebene Raster und orientieren Sie sich beim Einzeichnen der Objekte an den Quadern rechts – versuchen Sie doch mal ein Zimmer mit Möbeln, Fenstern und Türen darzustellen.

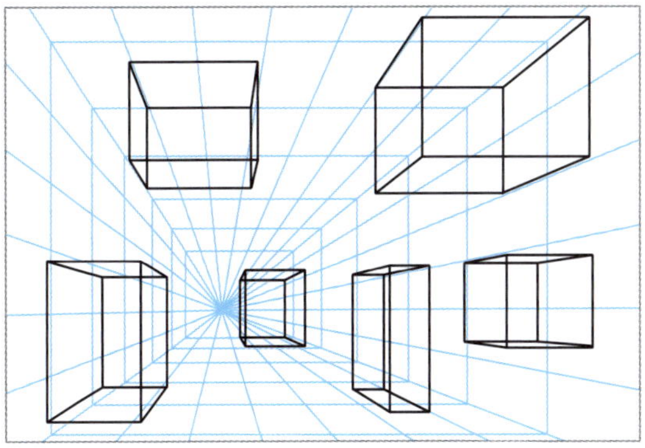

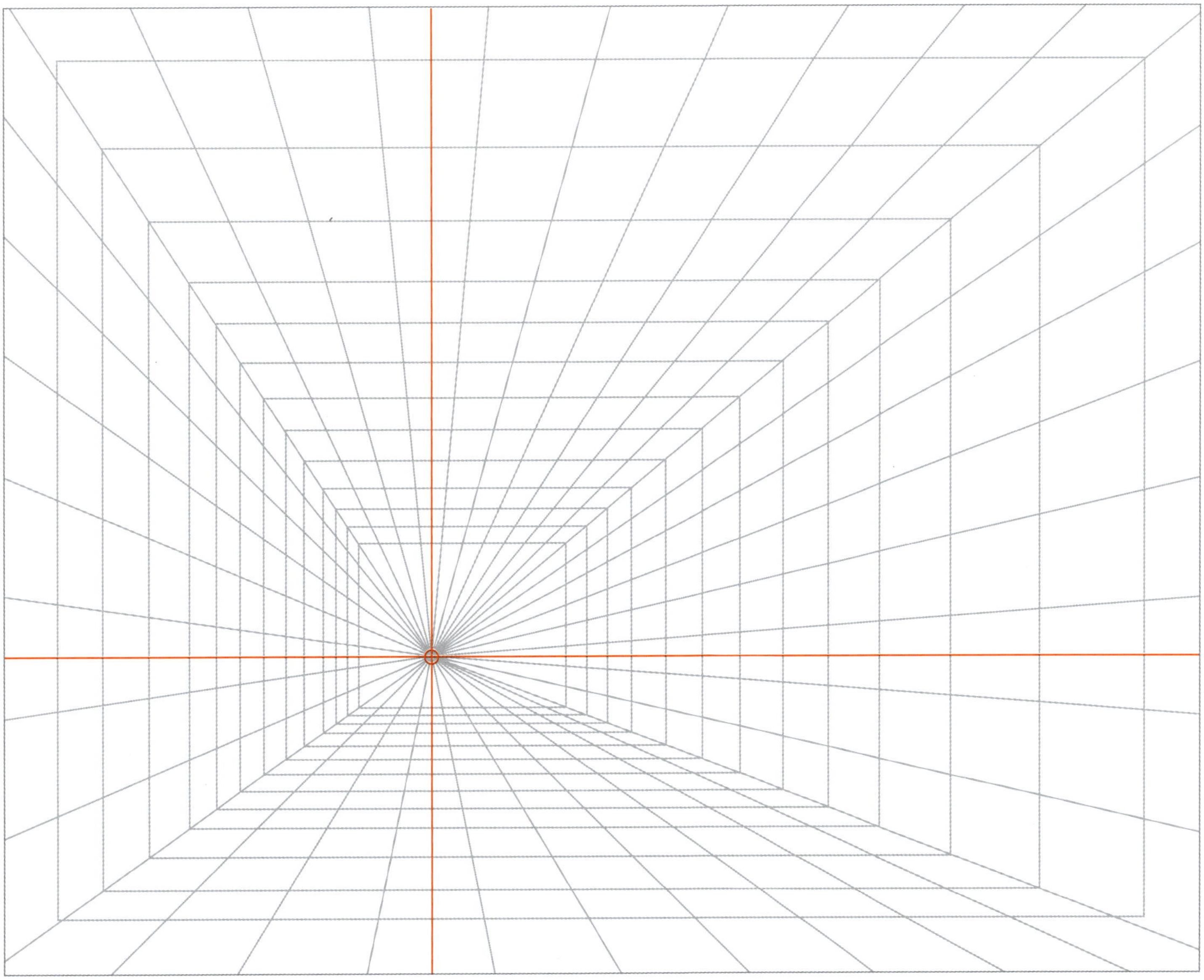

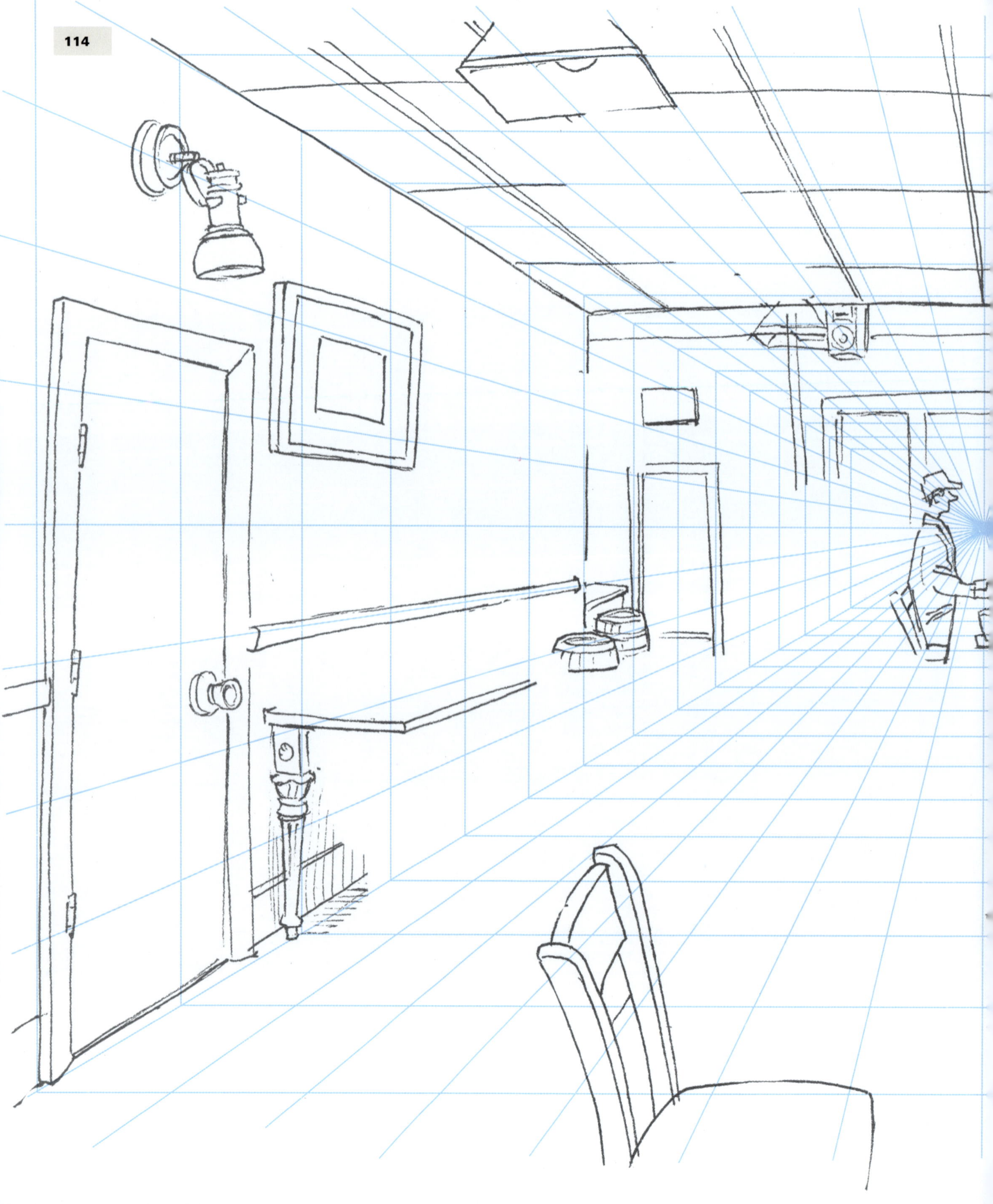

FÜGEN SIE EIN *(von links nach rechts)*

- Sechs kleine Türpaneele
- Weitere Bilder und Wandleuchten
- Vervollständigen Sie den Tisch an der Wand und stellen Sie ein paar Gläser und Geschirr darauf.
- Platzieren Sie hinten neben dem Tisch einen Stuhl, der mit der Lehne zur Wand steht.
- Zeichnen Sie die beiden Bierfässer zu Ende.
- Vervollständigen Sie zwei Reihen von Deckenleuchten.
- Zeichnen Sie so viele Barhocker, dass diese bis zum Ende der Bar reichen. Setzen Sie auf einige Barhocker auch Personen.
- Stellen Sie Gläser und Flaschen auf den Tresen.
- Fügen Sie an der rechten Wand noch einen Fernsehbildschirm und ein paar Lampen hinzu.
- Fügen Sie dem Getränkeschrank noch eine Tür hinzu und stellen Sie auf den Schrank zusätzliche Flaschen.

(Auf Seite 138 sehen Sie, wie die komplette Zeichnung aussehen könnte.)

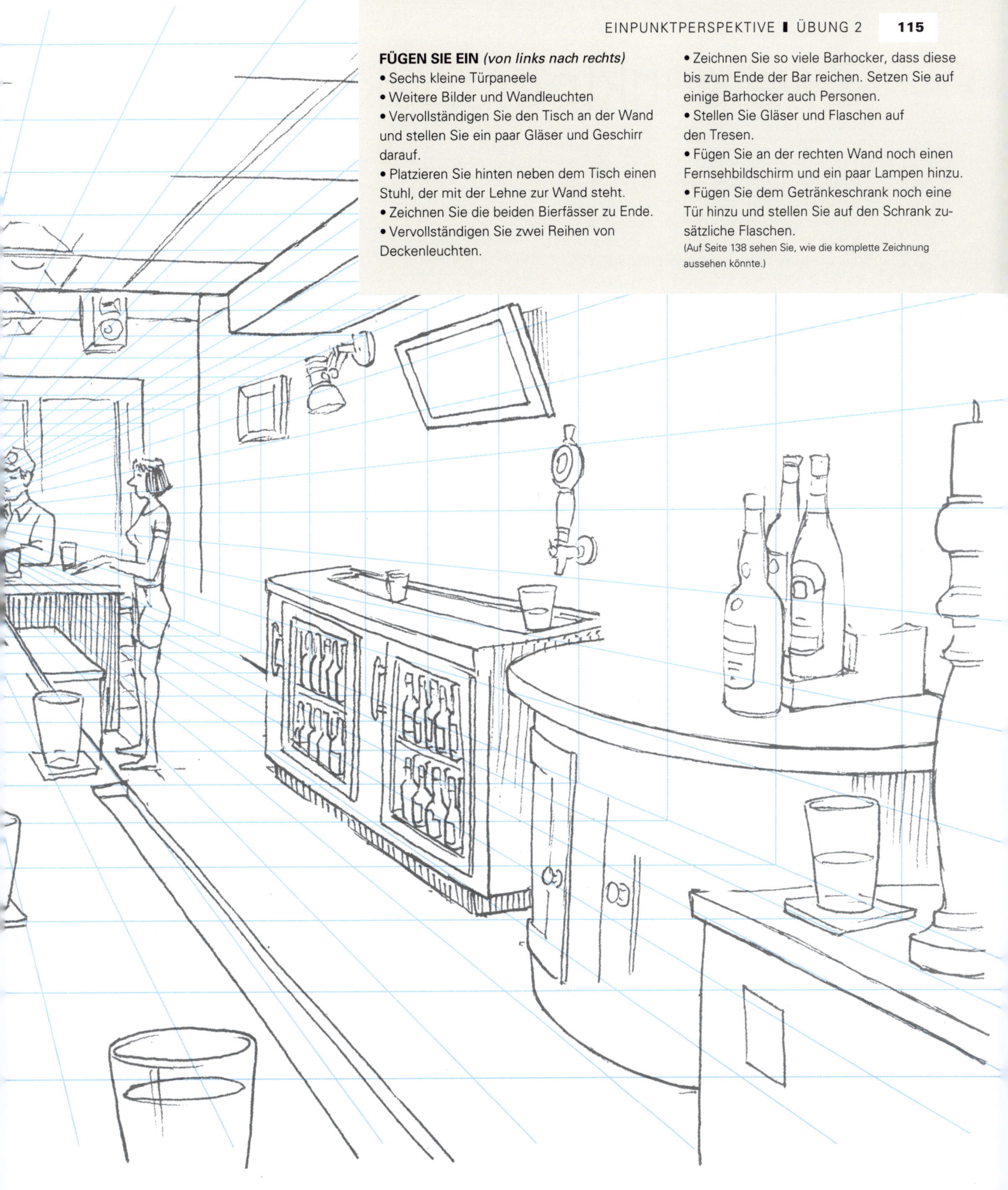

Zweipunktperspektive

Sie können sich die Fluchtpunkte wie die Himmelsrichtungen auf einem Kompass vorstellen. Wenn Sie Ihren Blick und den Kompass nach Norden ausrichten, wären die Fluchtpunkte im Westen und im Osten. Normalerweise nehmen wir in unserem Blickfeld zwei Fluchtpunkte wahr. In einem Innenraum gibt es ebenfalls zwei Fluchtpunkte, wenn man in eine Ecke schaut. Die Fluchtlinien dieser Punkte verhalten sich rechtwinklig zueinander, vorausgesetzt, die Wände stoßen in einem Winkel von 90 Grad aufeinander.

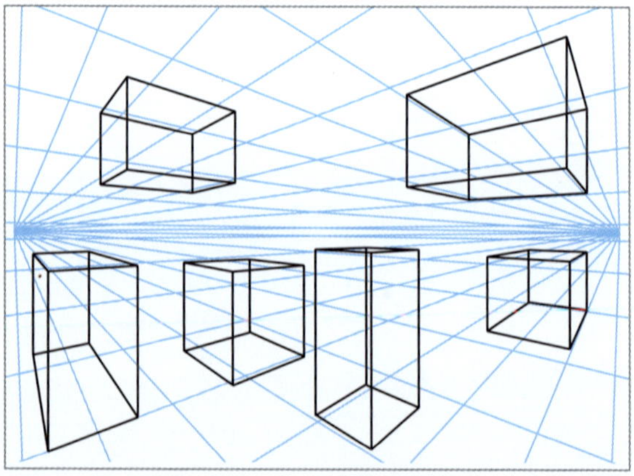

▶In diesem Beispiel befinden sich die Fluchtpunkte in geringem Abstand voneinander. Das bedeutet, dass die Winkel zwischen Vorder- und Seitenteilen sehr spitz zulaufen, in jedem Fall sind sie kleiner als 90 Grad. Diesen Effekt erzielt man auch mit einer Kamera mit Teleobjektiv.

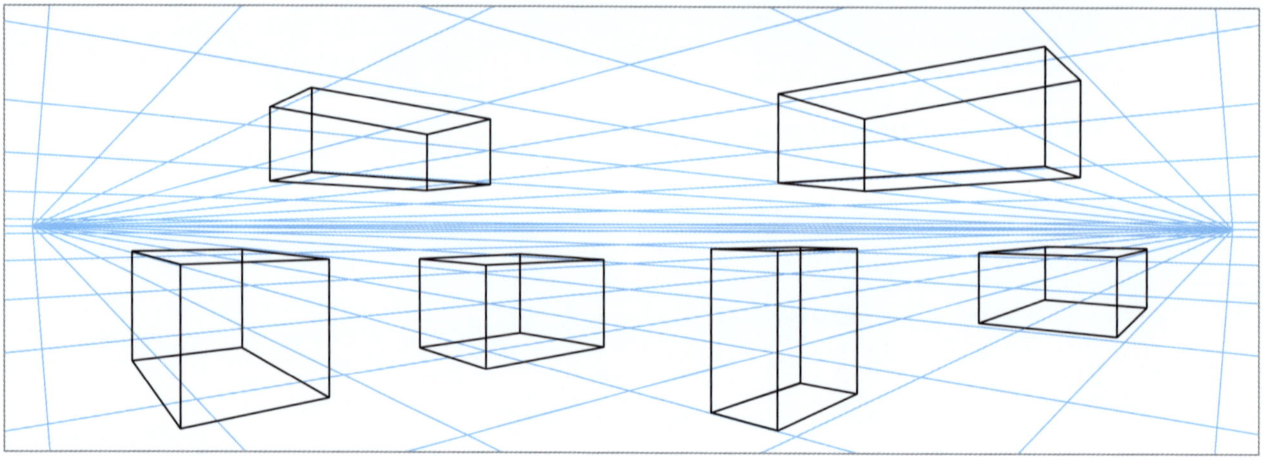

▲Hier befinden sich die beiden Fluchtpunkte weiter voneinander entfernt als im ersten Beispiel. Dadurch sind die Winkel zwischen Front- und Seitenflächen stumpfer, sie sind größer als 90 Grad. Bei einer Kamera braucht man für ein solches Bild ein Weitwinkelobjektiv.

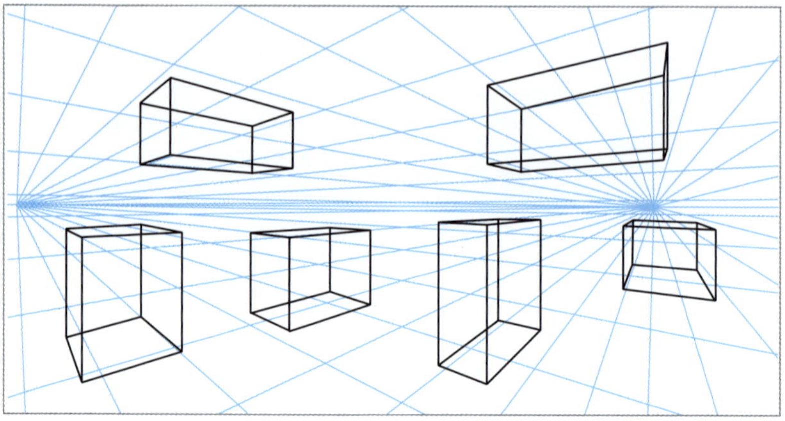

▲Die Entfernung der Fluchtpunkte voneinander liegt in etwa zwischen den Entfernungen aus den beiden vorangegangenen Beispielen. Darüber hinaus befinden sich die beiden Punkte unterschiedlich weit von der Mittelachse entfernt, daher blicken Sie aus jeweils anderen Blickwinkeln auf die Objekte. Alle drei Konstellationen können Sie beim Zeichnen verwenden, je nach erwünschtem Effekt.

3. Übung, Seiten 124–125: In dieser Übung gilt es wieder, die fehlenden Objekte einzuzeichnen. Dieses Mal sind jedoch die genauen Koordinaten vorgegeben, auf denen die jeweiligen Gegenstände platziert werden sollen.

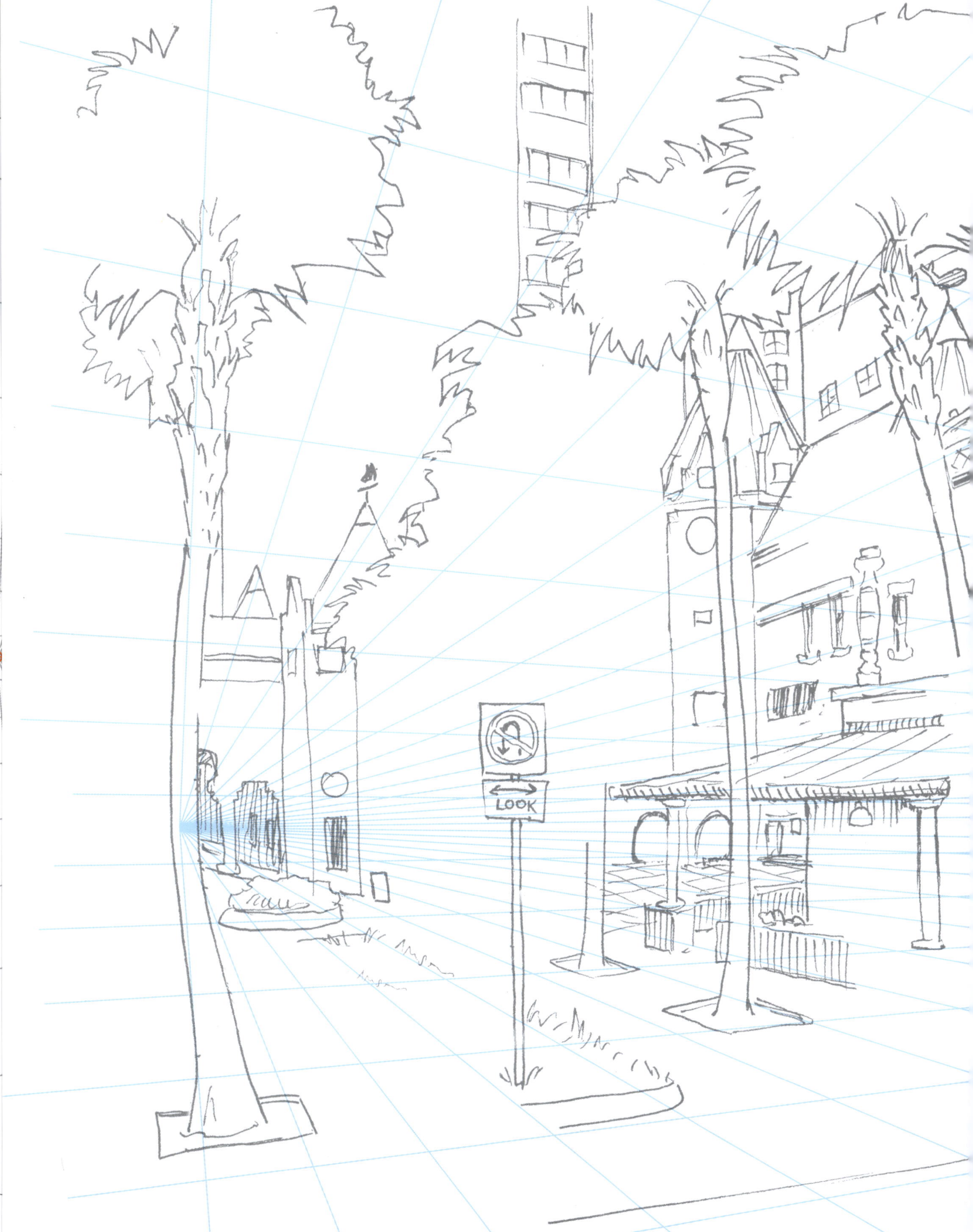
LOOK

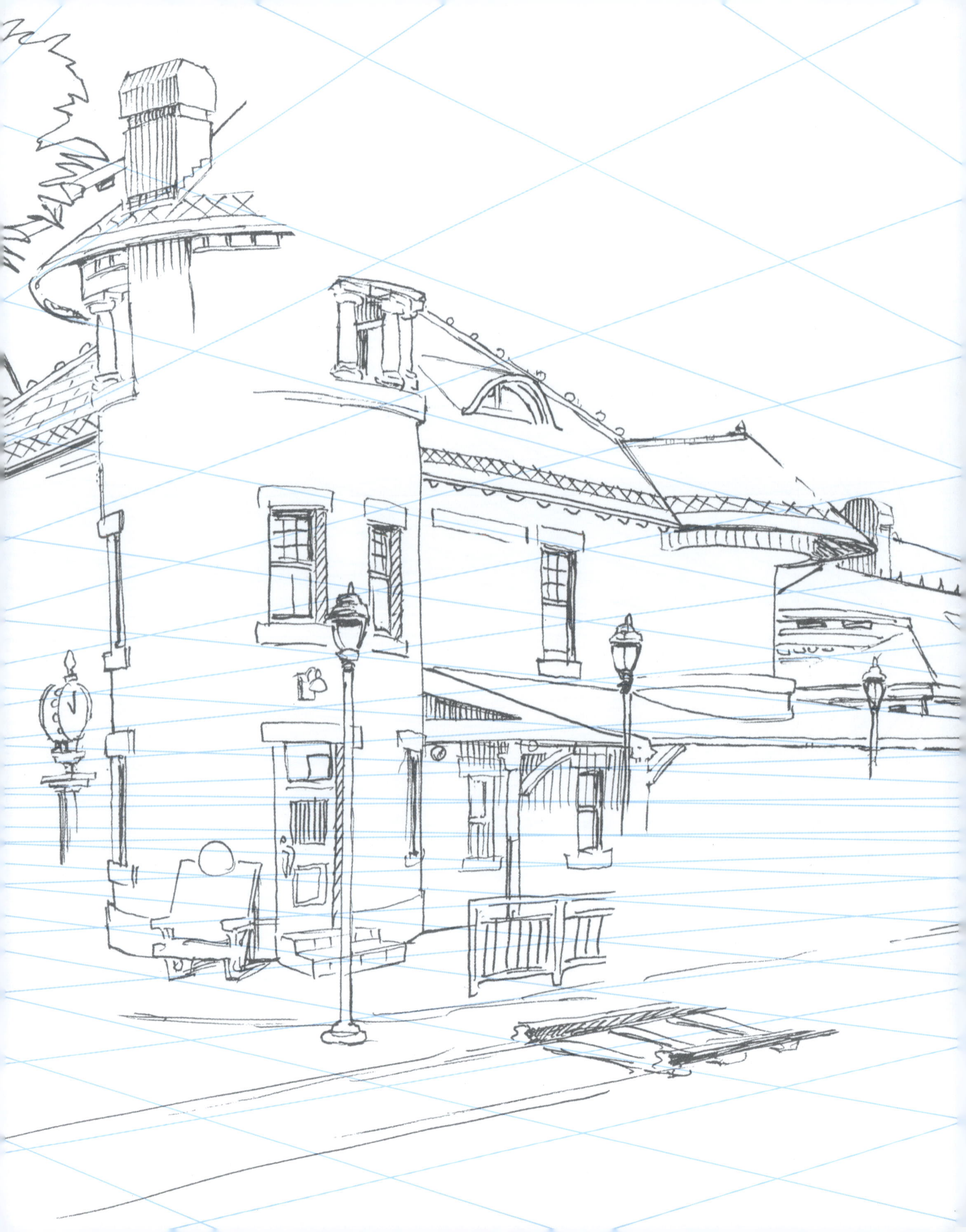

FÜGEN SIE EIN ***(von links nach rechts)***

- Vervollständigen Sie die Kanten der Bürgersteige und der Verkehrsinsel.
- Zeichnen Sie die Baumstämme fertig und fügen Sie noch fünf weitere Bäume ein, die mit der Straßenflucht in der Ferne immer kleiner werden.
- Verbinden Sie die beiden Teile des turmartigen Gebäudes im Bildhintergrund und fügen Sie Fenster und Torbögen hinzu.
- Zeichnen Sie die Hochhäuser im Hintergrund zu Ende.
- Fügen Sie dem Dachbereich zwischen den beiden Palmen mehr Details hinzu.
- Versehen Sie die Uhr mit einem Standfuß und das runde Gebäude in der Bildmitte mit ein paar baulichen Details.
- Zeichnen Sie vor dem Bahnhof einen Zaun, der zum rechten Fluchtpunkt hinläuft.
- Fügen Sie sechs weitere Fenster in die Bahnhofsfassade ein.
- Zeichnen Sie die Standfüße der zwei Laternen.
- Zeichnen Sie fünf weitere Pfosten, die das überhängende Bahnhofsdach stützen.
- Vervollständigen Sie das Gleis.
- Fügen Sie das Gebäude hinter dem Bahnhof ein und zeichnen Sie mehrere Fensterreihen.
- Hängen Sie noch drei Waggons an die Lokomotive.
- Vervollständigen Sie das zweite Gleis.

(Auf Seite 138 sehen Sie, wie die komplette Zeichnung aussehen könnte.)

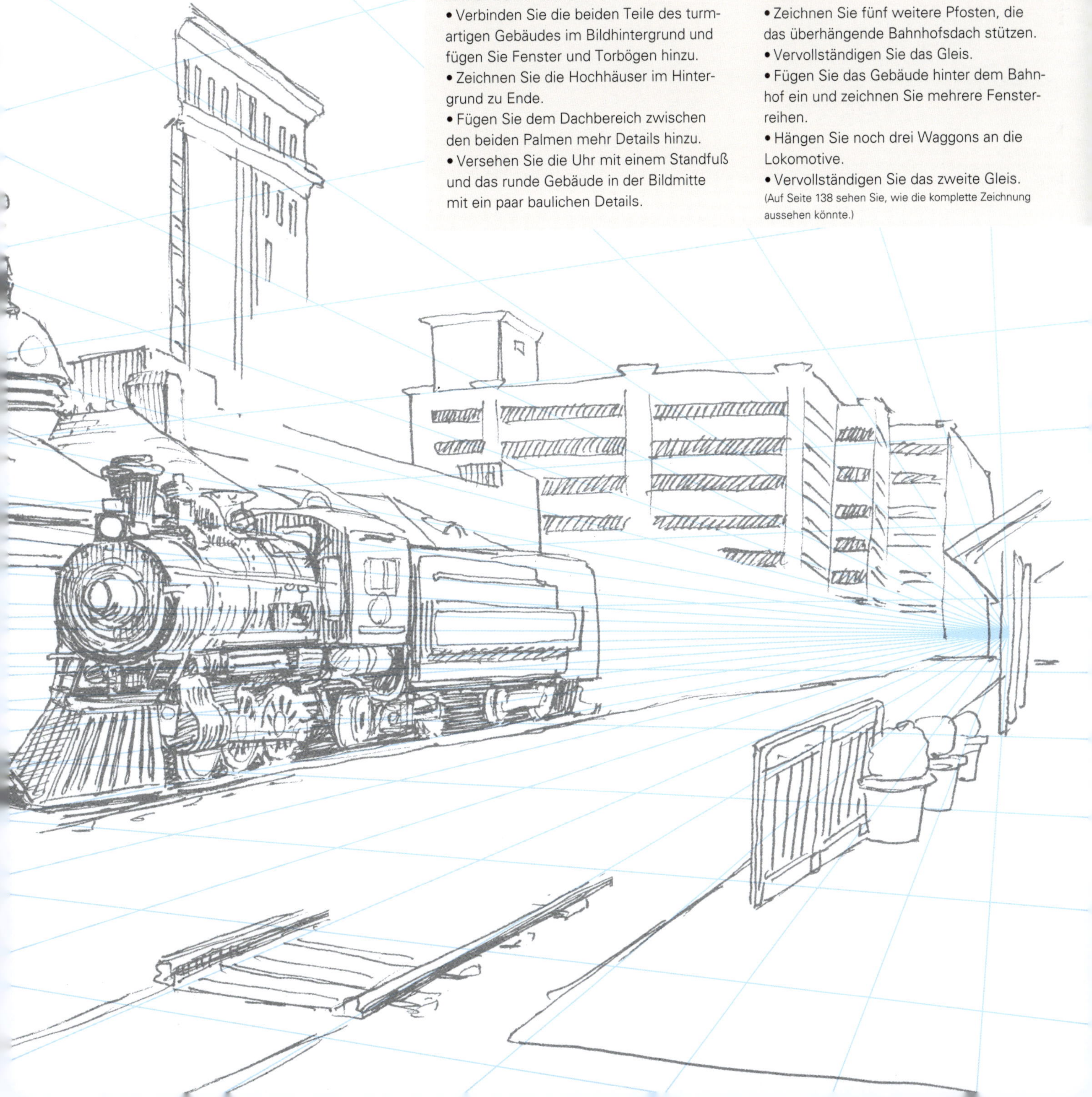

FÜGEN SIE EIN *(von links nach rechts)*

- Zeichnen Sie eine zweite Lampe neben den Bücherstapel vor dem Fenster.
- Vervollständigen Sie das Fenster. Durch das Fenster soll Laub zu sehen sein.
- Zeichnen Sie den Tisch fertig, auf dem die Bücher liegen.
- Zeichnen Sie vier Bilder an die Wand.
- Vervollständigen Sie die Sitzfläche des Sofas.
- Zeichnen Sie einen Couchtisch zwischen das Sofa und den Stuhl.
- Ergänzen Sie vier Rotorblätter.
- Zeichnen Sie die fehlenden Stuhlbeine ein.
- Zeichnen Sie einen zweiten Stuhl rechts neben den ersten.
- Vervollständigen Sie den Teppich, sodass die Bordüre zwischen dem zweiten Stuhl und der in den Raum ragenden Wand verläuft.
- Zeichnen Sie die rechte Seite des Wandschranks spiegelverkehrt zur linken Seite.
- Vervollständigen Sie die Fliesen

(Auf Seite 138 sehen Sie, wie die komplette Zeichnung aussehen könnte.)

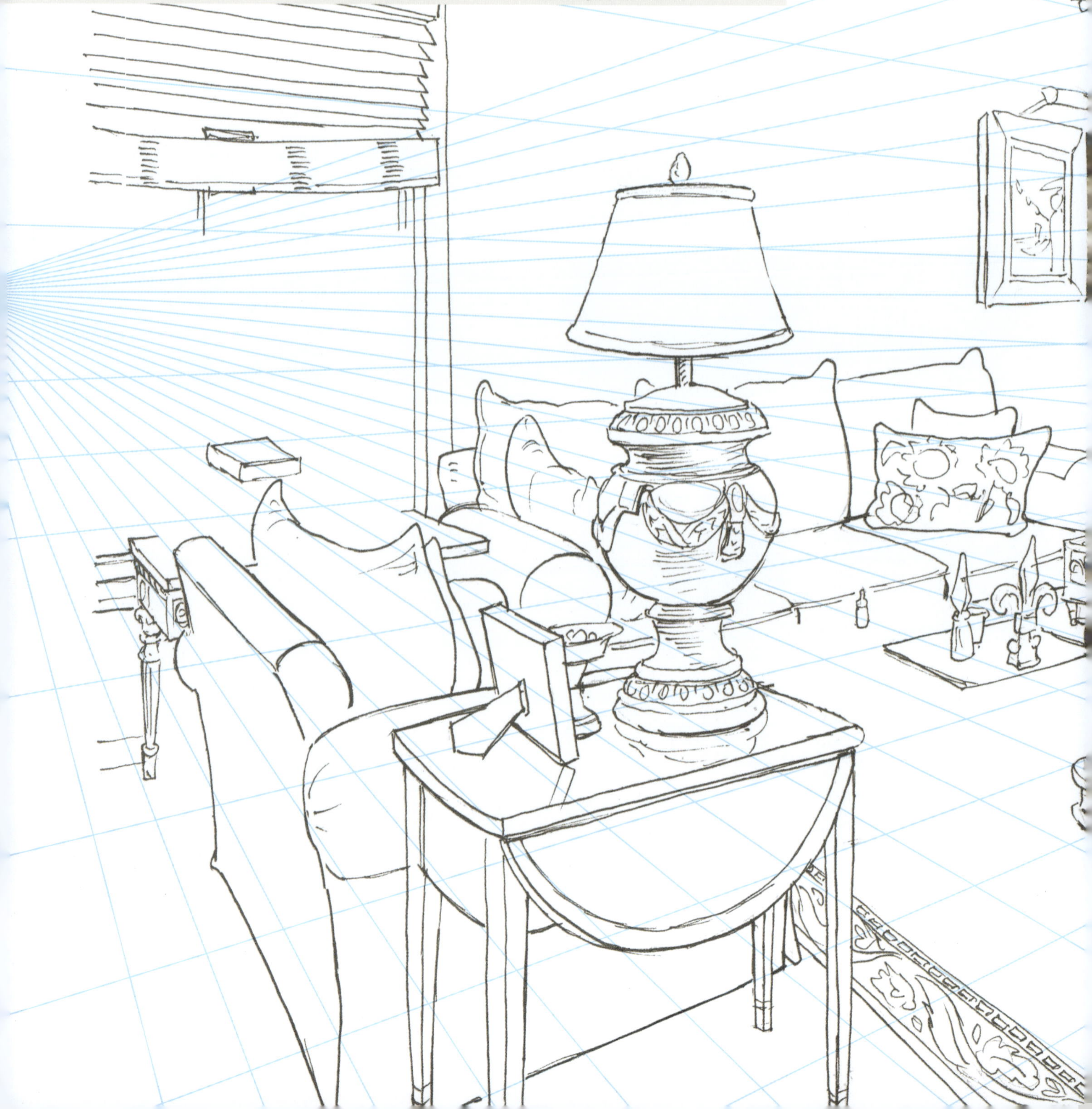

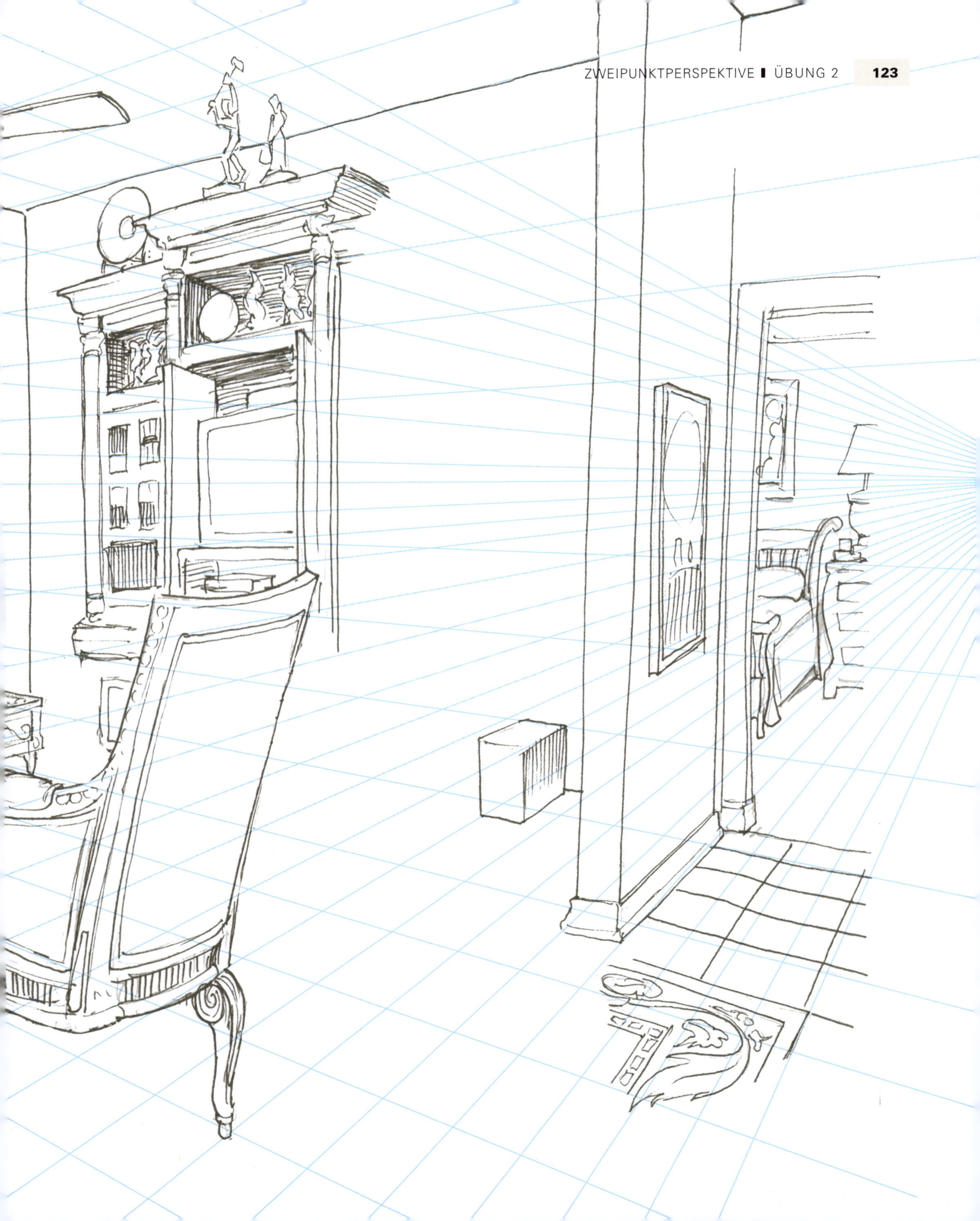

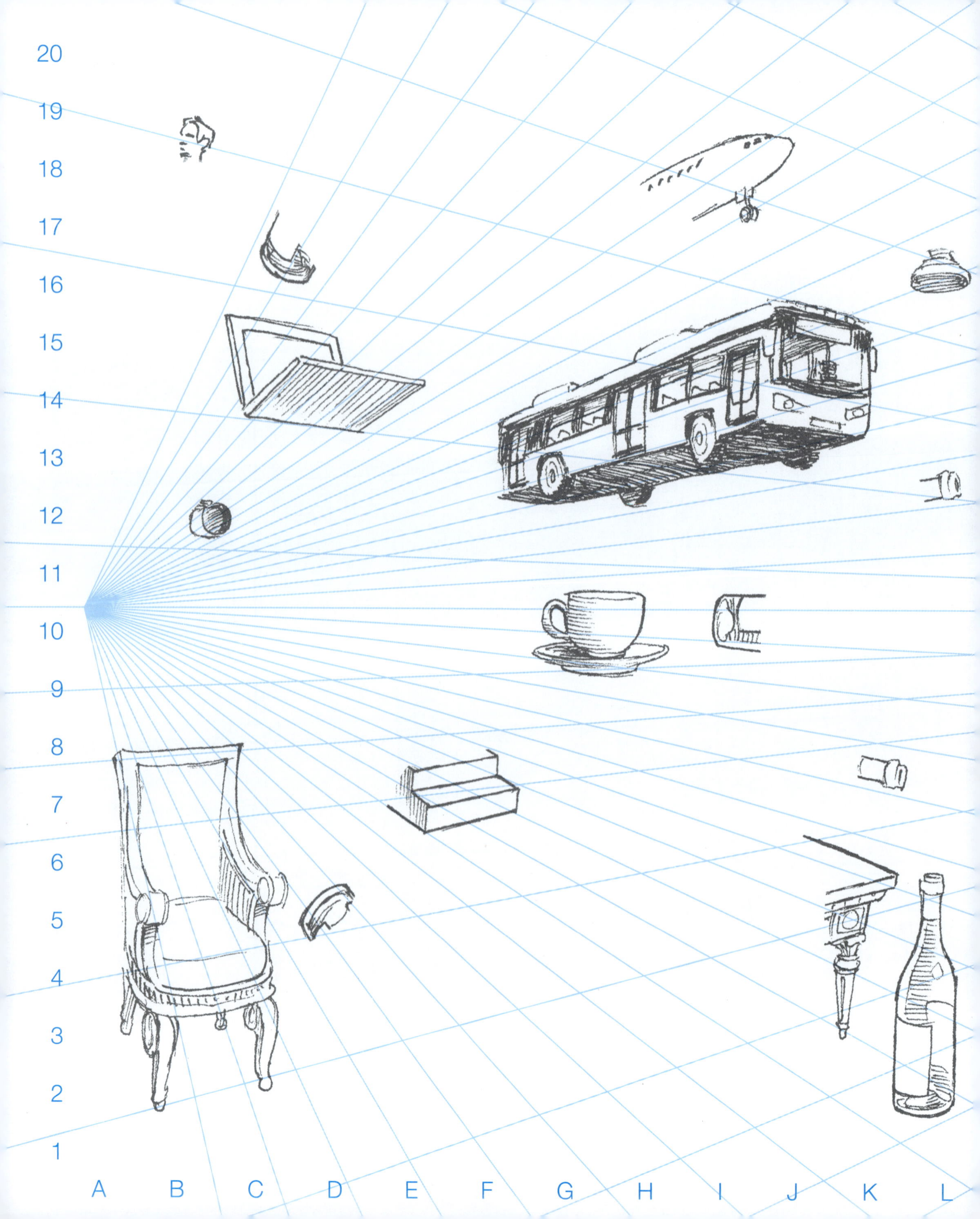
20
19
18
17
16
15
14
13
12
11
10
9
8
7
6
5
4
3
2
1
A B C D E F G H I J K L

FÜGEN SIE EIN *(von links nach rechts)*

- Zeichnen Sie einen Mann auf B19.
- Zeichnen Sie eine Kamera auf B12.
- Fügen Sie eine liegende Weinflasche auf D4 ein.
- Vervollständigen Sie das Flugzeug auf H17.
- Zeichnen Sie den Tisch auf I5 zu Ende.
- Fügen Sie je eine Weinflasche auf K8, J10 und L12 ein.
- Platzieren Sie eine Lampe auf L16.
- Zeichnen Sie eine Tasse mit Untertasse auf Q4.
- Zeichnen Sie einen Stuhl auf S14.
- Fügen Sie eine Kamera auf U3 ein.
- Vervollständigen Sie den Bus auf Q7.
- Zeichnen Sie einen kleinen Mann auf W10.

(Auf Seite 139 sehen Sie, wie die komplette Zeichnung aussehen könnte.)

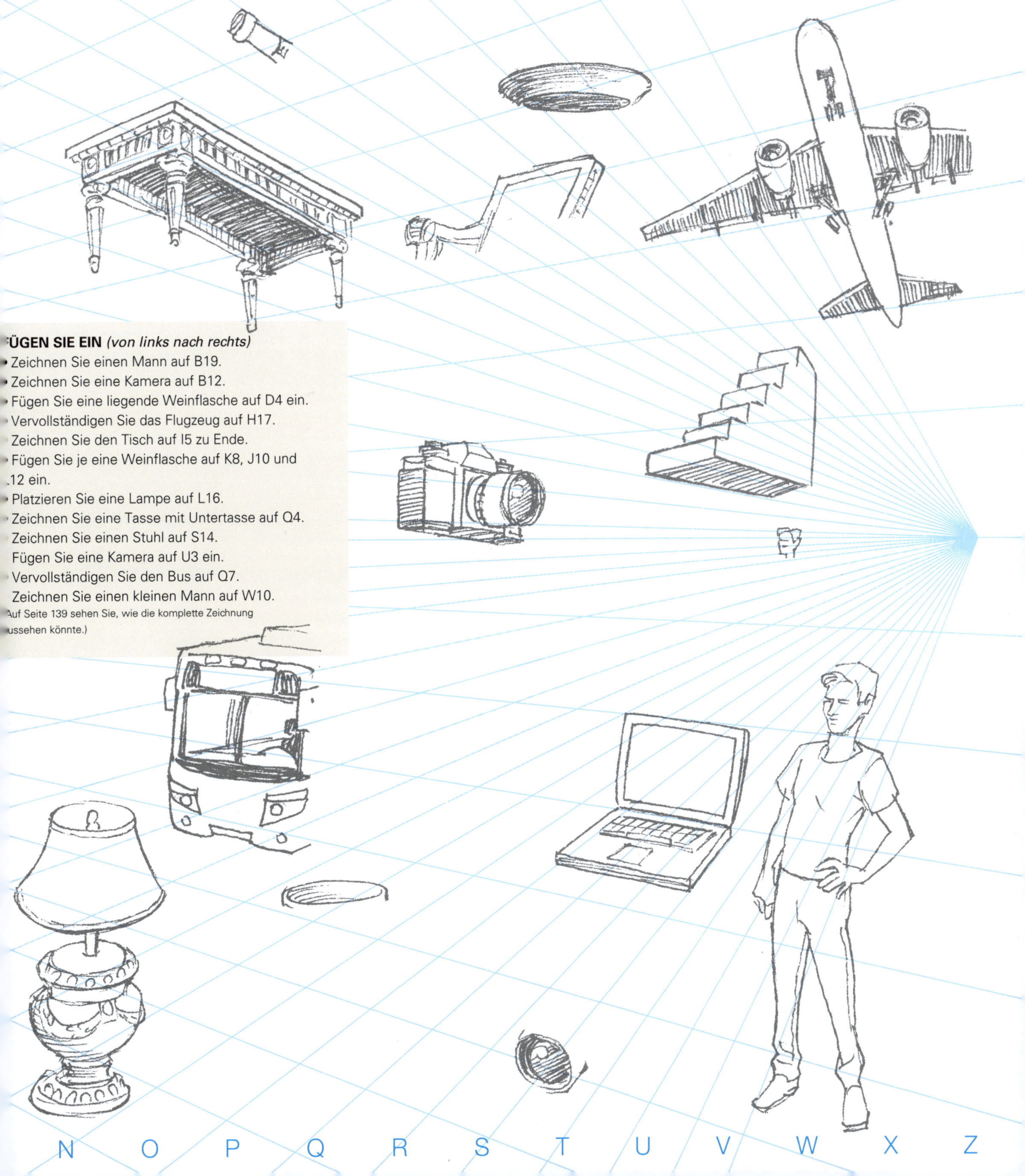

Dreipunktperspektive

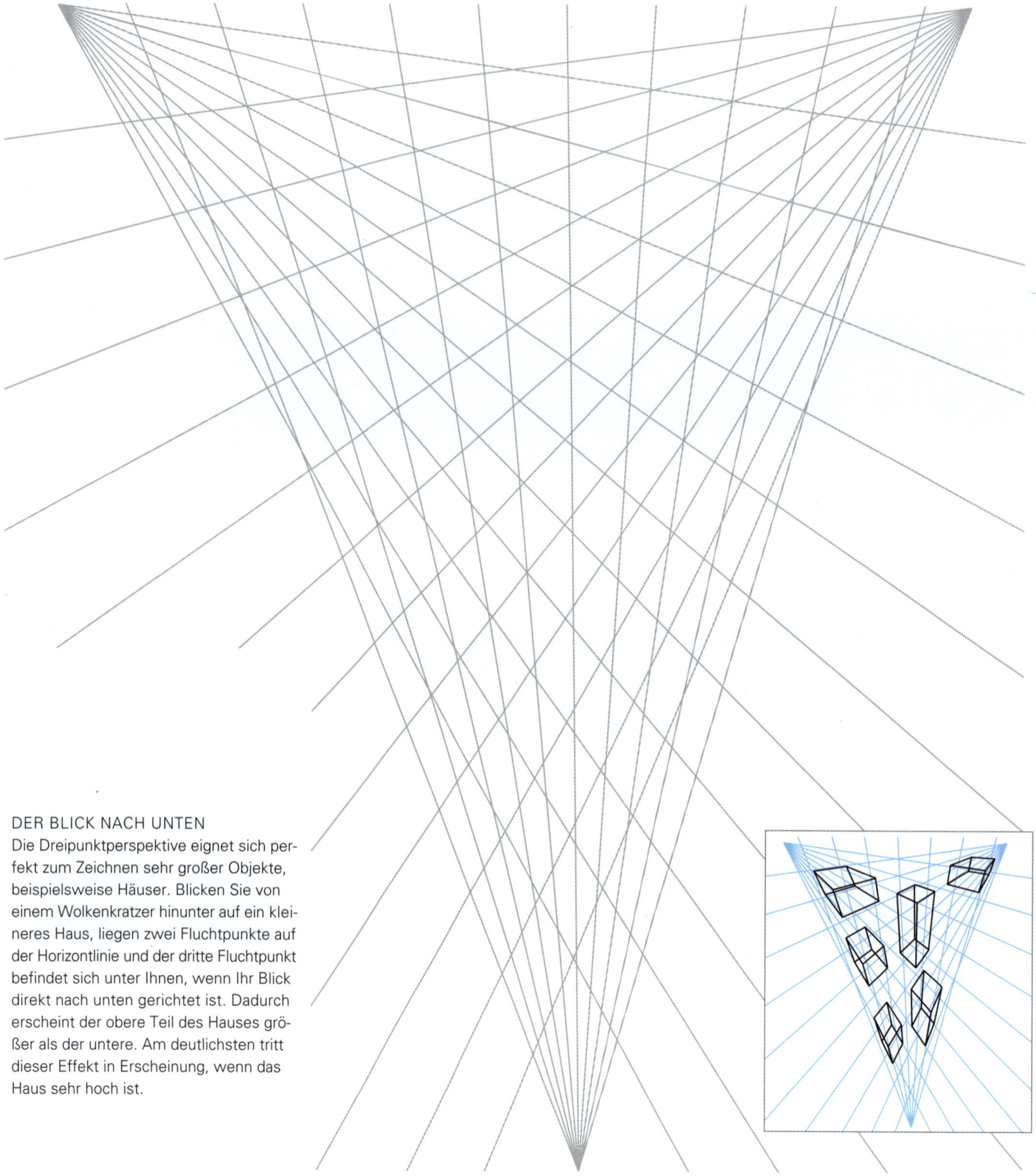

DER BLICK NACH UNTEN

Die Dreipunktperspektive eignet sich perfekt zum Zeichnen sehr großer Objekte, beispielsweise Häuser. Blicken Sie von einem Wolkenkratzer hinunter auf ein kleineres Haus, liegen zwei Fluchtpunkte auf der Horizontlinie und der dritte Fluchtpunkt befindet sich unter Ihnen, wenn Ihr Blick direkt nach unten gerichtet ist. Dadurch erscheint der obere Teil des Hauses größer als der untere. Am deutlichsten tritt dieser Effekt in Erscheinung, wenn das Haus sehr hoch ist.

FÜGEN SIE EIN *(von links nach rechts)*

- Verlängern Sie die Reihe von Gebäuden im Hintergrund und fügen Sie Dächer und Fenster hinzu.
- Versehen Sie das große Haus auf der linken Bildseite auch links mit einem Sonnendach.
- Fügen Sie auf der rechten Seite des gleichen Hauses dicht unterhalb des Dachs eine Reihe von vier Fenstern ein.
- Vervollständigen Sie die Reihe von vier Palmen, die von der Bildmitte in Richtung des rechten Fluchtpunkts verläuft.
- Versehen Sie die Front des vorderen Containers mit einer Coca-Cola-Werbung.
- Zeichnen Sie den unteren Teil des Dachs am Gebäude hinter den Containern zu Ende. Fügen Sie auch hier, wie beim ersten Gebäude, Fenster hinzu.
- Zeichnen Sie zwei weitere Container.
- Vervollständigen Sie das Dach des dritten Gebäudes.

(Auf Seite 139 sehen Sie, wie die komplette Zeichnung aussehen könnte.)

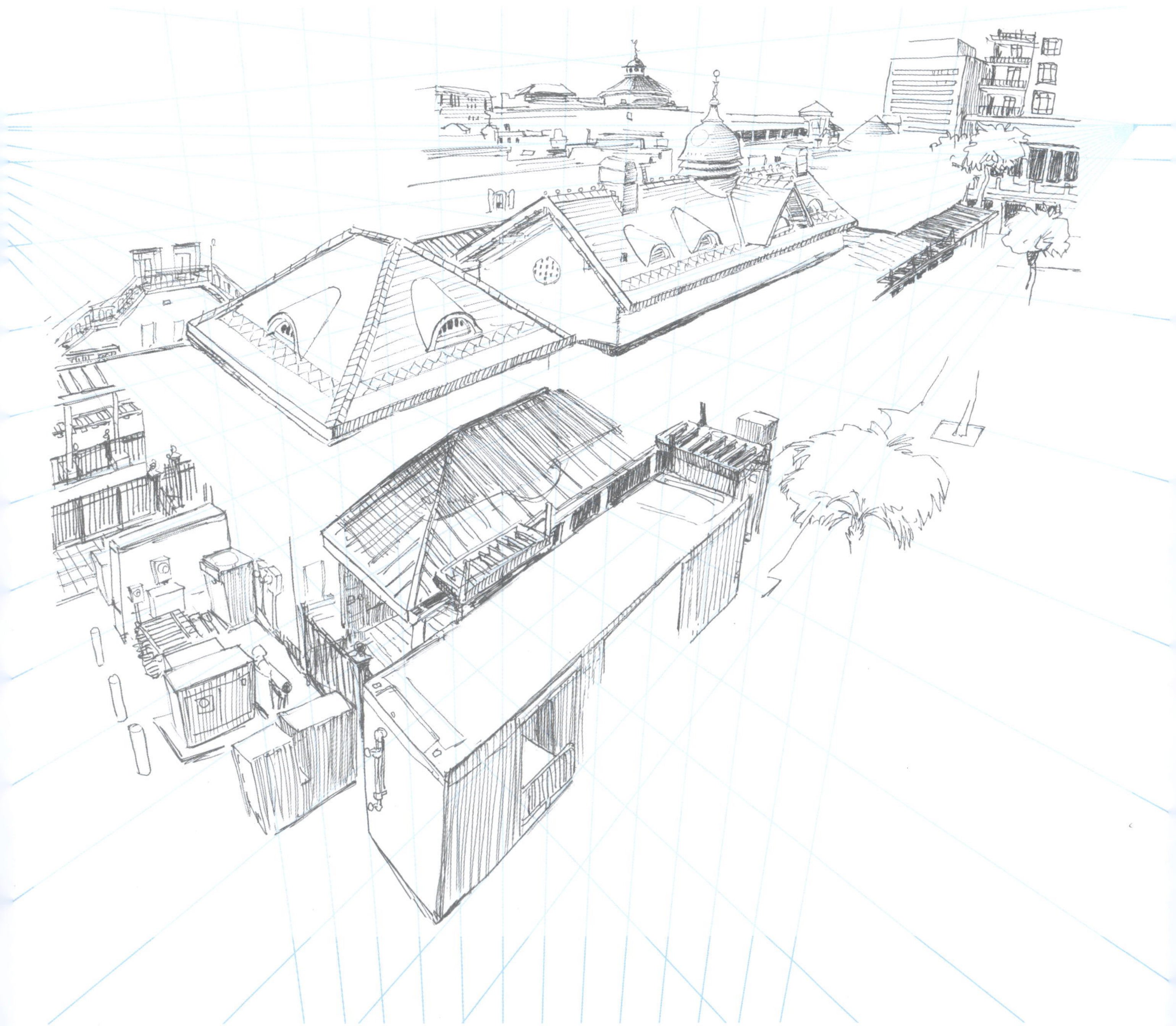

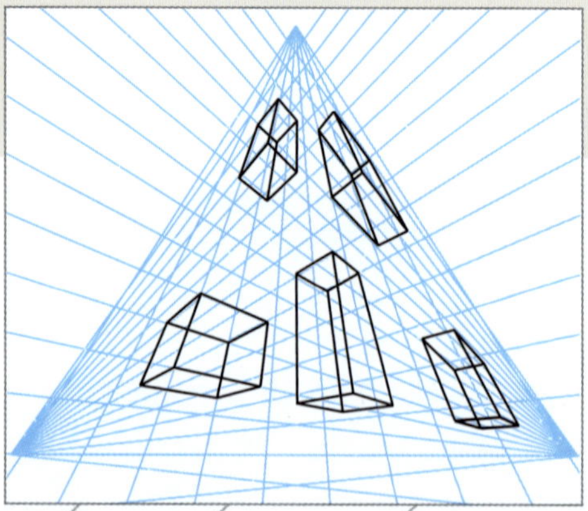

DER BLICK NACH OBEN

Wenn Sie zu einem hohen Gebäude aufschauen, wirken die Fenster in den oberen Stockwerken kleiner als die unteren. Das liegt daran, dass das Haus nach oben hin schmal zuläuft, und zwar zu einem dritten Fluchtpunkt, der weit über dem Gebäude liegt. Die beiden Fluchtpunkte auf der Horizontlinie helfen zu bestimmen, wohin die Linien der Fenster laufen müssen, während der dritte Fluchtpunkt dafür zuständig ist, das Gebäude groß und imposant erscheinen zu lassen.

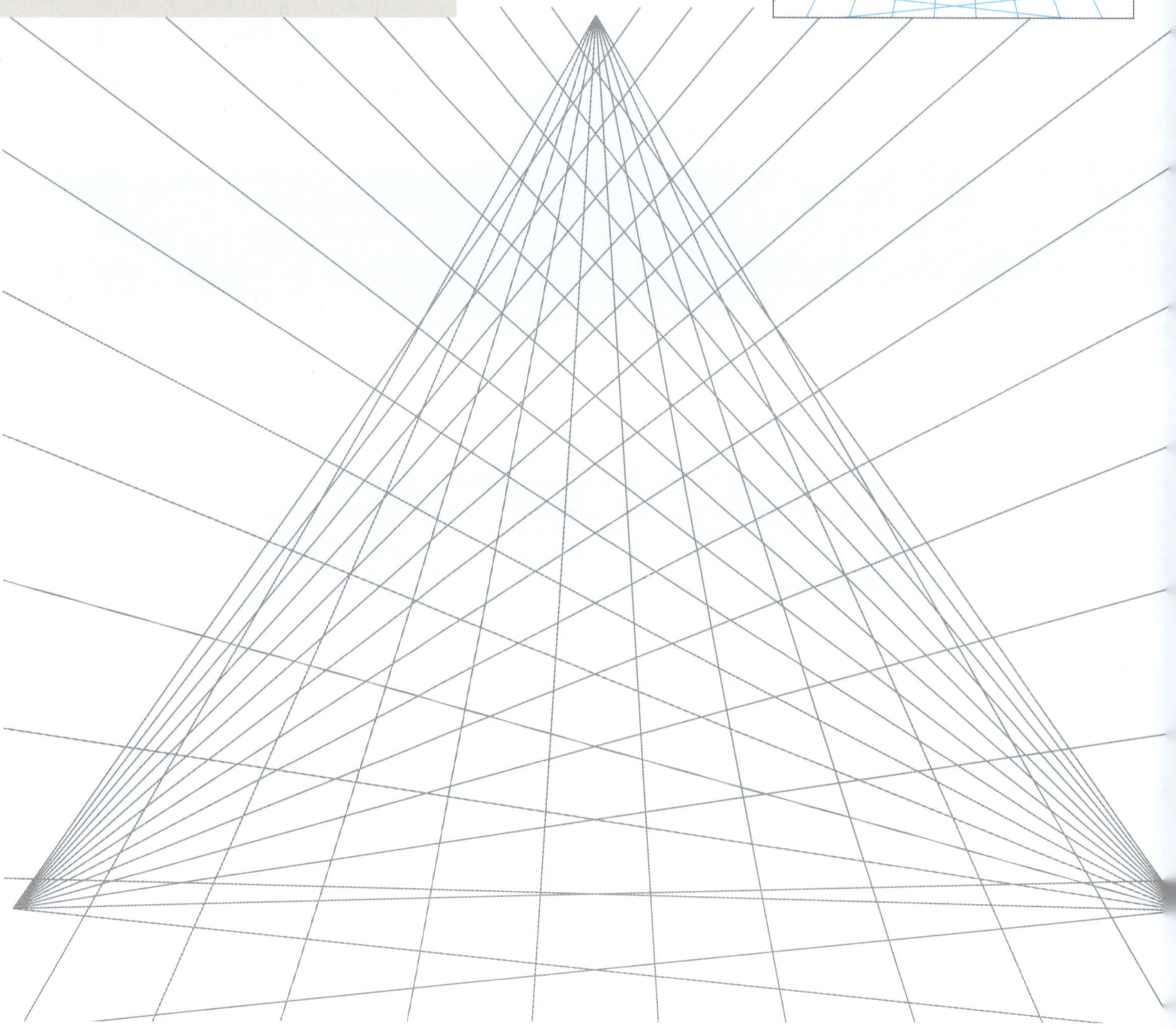

FÜGEN SIE EIN *(von links nach rechts)*

- Fügen Sie ein Auto hinzu, das hinten an der Straße parkt.
- Setzen Sie noch zwei Bäume auf den Bürgersteig.
- Fügen Sie an der Ecke eine Straßenlaterne hinzu.
- Zeichnen Sie einen Mann, der neben der Laterne steht, und Menschen, die in der Ferne auf dem Bürgersteig gehen.
- Vervollständigen Sie die Hausseite hinter den Bäumen und dem Auto.
- Fügen Sie acht weitere Fenster an der Fassade des Hauptgebäudes ein.
- Vervollständigen Sie den Schriftzug „BOHEMIAN", von oben nach unten geschrieben.
- Zeichnen Sie die rechte Gebäudeseite und den Zaun fertig.
- Zeichnen Sie die neun Fensterreihen auf der rechten Seite zu Ende.

(Auf Seite 139 sehen Sie, wie die komplette Zeichnung aussehen könnte.)

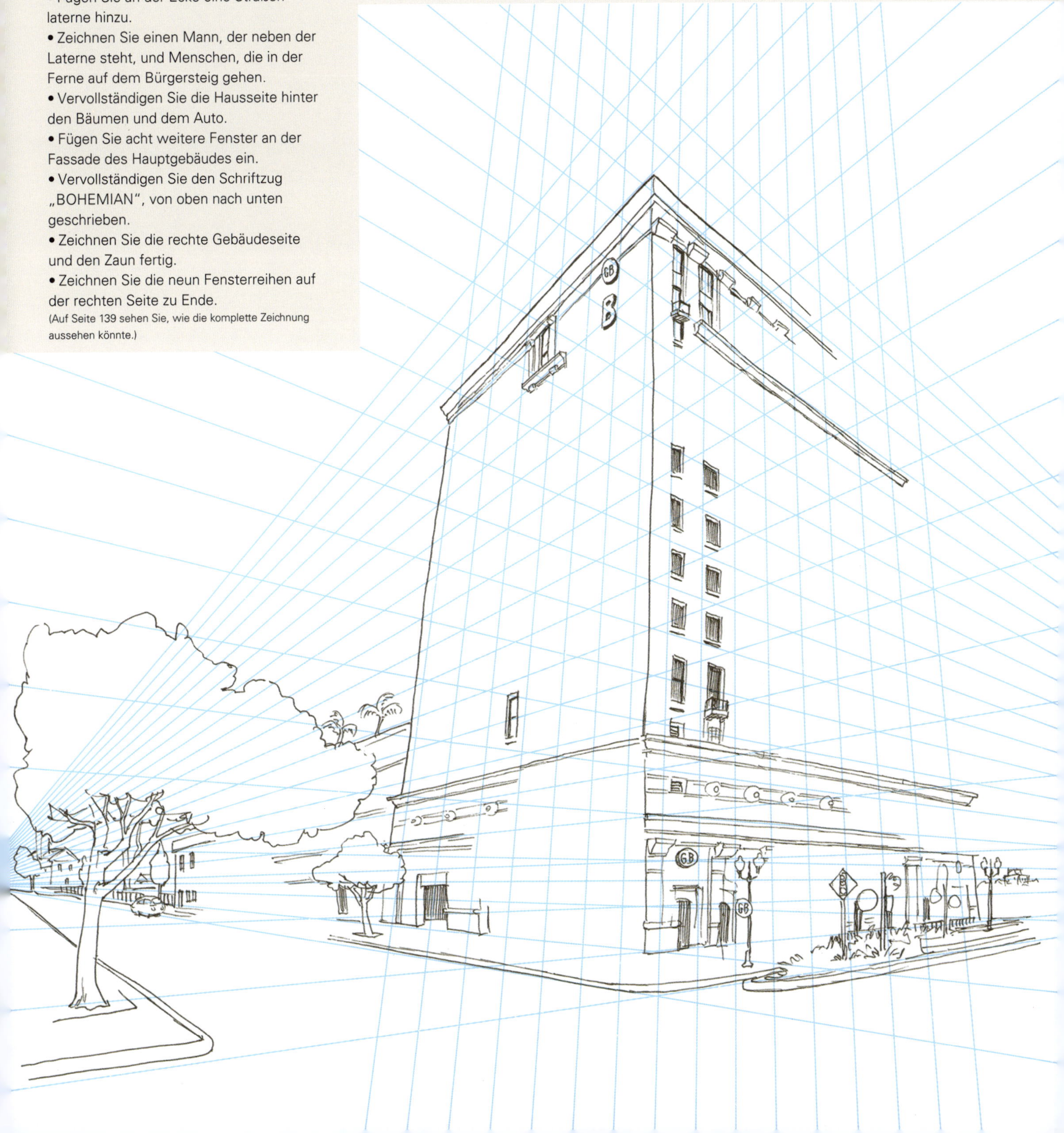

Kurvilineare Perspektive

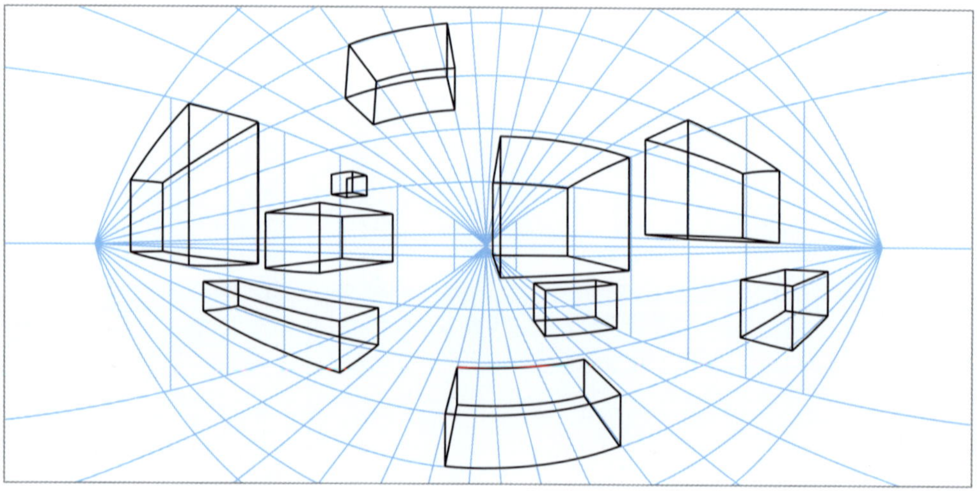

Die kurvilineare Perspektive verwenden Sie, wenn Sie versuchen möchten, eine komplette 180-Grad-Panoramaansicht in Ihrer Skizze festzuhalten. Dabei werden drei Fluchtpunkte verwendet: Einer liegt direkt vor Ihnen, die anderen beiden liegen jeweils an den äußeren Enden Ihres peripheren Blickfelds. Ein Fischaugeneffekt entsteht, wenn Sie die Fläche im Vordergrund zu sich heranbiegen.

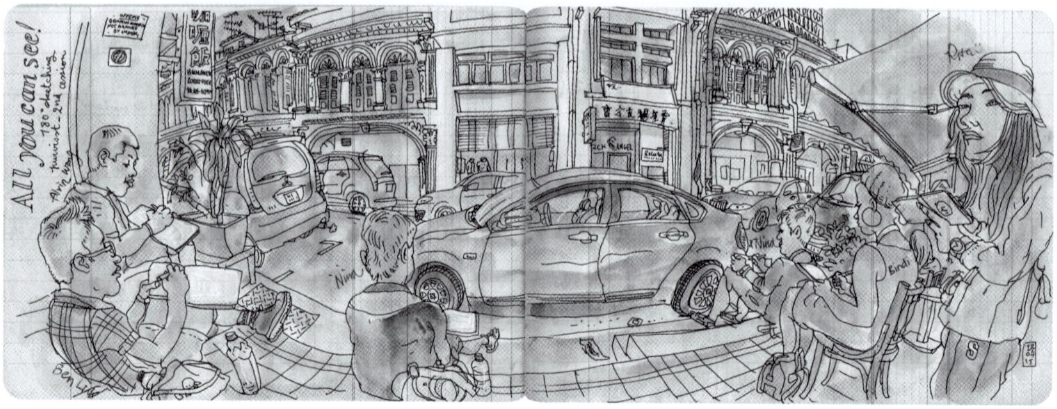

▲In dieser Straßenansicht von Lapin bestimmen Künstler den Vordergrund, während kunstvoll verzierte Gebäude sich zu den Fluchtpunkten links und rechts krümmen. Dadurch, dass die Fläche im Vordergrund zum Betrachter hin gebogen ist, scheinen die weit entfernten Gebäude näher zu stehen.

FÜGEN SIE EIN *(von links nach rechts)*

- Fügen Sie Straßenmarkierungen ein.
- Vervollständigen Sie die rechte Gebäudeseite hinter dem Schild mit der Aufschrift „CAMEO“. Fügen Sie acht Fenster hinzu, ein Werbeschild und zeichnen Sie Balkonbrüstungen an die Hausseite, die der Straße abgewandt ist.
- Zeichnen Sie im Vordergrund einen Sportwagen mit Fahrer.
- Führen Sie den Bürgers
weiter, um die Ecke, bis
Ferne.
- Fügen Sie entlang der S
weitere Gebäude und ge
Autos ein.
- Zeichnen Sie hinter die
im Hintergrund den Umr
Bäumen.
- Versehen Sie das Resta
an der Ecke mit einem S
auf dem „HOTPOT“ steh
- Zeichnen Sie auf der St
hinter dem Motorrad ein

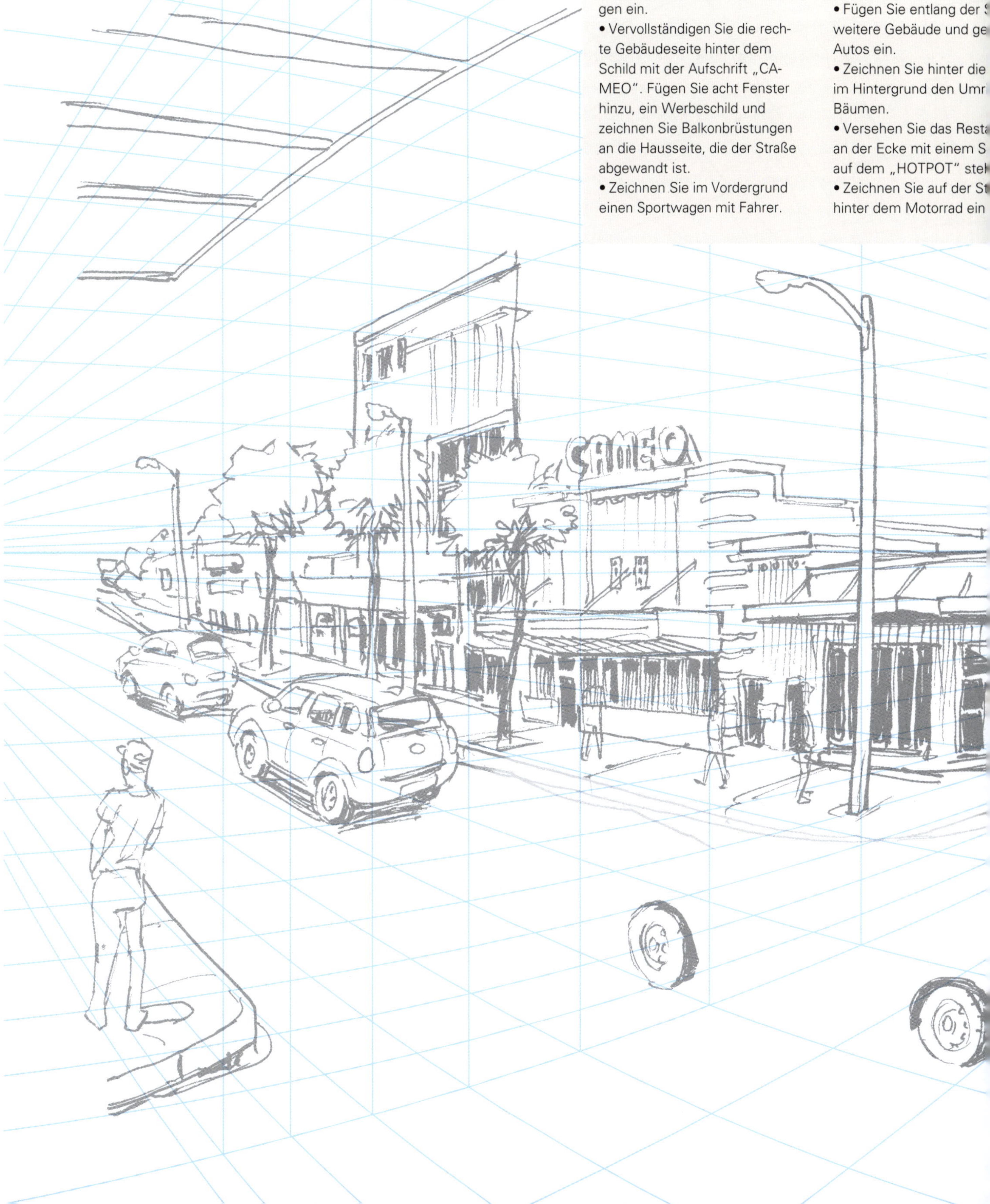

teig
n die

traße
arkte

Häuser
s von

urant
hild,
t.
aße
Auto.

- Führen Sie den Bürgersteig nach rechts hin weiter.
- Fügen Sie Straßenlaternen und Fußgänger auf den Bürgersteigen ein.
- Vervollständigen Sie die Häuserreihe bis zur Fassade am rechten Bildrand mit der Aufschrift „CVS".
- Zeichnen Sie an der Häuserreihe Fenster, Türen und Dachvorsprünge ein.
- Bringen Sie ein Schild mit der Aufschrift „BBQ" an einem der Gebäude an.
- Zeichnen Sie eine Dachspitze und ein Hausdach genau hinter das Barbecue-Restaurant.
- Fügen Sie im Bildvordergrund zwei parkende Autos zwischen die beiden vorgegebenen Autos ein.
- Übertragen Sie den Dachüberhang von der linken Seite auch auf die rechte.
- Fügen Sie auf der Straße hinter den parkenden Autos zwei fahrende Autos hinzu.

(Auf Seite 140 sehen Sie, wie die komplette Zeichnung aussehen könnte.)

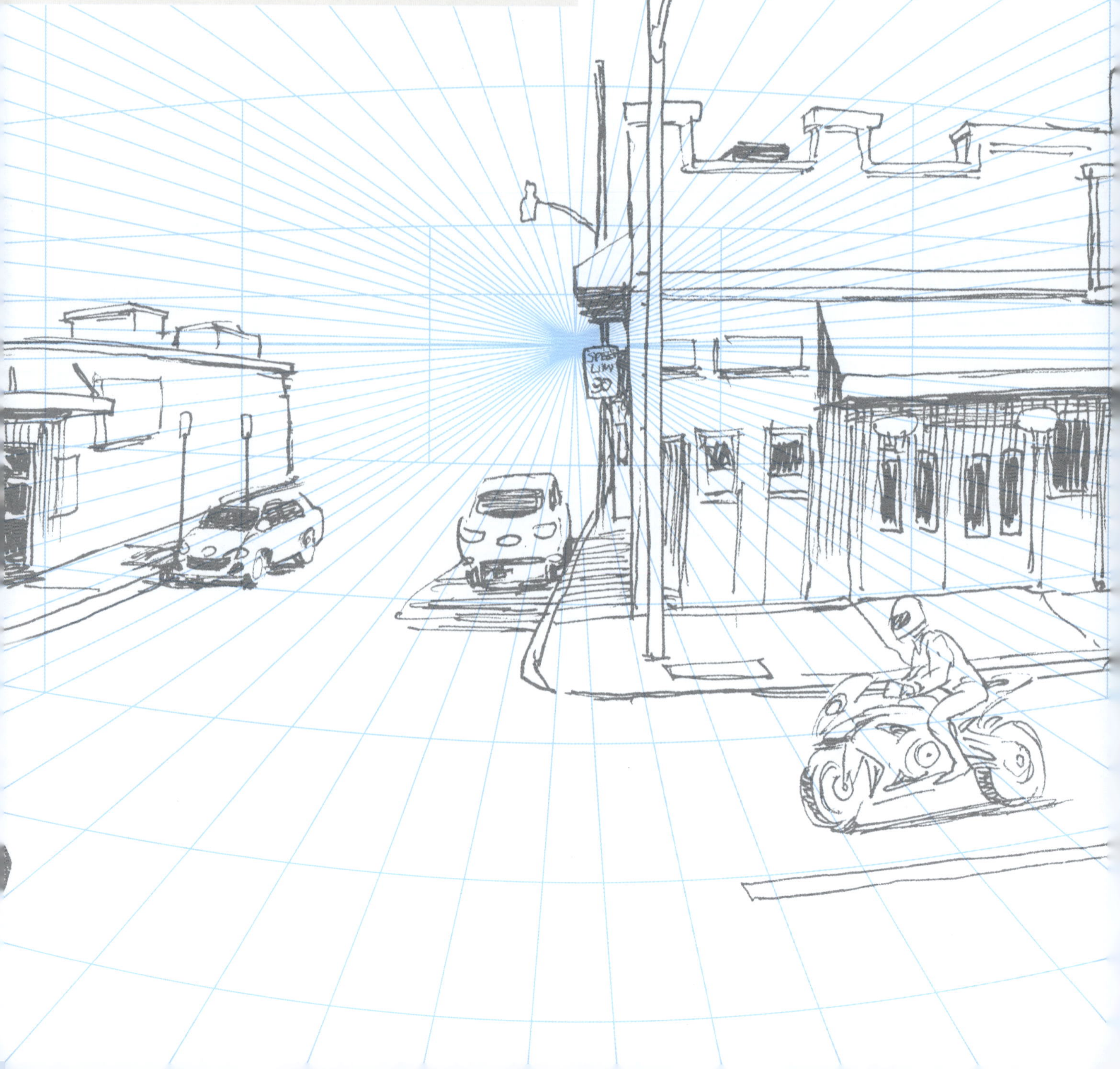

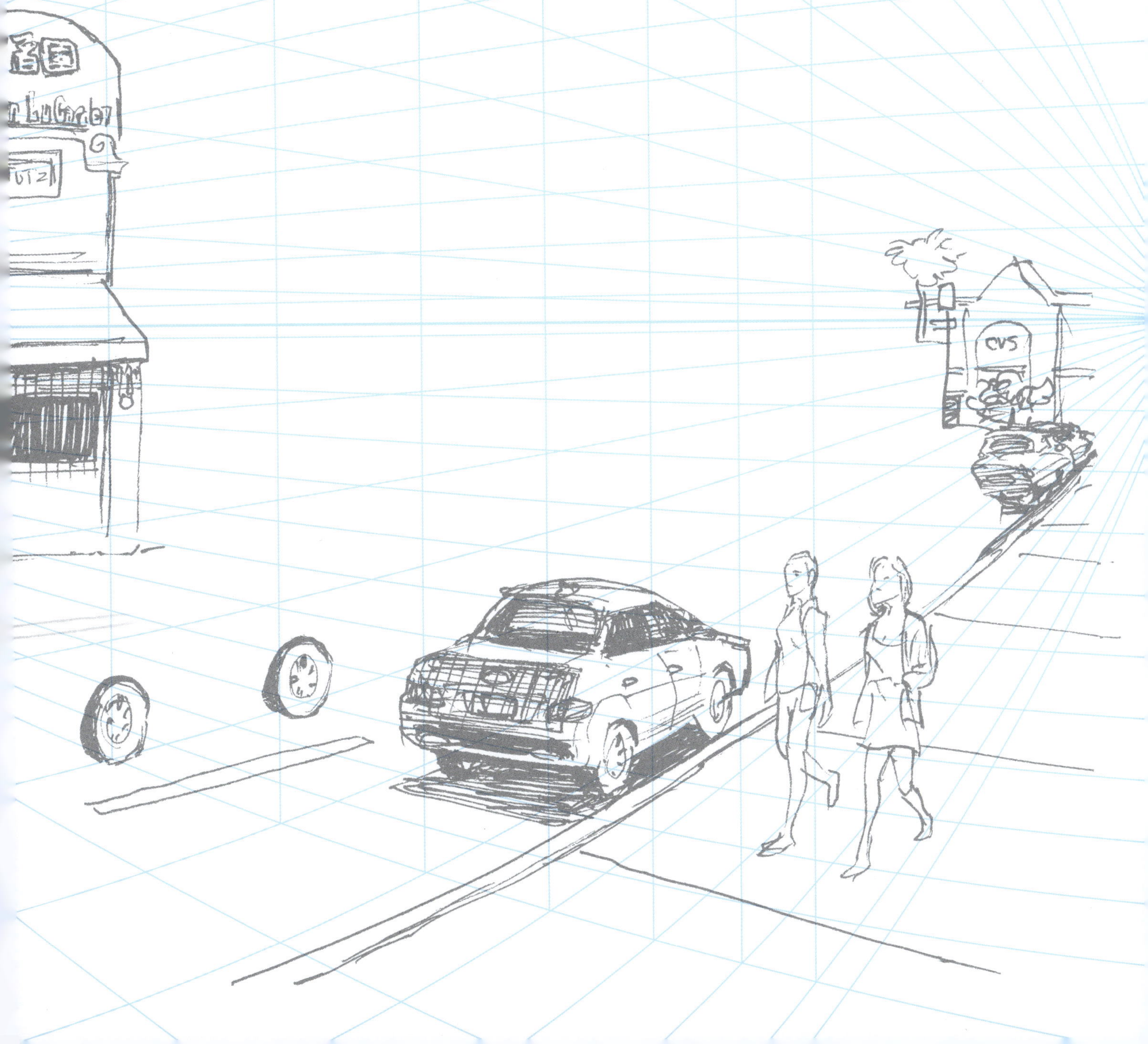
CVS

Extreme kurvilineare Perspektive

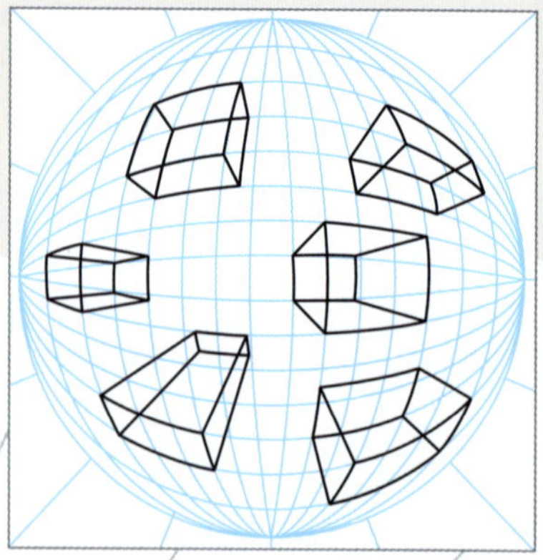

Diese Ansicht treibt die zuvor behandelte kurvilineare Perspektive auf die Spitze. Zusätzlich zu den drei Fluchtpunkten auf der Horizontlinie benötigt man hierfür noch jeweils einen Fluchtpunkt oben und unten. Das Ergebnis ist eine Skizze, die etwa so aussieht wie eine Erdkugel, die in einer verspiegelten Kugel betrachtet wird.

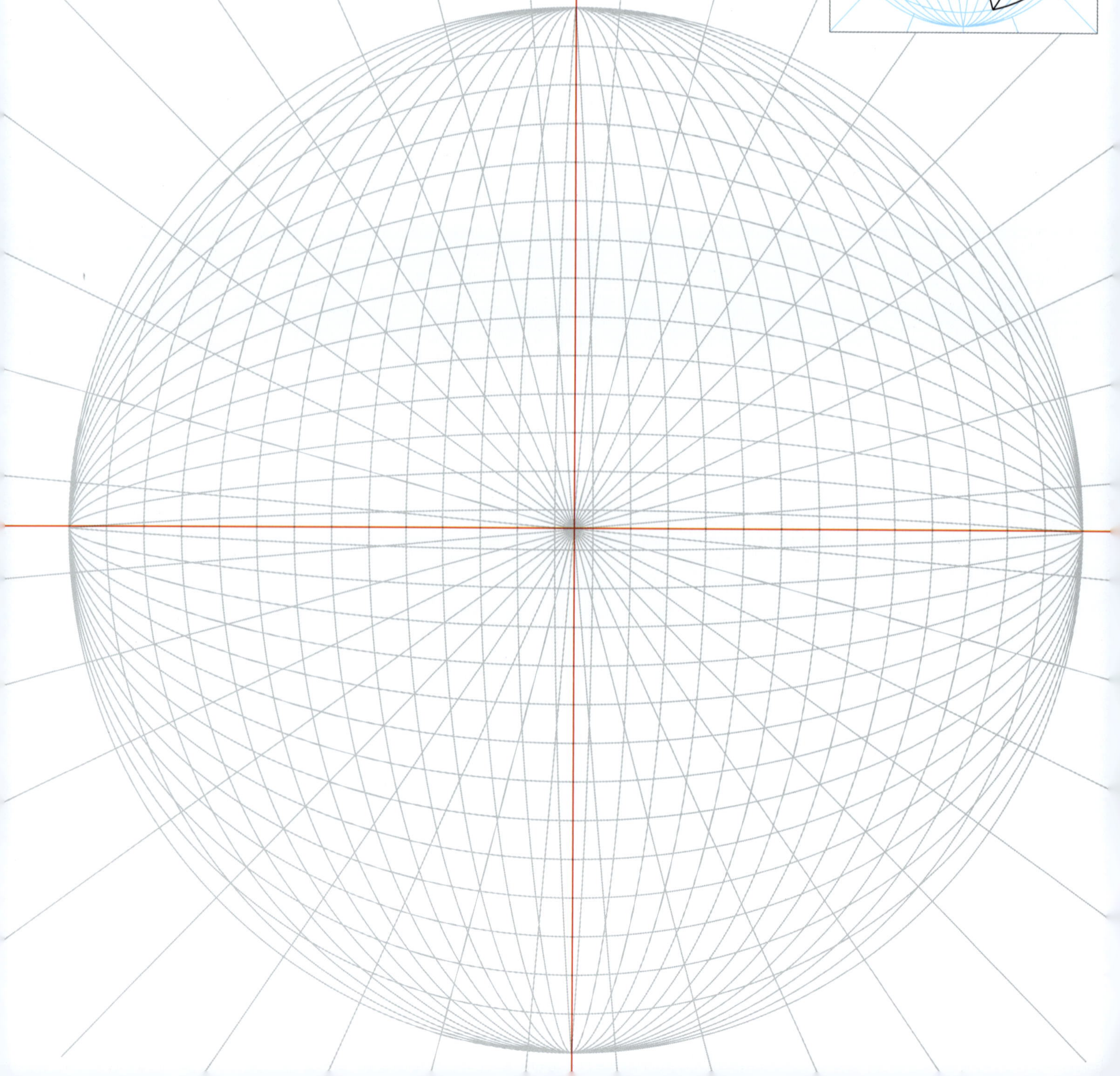

FÜGEN SIE EIN *(von links nach rechts, Wohnzimmer)*

- Fügen Sie ein Sofa und einen verzierten Couchtisch hinzu.
- Zeichnen Sie ein Sideboard mit zwei Türen an die hintere Wand.
- Zeichnen Sie einen Beistelltisch, auf dem eine Lampe steht.
- Hängen Sie über dem Sideboard ein Bild an die Wand.

FÜGEN SIE EIN *(von links nach rechts, Küche)*

- Hängen Sie über dem Wandschrank eine Uhr an die Wand.
- Fügen Sie Teller und Tassen auf den Regalbrettern ein.
- Zeichnen Sie ein paar unterschiedliche Gegenstände auf den Tisch: Weingläser, eine Suppenschale mit Löffel, Papier, Umschläge, Pakete, Stifte.
- Fügen Sie noch zwei Deckenlampen ein.
- Füllen Sie die hintere Vorratskammer mit Regalen und Kisten.
- Vervollständigen Sie den Eingang zur Vorratskammer.
- Zeichnen Sie einen Hängeschrank über der Arbeitsplatte an der rechten Küchenwand.
- Zeichnen Sie vier Füllungen auf die Tür rechts der Küche.
- Vervollständigen Sie den Fliesenboden auf der rechten Seite des Raums.

(Auf Seite 140 sehen Sie, wie die komplette Zeichnung aussehen könnte.)

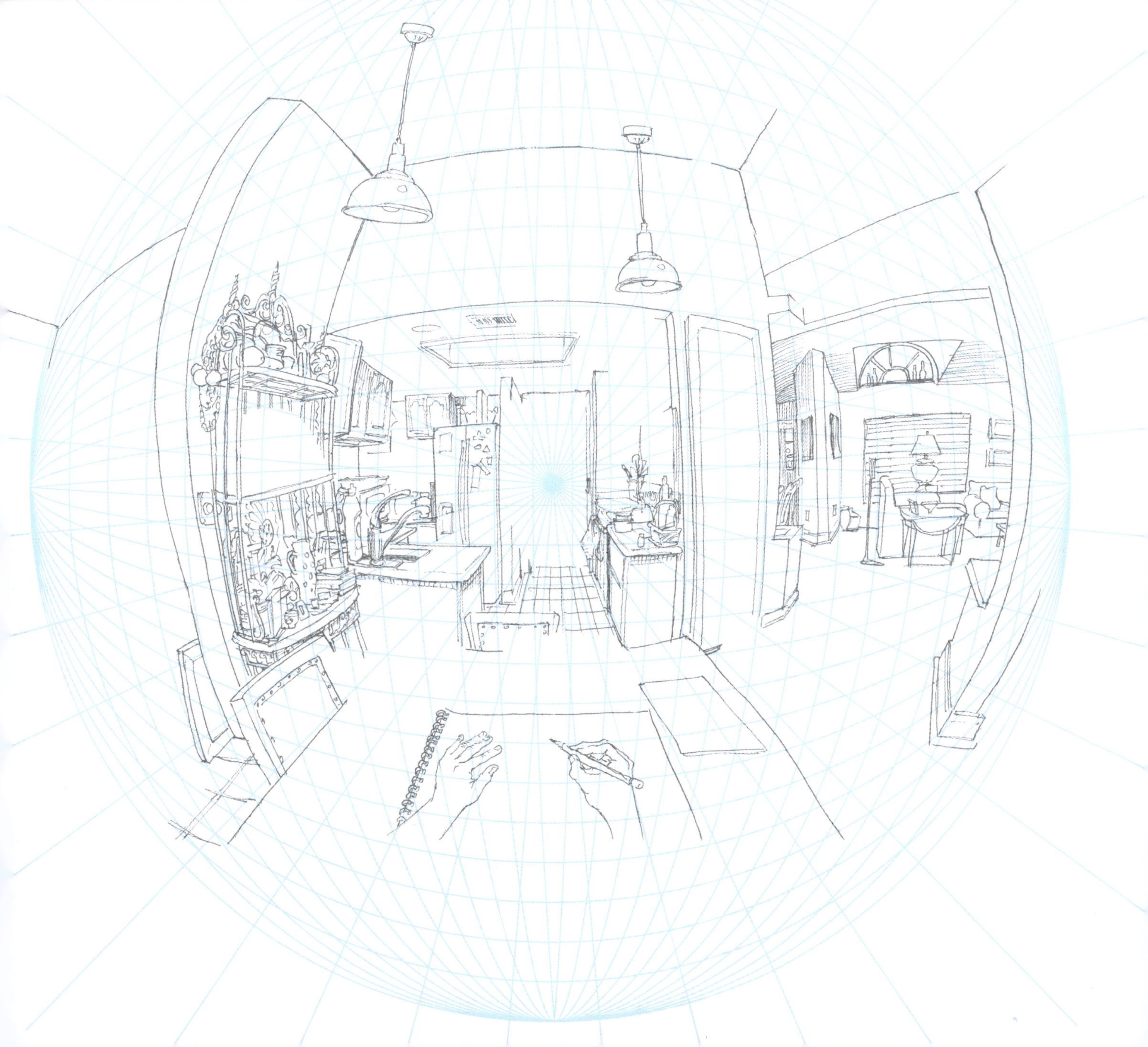

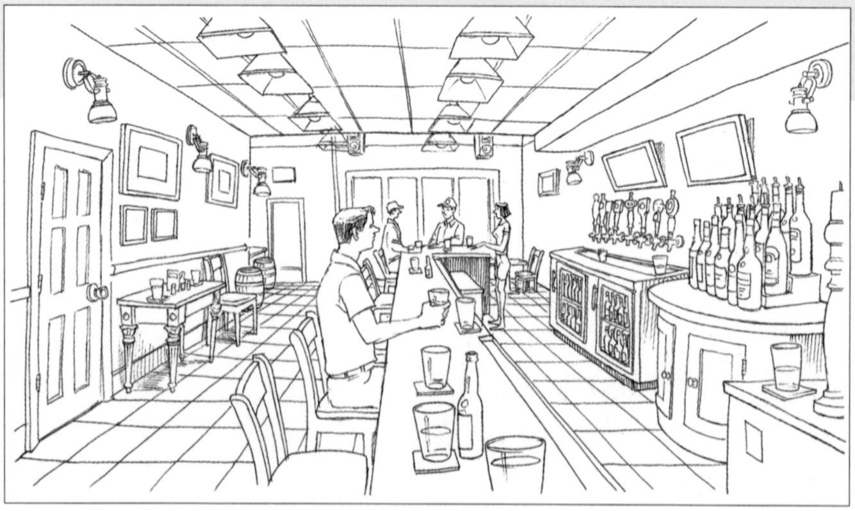

◀ Die Einpunktperspektive. Die Übung hierzu finden Sie auf den Seiten 114–115.

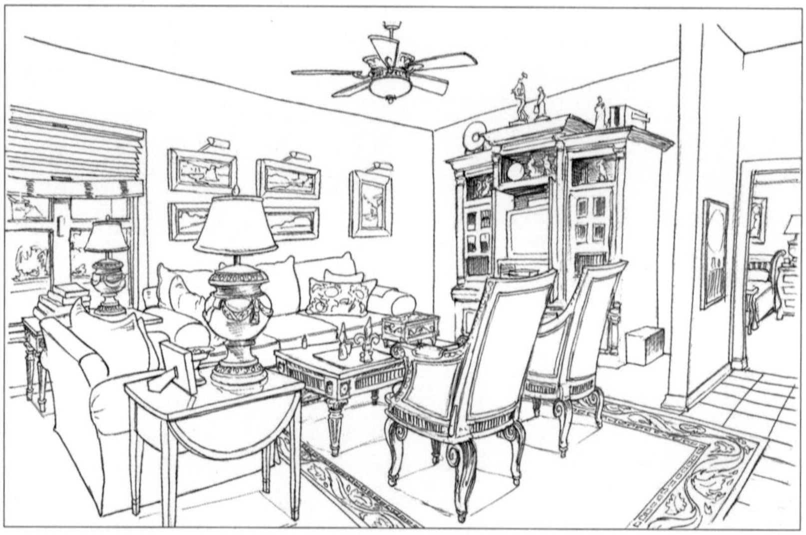

◀ Die Zweipunktperspektive. Die Übung hierzu finden Sie auf den Seiten 122–123.

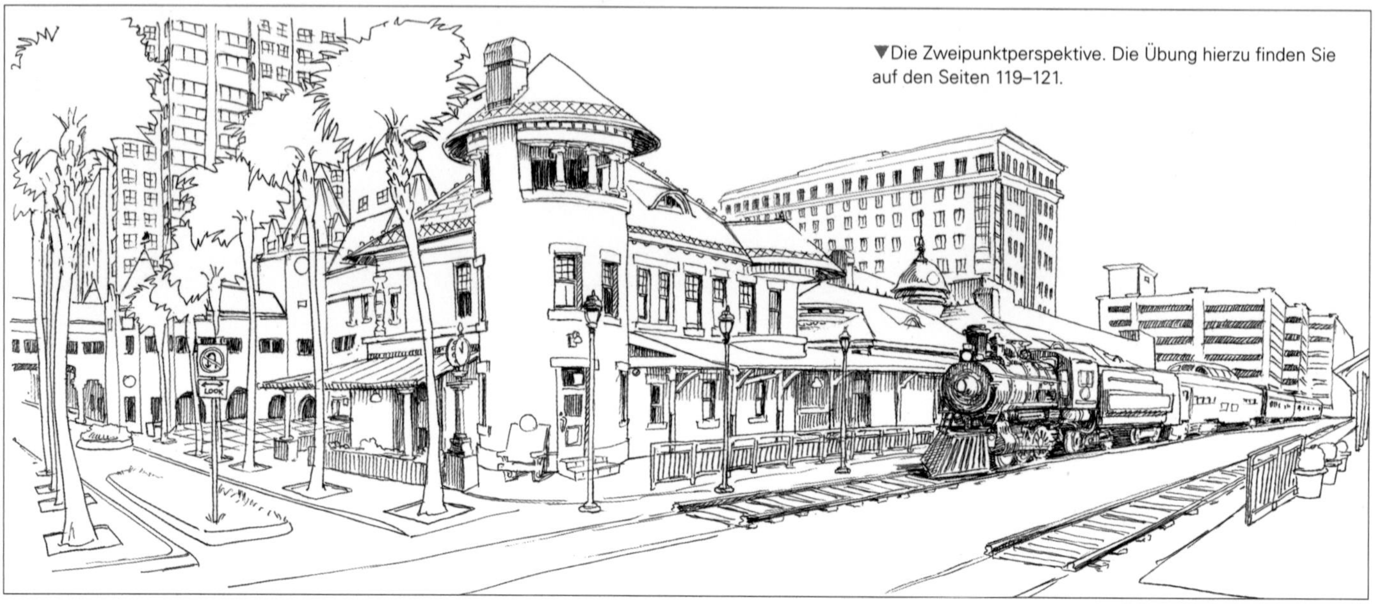

▼Die Zweipunktperspektive. Die Übung hierzu finden Sie auf den Seiten 119–121.

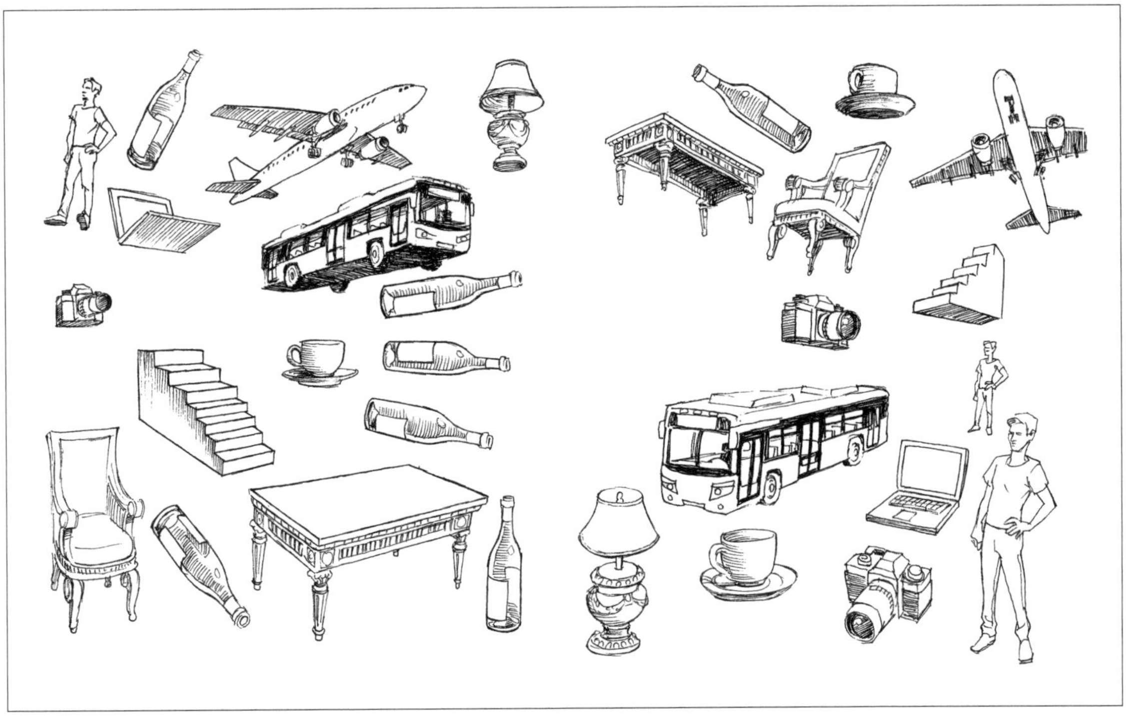

▲Die Zweipunktperspektive. Die Übung hierzu finden Sie auf den Seiten 124–125.

▼Die Dreipunktperspektive. Die Übung hierzu finden Sie auf Seite 127.

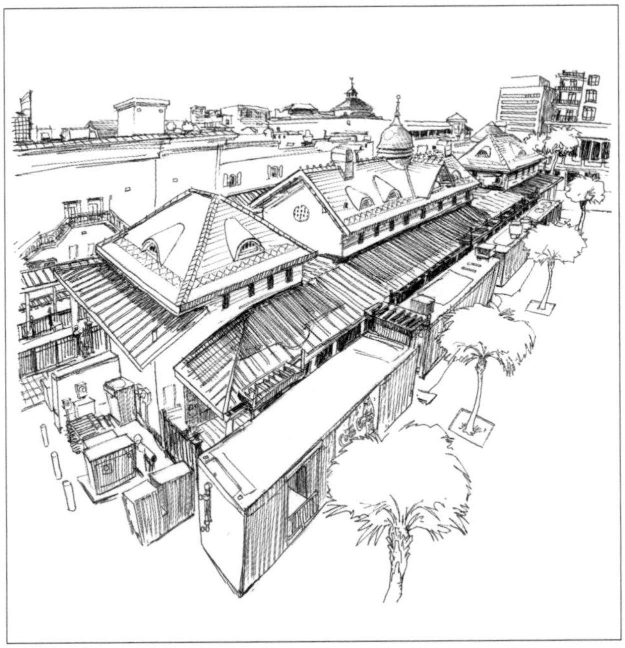

▼Die Dreipunktperspektive. Die Übung hierzu finden Sie auf Seite 129.

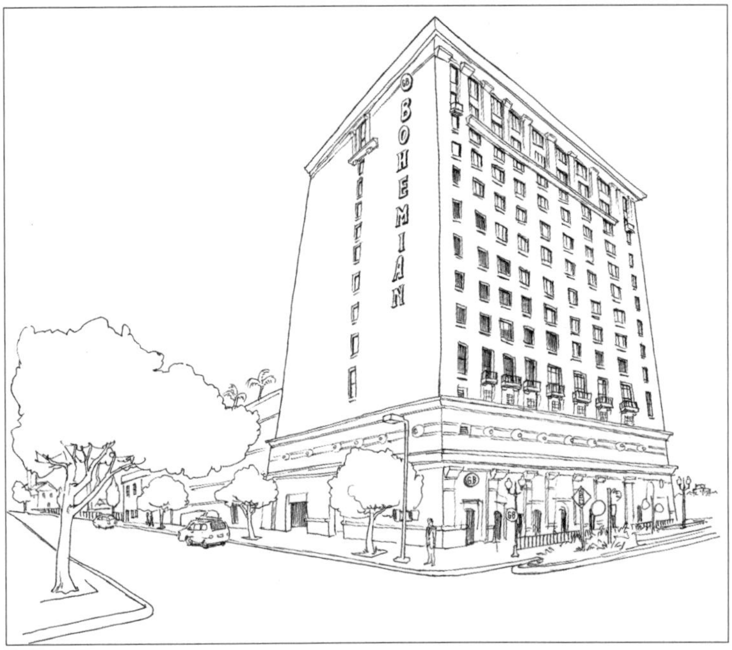

▼Die kurvilineare Perspektive. Die Übungen hierzu finden Sie auf den Seiten 133–135 und auf Seite 137.

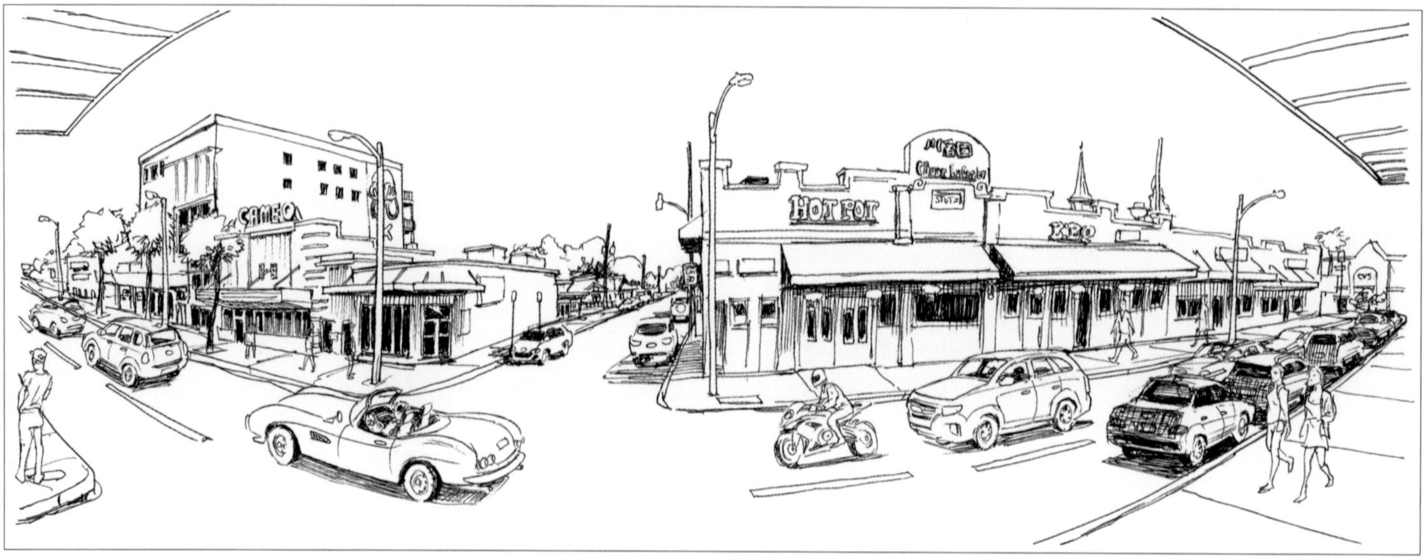

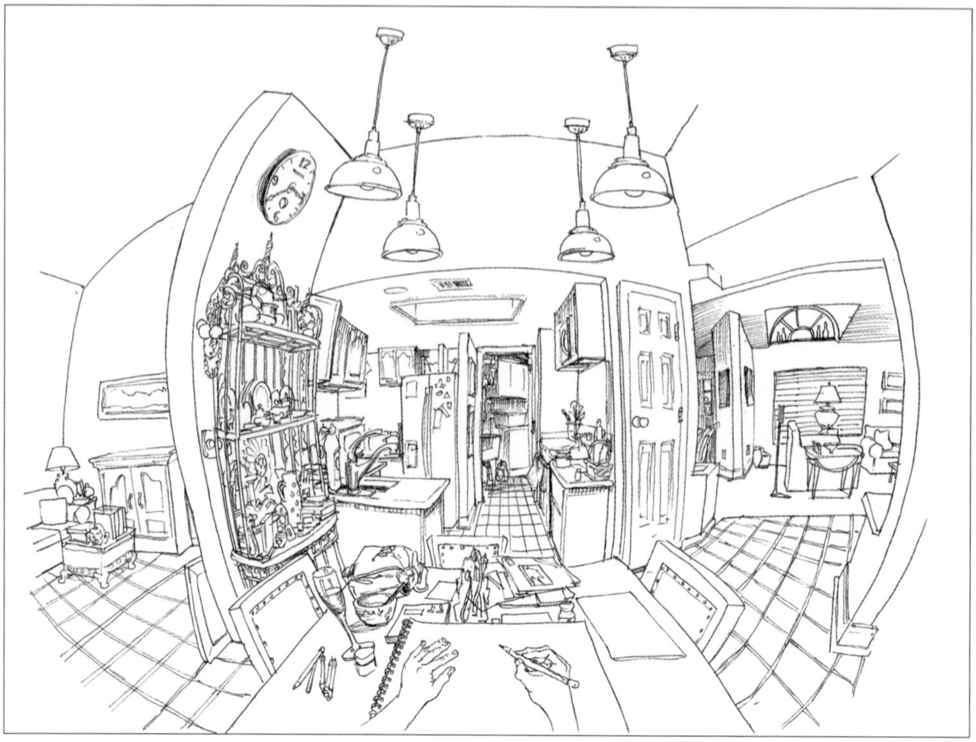

Glossar

Augenhöhe: Wird durch Höhe und Position unserer Augen zu einem bestimmten Zeitpunkt bestimmt.

Byzantinische Perspektive: Eine Malweise, die den Betrachter zwischen das Objekt und den Fluchtpunkt platziert, wodurch die Objekte in der Ferne nicht kleiner, sondern größer werden. Diese wird auch manchmal als „umgekehrte Perspektive" bezeichnet.

Direktes Vergleichen: Die wirksamste Technik, Ihren Arbeitsfortschritt zu kontrollieren, während Sie die ersten groben Linien aufs Papier bringen: Halten Sie Ihre Skizze einfach hoch, genau neben das zu zeichnende Objekt in der Ferne. Halten Sie den Block etwas näher oder weiter von sich weg, bis das Objekt und Ihre Skizze die gleiche Größe haben. Durch den direkten Vergleich des Motivs mit Ihrer Zeichnung ist es möglich, Ungenauigkeiten zu erkennen und schon vor dem nächsten Arbeitsschritt zu korrigieren.

Dreipunktperspektive: Eine lineare Perspektive, die, zusätzlich zu den beiden gewöhnlichen Fluchtpunkten, noch einen dritten verwendet – entweder direkt über oder direkt unter dem Blickpunkt.

Einpunktperspektive: Die Linienbündel, die im Raum horizontal ausgerichtet sind, verlaufen parallel zur Blickrichtung und treffen sich in der Ferne in einem einzigen Punkt.

Erzwungene Perspektive: Eine groß dimensionierte optische Täuschung, bei der unsere räumliche Wahrnehmung durch eine bestimmte Anordnung von Objekten in falsche Bahnen gelenkt wird.

Farb- und Luftperspektive: Die Atmosphäre mit ihren Staub- und Wasserpartikeln beeinflusst stark die Art und Weise, wie wir Objekte in weiter Ferne wahrnehmen: Je weiter ein Objekt entfernt ist, desto geringer wird der Farbwert (der Kontrast zwischen dunklen und hellen Farben nimmt ab) und zuweilen erscheinen die Farben kühler. Im Umkehrschluss erscheinen näher gelegene Objekte schärfer, detail- und kontrastreicher und bieten die gesamte Bandbreite warmer Farben.

Fluchtlinien: Zwei oder mehrere Linien, die parallel zueinander sind. Je weiter sie sich vom Betrachter entfernen, desto stärker scheinen sie jedoch auf einen gemeinsamen Punkt zuzulaufen.

Fluchtpunkt: Der Punkt, in welchem sich eine Gruppe von Linien trifft, die im Raum parallel sind, in der Perspektive aber konvergieren.

Horizontlinie: Die Horizontlinie befindet sich dort, wo sich Erde und Himmel in der Ferne scheinbar berühren.

Kurvilineare Perspektive: Eine Möglichkeit, das abzubilden, was sich im Bereich des peripheren Sehens befindet. Für eine solche Zeichnung ist eine Panorama-Ansicht notwendig. Dazu werden die Linien gebogen, die in anderen Perspektiven völlig gerade wären.

Lineare Perspektive: Wenn Linien, die parallel zueinander verlaufen, sich in der Ferne annähern, also konvergieren. Bei linearen Perspektiven gilt, dass die Linien, die im Raum gerade verlaufen, auch in der Perspektive gerade dargestellt werden.

Mehrpunktperspektive: Berücksichtigt auch die Ansicht von Objekten und Flächen, die nicht streng an einem zweidimensionalen Raster ausgerichtet sind. Oft sind Wände oder Plätze in verschiedenen Winkeln angeordnet und verlangen nach zusätzlichen Fluchtpunkten, in welchen sich die Linien treffen.

Mit dem Bleistift peilen: Der Bleistift (oder ein anderes Zeichengerät) dient als Messinstrument. Dabei ist es nicht erforderlich, den Arm ganz durchzustrecken. Achten Sie nur darauf, dass der Abstand zwischen Stift und Auge konstant bleibt, wenn Sie Maß nehmen.

Perspektive: Eine Form der Ansicht oder eine bestimmte Art Zeichnung, die eine solche Ansicht erzeugt. Gemeint ist hier auch oft die Zeichentechnik, mit der Räumlichkeit auf einer flachen Ebene dargestellt wird.

Räumliche Tiefe: Wie nah oder fern sich Objekte und Flächen im Verhältnis zur Position des Betrachters befinden.

Relative Größe: Das vielleicht grundlegendste Prinzip der räumlichen Wahrnehmung hat wohl den größten Einfluss auf das Zeichnen von Perspektive. Je weiter ein Gegenstand vom Betrachter entfernt ist, desto kleiner erscheint er.

Relative Höhe: Die individuelle Position eines Objekts, die darauf hinweist, wie weit das Objekt vom Standort des Betrachters entfernt ist.

Sehkegel: Der Teil unseres Gesichtsfelds, in welchem unser stärkster Fokus liegt und die wenigsten Verzerrungen auftreten. Man schätzt, dass der Sehkegel etwa einen Winkel von 60 Grad abdeckt. Dieser Wert variiert jedoch, da der Sehkegel Stück für Stück ins periphere Sehen übergeht. Dieser Blickwinkel ist sehr viel breiter und umfasst vertikal etwa 140 Grad, horizontal bis zu 180 Grad.

Sehstrahl: Verläuft in die Richtung, in die der Betrachter zum fraglichen Zeitpunkt schaut. Den Sehstrahl können Sie sich als gerade Linie vorstellen, die in einem Punkt zwischen Ihren Augen beginnt und in die Richtung verläuft, in welche Sie blicken.

Trompe-l'œil: Eine optische Täuschung in der Kunst, die insbesondere dazu eingesetzt wurde, eine zweidimensionale Fläche als dreidimensionalen Raum erscheinen zu lassen.

Überschneidung: Ein Objekt blockiert die Sicht auf ein anderes: Wenn ein Objekt das andere überlappt, erscheint das teilweise verdeckte Objekt weiter entfernt als der Gegenstand, der den anderen überschneidet.

Umgekehrte Perspektive: Siehe „Byzantinische Perspektive".

Zweipunktperspektive: Bei einer Zweipunktperspektive gibt es zwei gut erkennbare Fluchtpunkte, die in den meisten Fällen auf der Horizontlinie liegen. Diese Perspektive kommt ins Spiel, wenn Ihr Sehstrahl in einem Winkel zu den horizontalen Linienbündeln steht, die auf einen gemeinsamen Fluchtpunkt in der Ferne zulaufen.

Index

Die Kunstwerke in diesem Buch finden Sie auf den kursiv gesetzten Seitenzahlen.

Danksagung

Quarto möchte den im Folgenden genannten Künstlern für die hier zur Verfügung gestellten Illustrationen und Fotos Dank und Anerkennung aussprechen. Alle Künstler werden in den Bildlegenden namentlich erwähnt. Wenn nicht anders ausgezeichnet, stammen die übrigen Kunstwerke vom Autor. Quarto hat bei der korrekten Auszeichnung der Kunstwerke größte Sorgfalt walten lassen. Sollten trotzdem die in diesem Buch verwendeten Werke nicht oder falsch bezeichnet sein, bitten wir um Entschuldigung und werden den Fehler selbstverständlich in folgenden Auflagen des Buchs korrigieren.

A. Rmyth, www.flickr.com/photos/armyth, Seite 5 Mitte, Seite 105 oben

Afflerbach, Florian, www.flaf.de, Seiten 26, 32–33, 34–35, 51 unten, 70–71, 72–73

Bajzek, Eduardo, www.ebbilustracoes.blogspot.com, Foto von Alessandro Couto, www.alessandrocouto.com.br, Seiten 24, 46 oben/unten, 85 oben, 86 unten

Blaukopf, Shari, www.shariblaukopf.com, Seite 29 oben

Campolongo, Marianne, Shutterstock.com, Seite 21 oben links

Castro Alonso, Daniel, www.flickr.com/photos/daniel-castro, Seiten 5, 49 unten rechts, 63 unten, 66 unten rechts, 67 unten, 84 unten, 89 unten, 101 Mitte

Curto, Cristina, www.cristinacurto.cat, Seite 30 oben links

Elisseeva, Elena, Shutterstock.com, Seite 40 oben

Getty Images, Seite 8 oben/unten

Hartmann, Arno, www.arnohartmann.de, Seiten 29 Mitte, 45 oben, 50 unten

Herranz, Miguel, www.miguel-herranz.com, Seite 16

Jaramillo, Omar, www.omar-paint.blogspot.com, Seiten 29 unten, 66 Mitte links, 89 oben links/oben rechts

Johnson, Richard, *The Washington Post,* www.washingtonpost.com/news/drawing-dc-together, Seiten 30 unten rechts, 47 oben, 66 oben, 101 oben

Kerr, Stuart, www.flickr.com/photos/stu_kerr, Seiten 31 oben, 82

Lapin, www.lesillustrationsdelapin.com, Seiten 30 oben rechts, 31 unten, 102 oben, 104 oben, 130 unten

Michel, Gérard, www.flickr.com/photos/gerard_michel, Seiten 11 unten, 25 oben, 49 unten links, 63 oben, 65 oben, 67 oben, 83 unten, 84 oben, 99 unten, 101 unten, 104 Mitte

Muerkens, Hans, www.flickr.com/photos/petervanayk/albums, Seite 36

Murray, Brenda, www.behance.net/brendamurray, Seite 69 unten

Nevans, Keith, www.flickr.com/photos/keithnevens, Seiten 3 Mitte, 48 oben rechts, 88 links

Olgysha, Shutterstock.com, Seite 21 unten

Rojo, Ana, www.aidibus.blogspot.com.es, Seite 87 links

Ruijters, Maarten, www.rtarchitekten.com, Seiten 68 oben links, 85 unten, 87 unten, 104 unten

Ruiz, Luis, www.luisrpadron.blogspot.com, Seiten 27 unten, 48 unten, 64 oben, 68 unten, 105 unten

Scully, Pete, www.petescully.com, Seiten 51 oben, 92–93, 98 unten

Smart, Sharon, www.shandysmart.com, Seiten 86 oben, 87 oben

Southern-Pearce, Pat, www.facebook.com/pat.southernpearce, Seite 83 oben

Steel, Liz, www.lizsteel.com, Seiten 28 unten, 31 Mitte, 49 oben, 64 unten, 65 unten, 69 oben

Thorspecken, Thomas, www.analogartistdigitalworld.com, Seiten 5 rechts, 90–91, 111, 114–115, 120–121, 122–123, 124–125, 127, 129, 134–135, 137, 138–139, 140

Tribastone, Christian, http://tribbie.blogspot.co.uk, Seiten 30 unten links, 50 oben links/rechts

Veron, Alexandre, http://alexandreveron.blogspot.co.uk, Seite 50 Mitte rechts

Walsh, Nathan, www.nathanwalsh.net, Seiten 28 oben, 100

Watkins, Lis, http://lineandwash.blogspot.co.uk, Seite 47 unten

Wikipedia, Seiten 9 oben links/oben rechts/unten rechts, 10 oben/unten, 11 oben links/oben rechts

Woodcock, John, www.johnwoodcockillustration.co.uk, Seiten 110–137 (Raster)

Danksagung des Autors

Ich möchte von Herzen den Künstlern danken, deren Kunstwerke in diesem Buch zu sehen sind, und den vielen Zeichnern überall auf der Welt, bei denen ich das Glück hatte, sie kennenzulernen. Eure Zeichnungen und eure herzliche Freundschaft sind mir zu jeder Zeit eine Inspiration. Ein weiterer Dank gilt dem Team von Quarto für die Geduld und den Enthusiasmus während der Entstehung dieses Buchs. Und natürlich gilt mein herzlichster Dank meiner Familie für ihre Liebe, ihre Unterstützung und ihren Humor.